가족상담 및 가족치료

결혼가족상담 & 부부상담

Family Counseling & Family Therapy

Family Counseling
& Family Therapy

고수현 저
한국복지상담교육학회

가족상담 및 가족치료

결혼가족상담 & 부부상담

dm 동문사

머리말

오늘날 가족상담 및 가족치료를 실천하는 단일의 독립적인 전문직은 존재하지 않는다. 대신 사회복지학, 심리학, 상담심리학(상담교육학), 아동가족학, 정신간호학, 정신의학 등의 학문적 배경을 가진 전문가들이 가족상담(family counseling) 및 가족치료(family therapy)를 다학제적으로 접근하고 있다. 이러한 현상은 가족을 대상으로 한 상담이나 치료의 실천현장의 역사적 배경이 사회복지실천가들이나 정신분석가들로부터 시작이 되어 그 발전과정에서 다양한 전문적 영역으로 확산이 된 것과도 맥락을 같이 한다.

이러한 이론적이고 실천적인 특징은 가족상담 및 가족치료 전문가들이 양성되는 교육과정에서 학습하게 되는 이론과 기술이 다양하다는 것을 의미하기 때문에 가족상담 및 가족치료 실천현장에서 가족상담 및 가족치료사들이 가족치료의 이론과 기술의 적용에 혼란을 겪을 수 있는 개연성으로도 작용하는 문제점이 되기도 한다.

이러한 문제점은 실제로 기존의 가족상담 및 가족치료 관련 학술적 저서들을 분석해 보아도 쉽게 드러난다. 즉 상당수의 교재나 저서들이 여러 가지의 가족상담 및 가족치료 이론들을 맥락적인 흐름의 연결점이 없이 난삽하게 소개하는 수준에 머무르고 있는 한계가 있는 것이다. 따라서 이러한 저서들을 교재로 선택하여 학습하는 전공자(예비 가족상담사 및 가족치료사)들은 비록 일정한 교육과정과 자격증을 갖추었다고 하더라도 상담이나 치료의 실천현장에서는 전문가로서의 자신감이나 유능성을 발휘할 수 없게 되는 딜레마에 처하게 될 수 있다.

이러한 문제점과 한계를 해결하기 위하여 저자는 기존의 저서들에서 나타나는 한계점들을 분석하여 학습과정에 있는 예비 가족상담가 및 가족치료사들뿐만 아니라 이미 실천현장에서 활동하고 있는 전문가들에게도 보다 유능한 수준의 전문가로 거듭날 수 있는 이론과 기술을 제공하고자 하는 사명감으로

이 책을 저술하였음을 밝힌다. 즉 길지 않은 한 권의 분량으로도 가족상담 및 가족치료의 전체과정을 유능하게 수행할 수 있는 전문 안내서가 될 수 있도록 저술하는 데 목표를 두었다. 아울러 국가자격인 청소년상담사나 한국행복상담아카데미 등의 민간자격인 결혼가족상담사 등의 가족상담 및 가족치료 전문가 시험 준비에도 부족함이 없도록 체계적이고 세부적인 내용을 포함하여 저술하였음도 강조한다.

이제 이 책의 세부적인 구성 체계를 보면 전체적으로 총 3부, 13개 장으로 구분하여 편성하였다.

제1부에서는 가족상담 및 가족치료에 대한 개괄적인 이해를 위하여 4개 장을 배치하여 가족상담 및 가족치료의 기초적 지식과 함께 철학적이고 이론적인 배경에 대해서 분석한 다음, 가족상담 및 가족치료 전문직이 개인상담 및 개인치료와는 차별적으로 다루게 되는 가족관계의 접근 틀과 윤리를 다루었다. 아울러 가족상담 및 가족치료의 이론과 모형이 발달해온 역사도 개관하였다.

제2부에서는 가족상담 및 가족치료의 다양한 이론과 모형을 5개 장으로 구분하여 집필하였다. 즉 정신분석적 가족상담 및 가족치료이론·모형에서부터 체계론적 가족상담 및 가족치료 이론·모형, 사회구성주의적인 이론·모형의 발달사적인 순으로 구분하여 다루었다. 이러한 가족상담 및 가족치료 이론·모형의 학습은 가족상담 및 가족치료의 다양한 접근 관점을 이해하는 기본적이고 필수적인 영역이라고 할 수 있다.

제3부에서는 제2부에서 다루어진 가족상담 및 가족치료의 다양한 이론과 모형의 특성을 분석하여 상담자나 치료자가 실제의 가족상담 및 가족치료 현장에서 효과적으로 적용할 수 있는 절충 통합적인 접근을 제시하였다. 이러한 저자의 접근은 기존의 다학제적 접근으로 인한 혼란도 가족상담 및 가족치료를 바라보는 과학적 관점이나 이론, 기술이 어느 일정 부분에서 통합이 되고 절충이 된다면 그 실천과정에서는 네겐트로피(negentropy)의 측면도 가져올 수 있다는 긍정적인 인식에 근거한다. 아울러 마지막 2개의 장에서는 절충 통합적 관점에

서 보편적으로 적용할 수 있는 가족상담 및 가족치료의 사정 도구도 같이 다루었다. 초기의 체계 이론적이고 사회구성주의적인 이론의 가족치료 및 가족상담에서는 치료적 접근에서 개인과 가족을 구분하였지만 최근의 절충 통합적 관점에서는 말 그대로 통합적 개입의 필요성을 요구하고 있기 때문이다.

끝으로 저자는 이 책이 국·내외에서 발간된 어느 책보다 교수와 학습 차원에서 수월성을 갖춘 교재라는 점을 자부하기 때문에 대학의 <가족상담 및 가족치료>와 관련된 전공 학도를 비롯한 이미 실천현장에서 가족상담 및 가족치료 직무를 하고 있는 전문직들에게도 이론적이고 실천적인 바이블이 될 수 있다는 점을 강조하고자 한다. 아울러 평소에 원가족문제나 자신이 새롭게 구성한 가족문제로 상처를 입고 고통을 겪고 있는 이 시대의 많은 현대인들도 이 책을 접하게 됨으로써, 미해결된 가족문제의 원인을 이해하고 고통 속에서 벗어남은 물론 나아가서는 스스로의 행복한 삶을 창조할 수 있는 힘을 얻을 수 있기를 기대한다.

2023년 3월

고 수 현

차 례

Part 02 가족상담 및 가족치료의 이론·모형

Part 03 절충 통합적 가족상담 및 가족치료

01 Part

가족상담 및 가족치료의 개관

가족상담 및 가족치료

Chapter 01

가족상담 및 가족치료의 개념과 영역

1 가족상담 및 가족치료의 정의와 특성

1) 가족상담 및 가족치료의 정의

가족상담(family counseling)이나 가족치료(family therapy)는 일반적으로 개인과 집단을 대상으로 하는 상담이나 치료가 아니라 가족이라는 체계와 가족관계를 대상으로 하는 상담이나 치료를 말한다. 좀 더 구체적으로는 가족성원 중에서 상담이나 치료가 필요한 환자로 보이는 사람(Identified Patient, IP)을 비롯하여 한 사람 이상의 가족성원을 대상으로 가족 간의 조화로운 관계를 유지할 수 있도록 관계를 수정하는 기법을 통하여 상담하거나 치료하는 전문적 활동을 말한다.

그러나 가족상담이나 가족치료 영역은 개인이나 집단을 대상으로 상담하거나 치료하는 전문적 활동에 비하면 비교적 늦은 시기에 관심을 받았기 때문에 학계나 상담이나 치료실천 현장에서도 뚜렷하게 전문성을 인정받는 정도가 다소 미약한 실정이다. 이는 가족상담이나 가족치료의 배경이 되는 상담심리학의 학문적 역사가 그리 오래되지 않았다는 점과도 상관이 있다.

가족상담이나 가족치료의 이론적이고 실제적인 발달과정을 보면 1950년대에 형성되고 1970년대에 와서야 확립이 되었기 때문이다. 다시 말하면, 20세기에 접어들면서 지그문트 프로이트(Sigmund Freud, 1856~ 1939)의 정신분석 이론을 중심으로 심리학이 과학으로서의 체계를 갖추며 발달해왔고, 실천현장에서는 실험

심리학의 창시자인 빌헬름 분트(Wilhelm Max Wundt, 1832~1920)의 제자였던 미국 펜실베이니아대학의 라이트너 위트머(Lightner Witmer, 1867~1956)가 최초로 심리치료소(psychological clinic)를 개설하면서 개인을 대상으로 한 임상심리학(clinical psychology)이 심리학의 중심을 이루게 된 것과는 차이가 있는 것이다.

물론 심리학 자체도 초기에 실험심리학에서 시작되었기 때문에 실험이나 연구와 동떨어진 현장의 치료적이고 임상적인 심리문제를 처우하는 임상심리학이 자리를 잡는 데도 심리학계의 갈등은 있었다고 본다면 가족상담 및 가족치료가 심리학계에서 늦은 발달 배경을 알 수 있다.

이러한 과정은 의학 분야에서 기초의학인 해부학, 생리학, 병리학, 세균학이 환자를 치료하기 위한 임상의학(내과, 외과, 소아과, 산부인과, 정신의학과 등)으로 발전했던 배경과는 많은 차이가 있는 것이다. 의학은 처음부터 현실적인 필요성에서 생겨난 학문이었기 때문에 임상의학이 당연히 받아들여지게 되었지만 심리학은 본래부터 실험과 사례연구 중심이었기 때문에 연구는 등한시하고 상업적 활동만 한다는 비난을 임상심리학자들이 받게 된 것이다. 결국 이러한 문제는 미국심리학회(American Psychology Association, APA)가 '과학자 - 전문가 모형(scientist - practitioner model)'을 채택함으로써 해결이 되었다. 즉 임상심리학자가 되려면 실험심리학자에 준하는 학문성과 함께 실천현장에서 대상자(client)들을 처우할 수 있는 전문성을 갖추도록 교육과정을 수립한 것이다.

이처럼 환자를 다루는 임상심리학이 심리학계에서 일찌감치 자리를 잡은 것과는 달리 가족상담과 관련성이 깊은 상담심리학(counseling psychology)은 미국의 클리퍼드 위팅엄 비어스(Clifford Whittingham Beers, 1876~1943)가 뉴욕의 보험회사에 근무하다가 그 자신이 우울증으로 정신병원에 입원하게 된 경험을 바탕으로 쓴 『마음의 실상(*Mind That Found Itself*, 1908)』에서부터 시작된 것으로 볼 수 있다. 그러므로 상담심리학은 정신건강운동과 관련하여 상담의 필요성을 제기한 것이 심리학과 접합이 되었다고 볼 수 있다. 그리고 예로부터 사람들은 가족 간의 갈등문제를 비롯한 어떤 해결하기 어려운 상황에 처했을 때 현자나 철학자, 교육자나 종교인을 찾아가 도움을 구하는 방식의 의사소통의 상담 형태를 지속해왔던 실천현장이 존재해왔다는 점도 가족상담을 포함한 상담심리학의 학문적 발달의 정체성에서 중요한 측면이 된다.

이렇게 보면, 상담과 심리학은 처음에는 서로 무관했던 영역이라고 할 수 있다. 그러므로 상담을 공부하기 위해서 반드시 심리학을 전공할 필요도 없으며, 사회복지학이나 교육학 등의 여러 전공에서도 학습과 상담실천이 가능하다는 말이 된다. 이는 오늘날 정신건강상담을 비롯한 상담 현장의 전문직들이 다양한 학문적 배경을 갖추고 있는 것에서도 방증이 된다.

아울러 전문가들의 모임인 학회 구성원들의 출신 전공만 보더라도 이러한 경향은 드러난다. 임상심리학회와 상담심리학회가 모두 크게는 심리학회의 하위 분과학회에 속하지만 임상심리학회는 대부분의 회원이 심리학 전공자이고, 상담심리학회 회원들은 심리학 전공자 외에도 사회복지학, 교육학을 비롯한 다양한 전공자들이 참여하고 있는 실정이기 때문이다.

이러한 실천현장의 경향은 대학과 대학원에서 설치하고 있는 전공과도 연관이 있는 것으로 보이는데, 임상심리학은 심리학과의 대학원 과정에 대부분 설치되어 있다. 반면에 상담심리학은 사회복지학이나 교육학과의 대학원 과정에 설치되거나 학부과정에도 설치되는 경향이 늘어나고 있다. 그만큼 현대사회에서는 심리상담과 심리치료와 관련된 개인과 가족 단위의 욕구가 팽창하고 있다는 것이며, 그에 따른 자격증에 대한 전문성도 논란이 되고 있다.

현재 임상심리학 전공자와 관련된 국가기술자격으로는 '임상심리사(Clinical Psychologist)'가 있고, 상담심리학 전공자와 관련된 국가전문자격으로는 '청소년상담사', '사회복지사' 등이 있으며, 그 외의 대부분의 전문직 영역은 민간단체나 전문학회가 발행하는 민간자격증 제도에 의존하고 있는 실정이다.

그러나 이러한 심리상담이나 심리치료와 관련된 자격증은 국가자격이나 민간자격이냐에 따라 전문성의 논란이 있는 것만은 아니다. 실천현장에서 임상심리사는 주로 심리검사를 담당하고 상담사들은 심리치료를 담당하는 것으로 인식이 되는 경우도 있지만 실제로는 두 분야의 자격증을 함께 가지고 있는 경우가 많아서 현실적으로는 중복이 되는 논란도 있다. 따라서 최근에는 심리학과 계열의 대학원에서 임상과 상담교과목을 동시에 개설하는 전공이 늘어나는 추세이기도 하다.

2) 가족상담 및 가족치료의 특성

일반적으로 심리상담과 심리치료가 용어적으로는 구분이 되지만 인간의 정신건강문제를 다루는 실천현장에서는 전문직들의 학문적 배경에서는 정신의학, 임상심리학, 상담심리학, 사회복지학, 교육학 등의 분야가 혼재되어 발전되고 있다. 다시 말하면, 심리상담과 심리치료는 공통적으로 인간의 정신건강(mental health)을 향상시키기 위한 목적을 가진 전문적 활동이다. 따라서 정신건강문제를 다루는 이상심리학(abnormal psychology) 혹은 정신병리학(psychopathology)에 대한 지식을 필요로 한다.

즉 심리학에서는 이상심리학으로 다루고 정신의학에서는 정신병리학으로 다루지만 이들 학문 분야에서는 주로 미국정신의학협회(American Psychiatric Association, APA)에서 발간하는 『정신질환 진단 및 통계 매뉴얼(*Diagnostic and Statistical Manual of Mental Disorder*, DSM)』의 기준에 따라 우울이나 불안에서부터 정신분열에 이르기까지 다양한 정신장애(정신질환)의 증상과 원인을 이해하는 것이 기본이 되기 때문이다. 물론 정신의학계에서는 정신건강문제를 정신질환(mental disease)으로 보고 약물치료적으로 접근하는 반면에 심리학, 사회복지학, 교육학 분야에서는 이상심리(abnormal mentality)를 주로 정신장애(mental disorder)로서 심리적 상담과 치료의 대상으로 보는 차이는 있다.

그러나 이러한 접근은 심리적이고 정신적인 문제의 증상이나 원인을 클라이언트 혹은 환자(patient)의 심리내적인 갈등이나 불안 및 미성숙된 방어기제에서 찾고자 하는 방식을 공유하고 있다. 즉 문제의 원인을 개인에게 두고 개인의 성격발달 과정과 정신역동에 관심을 가지고 이상심리나 정신병리를 가진 개인을 대상으로 상담하거나 치료하는 것에 초점이 있는 것이다.

그러므로 개인상담이나 개인치료에서는 문제나 증상을 나타내는 개인을 대상으로 원인과 결과관계를 직선적이고 인과적으로(linearly and causally) 진단하고 해결하는 방법이 주로 채택된다. 20세기 초반에 정립된 정신분석 이론을 시작으로 행동주의 이론, 인간중심주의 이론, 인지주의 이론 등의 주요 심리세력들은 각기 차별적인 이론을 제시하지만 대부분 이러한 관점을 공유하고 있는 것이다. 이들 심리세력들은 내담자나 환자의 문제를 객관적이고 정확하게 진단하기 위하여 DSM-5(정신질환 진단 및 통계 매뉴얼)[1]나 MMPI-2(미네소타 다면적 인성 검사)[2], 칼 구스타프 융(Carl Gustav Jung)의 '심리유형론'을 이론적 기반으로 한 자기보고식 성격유형검사인 MBTI[3]와 같은 객관적 사정 도구를 선호하는 것도 같은 맥락에서 파악할 수 있다.

이러한 개인상담이나 개인치료이론의 접근방식에 비하여 1950년대 이후 구체적으로 형성되고 1970년대에 이론이 정립된 가족상담 및 가족치료는 부부체계나 가족체계에서 나타나는 갈등과 스트레스 문제를 가족구성원 간의 관계를 인과적 관계가 아닌 순환적이고 회귀적인(cyclical and recursive) 것으로 보는 특성이 있다. 따라서 상담이나 치료의 대상도 한 사람에 한정되는 것이 아니라 가족구성원으로 확장이 된다.

물론 가족구성원 중에서도 심하게 고통을 겪어서 '환자로 보이는(지목된) 사람(Identified Patient, IP)'이 중심이 되지만, IP를 걱정하는 사람을 비롯한 한 사람 이상의 가족구성원이 포함된다. 그러므로 가족상담 및 가족치료에서는 IP나 가족구성원들이 유기적인 존재로 설정된다. 유기체는 하나로 결정된 대상이 아니라

1) DSM-5에 포함되어 있는 정신질환 범주는 20개 영역이며, 그중에서 '성격장애' 범주는 A군(편집성, 조현성, 조현형), B군(히스테리성, 자기애성, 반사회성, 경계성), C군(강박성, 회피성, 의존성) 등으로 분류하여 정신장애를 진단하고 치료한다.
2) MMPI-2는 성격 외에도 정신건강의학과에 내원하는 환자들의 다양한 정신병리에 대해 효과적으로 진단하는 데 사용된다. 이 검사는 수검 태도를 측정하는 척도, 성격 특성과 정신병리를 측정하는 척도를 포함해 총 567개의 문항으로 구성돼 있어서 가장 많이 사용되는 객관적 심리검사로 알려져 있다.
3) MBTI는 'Myers-Briggs Type Indicator'의 약자로, 1962년에 캐서린 브릭스(Katharine C. Briggs)와 이사벨 마이어스(Isabel Briggs Myers) 모녀가 개발한 자기보고식 '성격유형검사'로서, 일반적으로 2지 선다식 질문 93개 문항으로 구성된 'Form M' 혹은 144개 문항으로 구성된 'Form Q'를 이용해 수행한다. 외향과 내향(E/I), 감각과 직관(S/N), 사고와 감정(T/F), 판단과 인식(J/P) 네 가지 선호 지표를 조합하여 16가지의 성격 유형을 제시하며, 정신과 진단에서는 사용되지 않는다.

자신들이 처한 상황이나 맥락, 즉 관계에 따라 다르게 반응하고 행동하는 특성이 있기 때문에 개인상담이나 치료에서와 같은 개인내적 심리의 객관적 평가에 치중하는 것이 큰 의미가 없다.

이 말은 개인상담이나 개인치료에서처럼 오래된 내면의 갈등해결에 초점을 두는 것이 아니라 가족관계의 역기능적인 상호작용을 파악하여 갈등국면을 해결하는 것을 목표로 한다는 의미가 된다. 따라서 개인상담이 일반적으로 1년 이상의 장기상담을 필요로 하는 것에 비하여, 가족상담 및 가족치료는 보통 6개월 정도의 중기상담이나 그보다 짧은 단기상담이 선호되는 차이점이 있다.

그렇다고 개인상담이나 개인치료에 비해 가족상담 및 가족치료의 문제가 가볍거나 효과가 더 우월하다는 의미는 아니다. 개인상담이나 개인치료가 클라이언트나 환자가 겪는 이상행동이나 문제행동을 개인의 문제로 생각하고 임상적이고 병리적인 진단에 근거하여 접근하기 때문에 상대적으로 가족상담이나 가족치료가 목적으로 하는 가족관계나 환경적 경향에 따라 가족구성원들을 사정하고 문제를 해결하는 접근과는 차별성이 있는 것이다.

이러한 이유로 개인상담 및 개인치료가 주로 미국정신의학회(APA)[4]에서 발간하는 정신장애진단 및 통계 편람(DSM)의 진단기준에 근거하여 문제행동(이상행동)을 개인심리 원인론으로 설정하고 접근하는 것에 비하여 가족상담 및 가족치료는 부부문제, 부모-자녀 간 문제 등을 가족관계나 가정환경 원인론으로 접근하는 특성이 뚜렷하다.

물론 가족상담과 가족치료에서도 개인상담과 개인치료의 절차와 마찬가지로 가족관계를 사정·진단하고 그에 따라 가족구성원과 IP(지목된 환자)의 심리를 탐색하여 가족관계의 문제점을 통찰하고 변화를 위한 촉진자 역할을 하는 상담가나 치료자의 역할은 전문성에 기반한다는 공통점이 있다. 아울러 경우에 따라서는 지목된 환자나 여타의 가족구성원을 대상으로 개인상담 및 개인치료를 병행한 치료를 실행하여 기능적인 가족관계를 유지할 수 있도록 조력하는 포괄적인 지식과 기술을 필요로 한다는 차이점이 있다.

4) APA 약자는 미국심리학회(American Psychological Association, APA)에서도 사용하고 있다.

2 가족상담 및 가족치료의 구분과 영역

1) 가족상담과 가족치료의 구분

현대 심리학에서 임상심리학과 상담심리학의 관계를 살펴보았듯이 가족상담과 가족치료는 분명히 차이가 있는 용어적 개념이지만 최근의 학계에서는 서로 비슷한 개념으로서 서로 구별하지 않고 사용하는 경향이 많다. 사회복지학 전공의 학부나 대학원 교과과정에서 『가족상담 및 가족치료』라는 명칭으로 개설하고 있다는 점도 같은 맥락에서 이해될 수 있다. 그뿐만 아니라 1970년대 이후 개인상담 이론이나 개인심리치료 이론과 차별적인 가족상담과 가족치료 이론과 모형이 다양하게 확립되었던 시기에서도 이 두 가지의 용어는 크게 구별되지 않고 사용되어 온 것도 사실이다.

특히 최근에는 개인상담 이론을 비롯한 다양한 가족상담 및 가족치료 이론들을 통합 절충하는 모형들이 확산되고 있다는 점에서도 굳이 가족상담이나 가족치료를 구분하여 접근할 필요성이 있는가 하는 의문이 제기될 수 있다. 하지만 심리학에서 임상심리학과 상담심리학의 영역이 차별성이 있듯이 가족상담과 가족치료라는 용어 역시 어느 정도는 구분하여 학습할 필요성이 있다.

첫째는 이론적으로 가족상담과 가족치료는 구별될 수 있다. 우선 가족상담은 심리학적 지식을 전제로 가족구성원 간의 관계와 성격 등의 주호소문제를 이해하고 해결하려는 전문적 활동이다. 따라서 가족상담은 흔히 법률상담, 질병상담, 연애상담, 인생상담 등의 넓은 의미의 문제를 해결하기 위하여 의논하는 개념과는 달리 심리학적인 기반에서의 '인간 심리'를 대상으로 의사소통(communication)하는 상담기술을 필요로 한다.

그러므로 가족상담과 관련된 주된 학문적 배경은 상담심리학, 사회복지학이나 교육학도 배경 학문이 될 수 있다. 이에 비하여 가족치료는 같은 심리학적 지식을 필요로 하지만 주로 심리검사기법을 사용하여 가족구성원들이 가진 문제가 무엇인지를 '진단'하여 드러난 문제를 감소 혹은 변화시키는 치료기술을 사용한다. 그러므로 배경 학문으로는 심리학 중에서 임상심리학이 주된 영역을 차지하고, 정신의학적인 차원의 '병리' 개념에 따른 접근도 가족치료로 볼 수 있다.

둘째는 실천현장 측면, 즉 실제적으로 가족상담과 가족치료는 구별될 수 있다. 우선 가족상담 실천현장은 상담심리 전문가나 사회복지사 등의 전문직이 국가자격이나 민간자격을 갖추고 가족구성원 중 한 사람 이상을 대상으로 그들이 겪게 되는 가족관계에서의 갈등과 스트레스 문제를 다루게 된다. 이때 상담 장면에서는 일반적으로 심각한 징후(symptoms)를 보이지 않는 '내담자(client)'를 대상으로 가족생활에서의 적응도를 향상시키는 것에 상담목표를 두게 된다.

이에 비하여 가족치료 실천현장은 임상심리 전문가와 정신과 의사 등이 혼재되어 가족구성원 중 한 사람 이상을 대상으로 그들이 겪고 있는 가족관계에서의 고통(family pain)을 진단하고 치료하게 된다. 그러므로 치료 장면에서는 주로 심각한 징후를 나타내는(질병이나 병리를 나타내는) 환자(patient)나 '환자로 보이는 사람(Identified Patient, IP)'을 대상으로 증상을 완화하고 치료하는 것에 목표를 둔다.

이러한 이유로 가족치료를 위한 전문적 활동에서는 가족상담에서와 같은 의사소통의 기술보다는 심리검사기술과 약물치료기술이 주로 다루어진다. 이 경우에 임상심리사들은 심리검사를 주로 하고 정신과 의사들은 면접과 행동 평가를 통해 생리학적이고 생화학적인 약물처방을 통해 치료활동에 중점을 두게 된다. 이러한 관계적 특성으로 정신과 병원에서는 임상심리사와 정신과 의사가 협업하는 시스템이 많은 실정이다.

하지만 가족상담과 가족치료의 용어적인 차이점에도 불구하고 한국을 비롯한 서구권 국가에서도 양자의 개념을 확연히 구별하지 않고 있는 경향이 있음은 분명하다. 그 이유 중의 하나는 상담(counseling)이나 도움(helping)이라는 말보다 치료(therapy)라는 말이 상대적으로 내담자나 환자들에게 우월하게 인식된다는 것에 있다.

가족상담 및 가족치료 분야에서도 개인상담 및 개인치료 영역과 유사하게

'심리적 개입(psychological intervention)'을 한다는 측면에서는 임상심리사(clinical psychologist, 임상심리학자)가 치료자가 되고 정신과 의사는 'psychiatrist'로 용어적인 정의가 가능하다. 하지만 '심리치료(psychotherapy)'나 '심리상담(psychological counseling)'이라는 용어를 매개로 활동하는 정신건강 분야의 전문가로는 정신의학이나 임상심리학 외에도 사회복지학과 교육학 분야의 전문가들이 혼재되어 있다. 그러므로 실제로는 이들 모두가 심리치료자(psychotherapist)인 것이다. 따라서 개인상담 및 개인치료와 마찬가지로 가족상담 및 가족치료도 용어적 구분보다는 전문성 강화가 관건이 된다고 볼 수 있다.

2) 가족상담 및 가족치료의 영역

(1) 배우자 친화관계의 가족상담 및 가족치료

배우자 친화관계란 결혼이나 동거 등의 관습과 제도에 의해 신체적·심리적·사회적 결합을 통해서 배우자라는 새로운 지위를 획득하고 부부로서의 역할을 수행하게 되는 상호보완적 인간관계이자 기초적 가족관계를 의미한다. 이 말은 부부가 각자 다른 인격체로서 개인적 역할을 하며 성인 시기까지 성장하여 일정한 시기에 이성교제(heterosexual relationship)나 배우자 선택(spouse choice) 과정을 통해 부부로서의 전인적인 발전을 해야 한다는 전제가 따른다. 아울러 결혼이나 동거(cohabitation)를 통하여 새로운 가족체계를 형성하기 전까지 각자는 수십 년 동안 원가족(family of origin) 체계라는 전혀 다른 가족관계를 유지해왔다는 점도 전제가 되어야 한다.

그러므로 원가족체계에서의 성장 과정을 거쳐 새롭게 형성되는 부부체계에서는 이러한 전제들을 고려한 적응과 발전이 요구된다. 그러나 결혼 초기에서부터 노년 부부 시기에 이르기까지 부부관계는 서로의 결점과 장점을 보완해 나가며 적응하려는 노력이 없는 한 수많은 갈등이 잠재되어 있다는 점에서 고통스럽고 파괴적인 관계가 될 가능성이 있다. 따라서 각기 다른 원가족체계에서 성장한 두 인격체가 애정을 기초로 하여 정서적 유대관계를 형성하고 건강하고 행복한 배우자 관계로 발전하기 위해서는 가족상담 및 가족치료 전문가로부터 부부적응과 부부갈등 요인을 학습하거나 조력을 받는 과정이 요구된다.

적응(adaptation)이란 생물체가 환경의 변화에 맞게 자신의 상태나 구조 즉 개인의 역할, 태도, 행위를 끊임없이 변화시키는 과정을 말한다. 그중에서도 인간 상호 간의 적응은 쌍방 간의 단순한 적응뿐만 아니라 경제적·사회적·대인적 환경에 대한 적응도 포함하는 역동적 과정이다. 이것을 부부관계의 배우자 적응(친화)으로 좁혀서 보면 부부 각자의 결혼생활에 대한 기대와 희망을 상호 충족시키는 배우자로서의 태도 및 행위를 변화시키는 과정이라고 정의할 수 있다(고정자, 1999 재수정).

하지만 인간이나 부부간의 태도나 행위는 교육이나 학습이 없는 일상적인 과정에서는 시간이 가더라도 큰 변화를 기대하기 어렵다. 특히 성인 시기에 접어든 부부관계는 이미 원가족체계에서 오랫동안 학습되고 관습화가 된 신화나 규칙이 작용하고 있기 때문에 새로운 가족체계를 구성했다고 하더라도 두 사람만의 생활양식으로 융합하는 과정에는 많은 장애가 수반된다.

따라서 배우자 친화관계의 적응은 이성교제의 구애 기간부터 서로를 알아가는 과정이 요구된다. 예를 들면 결혼 전에 자녀양육이나 부모부양 관계, 성적 관계 등의 중요한 영역에 대하여 진지하게 논의하는 과정에서 조기적응을 시도하는 것이 바람직하다. 아울러 결혼 초기에 큰 어려움이 없이 조기적응 하더라도 자녀가 태어나고 성장하는 과정이나 자녀들이 성장하여 출가한 후 부부만이 남는 노년 시기에 이르기까지의 가족생활주기의 발달단계에서도 가족 위기(family crisis)가 발생할 수 있으므로 지속적인 적응의 노력이 배우자 간에는 요구된다.

이제 이러한 부부적응(배우자 친화)의 영역을 제시해보면 크게 성격적 적응, 성적 적응, 경제적 적응, 대인관계적 적응의 네 가지로 정리할 수 있다. 이러한 영역은 적응을 넘어 건강한 배우자 관계를 유지할 수 있게 하는 요인이 되기도 한다.

첫째, 성격적 적응은 가장 변화하기 어려운 영역으로서 부부갈등의 기본적인 요소하고 할 수 있다. 따라서 결혼 전에 자기보고식 성격유형검사 도구인 MBTI 등을 통해서 소위 결혼궁합의 성격적 적합도를 사정해보는 것이 바람직하다. 그렇다고 같은 성향의 배우자만이 성공적인 결혼생활이 보장되는 것만으로 보기에는 한계가 있으므로 성격검사를 통해 성숙한 인격체로서 서로의 가치관이나 감정을 교류하는 노력이 요구된다.

둘째, 성적 적응은 서로 만족스러운 성관계를 유지하는 것을 의미하는데, 남성과 여성의 생리적 특성에 따라 만족도가 다르다는 점에서 갈등의 요소가 존재한다. 일반적으로 여성의 성적 만족도는 결혼생활의 전반적 적응과 일반적으로 상관이 되지만 남성의 경우에는 성적 만족도 여부가 결혼생활의 적응에 크게 좌우되는 경향이 있다(Wells, 1984).

셋째, 경제적 적응은 부부불화와 이혼 등의 갈등 요인이 되는 주된 영역이다. 사회적 관점에서 보면 결혼한 배우자는 하나의 경제적 단위에 속한다. 그러므로 배우자가 경제적 영역에서 서로 다른 기대나 욕구를 나타내면 다른 어느 영역에서보다 더 큰 갈등이 발생할 수 있는 것이다. 특히 홑벌이 부부는 경제권을 가진 배우자의 지배적 태도나 통제에 불만을 가지기 쉽고 맞벌이 부부의 경우에도 자녀양육이나 부모부양, 노후대책 준비나 투자 등의 가계 운영에서 공유하지 않으면 갈등이 발생하게 된다.

넷째, 대인관계적 적응은 친인척과 친구 등의 관계 적응을 말한다. 결혼은 두 배우자 간의 결합만이 아니라 그들의 친인척들과의 결합도 의미하며, 아울러 배우자가 서로 친화성이 없고 오히려 타인이나 자녀 등과 의사소통을 많이 할 경우에도 갈등은 발생한다. 특히 소자녀 가족체계로 원가족에서 성장한 두 사람이 결혼하거나 원가족체계에서 부모와 밀착되었던 배우자와 결혼한 상대 배우자는 동반자 의식이 부족하다는 점을 느낄 수 있다. 이러한 환경에서 성장한 배우자는 상대 배우자보다는 친부모나 친인척, 자녀, 친구들과 의사소통을 하고 중요한 결정에서도 그들과 세력을 형성하게 되어 갈등이 발생하는 것이다.

이 외에도 결혼단계에 도달한 성숙한 배우자라고 하더라도 성인 시기까지 성장할 동안 익혀온 인생에 대한 가치관, 종교나 영성, 철학(세계관) 등의 사회문화적 배경이 차이가 클 경우에는 서로 공유할 수 있는 관심 영역이 많지 않다는 점에서 갈등 요인이 있다. 이러한 경우에는 부부가 진솔하게 함께하는 시간을 마련함으로써 어느 정도의 갈등을 해소할 필요가 있다. 이러한 적응과 갈등 요인들은 가족상담 및 가족치료사들의 조력으로 보다 개선될 수 있는 영역이라고 할 수 있다.

(2) 자녀양육 / 부모부양 관계의 가족상담 및 가족치료

가족상담 및 가족치료의 주된 대상이나 영역은 부부간의 배우자 친화 관계에서 발생되는 적응문제나 갈등해결을 위한 것이 기초가 된다. 그러나 가족이 부부체계로 형성이 되고 나면 대다수의 가족은 발달주기에서 자녀양육과 관련된 갈등과 스트레스와 직면하게 되며, 다른 한편으로는 노부모를 부양하는 가족관계에서 오는 갈등과 스트레스 요인에서도 자유로울 수 없는 가족체계에 놓이게 된다.

다만 가족의 개념이 결혼, 출산 또는 입양을 통해 맺어진 사람들의 집단이라는 일반적인 정의에 한정되지 않고 사회 변동에 따라 가족을 기준 짓는 범위가 확대되거나 변화하고 있다는 차원에서 보면 자녀양육이나 부모부양 관계의 발달과업 상의 갈등 요인이 보편적으로 적용되는 것은 아니다.

예를 들어 2000년대 이후 급속하게 늘어나고 있는 비혼독신 유형의 1인 가구나 한부모가족, 무자녀가족, 동성애가족, 비혼동거가족, 비혼출산가족에 대한 사회적 인식이 긍정적으로 변화하고 있다는 측면에서는 일반적인 가족생활주기의 발달과정에 따른 가족상담 및 가족치료의 영역도 확대되고 변화될 것으로 보인다. 한국 정부가 2020년에 진행한 '제4차 가족실태조사'에 나타난 가족가치관을 보면, 20대의 경우 '비혼독신'이라는 가치관 항목에 53%가 동의하고, '비혼동거' 항목에 46.6%, 결혼을 하더라도 '무자녀' 항목에 52.5%, '비혼출산' 항목에 23%가 동의하고 있는 것을 보아도 그러하다. 아울러 '이혼과 재혼' 항목에서도 54.0%가 동의하고 있다. 이러한 가족에 대한 가치관은 사망한 직계존속에 대한 상례(제사)에 대해서도 지내지 않는 항목에 63.5%가 동의하고 있는 것과도 상관이 있는 것으로 보인다.

이러한 조사결과는 서구사회를 비롯한 한국 사회에서도 산업화 시기였던 20세기 말까지의 중심적 가족가치였던 가족공동체, 특별한 정서적 유대나 상호의존의 개념이 서서히 붕괴가 되고 개인적 만족, 자기발전, 독립성을 추구하는 가족가치관으로 변화하고 있음을 말해준다. 아울러 이상적인 가족형태도 성별 분업적 역할에 기초한 '핵가족'이라는 보편적 형태가 여러 유형으로 바뀌고 있는 현실을 반영한 것으로 볼 수 있다. 그중에서도 이혼이나 재혼으로 형성되는 재혼 및 계부모가족(remarriage and step families)과 한부모가족은 전형적인 핵가족형태의 변화 유형으로 들 수 있다.

한편, 이러한 가족형태나 가치관의 변화에 대해서는 사회의 극단적인 위기현상으로 보는 위기론과 그와 상반되는 관점의 진보론(낙관론)의 논쟁이 있을 수 있다. 실제로 미국 학계에서는 1980년대 중반까지는 일부 신우익 계통의 지식인들을 제외하고는 위기론보다는 낙관적인 진보론이 우세하였다(임인숙, 1999: 23). 후기 산업사회에서 가속화되고 있는 가족 변화가 일부 사람들에게는 부정적인 영향을 끼칠 수 있고 파괴적일 수도 있지만 전체적으로는 가족들이 새로운 사회변화에 잘 적응하고 있으며, 더욱 바람직한 방향으로 진보해나갈 수 있다(Thorn & Yalom, 1982; Collins & Coltrane, 1991)는 견해를 보인 것이다.

하지만 10여 년이 지난 1990년대에 접어들면서부터는 이러한 가족의 변화가 극단적인 위기로까지 진전될 수 있다는 경고와 함께 적극적인 사회적 개입의 필요성을 제기하는 견해(Popenoe, 1993; Glenn, 1993)가 주류를 차지하게 되면서 이제는 전 세계적으로 확산이 되고 있는 실정이다.

이러한 가족위기론에 따르면 산업화가 진행되면서 전통적인 확대가족이 핵가족으로 재편되었고 그동안 대가족체계가 담당했던 기능이 새로운 경제사회 구조에서 효율적으로 보완되었지만 이제는 그 핵가족 자체가 분열되고 있다는 점에서 가족상담 및 가족치료의 필요성을 강조하게 된 것이다. 가족의 가장 근본적이고 기본적인 단위인 핵가족체계가 붕괴되면 가장 큰 사회적 문제가 자녀(아동)의 양육과 노부모의 부양 문제로 집중될 것이 예상된다는 측면에서 가족상담 및 가족치료의 주된 영역으로 다루어야 함은 당연한 귀결이라고 할 수 있는 것이다.

먼저 자녀(아동) 양육과 관련된 영역을 보면 가정 내의 아동학대 예방을 비롯한 청소년기의 자아정체감 혼란과 연관된 청소년-부모 관계, 성인기 자녀-부모 관계를 대상으로 한 상담과 치료적 접근이 요청된다. 아동학대(abuse of child)는 부모 요인과 아동 요인이 있지만 가족관계에 구조적 문제가 있는 경우(미성년가족, 한부모가족, 이혼가족, 재혼가족 등)에 학대의 빈도가 높다는 점에서 이들을 대상으로 한 상담과 치료는 물론 예방적 접근이 요구된다.

그리고 자아심리학자 에릭 에릭슨(Erik Erikson)에 의하면 아동기에서 성인기로 넘어가는 청소년기에는 정체성 확립과 역할 혼미의 위기가 있기 때문에 청소년-부모 관계는 가족상담 및 치료의 주요 대상이 될 수 있다. 특히 자녀가 청소년 시기에 자아정체감 형성에 혼돈을 겪고 있을 때 그 부모 세대도 '생산성'이라는 생애 발달과제를 달성하지 못하고 침체상황에 처하게 되면 가족상담 및 가족치료에서는 복합적인 접근이 필요하게 된다.

그리고 자녀가 성장하여 결혼하고 분가한 경우에도 핵가족체계에서 성장한 자녀와 부모 관계는 여전히 접촉하고 친밀한 유대관계를 지속하려는 경향이 이어진다. 여성 배우자를 기준으로 보면 시부모나 친정 부모와의 관계가 여기에 해당이 된다. 이 시기에는 부모는 경제적 활동이 거의 중단되는 시기이지만 일반적으로 부모는 자녀에게 지속적으로 경제적 지원과 다양한 도움을 주어왔기 때문에 많은 경우에 상호적이거나 심지어 일방적인 원조가 지속되는 경우도 발생하게 된다. 이러한 경향은 서양 가족사회보다는 동양 가족사회에서 더욱더 뚜렷한 경향이 나타나는 것으로 볼 수 있다.

전통사회의 기준에서는 자식이 성장하여 경제적 활동을 하며 부양을 받는 것이 부모의 위치였지만 핵가족 사회의 현대에서는 여전히 노부모에게 의존하려는 패턴이 유지되고 있는 것이다. 이러한 관계가 깨지는 경우는 부모의 건강이나 경제 여건이 악화가 되는 사건이 발생하거나 부모가 스스로 노후준비를 하면서 자녀로부터 노후 부양을 기대하지 않을 때에만 가능하다.

그러나 한국 사회의 경우 상당수의 성인자녀-부모 관계는 경제적으로나 정서적인 유대관계를 지속하려는 과정에서 갈등의 요인이 발생한다. 즉 성인자녀는 분가 이후에도 독립하지 않고 경제적 지원이나 상속을 기대하고, 노부모는 노후준비가 미숙한 상태로 남아서 자녀에게 부양책임을 기대하는 것이다. 따라서 가족상담과 치료는 이러한 양육과 부양 관계를 고려한 접근이 요구된다.

(3) 이혼위기 / 재혼관계의 가족상담 및 가족치료

가족체계는 두 사람의 배우자가 결혼이라는 제도를 통해 가족을 형성하고 자녀출생 및 자녀양육, 부모부양 등의 가족발달과업을 수행하는 역동적 과정으로 구성된다. 그러나 이러한 가족체계는 안정되고 항상성을 유지하려는 특성이 있지만 구성원들의 체계적 역동성에 문제가 발생할 경우에는 위기가 찾아올 수 있는 잠재적 위험이 상존하고 있다는 특성이 있다. 특히 현대사회는 전통사회와는 달리 전형적인 가족유형이었던 핵가족이 소수의 가족형태로 밀려나고, 가족체계가 개인적 행복과 자아실현을 위한 수단으로 바뀌고 있는 현상이 두드러지고 있다. 이는 가족형성과 유지에 대한 전통적인 의미와 규범적 성격이 퇴색하고 자유로운 선택과 계약에 기초한 하나의 생활양식이자 문화로 자리를 잡게 되었음을 의미한다.

다시 말하면, 전통적으로 안정과 다정함, 그리고 평화를 의미하던 가족, 사랑, 친교라는 의미가 이 시대에서는 깊은 갈등과 불안, 그리고 부담으로 변하였음을 보여주는 것이며, 이는 서구 사회에서뿐만 아니라 전통적으로 가족중심주의가 뿌리 깊게 박혀 있는 한국 사회에서도 예외는 아니라는 것이다(이혁구, 1999 재수정).

2000년대 이후의 각국의 이혼율을 혼인 건수와 비교해서 보면, 35% 정도를 나타내는 국가가 40여 개 국가에 이른다. 그리고 특정 1년간 인구 천 명당 이혼 건수를 나타내는 '조이혼율(Crude Divorce Rate)'로 보더라도 비슷한 국가의 범주가 2.0건 이상으로 나타나고 있다. 국가별로는 러시아와 미국이 서구국가에서는 제일 높고 아시아 국가에서는 한국, 일본, 중국의 순위이다. 하지만 이러한 이혼율 통계는 각 국가마다 기준이 다르고 동거 등의 결혼 전 문화가 많이 다르므로 일률적인 비교는 의미가 크지 않다.

그러나 2020년 6월에 미국의 가족 법률 회사인 Wilkinson & Finkbeiner에서 집계한 전 세계의 이혼사유는 가족상담 및 가족치료의 필요성과 타당성에 유의미한 측면을 제공하고 있다. 이혼사유의 1위는 성적 갈등(잠자리 강요 등), 2위는 가정폭력, 3위는 경제적 갈등, 4위는 불륜과 외도, 5위가 성격 갈등이다. 이 중에서 4위인 불륜과 외도는 크게 보면 성적 적응 문제로 인한 갈등에 속한다고 볼 수 있다.

이러한 이혼사유는 초혼 관계뿐만 아니라 재혼 관계가 포함된 것이다. 이혼하는 건수가 늘어나는 현상과 맞물려서 재혼하는 가족관계도 늘어나지만 재혼가족의 경우에는 초혼에서 겪었던 갈등이 치유되지 않은 상태에서 새로운 가족구성원을 만나게 되면 더욱 복잡한 관계 갈등이 나타날 개연성이 많다. 특히 양쪽 배우자의 자녀들이 하나의 새로운 가족체계를 구성하게 될 경우에는 상처가 재연될 수 있으므로 가족상담 및 가족치료적 접근이 효과성을 더할 수 있다.

이렇듯 이혼이든 재혼의 관계이든 당사자는 물론이고 자녀 등의 가족구성원들은 비정상적인 외부적 사건에 대한 스트레스 반응을 나타낼 수 있다. 특히 이혼이나 재혼 사건이 당사자의 직업적 문제나 자녀의 학업적 문제와 중첩이 될 경우에는 심각한 적응장애(Adjustment Disorder)로 이어질 개연성이 충분하다. 따라서 가족상담 및 가족치료사들은 이혼 위기와 재혼 관계에 있는 가족들을 대상으로 한 예방적이고 치료적인 접근이 요구된다.

3 가족상담 및 가족치료의 관련 영역

1) 결혼상담 및 예비부부 상담

결혼상담(premarital counseling)은 결혼을 하기 전에 미혼남녀가 이성교제를 하는 도중이나 배우자를 선택하기 위하여 서로의 관계 문제에 대하여 상담하는 전문적 활동을 말한다. 뿐만 아니라 현재 교제하는 이성이 없는 상태에서도 결혼과 관련된 여러 가지 심리적 문제나 의사결정 문제를 다룰 수도 있다. 그러나 이러한 전문적이고 심리적인 조력 활동이 아닌 결혼 행위 자체와 관련된 타인의 조력 활동은 '결혼소개(중개)'에 해당한다.

흔히 '결혼상담사'라고 칭하는 결혼중계 시장의 직종은 상대에게 적합한 이성을 주선하고 만남을 알선하는 활동이 주가 된다는 점에서 '결혼중개사(커플매니저)'로 볼 수 있으며, 결혼을 앞두고 있는 고객을 대신하여 결혼식장 준비나 혼수품 구입, 신혼여행 예약 등의 업무를 하는 직종은 '웨딩매니저'로 볼 수 있다. 이러한 활동들은 이성 간의 '매칭(Matching)'을 위한 과정에 치중되기 때문이다.

이에 비하여 결혼 전에 원만한 배우자 선택이나 예상되는 가족 위기를 사전에 극복하기 위해 상담하는 경우는 '결혼가족상담사(Marriage and Family Counselor)'로 칭할 수 있다. 주로 결혼 및 가족체계 내에서 인지·정서·행동 등 정신적인 문제를 검사하거나 진단하여 심리적인 조력을 하는 전문직이기 때문이다. 이때 결혼가족상담사들이 주로 활용하는 검사(Testing)나 사정(Assesment) 도구는 마이어(Myers)와 브릭스(Briggs)가 칼 융(Carl Jung)의 심리유형론을 토대로 1962년에 개발한 자기보고식 성격유형검사 도구인 MBTI(Myers-Briggs Type Indicator)를 사용하는 경우가 많다. MBTI 성격유형검사는 선호하는 네 가지 선호지표(척도)에 따라서 16가지 성격유형으로 구분되므로 결혼가족상담사는 이를 해석하여 일종의 일반적인 '성격궁합'을 상담할 수 있기 때문이다.

그리고 1977년에 미국 미네소타대학의 가족사회과학(Family Social Science)학과 교수였던 데이비드 올슨(David Olson)과 그의 동료들에 의해 개발된 프리페어인리치(PREPARE/ENRICH-CV) 커플 진단 검사도 사용이 되는데, 명칭은 '풍부하게 준비하다'라는 의미를 가지며, 보다 체계적인 부부(커플)관계 검사라고 할 수 있다. 프리페어인리치(PREPARE/ENRICH-CV) 커플 진단 검사는 이후 2008년에 피터 라손(Peter Larson) 박사가 참여하여 내담자 맞춤형 버전이 개발되었고, 최근에는 온라인 검사 방식으로도 개발되었다.

주로 예비부부를 대상으로 커플관계 및 결혼 만족도를 검사하는 프리페어인리치(PREPARE-ENRICH-CV) 검사는 10가지의 핵심 척도(① 이상주의적 왜곡, ② 의사소통, ③ 갈등해결, ④ 파트너 유형과 습관, ⑤ 재정관리, ⑥ 여가활동, ⑦ 성적기대와 애정, ⑧ 가족과 친구, ⑨ 관계기대/역할, ⑩ 종교적 신념)에 따라 결혼만족도를 검사한다. 단, 커플의 배경 정보, 즉 연애(교제) 중, 예비부부(약혼), 기혼, 복합가정, 자녀유무, 고령부부에 따라서도 척도의 구성이 조금씩 달라지기도 한다.

이 외에도 프리페어인리치(PREPARE-ENRICH-CV) 검사는 커플지도와 가족지도[5], 네 가지 커플관계 역동 척도(① 자기주장, ② 자신감, ③ 회피성, ④ 파트너 지배성), 5대 성격요인[① 사교성(social), ② 변화(change), ③ 조직성(organized), ④ 배려(pleasing), ⑤ 정서적 안정성(Emotionally steady)]을 알아보는 SCOPE 성격척도(SCOPE Personality Scales), 개인스트레스 척도 등이 추가되어 체계적으로 해석할 수 있는 도구이다. 검사 결과는 관계 강점 영역과 성장 필요 영역에 따라 활력 있는 부부, 조화로운 부부, 전통적 부부, 갈등 부부 등의 커플로 나누어져 해석이 되며, 그에 따라 상담을 할 수 있다.

데이비드 올슨은 프리페어인리치(PREPARE/ENRICH-CV) 커플 진단 검사를 바탕으로 1996년에 그의 동료들과 같이 수행한 '예비부부의 결혼후 부부만족 예측 연구(Predicting Marital Success for Premarital Couple Type Based on PREPARE)'에서 혼전관계의 질에 따라 혼인안정성과 만족도를 예측할 수 있다는 주장을 하고 있다(Blaine

5) 커플지도를 통해 서로가 커플관계를 어떻게 인식하고 있는지 친밀성과 유연성을 알 수 있고, 가족지도에서는 원가족과의 친밀성과 유연성을 알 수 있다.

J. Fowers, Kelly H. Mantel, David H. Olson, 1996).

아울러 네 가지 혼전 유형(four premarital type)인 '활력(Vitalized)', '조화(Harmonious)', '전통(Traditional)', '갈등(Conflicted)' 부부유형 구분에 따라 결혼하기 3~4개월 전에 393쌍을 대상으로 조사하여 다음과 같이 특징을 정리하고 있다.

첫째, 활력부부는 문제해결을 위해 부부(커플)이 함께 한다. 감정을 있는 그대로 나누며, 애정과 성적관계에 만족하고, 행복감이 높다. 아울러 평등주의의 역할을 위해 부부가 노력하며 신앙을 중요시한다.

둘째, 조화부부는 활력부부가 가지고 있는 정서적이고 성적인 만족에서 중간 정도로 나타났다. 아울러 신앙은 그리 중요시하지 않는 것으로 조사되었다.

셋째, 전통부부는 조화부부처럼 관계는 중간 정도로 나타났으며, 문제해결과 미래설계 영역에서 두 사람의 의견이 일치한다. 아울러 여성의 순결을 중요시하며 혼전동거에는 반대하고 신앙이 중요한 요인으로 나타난다.

넷째, 갈등부부는 모든 문항에서 어려움이 표시된다. 배우자의 인격, 습관 등에 대하여 불만족으로 나타난다.

그리고 393쌍을 대상으로 조사를 한 1년 후부터 3년까지 추적 조사한 결과 얻어진 237쌍의 결혼만족도 조사 결과에서는 다음과 같이 보고하고 있다.

첫째, 활력부부는 결혼생활에 거의 만족을 표시하였다.

둘째, 조화(화합)부부와 전통부부 간의 비교에서는 조화부부가 전통부부보다 만족도가 높았다. 이는 조화부부가 결혼의 만족도를 추구하는 것을 보여준다.

셋째, 조화부부가 전통부부에 비하여 이혼을 많이 한 것으로 나타났다. 이는 전통부부가 결혼의 안정도를 추구하고 있음을 보여준다.

넷째, 갈등부부는 약 40%가 결혼을 취소(파기)한 것으로 나타났다. 이는 활력부부보다 3배가 많은 수치이다. 그리고 결혼했더라도 별거하거나 이혼한 커플이 거의 절반(48%)에 가깝게 나타났다.

이러한 연구결과로 볼 때 결혼 전에 예비부부들이 가지고 있는 개인적이고 관계적인 요소들이 결혼 후의 결혼만족도나 이혼에 관련성이 높다는 점에서 결혼상담 및 예비부부 상담의 필요성이나 효과성을 방증한다고 볼 수 있다.

2) 부부훈련과 부부치료

(1) 가트만의 부부훈련 및 부부치료

미국 워싱턴주립대학 심리학과 교수인 존 가트만(John Mordecai Gottman)이 개발한 부부훈련 및 부부치료 프로그램은 미국에서 이혼율이 급증하던 1970년대에 연구가 시작되었다. 당시 30대 초반이었던 가트만은 매사추세츠공과대학(MIT)에서 수학과 물리학을 전공한 후에 결혼을 위해 여성들과 사귀었으나 대부분 좋지 않게 관계가 끝났고 결혼마저도 실패한 상태였다. 이러한 상황에서 비슷한 경험을 하고 있었던 UC 버클리대학의 로버트 레벤슨(Robert Levenson) 심리학 교수와 의기투합하여 인간관계를 과학적으로 연구하여 부부훈련 및 부부치료 프로그램을 개발한 것이다.

따라서 가트만 부부치료는 하빌 헨드릭스(Harville Hendrix, Ph. D)와 헬렌 헌트(Helen L. Hunt, Ph. D) 부부가 개발한 이마고 부부관계 치료(Imago Couple Relationship Therapy)[6]나 1980년대 초반 인본주의적 관점에서 미국의 존슨 수잔(Johnson Susan)과 토론토의 요크대학교(Toronto York University) 심리학과 교수인 레슬리 그린버그(Leslie Grenberg)에 의해 개발된 정서중심적 부부치료(Emotionally Focused Couple Therapy, EFCT)에 비하여 철저하게 과학적인 연구에 기반하고 있다는 것이 특징이자 강점이라고 할 수 있다.

다시 말하면, 이들이 연구를 시작할 때 어떤 선입견이나 가설을 세우지 않고 실제 부부들이 사는 모습을 연구하여 어떻게 하면 행복한 결혼생활을 할 수 있는가를 알아내고자 했던 것이다. 이를 위하여 가트만은 워싱턴주립대학의 의과대학 기숙사 한 칸을 빌려서 아파트처럼 꾸미고 주말마다 부부 한 쌍을 초대하여 평소처럼 지내게 하며 실험했다. 이 과정에서는 동의를 얻어 부부가 생활하

6) IMAGO 치료는 부부관계를 치유하고 성장하기 위해서는 배우자의 어린 시절 상처를 치료하는 것이 중요하다는 점을 인식하고 이를 치료에 반영시키고 있다. 이론적 배경으로는 정신분석과 대상관계이론, 융의 분석심리학, 가족치료, 교류분석, 발달이론과 사이코드라마로부터 아이디어들을 통합·적용한다. 어린 시절 특히 부모와의 관계에서 미해결과제(unfinished business)가 부부관계에서 계속 연장되고 있음에 착안한 치료인 것이다.

는 모습을 비디오로 촬영하여 말의 내용, 표정, 눈빛, 억양, 태도 등을 관찰했다.

아울러 부부의 성격이나 학력, 직업, 결혼관 등에 대해서는 심층 면접하고 심장박동수와 혈류량, 스트레스 및 호르몬 지수 등도 측정했다. 이러한 자료들은 5년 후, 10년 후, 15년 후의 추적을 통해 무엇이 결혼생활에 가장 위협요인이 되는지를 통계적으로 밝히는 근거가 되었던 것이다. 이러한 연구과정은 36년간 3,000여 쌍이 대상이 되었으며, 그 결과 부부의 대화를 3분만 들으면 이혼 위험성을 96%까지 예측 가능하고 결론을 짓게 되어 유명세를 타게 되었다.

이러한 연구과정에서는 그의 배우자인 쥴리 슈왈트 가트만(Julie Schwartz Gottman) 박사와 같이 운영한 시애틀의 'Love Lab-Gottman'에서의 650여 쌍의 14년간 부부 추적연구에서 드러난 '행복한 부부'와 '헤어지는 부부'의 대화방식도 유명하다. 먼저 가트만이 '행복한 결혼생활'을 위해 제시하는 일곱 가지 원칙을 보면, ① 사랑의 지도 그리기, ② 서로에 대한 호감과 존중 쌓기, ③ 마음으로 다가가는 대화하기, ④ 상대방 의견 존중하기, ⑤ 해결 가능한 문제는 두 사람이 같이하기, ⑥ 결혼의 막다른 위기상황을 극복하기, ⑦ 부부역할이나 공유할 인생의 의미 발견하기이다.

'가트만의 부부치료'는 바로 이러한 부부사이의 관계의 질을 높이는 방향으로 진행된다. 가트만은 이러한 모델을 '행복한 결혼의 집 이론(sound marital house Theory)'으로 칭한다(Gottman, 2002). 아울러 가트만은 이혼으로 가게 되는 부부들은 다음과 같은 네 가지의 대화방식을 주로 사용한다고 주장한다(Gottman, 1999). ① 비난이나 비평(criticism), ② 경멸(contempt), ③ 지나친 자기방어(defensiveness), ④ 도피행위나 돌담 쌓기(stonewalling)의 대화방식과 태도가 그것이다.

(2) 이마고 부부치료(Imago Couple Relationship Therapy)와 정서중심적 부부치료(Emotionally Focused Couple Therapy)

① 이마고 부부치료(ICRT)

이마고 부부치료(Imago Couple Relationship Therapy, ICRT)는 당초 목회자인 하빌 헨드릭스(Harville Hendrix) 박사가 자신의 이혼문제를 해결하기 위해 사립 상담치료 연구소에서 연구를 시작하였고, 이후 새로 결혼한 아내 헬렌 헌트(Helen L. Hunt) 박사와 함께 1980년대에 기법을 체계화시켰다. 영향을 받은 이론으로는 프로이트의 정신분석학과 대상관계이론, 에릭 버언(Eric Berne, 1910~1970)에 의해 1957년에 개발된 임상심리분석 시스템인 교류분석(Transactional Analysis, TA)[7], 애착이론, 체계이론, 사회학습이론 등을 들 수 있다.

이러한 배경이론의 공통점은 '대화'에 있기 때문에 이마고 부부치료에서는 부부대화법 익히기, 어린 시절의 상처와 배우자 선택의 과정 살피기 등에 초점을 둔다. 즉 무의식적 결혼에서의 문제와 갈등을 이마고 부부대화법(imago couple conversation)을 통하여 의식적 결혼으로 이행시키고 성장하게 하는 치료이다. 이마고 부부치료 혹은 이마고 관계 치료(Imago Relationship Therapy, IRT)에서 이마고(Imago)란 라틴어로서 영어로는 친밀한 사랑에 대한 무의식적 이미지(Image)의 의미이다. 인간은 어린 시절에 자신에게 가장 강력하게 영향을 끼친 사람(주양육자)으로부터 긍정적 특성과 부정적 특성을 복합적으로 이미지화되는데, 이것이 미해결된 과제로 남아서 현재의 부부갈등과 힘겨루기의 핵심적인 과제로 대두된다는 것이다.

따라서 이마고 부부치료에서는 배우자가 서로의 상처치유를 위해 꼭 필요한 협력자가 될 수 있도록 조력해야 한다는 점을 전제한다. 이 경우에 치료사는 부부가 어린 시절의 미해결과제를 풀기 위한 '이마고의 짝'임과 동시에 서로를

7) 교류분석의 주요 개념은 개인 간, 그리고 개인 내부의 상호작용인 자아구조분석을 분석하기 위한 구조를 제공하며 세 가지의 자아상태, 즉 부모자아상태(P), 어른자아상태(A), 아동자아상태(C)]에 기초한다. 교류분석의 치료기법은 ① 자아구조분석, ② 교류패턴분석, ③ 게임분석, ④ 각본분석 네 영역으로 구분되며, 교류(transaction)란 말은 원래 '거래' '흥정하는 것'을 의미하는 상업용어이지만 대화, 의사소통, 거래, 교류 등으로 번역된다.

위한 치료사가 되어야 함을 이해하도록 조력하는 것이 중요하다. 즉 부부치료의 주체가 치료사가 아니라 부부 자신들이므로 치료사가 부부 사이에서 어떠한 삼각관계도 만들지 않도록 유의하면서 코치와 촉진자의 역할을 해야 하는 것이다.

이를 위해서는 이마고 부부관계치료사는 분석하거나, 진단하거나, 내담자가 왜 그런 방향으로 가려고 하는지 해석하지 않는 것이 중요하다. 대신 이마고 부부관계치료사는 대화 과정을 통해서 부부가 무엇을 해야 하는지를 이끌어야 한다. 이 대화는 반영하기(mirroring), 인정하기(validation), 공감하기(empathy)를 기초로 한다.

② 정서중심적 부부치료(EFCT)

정서중심적 부부치료(Emotionally Focused Couple Therapy, EFCT)는 이마고 부부치료(Imago Couple Relationship Therapy, ICRT)와 함께 대상관계이론이나 경험적 방식에 기반한 치료에 속하는데, 1980년 미국의 수잔 존슨(Susan Johnson)과 토론토의 요크대학 레슬리 S. 그린버그(Leslie S. Greenberg) 박사에 의해 개발되었다. 이후 치료기법이 발달하면서 존 보울비(John Bowlby)의 애착이론, 버탈란피(L. Bertalanffy)와 미누친(S. Minuchin)의 체계이론, 휘태커(Whitaker)의 경험주의 이론이 배경이 되었다. 정서중심적 부부치료는 초기에 인지적인 부분에 초점을 두었지만 1990년대에 접어들면서부터는 정서적 의사소통이 부부치료에 중요함을 인식하게 되면서 더욱 발전하였다.

그 결과 정서중심적 부부치료(EFCT)는 애착문제해결, 안전한 관계형성, 신뢰와 접촉을 방해하는 요소의 제거, 부부가 안전한 결합을 형성하도록 조력하기, 애착을 통한 부부결합을 치료목표로 한다. 따라서 정서중심적 부부치료에서는 직접적인 의사소통기술을 가르치거나 무의식적이고 정신적인 갈등에 대한 통찰을 가지는 것을 강조하는 것보다는 애착을 통한 부부의 결합에 핵심적 치료목표를 두어야 한다. 이를 위하여 정서중심적 부부치료자는 부부사이의 정서적 경험을 재처리하고 상호작용을 재조직하여 부부의 안전한 유대감 형성을 촉진해야 한다.

그리고 가족을 대상으로 한 정서중심가족치료(EFFT)에서는 가족관계의 회복을 높이는 원칙과 기법이 요구된다. 즉 가족의 부정적 상호작용 패턴을 안정시키고 부모-자녀 간의 상호작용을 재조직하여 새로운 유대감으로 형성된 안정감을 강화시키는 데 초점을 두어야 한다. 그러나 정서중심적 부부치료자는 부부에게 의사소통 기술과 협상 방법을 가르치지 않아야 하며, 원가족이 결혼에 미치는 방식이나 역설(paradox)과 문제 처방(problem prescription)을 하는 전략적 치료자의 역할이 아니라 부부가 새로운 방식을 실험할 기회를 주고 부부가 만들고 싶은 관계방식을 의식적으로 선택하도록 돕는 역할을 해야 한다.

3) 부모역할훈련(PET/STEP/APT)

(1) 부모효율성훈련(PET)

부모효율성훈련(Parents Effectiveness Training, PET)은 1970년에 미국의 임상심리학자 토머스 고든(Tomas Gordon)이 1950년대 초에 칼 로저스(Carl Ransom Rogers 1902~1987)가 창안했던 인간중심치료 이론과 민주적 부모교육, 의사소통 기법 등을 활용하여 고안한 교육프로그램이다. 당시 미국은 1965년 연방정부에서 저소득층의 어린이들을 위해 조기교육프로그램인 헤드 스타트 프로그램(Head Start Program)을 시작한 이후 유아교육에 대한 부모의 직·간접적 참여가 강조되었던 시기였다. 이는 부모의 참여를 위한 프로그램에 통합되기도 하지만 부모로서 효율적인 양육태도 및 방법을 지니도록 교육하는 것에 관심을 두게 되었다는 점을 의미한다.

고든이 이 프로그램을 개발한 개인적 배경으로는 자녀들이 가진 정신적, 정서적 문제는 정신의학적 문제로 취급할 것이 아니라 부모-자녀 간의 의사소통이나 인간관계에서 생긴 문제로 보아야 하며, 이를 위해서는 양자 간의 관계를 개선시킬 수 있는 방법을 부모들에게 효율적으로 교육해야 한다는 관점(Tomas

Gordon, 1960)에서 찾을 수 있다.

따라서 부모효율성훈련의 교육원칙은 애정과 존경에 바탕을 둔 민주적 부모-자녀 관계를 지향하도록 효율적 의사소통 증진방법에 중심을 두고 있다. 그러므로 세부적인 교육내용으로서는 가족관계에 존재하는 욕구갈등해소의 무패방법(no-lose method), 자녀의 행동을 판단하여 받아들이는 수용성 수준 파악하기, 문제의 소유자가 누구인지를 파악하기(가려내기) 등이 있다. 진행방식은 주 1회, 3시간씩 8주간(총 24시간)으로 30명 이내 그룹을 대상으로 이루어진다.

(2) 체계적 부모효율성훈련(STEP)

효율적 부모역할 수행을 위한 체계적 훈련 프로그램(Systematic Training for Effective Parenting, STEP)은 미국 남동부의 플로리다주(State of Florida)에서 활동한 의사소통 및 동기유발훈련연구소의 딩크메이어(Don Dinkmeyer)와 맥케이(Gray D. Mckay)가 1976년에 개발한 종합적이고 단계적인 부모교육 프로그램이다. 이 프로그램은 명칭 그대로 드레이커스(Rudolf Dreikurs)의 민주적 양육 이론, 인본주의적 부모교육 이론, 고든의 부모효율성훈련 이론, 에릭 버언(Eric Bern)의 교류분석(Transactional Analysis, TA) 이론 등에서 장점을 종합하여 체계적이고 조직적으로 고안된 것으로 알려지고 있다.

체계적 부모효율성훈련(STEP) 프로그램에서는 주로 10~12명이 1개 팀이 되어 7~9주 동안 주 1회 2시간씩 전문지도자로부터 부모교육을 받는 방식을 취한다. 세부적으로 보면, 강의주제에 대하여 읽은 교재내용을 토의한 후 비디오 감상, 비디오에 대한 토의, 삶을 위한 적용결단, 필요한 기술습득 및 연습 등으로 진행이 된다. 이러한 효율적 부모역할 수행을 위한 체계적 훈련(STEP)은 부모-자녀 관계에서 생기는 여러 가지 문제를 효과적으로 해결할 수 있는 지식을 제공하고 부모의 역할과 자녀의 자존감을 증진시킬 수 있는 기술을 제공하는 것에 목적이 있다.

따라서 부모교육의 주요 내용을 보면, 잘못된 자녀행동의 원인 이해, 자녀의 자존감 길러주기, 자녀와 대화하기, 자녀의 협동심과 사회성 기르기, 효율적 훈육, 가족모임 등이 있다. 결과적으로 STEP은 부모에게 자녀양육의 방법과 결과를 알게 하고, 책임 있는 자녀양육 및 부모-자녀 간의 갈등해소를 위한 대화를 모색하게 한다. 그러므로 효율적 부모역할 수행을 위한 체계적 훈련(STEP)의 효과는 크게 세 가지 정도로 요약할 수 있다.

첫째, 자녀양육에 대한 새로운 지식과 지도 방법을 제안해 준다.

둘째, 부모들이 자녀들과 좀 더 효율적으로 관계를 가질 수 있고, 상호존중을 바탕으로 한 친밀한 관계를 유지할 수 있게 한다,

셋째, 자녀와의 의사소통에서 반영적으로 경청하고, 부모의 생각과 느낌을 표현하는 기법을 알게 되어 의사소통 증진에 효과적이다.

(3) 적극적 부모역할훈련(APT)

적극적 부모역할훈련(Active Parenting Training, APT)은 미국의 마이클 팝킨(Michael H. Popkin)이 세계 최초로 비디오로 된 부모교육 프로그램을 1983년에 개발한 것이다. 배경이론으로는 아들러(Adler)의 개인심리학, 드레이커스의 민주적 양육 이론, 로저스(Rogers)의 인본주의적 이론, 에릭슨의 심리사회적 발달이론 등을 들 수 있다. 아울러 고든(Tomas Gordon)이 1970년에 개발한 PET(부모효율성훈련) 프로그램에서 제시된 의사소통기술에서도 영향을 받았다.

APT의 주요 목표는 자녀에 대한 목표와 부모에 대한 목표로 구분할 수 있는데, 자녀에 대한 목표는 용기, 자존감, 협동심, 책임감을 길러주는 것에 있다. 그리고 부모에 대한 목표는 말 그대로 민주형으로서 적극적 부모가 되는 것에 있다. 여기서 적극적 부모는 '한계 안에서의 자유'를 자녀에게 허락하는 것을 의미한다. 이 외에도 청소년을 둔 부모에게는 약물의 위험을 자각하고, 자녀에게 어떻게 말할 것인가의 예방적 부모역할을 알 수 있게 하는 효과도 있다.

즉 적극적 부모역할훈련(APT)에서는 부모의 역할을 ① 군주형(Autocratic)의 독재자(Dictator), ② 자유방임형(허용형, Permissive Style)의 심부름꾼(The Doormat), ③ 민주형

(Democratic Style)의 '적극적 부모'로 구분하면서, 적극적 부모는 민주적 지도방법으로 자녀와 상호작용할 것을 강조하고 있는 것이다.

적극적 부모역할훈련(APT)의 진행방식은 비디오테이프, 지도자 지침서, 핸드북과 활동지도서, 향상기록서와 소책자로 이루어지며, 부모역할 기술은 40여 가지의 상황으로 나누어 주 1회, 2시간 30분씩 총 6주간(즉 6회) 진행이 된다. 그리고 규모는 10~20명의 집단을 대상으로 하며, 주로 비디오 시청과 역할극 참여를 통한 실제적 교육이 이루어진다.

Chapter 02

가족상담 및 가족치료의 철학과 배경이론

1 가족상담 및 가족치료의 철학적 관점

가족상담 및 가족치료가 서구사회에서 태동하게 된 배경에는 제1차 세계대전과 제2차 세계대전이 종료되고 사회적 불안정의 중심이 가족체계에 있다는 인식이 보편화된 것에 있다. 가족치료의 초기에는 주로 정신분열증 환자를 둔 가족을 대상으로 개인심리치료적인 접근을 하였지만 한계가 드러나면서 다양한 학문과 분파에서 가족 간의 관계에 초점을 둔 연구와 치료활동이 전개된 것이다.

이러한 시대적 요청과 학문적 관심은 이론적으로 정형화되기 이전에 여러 분야에서 다양하게 시도되었는데, 사회복지사업(사회복지실천), 집단역동운동(집단상담), 아동지도운동, 결혼상담과 부부상담 분야가 그것이다. 이러한 분야가 공유하는 실천적 관점은 개인심리치료적인 경계의 밖에서 비주류적 활동으로 전개되었다는 점이다.

20세기 초까지 개인심리치료 이론들은 상당한 수준에서 이론적으로 정형화되었기 때문에 정신건강을 위한 상담이나 치료적 접근은 당연히 개인과 개인심리 내면에 있었다고 본다면 이러한 사회분위기에서 주류적 경계 밖에서 가족문제와 상관이 있는 비주류적 활동은 획기적인 시도였다고 볼 수 있다.

우선 사회복지실천에서 가족대상의 케이스워크(family casework)는 초기 사회복지사들의 주요 기법이었고, 가족을 비롯한 집단구성원이 어떠한 내용의 메시지를 어떠한 방법으로 피드백을 하는가에 관심을 두는 집단역동운동 이론, 아동을 비롯한 가족구성원의 심리적 문제를 아동기의 성장환경이나 부모와의 관계에서 찾는 활동은 초기 가족치료이론가들의 관점의 변화를 의미한다. 아울러 결혼생활 문제나 부부간의 다양한 관계적 문제도 개인심리치료 이론으로는 접근의 한계가 드러나면서 성직자나 교육자들이 또 다른 관점에서 접근하는 경우가 늘어났던 것이다.

이러한 시대적 상황과 여건에서 가족상담 및 가족치료는 심리치료의 한 분파로서 발전하게 된 것이 아니라 다양한 비주류분야에서 실제로 활동했던 상담자와 치료자들의 세계관(철학)과 인식론(이론)의 발전에 힘입어 태동하고 발전하게 되었다고 볼 수 있다. 따라서 가족상담 및 가족치료의 철학과 배경이론은 세상을 바라보는 시각의 변화와 함께 변화하였다고 볼 수 있다. 즉 가족관계를 바라보는 실재(reality)의 인식에 따라 가족상담 이론과 치료 모형의 기본가정과 기법이 달라지게 된 것이다.

따라서 가족상담 및 가족치료의 철학과 배경이론은 시대적 흐름에 따라 크게는 초기의 논리실증주의적이고 구조주의적인 철학에 영향을 입은 개인상담적 이론과 체계론적 이론, 후기의 사회구성주의적이고 후기구조주의적인 철학에 영향을 입은 포스트모던적 이론으로 구별할 수 있다. 아울러 2000년대에 접어들면서부터는 이 두 가지 관점을 통합하고 절충하는 울트라모더니즘(Ultra-Modernism)이나 비판적 현실주의(Critical Realism) 입장의 이론들이 관심을 받고 있다.

가족상담 및 가족치료를 용어적으로 개념화하면 어느 정도의 구별이 요구된다는 점을 제1장에서 이미 논의했지만 가족관계의 문제를 '질병'이나 '병리'에 초점을 두는 가족치료의 의학적 모델이나 가족관계의 문제를 '이상행동(문제행동)'이나 '정신적 장애'로 보는 가족상담의 심리학적 모델의 배경에는 인간을 바라다보는 철학적 관점을 공유하고 있다는 점에서는 공통점이 있다. 특히 가족상담의 경우에는 가족치료에 비하여 철학적인 가치판단에 더욱 중점을 두고 접근하고자 하는 경향이 뚜렷하다.

여기에서 가치판단이라고 하는 것은 철학의 영역뿐만 아니라 사회복지학이나 교육학의 사회과학적 영역과도 맞물리는데, 그 이유는 가족상담의 대상이 되는 한 사람 이상의 가족구성원이 겪고 있는 고통과 문제를 해결하기 위해서는 '어떤 가정환경 혹은 가족체계가 바람직한가?', '건강한(기능적인) 가족구성원과 건강하지 않은(역기능적인) 가족구성원의 차이점은 무엇인가?', '만약 역기능적인 가족관계를 기능적인 가족관계로 변화시키기 위해서는 어떠한 방식을 교육해야 하는가?' 등의 사회심리학적 질문에 관심을 갖기 때문이다.

이러한 이유는 개인상담 및 개인치료의 영역보다 가족상담 및 가족치료의 영역에서 사회복지학이나 교육학 등의 학문적 배경을 둔 상담심리전문가들이 많다는 점과도 상관이 된다.

1) 논리실증주의와 논리경험주의(logical positivism & logical empiricism)

가족상담 및 가족치료가 1950년대에 미국과 영국에서 시작된 배경에는 제1차 세계대전에 이어서 경제대공황이 발생하고 급기야 제2차 세계대전에 발발함에 따라 이혼문제를 비롯한 가정해체 현상이 사회문제화가 된 것에 있다. 따라서 초기의 가족상담 및 가족치료는 대상자를 인간내면적 입장에서 심리역동이론과 순수체계이론에서 접근되었다.

정신분석적 가족상담, 행동주의와 인지행동적 가족상담, 대상관계적 가족상담이 여기에 속하는데, 철학적 관점으로 보면 실증주의적 접근이라고 볼 수 있다. 즉 문제행동을 나타내는 가족구성원의 내면세계가 중요하다고 보는 심리역동이론과 내면세계가 존재하지 않거나 내면세계가 있어도 별 소용이 없다고 보는 순수체계이론으로 구분이 된다.

이러한 관점의 이론은 개인상담이나 개인치료의 철학적 관점에 머물러 있는 근대주의적인 사상을 배경으로 한다. 다시 말하면 근대주의 사상을 이끌어간 논리실증적이고 논리경험적인 철학이 초기의 가족상담과 가족치료의 철학적 관점이었다고 규정할 수 있다. 그러므로 가족구성원들이 나타내는 심리적인 문제도 그 개인의 심리내적인 역동성의 문제에 원인이 있다고 보고 치료하게 되는 직선적 인과관계를 근거로 지식과 기술이 발달하였던 것이다.

이처럼 초기의 가족상담 및 가족치료는 분석철학(分析哲學, Analytic Philosophy)의 한 부류인 논리실증주의적 관점에 기초한 개인상담 및 개인치료 이론의 연장선상에서 이루어졌다. 그 이유 중의 하나인 초기 가족치료가 사회복지실천가들의 활동에서 영향을 입었지만 현실적으로는 정신과 의사들이 정신분열증 환자의 가족에 대한 연구에서 이론이 정립된 것과 상관이 있는 것이다. 정신분열증 환자를 대상으로 한 연구들이 각각 따로 진행되었음에도 불구하고 모두 개인치료 이론의 연장선상에서 결론을 짓고 있음을 보더라도 그러하다.

그러나 논리실증주의적 가족상담 및 치료가 전부 개인상담 이론(정신분석 이론, 행동주의와 인지행동주의 이론, 대상관계이론 등)에 한정된 발전을 보인 것으로만 볼 수는 없다. 철학사적으로 보면 20세기 전반 이후에는 클로드 레비-스트로스(Claude Levi Strauss, 1908~2009)에 의한 인류학적 구조주의 사상이 확산되고 있었고, 심리학적으로도 지그문트 프로이트(Sigmund Freud, 1856~1939)의 정신분석학에 영향을 입은 자크 라캉(Jacques Lacan, 1902~1981)이 생물 및 기계와 관련된 사이버네틱스(Cybernetics) 이론과 융합하여 언어구조주의 사상을 전개하고 있었던 것이다. 이러한 시대적 영향으로 가족상담이나 가족치료에서도 구조적이고 체계론적인 이론들이 제시된 것으로 볼 수 있는 것이다.

따라서 흔히 논리실증주의적 가족상담 및 가족치료이론을 거론할 때 심리역동이론과 순수체계이론으로 규정하는 경우가 있지만 이 두 가지의 이론에는 초기의 가족상담 이론이나 가족치료 이론의 상당수가 같이 포함되어 분류할 수가 있다.

먼저 심리역동 이론에서는 인간의 내면세계가 존재하고 그 내면세계는 관계에 중요한 역할을 한다는 철학적 믿음을 가지는데, 대상관계적 가족치료뿐만 아니라 보스조르메니-내지(Ivan Boszormeny-Nagy)[1]의 맥락적 가족치료(contextual family

1) 보스조르메니-내지(Ivan Boszormeny-Nagy)는 페어번의 대상관계이론과 부버의 관계철학에 근거하여 가족들이 상호작용을 하는 맥락에 초점을 둔 이론의 틀을 제시하였다.

therapy), 자아분화 개념에 기반을 둔 머레이 보웬(Murray Bowen)[2]의 다세대 정서체계적 가족치료 이론이 포함된다.

다음으로 순수체계이론에서는 인간에게는 내면세계가 존재하지 않으며, 비록 내면이 존재한다고 해도 그것을 알 수 없으므로 중요하지 않다는 관점을 공유한다. 이는 종교적인 관점과도 상통이 되는데, 무신론과 불가지론의 관점인 것이다. 여기서 불가지론이란 인간의 내면을 검은 상자에 빗대어서 열어도 알 수 없기 때문에 열 필요도 없으며, 오직 검은 상자가 어떻게 기능하는가에만 관심을 가져야 한다는 입장이다.

순수체계이론에는 초기의 그레고리 베이트슨(Gregory Bateson)이 캘리포니아주의 팔로 알토에 있는 정신연구소에서 개발한 대화가족치료 이론에 근거한 정신분열증 환자의 가족 연구자들과 같은 연구에 참여했던 폴 와츨라위크(Paul Watzlawick)의 대화공리 이론[3], 그리고 대화 가족치료이론과 같은 맥락에서 분명하고 쉬운 대화를 강조한 사티어(Virgimia Satir)의 경험적 의사소통 가족치료, 미누친(Minuchin)의 구조적 가족치료, 미누친과 같은 구조적 관점을 가지면서도 가족의 위계질서 해결을 위해서 많은 전략을 사용하는 헤일리와 마다네스(Haley & Madanes)의 구조적 전략주의 가족치료이론이 포함된다.

2) 구조주의와 사회구성주의(Structuralism & Social Constructivism)

가족상담 및 가족치료가 정신분열증 환자가족을 대상으로 치료하면서 가족상담 및 가족치료의 이론적 근거를 모색할 즈음의 초기 가족치료 연구자들은 대부분 근대주의(modernism)에 배경하는 합리적이고 논리실증적인 접근방법을 시도하였다. 따라서 가족상담 및 가족치료의 초점도 인간이라는 주체의 '정신'을 분석하는 것에 두었다. 이러한 관점의 접근은 당연히 프로이트가 20세기 초

2) 보웬은 어머니-자녀 간의 모자공생(symbiosis)이 자녀의 정신분열 발달과 유지에 미치는 다세대적 영향에 특히 관심을 가지고 이론을 발달시켰다.
3) 대화가족치료 이론에서는 마음속에 상태와 상관없이 표현된 대화만이 유일하게 인간의 마음을 이해할 수 있다고 보고, 다섯 가지 대화공리를 제시하고 있다.

반에 제시한 정신분석의 치료모형에 기반을 둔다는 의미가 된다.

프로이트는 인간의 정신(마음)에서 생기는 문제는 근본적으로 생물학적 실재에서 생긴다고 믿었다(Fancher, 1995; 100). 이때 생물학적 실재는 곧 물질주의적이고 자연주의적인 실체로 나타난다는 논리실증적인 사상이 내재되어 있다. 즉 프로이트는 그의 정신분석적 이론에서 인간의 정신(마음)도 자연의 물질처럼 에너지로 가득 차 있으면서도 에너지들이 서로 충돌하고 갈등을 일으키면서 기계적이면서도 역동적으로 생성과 소멸을 반복한다고 보았다.

정신분석의 이러한 세계관은 임상의 실제 기법에도 그래도 적용된다. 상담자나 치료자는 내담자가 말하는 내용을 분석하여 내담자의 마음을 경험하지 않고도 객관적인 듣기(listening)만으로 알아내는 방법을 사용하기 때문이다.

이는 인간(내담자)의 마음 실체가 객관적이고 기계적(물리적)으로 존재한다고 보는 논리실증적 접근이다. 물론 프로이트의 정신분석에서도 후기 이론에서는 정신세계의 구조를 설명하기 위하여 의식, 무의식, 전의식의 세 가지로 구성되어 있다는 지형모형(Topographic model)과 이드(id), 자아(ego), 초자아(superego)로 구성되어 있다는 삼원적 구조모형(Structural model)을 제시하고 있지만 임상기법에서는 기본적으로 실증주의에 바탕을 두고 있다.

하지만 정신분석 이론이 구조주의(structuralism) 철학과 만나게 되는 제2차 세계대전 이후부터는 사이버네스틱스(Cybernetics)의 제어 체계이론(체계이론)적 가족상담 및 가족치료 모델 형성에도 많은 영향을 미치게 된다. 초기의 구조주의는 소쉬르(Ferdinand de Saussure, 1857~1913)의 언어학에서 그 계기를 마련했지만 자크 라캉(Jacques Lacan, 1901~1981)은 소쉬르의 언어학 모델을 프로이트의 정신분석학에 적용하여 구조주의적 영역으로 확장시킨 것이 가족상담 및 가족치료 이론 모형에도 간접적으로 영향을 미쳤다고 볼 수 있는 것이다. 라캉은 많은 정신분석 강의(세미나)에서 정신분석학과 사이버네스틱스 사이의 관계성을 다루었기 때문이다.

이처럼 가족상담 및 가족치료가 구체적으로 형성된 1950년대를 지나면서 개인상담 및 개인치료적 접근에서 벗어나 독자적인 가족상담 및 가족치료 이론과 모형으로 정립이 된 시기의 배경 철학은 구조주의(Structuralism)가 담당하였다고 볼 수 있다. 여기에 속하는 이론적 모형으로는 보웬의 다세대 정서체계적 모형, 미누친의 구조적 모형, 사티어의 경험적 의사소통 모형, 헤일리의 구조적 전략주의 모형을 비롯한 캘리포니아주 팔로 알토 지역에 설치된 정신건강연구소(MRI)의 상호작용적 전략주의 모형, 이탈리아 밀라노(Milan)의 체계적 전략주의 모형을 들 수 있다.

이러한 이론적 모형의 공통점은 초기의 실증주의적 관점의 개인상담 및 개인치료 이론을 배제하고 이미 독자적인 과학성을 갖춘 인류학, 사회학, 컴퓨터과학 등으로부터 이론적 개념을 가져와서 각자의 모형들의 관점을 정립하였다는 것에 있다. 따라서 구조주의적 가족상담 및 가족치료의 이론 형성에 영향을 미친 이론으로는 체계이론과 사이버네틱스(cybernetics), 일반체계이론과 생태학, 생태체계이론, 구조적 기능주의 이론을 들 수 있다.

이처럼 구조주의적 가족상담 및 가족치료가 기존의 전통적인 개인상담이론적인 지식의 객관성을 부정하고 가족구성원들이 주관적으로 인식하는 관념적 지식을 중시하였다면, 1980년대에 접어들면서부터는 사회구성주의(Social Constructionism)[4] 철학이 가족상담 및 가족치료에서 각광을 받게 된다. 해결중심적 단기가족상담 및 가족치료 모형, 협력적 반응팀 모형, 이야기(내러티브) 치료 모형, 여성주의적 모형 등이 여기에 속하는데, 구성주의와는 다르게 실증적 요소를 배제하려는 경향을 띤다. 이러한 모형들은 근대주의(모더니즘)에서 벗어나 포스트모더니즘(Postmodernism)의 흐름에서 가족관계와 관련된 지식도 가족사회의 언어적 상호작용에서 해결중심적으로 접근하는 것에 중점을 두게 된 것이다.

이와 같이 1980년대 이후 포스트모던적 가족치료 모형이 번성하게 된 이유는 사회구성주의와 함께 구성주의(Constructivism)[5]이라는 새로운 개념이 가족상담

4) 사회구성주의(Social Constructionism)는 사회적 현상이나 의식 등의 인공물이 집단의 상호작용에 있어서 어떻게 발전되는지를 연구하는 사회학적 이론이다. 이에 비하여 사회적 구성주의(社會的構成主義, social constructivism)는 인간의 사회적 현상이나 의식 등의 인공물이 사회(집단) 속에서 인간과 다른 사람의 상호작용에 의해 학습된다고 보는 이론이다.

이나 가족치료에 등장하면서 현실이라는 세계는 사람들이 세상을 어떻게 지각하는가에 따라서 각기 다르게 만들어진다는 견해가 우세해지게 된 배경과도 상관이 있다.

따라서 구성주의와 사회구성주의는 가족상담이나 가족치료에서 개발된 이론과 모형의 직접적인 배경 사상이기도 하지만 좀 더 광의적으로 보면 포스트모던적 문화의 흐름에서 핵심적 철학이었던 후기구조주의(post- structuralism)의 영향을 받은 이론으로 볼 수 있다. 일반적으로 구조주의(structuralism)나 후기구조주의는 철학적 사상으로만 다루어지지만 구성주의나 사회구성주의는 사상적 체계가 뚜렷하지 않고 인간현상이나 사회현상을 형이상학적으로 검증하는 이론적 개념으로도 한정되기도 하기 때문이다.

이러한 사회구성주의적 관점에서 이론적 모형을 제시한 학자로는 스티브 드세이저(Steve de Shazer)와 그의 아내 인수 김 버그(Insoo Kim Berg)의 해결중심치료, 호주의 마이클 화이트(Michael White)와 뉴질랜드의 데이비드 앱스턴(David Epston)의 이야기치료, 미국의 텍사스주 휴스턴의 갤비스톤 가족치료연구소의 하렌 앤더슨(Harlene Anderson)과 해리 굴리시안(Harry Goolishian)의 협력언어체계 모형, 노르웨이의 안데르센(Andersen)의 반영팀 접근이 대표적이다.

이러한 모형 중에서도 앤더슨과 굴리시안이 제시한 모델은 사회구성주의 철학의 영향이 뚜렷하다고 볼 수 있다. 이들은 체계가 문제를 만든다는 개념을 부정했고 문제가 체계를 만든다는 관점을 제시했기 때문이다. 앤더슨은 일방경 뒤에서 전문가끼리만 주고받는 대화를 거부하고 내담자에게 들려지는 대화를 실천하였기 때문이다.

특히 앤더슨과 굴리시안은 초기에 팔로 알토 지역의 정신건강연구소(MRI)와 관계를 맺고 전략적 치료자가 되었으나 포스트모던적 사회구성주의 개념을 도입하면서 치료자의 지식과 경험, 그리고 가치관이 내담자의 신념이나 진실에

5) 구성주의로 번역될 수 있는 영어단어는 'constructionism'과 'constructivism'이 있으나 사람들이 인공물을 구성하기 위해 협력한다는 관점을 공유하지만, 전자의 경우는 사회학적 용어에 사용되고, 후자의 경우는 학습심리학적 용어이자 치료적·인지적 용어에 해당한다.

가깝다는 가정을 포기해야 하며, 동일한 증상이라도 치료대상인 내담자 자신과 타인에 대한 생각(시각)이 사회적으로 구성되거나 언어체계로 구성된다는 입장으로 선회하여 협력적 언어체계 모형을 개발한 것이다. 말 그대로 치료자와 내담자가 협력하여 현재와 다른 방식으로 대화하면 가족이 처한 현실세계를 재구성할 수 있다고 믿는 것이다. 재구성 과정에서 앤더슨과 굴리시안이 강조하는 치료자의 자세는 전문가의 역할이 아니라 치료적 대화(언어체계)의 참여관찰자이자 참여관리자로서의 역할이다.

이러한 관점에서 앤더슨과 굴리시안은 이러한 치료자의 자세를 '알지 못함의 자세(not-knowing posture)'로 소개하면서, 치료자의 앞선 경험과 전문가적 지식이 치료과정을 이끌어가는 것이 아니라 문제의 정의와 해결에는 내담자 스스로가 전문성을 가질 수 있도록 조력하는 것을 강조한다. 이는 가족체계 자체가 문제를 만든다는 기존의 관념을 거부하는 것이며, 문제가 체계를 만든다는 가정을 하고, 그러한 체계는 문제를 둘러싸고 조직된 대화나 의미를 언어체계로 구성된다고 보는 입장이다.

그러므로 치료자는 자신이 이미 알고 있는 이해나 그에 대한 설명, 해석에 관한 지식에 제약받아서는 안 된다는 점을 강조한다. 이러한 '알지 못함의 자세'를 유지하기 위해서는 정형화된 질문보다는 내담자가 언어나 태도로 표현하는 내용에 귀를 기울이는 일종의 배움과 호기심의 자세를 요구하는 것이다. 왜냐하면 치료자는 내담자의 어떠한 의도도 미리 알고 있지 못하기 때문에 내담자의 언어에 귀를 기울이고 내담자가 이해하고 경험했던 문제를 탐색하는 데 협력하는 관계가 중요하기 때문이다.

여기에서 협력적인 언어관계라고 하는 것은 상담자(치료자)가 심리학적 전문지식으로 내담자의 우위에 서 있는 자세가 아니라 평등한 관계에서 내담자의 이해와 경험 묘사가 고유한 진실성을 찾아갈 수 있도록 협력하는 것을 의미한다. 이는 상담이나 치료과정에서 대화의 주도적 권한이 상담자(치료자)에게 있는 것이 아니라 가족구성원이 갖도록 조력하여 문제해결의 선택과 이해를 돕도록 하는 것이다.

바로 협력적 접근(collaborative approach)이 이루어져야 하는 것을 강조하는 것인데, 이는 일견 로저스(Carl Rogers)가 제시한 개인상담 이론인 '인간중심상담' 이론과 유사한 측면이 있기도 하다. 다만 로저스는 개인이 '자기'를 발견해 나가는 과정을 통해 인격의 성장이라는 상담목표를 두고 있지만, 사회구성주의적 이론의 모형에서는 '자기'가 가족을 비롯한 사회관계에서 구성된다는 점에서 치료자가 대화의 예술가 혹은 대화의 재건축가로서 내담자의 대화를 촉진하는 전문성을 필요로 한다는 차이점이 있다.

이러한 협력적(협동적) 치료모델을 또 다른 측면에서 발전시킨 이론가이자 치료자는 1987년에 반영팀(reflecting team)이라는 개념을 도입한 노르웨이의 가정의학과 의사이자 정신과 의사였던 안데르센(Andersen)을 들 수 있다. 그는 정신병환자가 가족, 친구, 이웃과 멀리 떨어져서 홀로 치료받아야 했던 현실에서 치료자도 내담자나 그 가족에 대해 그들이 생각하는 것을 숨기지 않고 서로의 이야기를 반영하는 치료방법과 모형을 발전시킨 것이다.

즉 기존의 치료과정에서는 치료자는 관찰자로서 내담자를 관찰대상으로 보는 고정된 관계였지만, 반영팀 모형에서는 치료팀의 견해를 가족구성원이나 내담자 팀이 일방경을 통해 관찰하고 듣고 반영할 수 있도록 변화시킨 것이다. 물론 치료팀과 내담자팀은 일방경을 사이에 두고 간접적인 대화를 하게 되지만 이와 같은 협력적이고 반영적인 구조라는 알지 못하는(not-knowing) 가족의 현실세계를 새롭게 재구성하고 문제를 해결할 수 있다는 사회구성주의에 배경을 두고 있다고 볼 수 있다.

이처럼 사회구성주의는 사회적 현상이나 의식이 사회적 맥락에 따라서 어떻게 발전하는가를 연구하는 사회학의 지식론이기도 하지만 크게 보면 인간의 사회적 현상이나 의식이 사회 속에서 개인과 다른 사람 사이의 상호작용에 의해 형성된다고 보는 다학제적인 관점이다. 따라서 가족상담 및 가족치료의 모형에서도 많은 영향을 미치게 된 것이다.

이 말은 1차 가족치료(first-order cybernetics) 모형에서 관심을 가졌던 가족구조나 갈등에는 초점을 두지 않는다는 의미이다. 즉 가족이 겪고 있는 현실세계는 객관적으로 존재하는 것이 아니라 사회적으로 구성된 것이므로 새롭게 만들어가는 과정에서 치료자와 내담자는 협력해야 한다고 보는 것이 2차 사이버네틱스 가족치료 모형인 것이다.

3) 울트라모더니즘(ultra-modernism)과 비판적 현실주의(critical realism)

1980년대 이후 포스트모던적 가족상담 및 가족치료가 심리상담과 심리치료 분야에서 확고하게 자리매김을 할 수 있었던 배경에는 그동안 개인상담 및 개인치료가 지향해왔던 논리실증주의적 접근과는 완전히 다른 구성주의적 접근을 시도하며 다양하게 적립되었던 각 이론 모형에서의 공통된 개념과 기법을 사용한 해결중심 모형, 협력적 언어체계 모형 및 반응팀 모형, 이야기(내러티브) 모형 등이 사회구성주의적으로 제시되었다는 원인을 찾을 수 있다.

이 말은 본격적으로 각 학파에 대한 통합적이고 절충적인 접근의 필요성이 제기된 것은 2000년대 이후지만, 이미 사회구성주의적인 이론과 모형이 대두될 당시부터 여러 학파의 가족상담 및 가족치료모형을 상담과정에 적용하려는 움직임이 내재되어 있었다는 의미가 된다.

다시 말하면 포스트모던적 가족상담 및 가족치료의 이론 모형들의 대부분은 그 이전의 구조주의적이고 구성주의적인 관점에서 이론과 모형이 정립되었던 여러 학파의 영향을 받았고, 심지어 내재적으로는 논리실증주의적 관점에서 접근되었던 정신역동적 가족치료, 인지행동적 가족치료, 대상관계적 가족치료에서의 기법들도 일부는 유용성을 인정하는 기류가 가족상담 및 가족치료의 실천현장에서는 공존했다고 볼 수 있는 것이다.

그러나 전체적으로는 가족관계의 갈등을 해결하는 지식과 기법이 보편적이고 객관적인 인과성으로 구성되는 것이 아니라 해당 가족구성원들의 상대적이고 주관적인 인과성에서 이론과 기법을 언어의 체계를 통하여 사용하고자 시도하는 경향이 주류를 이루게 된다.

이러한 경향은 포스트모던시대의 핵심 철학인 후기구조주의(Post-structuralism)가

영미철학의 한 부류인 분석철학(Analytic philosophy)의 흐름과 중첩이 되면서 언어의 역할이 철학이나 심리학의 중심 무대에 서게 된 것에서 파악될 수 있다. 즉 개인이나 가족구성원들이 자신의 세계(사고, 인지, 행동 등)를 표현하는 것의 수단은 언어체계를 통해서 구성해 나가는 것이기 때문에 상담자나 치료자도 하나의 이론체계를 가지고 접근하는 것보다는 내담자나 지목된 환자(Identified Patient, IP)가 사용하는 언어체계에서 의미를 찾고 협력적으로 그리고 통합적으로 접근하는 것이 중요해진 것이다.

이것이 바로 통합 절충적 접근을 강조하는 울트라모더니즘(Ultra-modernism)의 가족상담 및 가족치료의 출발점인 것이다.[6] 그중에서도 1995년에 미국 중부의 일리노이주(State of Illinois) 시카고 외곽에 소재한 노스웨스턴대학((Northwestern University)의 가족치료연구소장 핀소프(Pinsof)가 개인치료와 가족치료의 유기적 통합을 주장한 통합적 문제중심 치료모델(integrative problem-centered therapy)과 같은 노스웨스턴대학 가족치료연구소의 브른린과 슈워츠(Breunlin & Schwartz)가 시카고아동연구소의 매쿤-카러(Mckun-Karrer)와 공동으로 1992년에 개발한 초월구조주의 모형(metaframeworks model)이 기존의 가족치료 학파를 통합 절충적으로 망라하는 이론과 기법을 제시하고 있는 것이 대표적이다.

한편, 1980년대 이후 포스트모더니즘적인 가족상담 및 가족치료 모형이 절대적인 지지를 받으며 성장할 수 있었던 배경에는 1990년대에 접어들면서 전통적인 사회과학의 패러다임에서 이루어졌던 1차 사이버네틱스 가족치료(first-order cybernetics) 모델에서 벗어나게 된 점을 들 수 있다. 즉 가족구성원들이 현실 속에서 자각하고 언어적으로 창조해가는 신념에 중점을 두는 2차 사이버네틱스 가족치료(second-order cybernetics) 모델로 관심을 돌리는 치료자가 늘어난 것과 상관이 있는 것이다. 이러한 배경은 바로 사회구성주의가 가지고 있는 가족치료

6) 리나레스(Linares, 2001)는 포스트모더니즘(Post-modernism)의 확산과 더불어 전통적이며 체계론적 가족치료가 근대적이고 기계론적이므로 사회구성주의적 가족치료보다 유용하지 않다는 비판이 일어나고, 다른 한편에서는 전통적 가족치료의 유용성을 포기해서는 안 된다는 주장이 제기되는 상황을 고려하여 사회구성주의적 가족치료와 그 이전의 이론들을 통합할 필요가 있다는 주장을 하였다.

의 관념과도 거의 일치한다.

그러나 2000년대에 접어들면서부터는 포스트모던적 가족상담 및 가족치료에 대한 비판이 제기되면서, 다른 한편으로는 지금까지 발달해온 가족상담이나 가족치료이론들을 절충하고 통합해야 한다는 주장이 힘을 얻게 된다. 사회구성주의에서는 상담자와 치료자가 '알지 못한다(not-knowing)'는 자세와 내담자와의 협력적 접근(collaborative approach)을 강조하지만 통합절충주의 모형에서는 가족구성원들의 특성이나 상담실천단계에 따라 유용한 이론과 기법은 얼마든지 적용될 수 있다는 관점을 보인다. 소위 '울트라모더니즘(Ultra-modernism)'시대의 가족치료 모델이 대두된 것이다.

이러한 울트라모더니즘적 가족상담 및 가족치료가 대두된 배경에는 개인상담 및 개인치료 이론에 근거한 논리실증주의적 가족상담 및 가족치료나 구조주의적이고 사회구성주의적인 관점에서 새롭게 정립된 많은 가족상담 및 가족치료 이론과 기법들이 정점에 이르렀다고 보는 관점이 늘어나게 되었다는 점을 들 수 있다. 이는 가족치료 및 가족상담의 패러다임이나 세계관의 새로운 변화를 주장하는 것이 아니라 '새로운 전환(turn)'이 필요하다는 점에 착안한 것으로서 리나레스(Linares, 2001)가 최초로 '울트라모더니즘'으로 칭하게 된 것에서도 방증이 된다.

즉 여기서 '새로운 전환'이라는 개념은 무엇인가 새로운 이론과 기법을 만들어내는 것이 아니라 그동안 발전되어온 가족치료 이론 모형의 고유성이나 전문성을 인정함과 동시에 상담이나 치료의 실천과정에서 유용성이 있는 여러 이론이나 모형을 선택적으로 사용하거나 통합 절충한다는 의미이다. 그뿐만 아니라 논리실증주의적 관점에서 발전되었던 개인치료 및 개인상담 이론과 모형들도 가족상담 및 가족치료에 통합할 필요가 있다는 관점도 포함하고 있다.

다시 말해서 1990년대 중반에 제시된 통합적 문제중심 치료(Integrative Problem-focused Therapy, IPCT) 모델이나 초월구조주의 모델 등의 통합 절충적인 가족치료의 발달을 리나레스(Linares)가 '울트라모더니즘'이라는 철학적 용어로 통칭하면서 이제는 가족상담과 가족치료는 체계론적이고 구조주의적 관점과 후기구성주의적이고 포스트모던적 관점의 양자택일의 문제가 아니라는 '새로운 전환'의 시대에 접어든 것으로 볼 수 있다. 이는 내담자(환자로 지목된 가족구성원)가 처한 상황이나 맥락 혹은 치료자(상담자)의 선호에 따라 여러 이론과 모형이 선택되고(AND) 통합(BOTH)될 수 있다는 관점을 말한다.

그러므로 울트라모더니즘의 가족상담과 가족치료에서는 논리실증주의적 배경에서 발달된 가족상담 및 가족치료 이론을 비롯한 구조주의적 배경에서 발달된 체계이론적 가족상담 및 가족치료가 뒷전으로 밀리고 후기구조주의적이고 포스트모던적 배경에서 발달된 가족상담 및 가족치료 모형이 선호되었던 흐름이 또 다른 모습으로 변화한 것이 아니라 가장 적합한 이론과 모형을 선택하고 통합한다는 관점의 전환이 되는 것이다.

이러한 가족치료 및 가족상담 실천 현장의 울트라모더니즘적 전환은 가족문제의 사정단계에서부터의 전환을 포함하는데 객관적 양적 가족사정 도구뿐만 아니라 투사적 질적 가족사정 도구의 활용성이 강조되고, 논리실증주의적 견해와 구조주의 및 포스트모던적 후기구조주의적인 견해 모두를 비판적으로 수용하는 '비판적 현실주의(Critical realism)'의 관점이라고도 할 수 있다.

2 가족상담 및 가족치료의 이론적 배경

가족상담 및 가족치료의 이론과 모델이 1950년대의 논리실증주의적 개인상담 이론에서 벗어나 1970년대에 구성주의와 사회구성주의적 이론으로 정립되는 과정에서는 일차적으로 내담자 혹은 환자를 바라다보는 철학적 관점의 영향이 크다고 할 수 있다.

하지만 하나의 이론과 모델이 체계화되는 과정에서는 정신의학이나 임상심리학 본연의 지식이나 기술보다는 인류학, 사회학, 언어학, 컴퓨터과학 등의 학문으로부터 개념들을 차용하는 방식을 채택하고 있다. 그 이유는 이러한 학문으로부터 가져온 개념들이 가족상담 및 가족치료의 실천을 정의하는 데 적합성을 강화할 수 있었다는 점에 있다.

이러한 이유로 차용되고 채택된 개념들이나 이론으로는 생태학과 컴퓨터과학 등에서의 체계이론, 일반체계이론과 생태체계이론, 후기구조주의적 언어체계이론 등이 있는데, 이러한 체계이론들이 가족관계 문제해결에 적용이 되면서 가족체계이론으로 정립이 되었던 것이다.

따라서 가족상담 및 가족치료가 개인상담 및 개인치료에서 사용되는 심층심리학적인 접근을 벗어나 독자적인 가족상담 및 가족치료의 이론과 모형으로 정립되면서부터 대다수의 가족상담 및 가족치료 이론가들은 체계론적 관점에서 그들의 이론적 체계와 적합성을 구축한 것으로 볼 수 있다. 이 말은 1970년대 이후 다양한 가족상담 및 가족치료 이론과 모형이 정립되었지만 넓은 의미에서 보면 체계론적 관점을 공유하고 있다는 의미가 된다.

1) 생태학이론과 사이버네틱스 이론(체계이론)

체계(system)란 원래 '함께 된 것'이라는 의미인 시스테마(systema)에서 유래한다. 그러므로 고대 그리스 철학자들은 이미 자연과 인간을 유기체라는 체계로 보는 사고가 있었다고 볼 수 있다. 다시 말하면 전체와 부분의 구별, 체계의 구조성 및 위계를 지닌 질서 등의 개념이 있었으며, 학문의 영역에서도 철학에서 과학이 분파되어 나오면서부터는 더욱더 체계적인 관점이 뚜렷해지고 있다.

이는 18세기의 가장 두드러진 동식물학자 중 한 사람인 스웨덴의 칼 폰 린네(Carl von Linne, 1707~1778)가 1735년에 출판한 『자연의 체계(*Systems of Nature*)』에서 동식물의 분류체계를 세운 것에서도 드러난다. 이러한 생태학의 체계론적 사고는 19세기에 접어들면서 생물학자들의 식물과 동물을 고립된 개체로 다루는 것이 아니라 전체의 공동체로 연구하기 시작하면서 더욱 발전하게 된다.

오늘날 생태학(ecology)이라는 용어는 원래 1866년에 독일의 생물학자 어네스트 헤켈(Ernest Haeckel, 1834~1919)이 그리스어로 집(가족)이라는 의미를 가진 'oikos(household)'와 'logos(science)'를 합성하여 'oekologie'라는 용어를 최초로 사용한 것에서 비롯되었다. 당시 헤켈이 정의한 바에 따르면 생태학(ecology)이란 '생물과 그 생활환경 및 생물 상호의 관계를 과학적으로 연구하는 학문'이 된다.

이렇게 볼 때 생태학은 동식물뿐만 아니라 지구상의 모든 가족구성원들의 관계에도 적용이 되는 연구(과학)라고 할 수 있다. 여기에서 말하는 '관계'의 개념은 개개의 유기체의 특성보다는 유기체들 사이의 순환적 관계를 의미하는 것이다. 유기체는 홀로 존재하는 것이 아니라 집단을 구성하여 상호작용하는 특성이 있기 때문에 부분들의 속성이 혼합되어 단순하게(직선적으로) 설명할 수 없는 어떤 새로운 것이 나타날 수 있다. 이 개념은 가족이라고 하는 전체체계는 부분인 개인들의 합(合)보다 크다는 것으로 규정될 수 있다.

이처럼 체계론적 사고가 생물학자들에 의해 생태학적 배경에서 시작되었지만 1948년에는 미국 매사추세츠공과대학교(MIT)의 수학자 노버트 위너(Norbert Wienner, 1894~1964)에 의해 '사이버네틱스(cybernetics)' 개념으로도 발전이 되어 가족상담 및 가족치료에 영향을 미치게 된다.

위너는 『동물과 기계의 사이버네틱스 또는 제어 및 통신(*cybernetics or control and communication in the animal and machine*)』(1948)에서 인간의 여러 조직, 예를 들면 가족관계의 과정과 생물유기체, 기술 장치를 포함하는 체계에서 자동조절 혹은 통제에 대한 생각을 이론화하였다. '사이버네틱스'라는 용어는 원래 그리스어에서의 '조타수(kybernetes)', 즉 '키잡이(舵手)'를 뜻하며, 한자어로 바꾸면 '인공두뇌학' 정도로 번역될 수 있다.

노버트 위너는 종합과학이라고 할 수 있는 사이버네틱스(Cybernetics)의 제창자로 컴퓨터의 개념과 결과물이 막 태어나는 시점의 천재였다고 볼 수 있는데, 그는 14세에 수학전공으로 터프츠대학(Tufts University)을 졸업하고 17세에 하버드대학에서 수학박사 학위를 받았다. 학위를 마치고 유럽으로 가서 버트란드 러셀(Bertrand Russell) 등을 만나 수리논리학 및 분석철학을 공부하였으며, 매사추세츠공과대학교(Massachusetts Institute of Technology, MIT)의 수학과 교수로 재직하면서 '피드백(feedback)'이라는 개념을 공식적으로 도입한 사이버네틱스 이론을 제창하였던 것이다.

그가 제시한 피드백 컨트롤 모델(Feedback control model)은 훗날 인공지능, 인지학, 철학 등에 걸쳐 영향을 미쳤으며, 가족치료 분야에도 영향을 미쳤다고 볼 수 있다. 왜냐하면 그가 "인간의 행동을 지배하는 것은 커뮤니케이션과 피드백이다." 하고 언급한 것이나 "투입(input)된 정보가 개인을 조절(통제)한다."는 주장은 그동안 내담자(환자) 개인을 대상으로 마음(정신)을 치료해왔던 '한 사람의 심리학(one person psychology)'의 치료관점을 벗어나게 한 전환점이 되었기 때문이다. 즉 사람의 성격이나 심리문제는 가족이라는 조절체가 주는 정보에서 조절이 된다는 관점으로 전환이 되면서 환자가 가족구성원들에게 고통을 주는 장본인이라는 기존의 개념이 가족이라는 조직체의 희생물이 환자라고 보는 개념이 새롭게 생기게 된 것이다.

이는 '두 사람 이상의 심리학(two person psychology)'으로 볼 수 있는 가족상담 및 가족치료의 배경이론이 되기에 충분했던 것이다. 따라서 1946년에 메시 회의(Macy-Conference)[7]에서 위너를 비롯한 사이버네틱스 학자들이 개념을 제시할 당시에는 주로 공학이나 무기학 분야에서 자동온도조절 장치나 로켓과 같은 무기공학 장치와 많이 관련되어 개발되었다.

그러나 인류학자인 그레고리 베이트슨(Gregory Bateson)과 마가렛 미드(Margaret Mead) 등의 사회과학자들이 위너의 사이버네틱스 이론에 관심을 가지면서 행동과학의 용어로도 발전되고 가족치료에 적용이 되기 시작한다.

베이트슨은 사이버네틱스(인공두뇌학)의 원리에 근거하여 '마음'의 개념을 수립하였고, 마음을 '살아있는 것의 본질'로서 기계와 살아있는 유기체를 구분하는 기준이 된다고 언급한다. 이는 사이버네틱스가 더 이상 공학적 이론이 아니라

7) 미국은 제2차 세계대전 종전 후인 1946년부터 1953년까지 Cybernetics Group이라는 단체를 만들었다. 이 단체는 세계정신건강연맹 회장인 유대인 출신의 영국인 조시아 메시(Josiah Macy)의 재정후원으로 10차례 걸쳐 메시회의를 연 것이다. 회의의 프로젝트는 Man-Machine Project였는데, 인간을 기계처럼 원격으로 통제하고 인간의지를 통제하겠다는 것이 목표였다.

'생물체계와 사회체계에 있어서 순환적 인과관계와 피드백 기제'에 관한 과학으로 발전하게 되었다는 점을 의미한다. 왜냐하면 베이트슨과 미드는 사이버네틱스 이론에서 체계의 피드백 과정에 사회과학적인 흥미를 갖게 되었고, 그것을 가족구성원들의 관계 체계에 적용하면서 기존의 개인상담 및 개인치료 이론에 근거하여 접근했던 '직선적 인과관계론'을 '순환적 인과관계론'으로 전환시키는 역할을 했던 것이다.

당시 베이트슨과 미드는 사이버네틱스 그룹에서 인류학자로 참여하고 있으면서 컴퓨터 정보공학자로 참여하고 있었던 노버트 위너와 클로드 섀넌(Claude Shannon, 1916~2001)의 컴퓨터 공학적 원리를 인간행동의 원리, 즉 가족구성원 등의 관계이론으로 전환시키고자 시도했던 것인데, 이는 오늘날의 인공두뇌학(인공지능학) 이론의 태동과도 상관이 있다고 볼 수 있다.

이러한 체계이론과 사이버네틱스이론은 개인치료가 주류였던 20세기 초반까지의 정신의학과 임상심리학적 환경의 경계 밖에서 아동지도나 부부관계 문제에 관심을 가졌던 가족대상 사회복지실천(family casework)이 좀 더 과학적 패러다임을 갖추고 가족상담과 가족치료이론을 정립하게 된 배경이 되었다고 볼 수 있다.

2) 일반체계이론

1950년대 이후의 초기 가족상담 및 치료의 발전과정에서 베이트슨의 사이버네틱스적인 체계이론의 영향과 공헌은 지대하다. 베이트슨이 자신의 견해를 집대성한 『마음의 생태학(*Steps to an Ecology of Mind*)』(1972)을 출간한 것에 영향을 받은 초기의 가족치료 선구자들이 자신들의 치료와 연구결과를 담은 가족치료관련 저서들을 각자 출판하면서 가족치료의 주요 모델들이 정립되었기 때문이다.

보웬의 다세대 정서체계적 모델, 미누친의 구조적 모델, 사티어의 경험적 모델, 헤일리 등의 전략주의 모델이 그것이며, 아울러 전통적인 심리치료모델을 가족치료에 접목한 대상관계적 모델이나 인지행동적 모델도 대부분 1970년대에 정립된 것이다.

이처럼 베이트슨이 가족치료의 선구자들과 직접적으로 관계하면서 영향을 미친 것과는 달리 오스트리아 출신 생물학자로 빈대학 교수를 거처 캐나다 오타와대학과 앨버타대학, 미국 캘리포니아대학 교수를 지냈던 루트비히 버탈란피(Ludwig von Bertalanffy, 1901~1972)는 1948년에 처음으로 일반체계이론(general system theory, GST)을 발표한 이래로 1968년에 저서 『일반체계이론(*General systems theory*)』을 발간하면서 가족상담 및 가족치료를 비롯한 사회복지실천 분야에 지대한 영향을 미치게 된다. 버탈란피는 평소 공학적이고 기계론적인 사이버네틱스 체계이론에 대하여 매우 비판적이었기 때문에 당시 가족치료 문헌에서는 많이 인용되지는 않았지만 1960년대 후반부터 사회과학 전반에서 각광을 받게 된다.

사이버네틱스 체계이론에서는 가족관계에서 항상성(homeostasis, 안정성)을 유지하거나 미리 설정된 변화 목표를 향해 나아가기 위해 필요한 정보를 획득하는 순환적 피드백(feedback)에 초점을 두고 가족체계 내의 규제와 통제에 관심을 갖지만, 일반체계이론(general system theory, GST)은 더 나아가서 어떤 특정한 체계만이 아니라 일반적인 체계에도 적용할 수 있는 보편적 원리를 추구하는 차이점이 있다.

이는 서로 다른 두 체계에서 이루어지는 행위가 동일한 원리에 의해 지배되는 구조적 유사성, 즉 이질동상(isomorphism, 동형이질)의 특성을 강조한다는 점이다. 이러한 일반체계이론의 특성은 궁극적으로 '지식의 통합자' 역할을 주장하는 것으로 볼 수 있다.

일반체계이론의 특성은 단 한 개의 세포로 구성된 단세포의 원생동물인 아메바(amoeba)를 비롯하여 인간사회인 가족이나 지역사회, 그리고 국가 체계 모두에게 적용이 가능하다는 측면에서 종래의 심리학이나 정신의학에서 추구해 왔던 물질적 환원주의(還元主義, reductionism)와는 대조적이다. 즉 정신분석이나 행동주의 이론에서는 복잡한 인간존재를 단순한 인과관계의 존재로 환원해서 설명하려고 하고 체계의 항상성이나 규칙성(rules)을 강조한다.

하지만 일반체계이론에서는 가족구성원 등의 연구 대상이 되는 구성원의 존재를 하나의 부분으로서의 환원론적 분석보다는 그것을 둘러싼 환경과의 관계 속에서 전체로서의 이질동상(isomorphous), 즉 크기와 형상은 비슷하지만 공통적인 특성은 갖지 않는 존재로 본다는 차이점이 있다.

버탈란피가 "항상성 유지의 원칙이 인간행동의 규칙이 된다면 잘 적응하는 인간은 기름을 잘 친 로봇으로 정의할 수 있다."라고 언급하고 있는 것은 일반체계이론자인 버탈란피가 사이버네틱스 학자들이 주장한 체계이론의 한계를 지적한 것으로 볼 수 있다.

3) 생태체계이론

일반체계이론(general system theory, GST)은 '구조-기능분석', '기능주의', '구조-기능주의' 혹은 '체계분석'이라고도 불린다. 생태체계이론(eco-systems theory)은 바로 이러한 일반체계이론을 생태학 이론과 결합한 것이다. 따라서 생태적 체계이론(ecological systems theory) 혹은 생태적 관점(ecological perspective)의 분석이라고도 불린다. 생태체계이론을 가장 먼저 제시한 사람은 러시아 태생으로 미국에 이민하여 심리학을 전공한 후 코넬대학 등에서 심리학 교수직을 수행한 유리 브론펜브레너(Urie Bronfenbrenner, 1917~2005)이다.

그는 1977년에 논문 <인간발달의 실험적 생태학(Towards an experimental ecology of human development)>에서 인간발달 분석에 생태체계의 개념을 처음 사용하였던 것이다. 이 논문에서 브론펜브레너는 활동적이며 성장하는 인간이 환경과 어떻게 관계되어 있는지를 제시하고 있는데, 아동이 환경 속에서 성장하면서 영향을 받게 되는 체계를 미시체계, 중간체계, 외체계, 거시체계의 네 가지로 구분하였다. 아울러 아동이 환경에서 발생하는 사건들의 유형(양식)과 생애에서 전환점이 되는 사회역사적 사건을 의미하는 '시간체계'[8]를 별도로 구분하고 있다.

8) 시간체계(Chronosystem)는 초기의 생태학적 모델에서는 없었으나 새롭게 추가된 체계이다. 주인공인 나의 전 생애에 걸쳐서 일어나는 변화와 역사적인 환경을 의미한다. 살아가면서 겪은 경험

세부적으로 보면, 미시체계(Microsystem)는 가족, 또래, 유치원, 학교, 교회 등 직접적이고 근접한 환경의 영향이다. 중간체계(Mesosystem)는 미시체계들 상호 간의 관계, 즉 부모와 교사의 관계, 형제간의 관계, 또래 간의 관계 등이다. 외체계(Exosystem)는 아동에게 근접한 환경은 아니지만 대가족이나 친척, 가족의 친구, 지역사회, 대중매체, 지역사회기관 등이 속한다. 거시체계(Macrosystem)는 아동이 속해 있는 국가나 사회의 가치, 법률, 관습 등의 문화적 환경이 포함될 수 있다. 거시체계는 아동의 성장에 간접적인 영향을 미치게 되며, 아동이 성장하면서 겪을 수 있는 부모의 이혼이나 기아, 전쟁, 자연재해 등과 같은 사건 등은 네 가지의 환경체계에 많은 영향을 미치게 된다.

이러한 환경을 고려하여 인간행동의 문제를 이해하려는 생태체계이론은 가족상담 및 가족치료에서 정신병리나 행동장애를 보이는 IP(identified patient)를 대상으로 한 지료기법에서 매우 유용할 수 있다. 다시 말하면, 생태체계이론은 치료대상인 IP가 '부모에게 폐를 끼치는 아이'라든가 '정신분열증을 만드는 부모' 혹은 '배우자에게 고통(억압)을 주는 사람'으로 직선적 인과율로 판단하고 가족관계에 말려드는 치명적 오류에서 벗어나게 한다. 그리고 IP에게 영향을 미치는 상위체계(환경체계), 즉 직장체계, 이웃체계, 학교체계, 경제체계, 문화체계 등을 고려하여 가족의 구조나 기능을 생태적으로 접근할 수 있게 한다는 점에 유용한 이론이라고 할 수 있다.

따라서 생태체계이론이 가족상담 및 가족치료에서 갖는 의미는 인간과 상호작용에 관한 상담가와 치료사의 관점을 중시한다는 것이다. 이러한 이유로 상담사나 사회복지사 등의 전문가의 입장에서는 생태학에 대한 이해를 기초로 일반체계 이론과 생태체계이론에 대한 이해가 요구된다. 특히 생태체계이론에서는 인간을 둘러싼 환경을 이해하는 것이 중요한데, 이는 개인이 개인환경, 지역사회 및 사회환경, 자연환경, 나아가 생태환경과 상호작용하는 관계에 있기 때문이다.

이 변화시키기도 하고, 출생 시의 시대적인 환경과 성장하면서 바뀐 시대적 환경 등이 삶에 영향을 미치기 때문에 시간체계로 본다.

이러한 생태체계이론은 사회복지실천에서도 중요하게 다루어지는데, 핀커스와 미나한(Pincus & Minahan, 1973)은 클라이언트체계, 표적체계, 변화매개체계, 그리고 행동체계 등 4체계 모델(four system model)을 제시하였다. 그리고 콤프톤과 갤러웨이(Compton & Gallaway, 1999)는 전문가체계와 문제인식체계(의뢰-응답체계)를 더해서 6체계 모델을 제시하고, 인간환경을 네 가지 수준으로 구분한 것을 보면 다음과 같다.

첫째, 개인이 최근접의 상황에서 경험하는 부분적 환경으로서 '개별상황'이 있다.

둘째, 개인이 일상생활 속에서 경험하는 가족, 학교, 직장, 여가생활에서 다루는 '미시수준(micro level) 환경'이 있다.

셋째, 전체 환경 중에서 미시수준환경에 영향을 주어 그 성격과 기능을 결정하는 '중간수준(mezzo level) 환경'이 있다.

넷째, 전체 사회구성원에게 공통적으로 해당되는 물리적·사회적·문화적·경제적·정치적 수준의 '거시수준(macro level) 환경'이 있다.

이처럼 사회과학과 행동과학의 지식은 생태체계이론 혹은 생태체계모델에 의해 가족상담 및 가족치료 등의 사회복지 실천에도 적용이 된다. 생태체계이론의 틀을 사회복지 실천에 사용하여 효과를 기대할 수 있도록 도식화한 생태도(eco-map)는 하트만(Hartman, 1978)이 제시하였는데, 이것을 가족사회문제의 차원에서 적용해 보면 다음과 같다.

첫째, 생태체계 내의 모든 구성체계는 동일한 역사와 문화적 배경에서 존재하므로 지역사회 차원의 분석에 적합하다.

둘째, 개인에게 가장 많은 영향을 미치는 것으로 보이는 가족체계가 있다.

셋째, 아동 청소년 시기에 개인에게는 학교와 비행친구 등이 있을 수 있다.

넷째, 성인 시기의 개인에게는 직장체계와 동료집단체계가 있을 수 있다. 이것을 아동 청소년의 기준에 적용하면 부모들의 환경체계가 된다.

다섯째, 그 외에 문화 오락, 서비스 체계와 종교체계도 지역사회환경에서 개인에게 상호작용을 일으키는 환경체계에 속한다.

4) 언어체계이론

1980년대 중반 이후가 되면 포스트모더니즘의 문화현상을 지배했던 후기구조주의(Post-structuralism)가 지식과 인식체계에 확산이 되면서 가족치료와 가족상담의 이론과 모형에서도 변화가 일어나게 되면서 후기구조주의적 언어체계이론의 영향성이 뚜렷해진다. 해결중심 모델, 이야기치료, 협력언어체계 모델이 대표적인데, 후기구조주의적 인식을 이끌어간 역할은 대부분 언어체계에서 의미를 찾고자 하는 경향을 보인 것이다.

물론 언어체계에 대한 철학적 관심을 구조주의 철학이나 분석철학에서도 공유되어왔던 영역이지만 포스트모던적인 후기구조주의 시대에 제시된 이러한 모델들은 개인을 비롯한 가족구성원들이 사용하는 언어체계 속에서 그들의 생각이나 신념, 행동의 맥락을 이해하려고 하는 입장을 가지게 된다.

이는 흔히 1차 가족치료 모형으로 알려진 가족의 가족치료 모형들에서 가족문제가 상담자나 치료자가 가지고 있는 특정한 이론이나 신념, 경험에 의해서 좌우되었던 도식에서 벗어나고 있다는 점을 의미한다. 즉 가족상담 및 가족치료자가 정의하는 문제도식에서는 가족 간의 친밀성, 가족의 항상성, 삼각관계, 융합과 분리, 분화 등의 개념이 주로 사용된 것에서 벗어나 치료자가 관찰자적 입장이 아니라 치료자(상담자)가 포함된 치료체계로 전환하게 된 것이다.

이처럼 전통적인 사회과학적 패러다임에 근거하여 상담이나 치료 대상자의 정신내부적인 측면에 초점을 둔 모형을 가족치료의 1차적 가족치료 모형이라고 본다면, 가족구성원을 비롯한 또래, 이웃 등의 다양한 인간상호 간의 과정과 생동에 초점을 두는 체계론적 가족치료는 2차적 가족치료 모형으로 구분할 수 있다.

이와 같은 2차적 가족치료 모형의 관점을 가진 이론가들이 주로 해결중심 모델, 이야기치료, 협력언어체계 모델을 제시한 것이다. 이러한 모형들은 대부분 상담자(치료자)가 가족체계의 바깥에서 객관적 관찰자로 머물렀던 위치에서 가족구성원들이 겪고 있는 현실적 세계에 참여하는 기법을 강조하고 있는 특징이 있다.

철학적으로 본다면 1차적 가족치료 모형에서는 구조주의(Structuralism) 사유체계에 따라 상담이나 치료대상자의 인식구조를 변화시키는 것을 강조했다면, 2차적 가족치료 모형에서는 후기구조주의(Post-structuralism) 혹은 포스트모더니즘적 사유체계에서 문제가 되는 가족의 현실체계가 가족들이 사용하는 언어체계에서 사회적으로 구성된다는 점을 강조하는 것이다. 이처럼 가족상담 및 가족치료에서 언어적 역할에 관심을 가지게 된 배경에는 포스트모던 사회의 사유방식을 지배했던 후기구조주의 철학자들의 영향이 크며, 맥락적으로 보면 분석철학이나 구조주의 철학과도 맞닿아 있다.

이들은 공통적으로 사람들이 자신이 살고 있는 세계를 기술하고 설명하는 과정에서 언어를 사용하고 있다는 점에 관심을 가졌다는 점에 착안하였기 때문이다. 따라서 가족상담 및 가족치료 연구자들도 사람이 세상에 태어나서 그들의 생활양식인 문화에서 만들어지거나 이미 만들어진 언어체계 속에서 사회화가 되고 있다는 점을 수용하게 되었다고 볼 수 있는 것이다.

이러한 관점에서 보면 포스트모던적 이론과 모형이라고 할 수 있는 해결중심적 단기가족상담 및 가족치료, 협력적 반응팀 가족상담 및 가족치료, 이야기(내러티브) 가족상담 및 가족치료 모형은 후기구조주의적 언어체계이론의 영향을 받은 모형이라고 볼 수 있다. 이러한 모형들은 각기 다른 기법들을 제시하며 치료적 접근을 주장하고 있지만 가족이라는 세계에서 사용되고 공유되는 언어의 상호작용이나 말하는 습관에서 나타나는 상징이나 은유에 초점을 두고 치료적 대화를 끌어내는 언어의 기능을 중요시하고 있기 때문이다.

협력언어체계 모형(치료적 대화 모형)의 선구자인 앤더슨(H. Anderson)과 굴리시안(H. Goolishian)도 상담자의 특권적 지식을 전제로 하지 않는 언어학적 상호작용에 의한 치료적 접근이 이루어져야 한다고 주장하고 있음을 보아도 그러하다(Anderson H. & Goolishian H., 1992). 즉 이들은 가족구성원들이 겪게 되는 국면들은 사회적 역할이나 구조에 기인하는 것이 아니라 가족구성원 상호 간에 사용하는 언어에 의해 형성된 체계라는 점을 전제로 가족구성원이 원하는 이야기를 함께 구축하는 것에 초점을 둔 것이다.

그러므로 상담자는 병리적인 견해를 전제로 하지 않아야 하며, 가족구성원들의 현실적 세계의 문제를 드러내는 강력한 메시지인 언어에 착안하여 같은 상황에서도 다른 변화된 관점에서 이야기하고 언어화할 수 있어야 하는 것이다.

Chapter 03

가족상담 및 가족치료의 접근 틀과 요인

1 가족건강성과 정상적 가족발달

1) 가족건강성

가족건강성(family health)은 가족관계가 발달되는 가족생활주기에서 가족구성원들의 상호관계, 즉 부부 관계, 부모-자녀 관계, 형제자매 관계에서 심리적인 건강성을 유지하는 상태를 일컫는다. 이때 사용되는 '건강'의 개념은 단순히 신체적으로나 정신적으로 질병이 없는 상태가 아니라 희망적이고 행복감을 느끼는 웰빙(well-being)의 상태를 의미한다. 아울러 '심리적인 건강성' 유지상태는 가족구성원 간의 유대, 가족구성원 간의 의사소통, 가족의 문제 해결능력, 가족원 간의 가치체계 등의 건강성의 개념을 포함한다고 볼 수 있다.

이러한 가족건강성에 관한 연구는 1962년 허버트 오토(Herbert Arthur Ottoo)가 학회지 『결혼과 가족생활(*Marriage and Family Living*)』에 발표한 "What is Strong Family?"라는 논문에서 처음 다루어진 후 건강한 가족에 대한 연구 관심이 커졌다고 볼 수 있다. 이후 스티넷 등(N. Stinnett & K. Sauer, 1977)은 가족학자들이 지적한 건강가족(Strong Family)의 특성을 조사하여 ① 애정과 감사에 대한 표현능력, ② 가족원들이 함께 시간 보내기, ③ 가족에 몰입하는 정도, 책임감, ④ 긍정적 의사소통 능력, ⑤ 종교적 태도, ⑥ 문제나 위기에 대처하는 능력의 여섯 가지로 제시하였다(김태량·고수현, 2022).

이렇게 본다면 가족건강성에 관한 연구는 약 60여 년이라는 짧은 기간 동안 이어져 왔으며, 기존의 연구에서 가족건강성에 대한 정의는 학자들마다 약간씩 다르게 나타나고 있다. 그러나 보편적으로는 건강한 가족, 기능적 가족, 균형적 가족, 최적 가족 등을 의미하는 긍정적인 개념화가 많다. 따라서 용어적 개념에서도 건강성을 중심으로 한 '가족건강성'은 'family health' 혹은 'family strength'로 표기할 수 있으며, 가족을 중심으로 한 '건강가족'은 'healthy family', 'functional family', 'strong family' 등으로 표기할 수 있다.

이러한 용어적 개념에 기초하여 학자들이 정의한 가족건강성(건강가족)에 관한 정의를 보면, 대부분 각 가족구성원이 수행하는 역할과 행위와 관련된 가족기능과 건강가족의 특성에 기초한 정의가 많다. 먼저 오토(Otto, 1963, 1966, 1972, 1975)는 건강가족을 가족 개개인의 자원과 잠재력을 발전시켜서 가족집단과 가족 개개인들이 만족스럽고 행복한 생활을 영위할 수 있도록 하는 힘과 역동적 요소를 가지고 있는 가족으로 정의한다.

이후 스티넷(Stinnett, 1979)은 건강가족을 긍정적인 가족정체감을 형성하며, 만족스럽고 충족적인 가족구성원 간의 상호작용을 증진하고, 가족집단과 가족구성원 모두의 발전을 촉진하여 스트레스에 대처할 수 있는 가족이라고 규정하였다.

이 외에도 올슨(Olson, 1986)은 가족스트레스 관리에 초점을 두고 가족건강성을 정의하고 있다. 즉 건강가족을 스트레스와 가족의 문제에 효율적인 방식으로 대처할 수 있고, 가족체계의 내·외부적으로 대처자원을 소유하고 활용할 수 있으며, 스트레스와 가족문제를 효과적으로 극복함으로써 적절한 응집성, 적응성, 만족도를 유지할 수 있는 가족이라고 본 것이다.

한국 학자들의 견해를 보면, 유계숙(2004)은 한국의 성인을 대상으로 한 조사연구를 바탕으로 '자녀양육과 사회화', '애정교환과 정서적 유대감'의 기능을 하고, 가족특성으로는 '헌신', '감사와 애정', '긍정적 소통' 등을 가진 가족을 건강가족으로 정리하고 있다. 한편, 위종희(2012)는 가족의 심리적이고 관계적인 특성에 기초하여 구성원 간의 유대와 결속, 명확하고 긍정적인 의사소통, 공통의 규칙과 가치관, 문제의 긍정적 해결능력으로 건강가족을 개념화하고 있다.

그러나 기존의 국내·외 학자들이 이러한 견해는 가족이 갖추고 있어야 할 건강성(health)에 초점을 둔 정의들이라고 할 수 있다. 따라서 가족의 관계적 문제를 해결하고 가족건강성과 관련된 기능과 특성들을 강화할 수 있고, 긍정적 차원에서 치료자나 상담자가 개입할 수 있는 강점(strength)이나 힘(power)과 관련된 정의가 요구된다고 볼 수 있다.

말 그대로 가족건강성(family strength) 혹은 가족 힘(family power)을 증진시킬 수 있는 인간관계적(대인관계적) 정의가 필요한 것이다. 가족상담 및 가족치료자는 결국 가족건강성(family health)의 요인이 약화되어 가족 간의 문제가 드러나거나 드러날 개연성이 있는 가족들을 대상으로 개입해야 한다는 당위성이 있기 때문이다. 특히 21세기의 가족구성원들은 전통사회가 가지고 있었던 가족 간의 응집성이나 적응성, 만족도 등에서 상당한 위기요인들을 가지고 있는 체계적 문제점이 있는 것이다.

따라서 적어도 가족건강성에 대한 개념화는 가족구성원 간의 체계적(관계적)인 문제에 개입할 수 있는 치료적 요인이 포함된 정의가 이루어져야 한다. 기존의 학자들이 정의한 요인들에서는 부부와 자녀체계로 구성된 전형적인 핵가족 형태의 정상가족 내지는 이상적인 가족이 갖추어야 할 건강성(health)에 따라 기능과 특성을 요인으로 제시하고 있는 한계가 있는 것이다.

이러한 정의는 자녀 없는 결혼, 한 자녀가정, 동거 확산, 이혼증가, 비혼 등의 다양한 가족형태를 대상으로 한 접근이 아니라고 볼 수 있다. 이러한 가족들은 비정상적이고 부정적인 가족이라는 점에서 가족상담이나 가족치료에서도 병리적 접근이 될 개연성이 많은 것이다. 하지만 이러한 유형의 가족들도 상담과 치료적 접근이 있어야 한다는 단순한 관점보다는 이러한 가족유형도 한 가족의 정체성을 유지하며 건강성(strength)을 높일 수 있도록 강점중심의 개념화가 필수적이라는 의미이다.

이러한 맥락에서 강점중심의 상담과 치료에 기반을 둔 가족건강성의 개념화는 매우 중요하며, 실천적으로도 상담가와 치료자의 유능성을 담보할 수 있는 전제 조건이 된다. 기능적 가족, 균형적 가족, 강한 가족이 아닌 위기요인이 있는 가족이라는 문제를 극복하고 가족이 체계적으로 가진 능력을 강화하는 강점중심 관점의 심리적 요인으로서는 대표적으로 임파워먼트(empowerment, 역량강화), 레질리언스(resilience, 탄력성), 멤버십(membership, 협력적인 동료관계)을 들 수 있다.

역량강화는 가족구성원이 내·외부적으로 자원을 획득하거나 확장할 수 있는 힘을 키워주는 과정이자 기법이며, 탄력성은 가족구성원이 가족관계의 발달과정에서 위기나 역경에서도 적응유연성을 가지고 회복하는 능력을 의미한다. 그리고 멤버십은 상담자나 치료자가 문제내용에 지나치게 매달리는 것보다는 클라이언트(가족구성원)의 잠재적 변화욕구의 강점을 발견하고 협력적인 동료관계에서는 것을 말한다.

그러므로 기존의 가족건강성(family health), 즉 '강한 가족(strong family)'을 근간으로 한 개념화는 강점을 강화하는 가족의 심리요인을 보완하여 재구성할 수 있다. 이는 다양한 가족유형이 전체 사회를 이루기 위해 체계(system)로서 위치하여 유기적으로 적응(adaptation)하고 전체성(wholeness)을 유지하는 유기체적인 건강성을 고려한 접근이라고 볼 수 있다.

이러한 강점중심의 관점을 도입하여 가족의 건강성을 정의해보면, '정상가족이나 어떤 가족일지라도 가족구성원들이 가족구성원 간의 관계에서 체계적 특성인 적응성과 전체성, 상호의존과 자기분화의 잠재능력을 발휘할 수 있고, 위기나 역경의 문제해결 과정에서도 구성원 간의 역량을 강화하는 훈련으로 탄력성을 유지할 수 있도록 멤버십을 발휘하여 정신적 건강(mental health)과 가족정체감(family identity)을 가지는 상태'로 개념화할 수 있다.

결국 이러한 가족건강성의 새로운 정의(개념화)는 가족이 형성되고 발달해나가는 가족생활주기(family life cycle)에서 가족구성원들이 가족관계라는 구조적 체계에서 겪게 되고 수행해야 하는 역할과 기능의 과제와도 상관이 있다. 이 말은 가족이라는 집단은 인간이 태어난 이후 최초로 속하게 되는 사회(society)로서 인간의 개성과 행동을 조정하고 통제하는 갈등적 요인이 있는가 하면, 개인도 자신의 개성과 행동을 가족사회에 구조·기능적으로 역할을 해야 하는 요인도 있다는 의미가 된다.

따라서 각자 개성과 행동이 다른 두 사람이 결혼함으로써 형성되는 가족은 애초부터 구조·기능적이고도 갈등적인 요인을 가진 사회로 볼 수 있으며, 출산을 통하여 자녀를 갖게 되고 양육과정을 거쳐 성장한 자녀가 결혼하여 부모를 떠나면 노후의 부부가 사망하는 가족생활주기(가족생명주기)의 가족구성원들의 발달과제는 매우 중요한 것이다.

그러므로 가족생활주기의 각 단계에서는 대체로 공통된 구조기능적인 가족구성원들의 역할이 있다는 점에서 건강성을 유지하기 위한 가족구성원들의 노력과 정상적 가족발달에서 나타나는 병리나 갈등국면들에 초점을 맞춘 가족상담 및 가족치료의 접근 틀이 요구되는 것이다.

2) 정상적 가족발달

정상적 가족발달(normal family development)에 대한 일반적인 견해는 화목하고 행복(well-being)한 상태를 누리는 가족발달을 의미한다. 그러나 이러한 상태의 가족체계는 가족생활주기 상에서 나타날 수 있는 다양한 문제나 과제들을 적절히 수행하지 못하면 일종의 신기루(mirage)에 불과하다. 과학적으로 신기루는 대기 중에서 온도 차이가 나는 공기에 의해서 빛의 굴절로 생기는 실제와 다른 모습이라는 점에서 인간사회의 기초적 조직인 가족사회가 보이는 모습도 겉으로 보이는 것과는 달리 끊임없이 갈등하는 실제의 모습이 있다는 점에서 일맥상통성이 있는 것이다.

즉 가족외부의 사람들이 특정한 가족을 관찰할 때는 화목하고 행복한 상태로 보일지라도 가족 내부적으로는 부부체계, 부모-자녀체계 등에서 요구되는 구조기능적인 가족역할과 개인의 심리적인 욕구 간의 충돌로 인한 갈등요인으로 긴장이 지속되는 가족일 수도 있는 것이다. 그러나 가족이나 가족발달과 자연현상인 신기루와는 차이점도 있다. 자연과학 현상인 신기루는 보통 사막을 걷던 여행자가 오아시스(oasis)의 모습을 멀리서 보고 실제로 그곳에 가보면 오아시스가 없어서 낭패를 당하는 것으로 비유된다.

이에 비해 인간사회현상인 가족체계는 부부나 부모-자녀 관계에서 발생되는 현상인 만큼 긴장과 갈등요인을 적절하게 조절하고 협응하면 정상적인 가족발달을 기대할 수 있는 것이다. 여기서 말하는 정상적 가족발달은 '화목하고 행복한 상태'의 일반적인 목표나 신화적 수준이 아니라 가족이 발달하는 생활주기(family life cycle)에서 겪을 수 있는 문제들을 가족체계 내부에서 스스로 예방하거나 해결하는 과정을 요구한다.

일반적으로 '기능적 가족'에서는 이러한 요구들이 정상적으로 수용되어 해결이 이루어질 수 있다. 그러나 정상적이고 기능적인 발달과정에서도 가족들은 고통을 겪는 긴장상태가 있을 수 있으며, 비정상적이고 역기능적인 가족체계에서는 가족병리(family pathology) 현상이 드러나게 된다. 따라서 가족상담 및 가족치료는 양자 모두의 상태에서 전문가 입장에서 개입할 수 있다. 전문가는 이미 드러난 역기능적인 문제뿐만 아니라 정상적 발달과정에서도 가족체계 내부에서 조절하기 힘든 고통을 완화하는 촉진자 역할을 해야 하기 때문이다.

이러한 맥락에서 여기에서는 정상적 가족발달의 개념에서 가족생활주기상의 문제와 적응과제와 역기능가족을 중심으로 발생되는 가족병리현상들을 정상적 가족발달을 위한 가족생활주기에서 가족들이 수행해야 할 발달(적응)과업과 연관하여 파악하고자 한다. 그것이 가족윤리 기준에도 적합하기 때문이다. 단계별로 보면, 두 사람이 결혼하여 첫 자녀를 출산하기 전까지의 가족형성기, 자녀출산 및 양육기, 자녀독립과 노부모 부양기, 노후 및 배우자 사망기로 구분할 수 있다.

첫째, 가족형성기에는 부부라는 새로운 연합(union)을 통하여 유대감과 친밀감을 형성해야 한다. 그리고 유대감과 친밀감은 혼자만이 아닌 두 사람 관계의 적응(accommodation)과 경계 설정(boundary making)을 전제로 한다는 점을 인식할 필요가 있다. 하지만 전형적으로 부부는 서로 다른 밀착된 가족 또는 유리된 가족이라는 원가족(family of origin)을 배경으로 만나게 된다. 결혼 적령기가 되면 이성교제를 하고 결혼의사가 있게 되면 상대방의 가족문화를 탐색하는 것도 자신과 유사한 상황의 배우자를 선택하기 위함인데, 그 이유는 사람은 자신의 원가족에 존재해 있었던 상황에 익숙해져 있기 때문이다.

그러나 이러한 기대는 대부분 충족되기 어렵기 때문에 신혼의 부부는 각자의 원가족으로부터 자신을 분리시키는 경계를 명확하게 해야 한다. 그뿐만 아니라 밀착된 원가족체계에 있었던 경우에는 그들의 부모 역시도 신혼부부의 새로운 적응을 위해 자신들이 자녀의 결혼 생활에서 두 번째의 위치로 밀려나는 것을 수용해야 정상적 가족으로 성장할 수 있다.

둘째, 자녀출산 및 양육기에는 가족구조가 부부체계가 아니라 부모-자녀체계로 변형이 된다. 따라서 부모-자녀 간의 애착 형성하기와 자녀양육 방식에 대한 부부간의 협의가 적응 과제가 된다. 왜냐하면 부부(부모)체계 외에 자녀하위체계가 나타나고 또 다른 자녀가 태어나면 형제·자매체계도 나타나면서 긴장이 발생하고, 가족구성원들은 그러한 상태에서 소속감과 분리감을 동시에 형성해야 하기 때문이다.

특히 자녀는 연령 성숙에 따라 각기 다른 부모 역할(parenting)을 요구하기 때문에 부부체계는 자녀양육과 교육문제로 갈등을 빚기 쉽다. 예를 들면, 영유아시기에는 대부분 아내가 중요한 대상관계(object relation)의 역할을 하지만 청소년기에 접어들수록 부부는 협의를 통해 지배적 부모체계(executive parenting subsystem)를 유지해야 한다. 그렇지 않은 상당수의 경우에는 아내와 자녀 간의 경계선이 밀착되거나 삼각관계(emotional triangles)를 형성하여 남편이 소외되는 가족 갈등의 주된 요인이 될 수 있다.

다세대 정서체계 이론·모형을 제시한 보웬(Bowen, 1975)이 아버지-어머니-자녀라는 원가족 삼인군(the primary triad)이라는 긍정적 개념에 기초하여 어떤 두 사람이 또 다른 한 사람을 자신의 정서적 문제에 끌어들이는 형태를 기술하는 개념인 '정서적 삼각관계(emotional triangles)'라는 부정적 개념을 사용하고 있는 이유도 같은 맥락에서 설명될 수 있다.

셋째, 자녀가 성장하여 결혼하거나 독립할 시기가 되면 중년부부는 은퇴한 자신의 노부모를 부양하는 한편으로 자신들의 안정된 노후생활을 위한 부부적응의 과제에도 직면하게 된다. 전통사회와는 달리 현대사회에서는 평균수명이나 기대수명이 늘어나지만 상대적으로 자녀양육과 노부모부양의 문제와 부부 자신들의 노후대비가 경제적 부담 요인이 커지게 되는 것이다.

따라서 황혼기가 된 부부는 가족형성기에서부터 자녀양육기 동안 미해결된 적응문제가 누적되어 이러한 당면문제와 중첩이 되면 이혼 등의 가족위기 요인이 발생할 수 있다. 다행히 가족위기를 극복한 황혼부부의 경우에도 분가시킨 자녀가족과의 관계나 부부만 남게 된 상태의 새로운 부부관계를 재조정하고, 배우자나 자신의 죽음에 대비한 심리적 준비 등의 가족발달 과업에 충실해야 한다.

2 기능적 가족과 역기능적 가족

1) 기능적(정상적) 가족

올슨과 디프레인(Olson & DeFrain, 2014)은 "가족이란 둘 또는 그 이상의 가족원들이 서로 돕고 몰입되어 있으며 애정과 친밀함, 가치관과 의사결정 그리고 자원을 서로 나누는 집단이다."라고 정의하고 있다. 이러한 정의는 가족의 건강성과 관련된 가족기능성에 초점을 둔 정의로 볼 수 있다. 올슨과 그의 동료들은 가족치료에 관한 문헌에서 제시된 50가지 이상의 다양한 개념 간의 관련성을 탐색하여 가족기능을 묘사하고 평가할 수 있는 중요한 개념으로 '의사소통'과 가족의 역동성을 나타내는 '적응성' 및 '응집성' 개념을 제시했다.

그리고 10년 이상에 걸쳐 1000가족 이상을 연구한 결과 가족건강성 척도(Family Strength Scales)로서 '적응성'과 '응집성'을 축으로 하여 두 개념의 상호 조합을 이루는 '의사소통' 개념을 포함한 서컴플렉스 모델(Circumplex model, 복합순환모델)을 경험적이고 귀납적으로 개발하였다(Olson, Russell, and Sprenkle, 1979, 1983).

즉 올슨의 복합순환 모델(Circumplex Model)에서는 ① 응집력, ② 적응성 그리고 ③ 의사소통의 세 가지 핵심 차원으로 부부관계와 가족관계를 진단하고자 한다. 이 중에서 의사소통 차원은 순환모델에서 도식되지 않은 차원으로 응집성과 적응성 두 차원을 이동시키는 촉매역할을 하는 것으로서, 가족응집성 및 적응성 수준을 변화, 유지시킬 뿐 아니라 응집성과 적응성의 상호작용 및 그 패턴을 형성하는 개념이다.

세부적으로 보면, 서컴플랙스 모델(복합순환 모델)에 의해 가족체계를 분류하는 척도는 현재 가족을 어떻게 인식하고 있는지와 가족이 어떻게 되었으면 좋을지에 대한 문항으로 구성되어 있는데, 이러한 질문을 통해 현실의 가족과 기대하는 이상적 가족 간의 격차를 파악할 수 있다고 본다.

우선, '가족응집성(Family Cohesion)'은 가족 간의 정서적 유대로 정의되는데 가족 성원의 상호의존적 관계를 설명하는 개념이다. 가족응집성(응집력) 차원의 개념에는 응집성을 진단하고 평가하는 데 사용되는 하위 개념으로 가족 성원 간의 정서적 유대, 가족 외부환경과 하위체계 간의 경계 연합이 이루어지는 대상과 정도, 가족의 공동 시간과 개인의 사적 시간의 허용 정도, 가족의 공동 공간과 개인의 사적 공간의 허용 정도, 가족의 공동 친구와 개인의 사적 친구 인정 정도, 의사결정의 유형, 가족의 전체 오락 활동과 개인의 활동 보장 정도 등을 측정하게 된다.

이에 비해 '가족적응성(Family Adaptability)' 차원은 변화에 대처 또는 그것을 수용할 수 있는 가족체계의 '허용성'과 '유연성'으로 상황적 과정과 발달적 과정에서 발생되는 스트레스에 대응해서 가족체계가 그의 권력구조, 역할 관계, 관계 규칙 등을 변화시킬 수 있는 능력을 의미한다. 가족적응성의 기본 가정은 적응성이 있는 체계는 변화와 안정 간의 균형을 잘 이룰 수 있다는 점에 근거하고 있다.

적응성을 진단하고 측정하는 데 이용하는 여섯 가지 구체적 하위 개념으로는 가족성원이 자신의 의견을 주장하는 방식, 리더십(통제)의 유형, 부모의 자녀 훈육방식, 가족 성원 간의 협상 능력, 역할 확립 및 역할분담, 가족규칙의 명시성 및 융통성이 있다.

이후 이들(Olson, Portner, & Lavee)은 여러 차례의 수정을 거쳐서 내부자 관점의 자기보고식 '가족적응성과 응집성 측정 척도(Family Adaptability and Cohesion Evaluation Scale, FACES)'와 외부자 관점의 임상평가 척도(Clinical Rating Scale, CRS)를 만들었다. 즉 문항구성을 보면 전체적으로 "가족이 현재의 가족을 어떻게 인식하고 있는가?"라는 영역과 "가족이 이상적 가족이 되려면 어떻게 되었으면 좋겠는가?"라는 질문 영역에 대답하도록 구성되어 있다.

이러한 문항의 구성은 결국 가족의 기능성(기능적 가족성)을 사정(assesment)하기 위한 것으로, 적응력(adaptability)과 응집력(cohesion)을 나타내는 정도로 설정이 된다. 세부적으로 '가족적응성과 응집성 측정 척도(Family Adaptability and Cohesion Evaluation Scale, FACES)'를 보면 적응력(적응성)과 응집력(응집성)은 높고 낮음의 수준에 따라 각 4단계로 구분이 된다.

먼저 적응력(적응성, adaptability)은 '혼돈된 가족', '유연한 가족', '구조화된 가족', '경직된 가족'의 순으로 높은 수준에서부터 낮은 수준까지 4단계의 점수 측정이 가능하다. 그리고 응집력(응집성, cohesion)은 '밀착된 가족', '연결된 가족', '분리된 가족', '격리된 가족'의 낮은 순으로 4단계의 점수 측정이 가능하다.

이러한 측정기준에 따르면 가족의 기능적 유형은 '적응성'과 '응집성'이 각각 4개 수준으로 평가할 수 있다는 점에서 적응성과 응집성을 교차시키면 총 16개의 가족유형으로 구분될 수 있다. 아울러 가족유형을 나타내는 용어에서도 알 수 있듯이 적응성이나 응집성이 양극단에 있는 가족유형보다는 중간 범위에 있는 가족유형이 기능적인 건강성에서 적절한 점수를 나타낸다고 설명하고 있다.

이처럼 가족의 기능적(정상적) 건강성에 대한 관심은 체계론적 가족상담 및 가족치료의 초기 모형에서 공통분모가 되고 있다. 그 예로서 보웬의 제자로서 뉴욕에 가족학습센터를 열어서 가족치료자를 양성했던 포가티(Thomas Fogarty, 1976)는 기능적인 가족의 특징을 다양하게 제시하고 있는데, 몇 가지로 요약해보면 다음과 같다.

첫째, 모든 가족구성원이 세대 간에 연결요소가 있어서 정서적으로 균형 잡혀 있고 변화에 적응하는 능력을 갖추고 있다.

둘째, 가족구성원 양자 간에 일어난 문제는 제삼자를 끌어들이지 않으며, 문제가 발생했을 때 혼란을 최소한으로 줄이는 범위에서 해결하려고 한다.

셋째, 가족 내에 큰 비밀이 없이 관계를 주고받으며, 가족구성원과의 차이점을 서로 존중한다.

넷째, 가족구성원은 가족으로부터 피드백이나 교훈을 얻으며, 좋은 가족의 모습이 어떠한 것인지에 대해 분명하게 알고 있다.

2) 역기능적 가족

건강하고 정상적인 가족은 기능적 가족이라고 칭하는 반면, 건강하지 못하고 정상적 발달을 기대할 수 없는 상태의 가족은 '역기능적 가족(dysfunctional family)'으로 부른다. 역기능 가족에 대한 관심 역시 보웬(Bowen)을 비롯한 체계론적 관점의 가족치료 및 가족상담의 핵심적이고 근본적인 개념을 구성해왔다. 다시 말하면 체계론적 관점에 속하는 구조적, 경험적, 전략적 이론과 모형의 이론가들이나 치료 및 상담가들이 정상가족 혹은 기능적 가족과 대치되는 개념으로서 '역기능적 가족'에 대한 처우(치료)와 관련된 치료과정과 기법들을 제시하고 있는 것이다.

그 외에 가족상담 및 가족치료와 관련된 체계론적 이론과 모형이 제시되기 이전의 정신분석적 이론·모형이나 인지행동적 가족치료 이론과 모형뿐만 아니라 사회구성주의나 통합 절충적 가족상담 및 가족치료의 이론·모형에서도 각기 초점을 두는 핵심적 이론이나 기법에서는 차이가 있을지라도 역기능성에 근접한 접근을 하고 있다는 점에서는 공통성이 존재한다.

하지만 가족체계의 역기능성에 따른 가족문제를 이해하고자 하는 체계론적 접근에서만큼 여타의 이론과 모형이 가족의 역기능에 관심을 두고 있다고는 볼 수 없다. 체계론적 접근에서는 가족을 하나의 체계로 보며, 가족은 체계로서의 균형을 유지하려고 하는 안정성(항상성)이 있다고 보는 것이다. 따라서 이러한 균형을 유지하는 조정능력과 항상성을 보이지 못하면 역기능성이 나타나게 된다고 본다.

흔히 역기능성을 나타낼 수 있는 가족의 예로는 한부모 가족이나 맞벌이 가족, 별거 가족, 알코올 중독 가족 등을 들고 있지만 중산층이나 상위 계층에도 이러한 가족 유형은 모두 존재할 수 있다. 하지만 가족상담이나 가족치료 분야에서 다루어지는 실제의 사례에서는 이혼이나 별거로 인한 사례 이외에 비교적 온전한 상태의 가족을 대상으로 한 접근이 쉽지 않기 때문에 역기능적 가족 상태에서 자라게 되는 자녀들은 부모의 이혼이나 별거와 유사한 스트레스를 받게 된다.

따라서 역기능적 가족의 자녀를 비롯한 가족구성원들은 그러한 가족구조 안에서 경험하게 되는 사건들로 인하여 일반적인 특징과 행동 패턴(behavior patterns)을 가지게 된다. 먼저 보편적으로 나타나는 역기능 가족의 일반적인 특징은 가족구성원 간의 공감과 이해가 부족하거나 특정한 가족구성원 사이에만 극단적 공감이 일어난다는 점을 들 수 있다.

아울러 자아의 경계가 충분히 형성되지 못하여 다른 구성원들로부터 자아를 침해받는 행위가 있어도 참거나 반대로 자신도 다른 구성원의 자아경계를 침범하게 된다. 그리고 갈등상황이 생기면 가족구성원 사이에 평화로운 논쟁이 일어나지 않고 출생순서, 성별, 나이 등으로 인하여 한 명 이상의 가족구성원이 불평등한 대우를 받는 것이 조장(enabling)되거나 영구화(perpetuation)되는 역기능성이 강화된다.

다음으로 역기능 가족에게만 일어나는 현상은 아니지만 전형적이고도 경우에 따라서 발생될 수 있는 행동패턴으로는 부부가 별거나 이혼과 다름없는 갈등상황에 있지만 재정적, 사회적, 법적 사유로 이혼하지 못하고 있을 때 아이들이 부모의 한편과 일어났던 일들을 이야기하는 것을 두려워한다는 점을 들 수 있다.

이 경우에는 아이들이 부모의 한편으로부터 불공평하게 처우를 받게 될 개연성이 많지만 부모는 아이들을 공평하고 공정하게 대한다고 주장하는 역기능성이 있다. 이렇게 되면 원인론적으로나 결과론적으로 가족구성원들이 함께 하는 유희 활동이나 대화(의사소통) 기능이 한계를 나타내게 된다. 이 경우에 부모가 아동 시기에 원가족의 한쪽 부모와 삼인군(the primary triad) 관계에서 잘못된 가족 규칙을 학습한 장애가 있을 경우에는 자녀들에게 심각한 역기능성의 영향을 미칠 수 있다.

다시 말하면, 가족의 규칙이 명확하지 않거나 경직되어 있어서 자녀들도 자신들의 역할이 경직되고 명확하지 않게 되는 것이다. 이렇게 되면 개인의 자율성은 가족 전체를 위해 희생되거나 반대로 부모체계를 비롯한 부모-자녀체계가 통합되지 못해서 지나친 자율성이 요구되는 역기능성이 드러난다. 아울러 자녀들과 삼각관계를 이룬 경우에 부부는 둘이 싸우는 대신에 관심을 자녀에게 쏟게 된다. 그러나 불행하게도 부부간의 미해결된 긴장이 높아질수록 이러한 삼각관계는 자녀와의 강렬한 애착관계로 연결이 되면서 심리적으로 취약한 자녀는 정신적인 증상을 유발하게 된다는 점을 인식할 필요가 있다.

비록 신경증적이거나 정신적인 증상을 유발하지 않는다고 하더라고 이러한 역기능적인 가족체계에서 성장한 아이는 성인이 되어서도 이미 학습된 역기능적 행동들을 이어가면서 다음의 여덟 가지 기본 역할 중에 하나 이상을 취하는 것이 보통이며, 경우에 따라서는 유동적으로 역할을 바꿔 맡기도 하는 경향이 있다(Elizabeth Vam Sickel, 2019, 재수정).

첫째, 골든 차일드(The Golden Child) / 영웅(Hero) / 성인(Saint)으로서, 가정이나 사회에서 완벽하고 결함 없는 아이(구성원)의 역할을 맡는다. 예를 들어 가정 바깥에서 공부나 자본축적 등의 성공을 통하여 역기능 가족 환경에서 스스로 벗어나고, 가족(사회)구성원의 비판으로부터 스스로를 보호하는 역할을 하지만 자신의 잘못이나 실패를 쉽게 인정하지 못한다.

둘째, 트러블메이커(Troublemaker) / 희생양(Scapegoat) / 말썽꾸러기(Black Sheep)로서, 골든 차일드와 대조적으로 문제아 혹은 반항아(Rebel)의 역할을 함으로써 구성원들에게 비난받게 된다. 흔히 문제아들은 희생양에 속하기도 하지만 오히려 가족 내에서 유일하게 정서적으로 안정성을 보이기도 한다.

셋째, 로스트 차일드(Lost Child) / 수동적 아이(Passive Kid)로서, 골든 차일드나 트러블메이커가 모든 구성원들의 주의를 끄는 것과는 상대적으로 이들은 관심을 받지 못한다. 이들은 어릴 때부터 암묵적으로 욕구가 무시당해 오면서 성인이 되어도 애정결핍에 시달린다.

넷째, 평화조성자(Peacemaker) / 중재자(Mediator)로서, 가족(사회)의 평화와 정서적 웰빙에 대한 책임을 지는 역할을 한다. 로스트 차일드와 마찬가지로 이들의 욕구는 무시되거나 순응을 요구받아왔다는 특징이 있다.

다섯째, 마스코트(Mascot) / 광대(Clown, 웃기는 사람)로서, 평화조성자(피스메이커)와 유사하게 이들도 가족(사회) 내에서 분위기를 맞추고 갈등 수위를 낮추기 위해 농담을 하거나 관심을 사는 역할을 한다.

여섯째, 돌보미(Caretaker) / 인에이블러(Enabler, 가능하게 하는 사람)로서, 가족구성원들이 직면할 문제들로부터 구원해주는 역할과 감싸주는 역할을 한다. 그러나 이러한 행동은 자녀들의 성장과 책임성에 해를 끼칠 수 있다.

일곱째, 순교자(Martyr, 어떤 목적을 위해 목숨을 바치는 사람)로서, 가족(사회) 구성원들에게 자신의 희생이나 노력을 인정받으려고 하고 생색내기를 선호한다.

여덟째, 지휘자(Mastermind)로서, 가족(사회)에게서 자신의 원하는 것을 얻기 위해 다른 가족구성원들의 실수를 이용하는 기회주의자의 역할을 하는 역기능성을 보인다.

3 가족상담 및 가족치료의 접근 요인

1) 사회심리학적 요인

가족상담 및 가족치료의 역사에서 정신분석적 접근을 비롯한 초기의 체계론적 접근을 한 이론가나 실무가들은 대체로 정신병리 이론을 다루는 정신과 의사들이 주축을 이루었다. 그러나 점차적으로 심리사회적인 혹은 사회심리적인 요인에 초점을 둔 연구자들이 늘어나면서 최근에는 사회심리학에 기초한 가족상담 및 가족치료의 연구 분야나 실천현장이 확대되고 있다.

그리고 가족상담이나 가족치료를 발달사적으로 좁혀서 본다면 체계론적 가족상담 및 가족치료 이론과 모형에서 제시된 상당수의 접근 요인들은 사회심리학에서 관심사로 다루는 분야와 중첩이 되는 경우가 많다.

여기에서 다루고자 하는 애착과 자아분화, 가족삼각관계와 상호의존을 비롯하여 심지어 가족규칙과 가족신화도 사회심리학에서 흔히 다루는 관계심리인 것이다. 사회심리학(Social psychology)이 사회관계에서 벌어지는 다양한 현상들에 대하여 심리학적으로 접근한다는 점에서 사회학(sociology)과도 중첩·혼동되는 측면이 있다. 그러나 사회학이 '사회' 그 자체를 연구하는 것에 비하여 사회심리학은 '사회관계의 사람(인간)'을 연구한다는 점에서 심리학의 주요 하위분야에 속한다.

그리고 사회심리학은 인간의 사회적 행동에 관심을 가지고 있다는 점에서 성격심리학(personality psychology)의 영역도 중복이 된다. 하지만 이 경우에는 성격심리학은 '사람'에 초점을 맞추어서 사회행동을 설명하는 차이점이 있다.

다시 말하면 사회심리학은 다른 사람들과의 상호작용 상황, 즉 사회적 상황 속에서 개인이 보이는 심적 과정을 연구하는 학문이다. 그러므로 사회적 상황이라고 하면 가장 기초적 사회인 가족사회의 배우자(부부) 관계나 가족구성원과의 대인관계가 사회심리학의 기초적이고 핵심적인 영역이라고 할 수 있다.

따라서 다른 심리학 분야들이 주로 한 개인의 내면에서 나타나는 심적 과정을 연구한다면, 사회심리학은 개인과 개인 사이에 나타나는 상호작용 및 그로 인하여 발생하는 심적 과정을 연구하는 복잡성이 있다.

하지만 '사회(society)'라는 용어가 갖는 거시적 특성에 따른 집단이나 사회체제, 정치사회적 이념 등과 상관된 거시적 주제를 다루는 분야도 있다. 이러한 차원에서 사회심리학은 연구주제에 따라 여기에서 다루고자 하는 심리학적 요인과 관련된 심리학적 사회심리학의 분야와 거시적인 사회학적 사회심리학으로 구별할 수 있다.

(1) 애착과 자아분화

애착(attachment)은 한 인간이 생존하기 위하여 어린 시기에 나타나는 주 보호자(primary caregiver)와의 긍정적인 정서관계를 의미한다. 따라서 애착이론(attachment theory)을 정립한 영국의 정신건강의학과 의사이자 심리학자 존 볼비(Edward John Mostyn Bowlby, 1907~1990)는 영아가 정상적인 감정과 사회적 발달을 하기 위해서는 하나 이상의 주 보호자와의 원만한 정서적 관계를 형성해야 한다는 주장을 한다. 이러한 주장은 발달심리학의 기초를 이루지만 진화학, 동물학으로도 학제 간 연구로 발전이 되었으며, 가족상담 및 가족치료 분야에서도 대상관계 가족치료 이론에서 강조되고 있다.

대상관계 가족치료 이론에서는 영아가 주 보호자인 어머니를 대상으로 접근하여 정서적 안정감을 형성하거나 거부되는 과정에 초점을 두고 가족관계를 설명하고 있기 때문이다. 즉 중요한 타자(significant other)인 어머니(양육자)와의 대상관계(object relation)를 애착과 관련하여 설명하면서, 이러한 대상관계가 성장 이후에도 현실의 대상관계에서 계속 반복된다는 점을 가정하는 것이다. 그러므로 애착이론은 가족관계를 비롯한 장기적 인간관계의 근본적인 원인을 설명해주는 이론이라고 할 수 있다.

이러한 애착이론은 1960년대와 1970년대에 걸쳐 미국의 발달심리학자로 활동한 매리 애인스워스(Mary Dinsmore Ainsworth, 1913~1999) 등에 의해서 여러 가지 애착유형이 개념화가 되었는데, 가족치료 분야에서도 미국의 정신과 의사 머레이 보웬(1913~1990)이 가족관계에서 정서적 밀착에 관심을 가지게 되면서 '모자공생(mother-child symbiosis)'이라는 개념으로 원용이 되었다.

모자공생(母子共生)은 보웬이 정신분열증 환자를 치료하면서 정신분열증 환자(자녀)와 그 어머니가 병리적 애착을 가진 상태로서 모자간에 분리불안과 결합불안이 교대로 나타나는 강렬한 애착을 의미하는데, 불안한 애착(anxious attachment)에 원인하는 것이다. 보웬은 이러한 강렬하고 불안한 애착이 모자관계에서뿐만 아니라 아버지를 포함한 전체 가족이 경험하는 다세대적 정서체계적 원인이 있다는 점을 발견하고 개인이 원가족의 다세대 정서체계적 융합에서 벗어나서 자기만의 자율적 기능을 할 수 있도록 하는 '자기분화(differentiation of self)'의 개념을 제시한다.

즉 보웬은 가족건강성의 개념을 구성하는 요인으로서 '자기분화(자아분화)'를 핵심으로 보는 것인데, 자아분화는 정신 내적(intrapsychic) 측면과 대인관계적(interpersonal) 측면의 의미를 동시에 가진다. 따라서 자아분화가 된 가족구성원은 정서적으로 세대가 연결되어 있는 가족의 연합성을 유지하면서도 자신의 개별성(분화)을 기능할 수 있게 된다.

이와 반대로 보웬은 '미분화된 가족자아군(undifferentiated family ego mass)'이라는 개념도 제시하는데, 가족 전체가 정서적으로 끈끈하게 융합(연합)되어 대인관계적으로 독립적인 행동을 할 수 없는 상태의 역기능성에 주목한 개념이다. 즉 정서적 융합(fusion)이 큰 가족일수록 분화능력이 저하되어 의존적인 감정상황에서 갈등과 스트레스를 제대로 다룰 수 없다는 견해를 보인 것이다.

(2) 가족 삼각관계와 상호의존

가족 삼각관계(family triangles)는 보웬(Bowen)이 원가족 삼인군(primary triad)의 개념을 부정적으로 발전시켜서 제시한 개념으로서 가족의 정서적인 삼각관계를 의미한다. 하지만 삼인군 치료는 구조적 가족치료 이론·모형을 창안한 미누친(Minuchin)을 비롯한 경험적 가족치료 이론·모형을 창안한 사티어(Satir)나 전략적 가족치료 이론·모형을 창안한 헤일리(Haley)의 경우에도 중요성을 강조하고 있는 개념이다. 특히 경험적 가족치료에서는 원가족 삼인군 치료기법을 많이 사용한다.

가족구조(family structure)는 가족이 조직되는 방식을 말하는 것으로 가장 기본적인 형태는 원가족 삼인군(부-모-자녀)에서 관계가 시작된다. 인간은 누구나 부부체계를 바탕으로 태어나 가족사회를 구성하면서 사회화 과정을 거치며 대인 및 사회관계를 이루게 되기 때문이다. 따라서 어린 시기에는 원가족 삼인군의 관계에서 가족에 의해 이미 만들어진 가족규칙을 배우며 가족과 정서적 유대를 가지면서도 자기분화(개별화)를 해야 하는 과제에 직면하게 된다.

사티어는 이러한 점에 착안하여 어린 시기의 원가족 삼인군의 돌봄이 필요하다는 견해를 보인다. 사티어의 경험적 치료 모형에서 원가족 삼인군에서 이루어진 과거의 경험을 매우 중요하게 여기는 이유도 여기에 있다.

이에 비하여 가족 삼각관계(family triangles)는 주로 보웬이 다세대 정서체계 모형에서 자아분화(자기분화) 개념과 함께 강조하는 개념인데, 가족들이 두 사람 사이에 어려운 문제가 발생하게 되면 불안한 2인 체계가 긴장되기 때문에 이를 해소하기 위하여 또 다른 가족구성원 한 명을 끌어들여서 안정적인 3인 체계가 만들어지는 것을 말한다.

예를 들면, 아버지와 아들(딸) 간에 갈등과 긴장이 생기면 그들 중의 한 사람은 긴장관계 해소를 위해 어머니를 끌어들여 자신의 편을 들기를 원한다. 따라서 삼각관계의 형태는 4인 가족을 기준으로 보면, 주로 부-모-자녀 1, 부-모-자녀 2, 부-자녀 1-자녀 2, 모-자녀 1-자녀 2의 구조를 이룬다고 볼 수 있다. 이렇게 되면 긴장이 해소되는 측면이 있지만 가족구성원 중에서 두 사람 이상이 결탁하여 다른 한 사람을 배척하는 잘못된 삼각관계가 나타날 개연성이 많다.

따라서 가족상담자나 가족치료자는 이러한 관계를 관찰하여 긍정적인 제삼자의 역할을 맡음으로써 긍정적인 삼각관계를 만들 수 있다. 하지만 역기능적인 가족은 그들의 갈등해결을 위한 전략으로 삼각관계를 부정적으로 만들어왔기 때문에 상담자나 치료자도 그들의 동맹자로 끌어들이려 하는 경향이 농후하므로 능숙하고 효과적으로 대처할 필요가 있다. 한편, 삼각관계에 얽혀 있는 감정은 상호의존(codependency)이라는 강력한 정서체계와도 상관이 있다. 특히 대가족체계가 무너진 핵가족체계에서는 삼각관계를 통하여 2~3인이 정서적으로 밀착하고 나머지 1인을 외면하는 가족형태가 생겨날 개연성이 많다.

이러한 삼각관계 가족은 부모 중 원가족체계에서 안정적이지 못한 애착관계를 경험한 사람이 자신의 정서적 아픔이 있을 때 자녀와 좀 더 밀착된 관계를 맺으려고 하는 과정에서 이혼 등의 가족위기를 가져올 수도 있다. 특히 우울증이나 알코올 중독, 약물중독 등으로 가족갈등이 발생한 경우에는 삼각관계에서 비롯되는 정서적으로 의존적이거나 상호의존적인 문제가 역기능성을 가져올 수 있다.

(3) 가족규칙과 가족신화

가족규칙(family rules)은 어떤 가족체계 내에서 가족구성원들에게 기대되는 반복된 행동유형의 기준을 말한다. 이는 가족체계가 한 사람 이상의 구성원들이 모인 기초적인 사회체계라는 점에서 모든 체계와 마찬가지로 그 체계를 유지하기 위한 규칙을 요구하게 되는 것이다.

다시 말하면 가족사회도 가족구성원들이 모인 복합적인 체계라는 점에서 상호작용을 역동적으로 해야 하며, 이를 위해서는 일정한 규칙을 필요로 하는 것이다. 일반적으로 이러한 가족규칙은 가족 간에 서로 지켜야 할 관계적 규칙을 기본으로 정해지는 경우가 많다. 예를 들어 자녀들은 부모와 상의해야 하고 부모의 말을 따라야 한다고 규정하는 것인데, 가족규칙의 대부분이 이러한 규정을 기초로 정해지는 특징이 있다.

그러나 가족규칙이 가족구성원 상호 간에 일어나는 역동성을 기대하는 측면이 있지만 대부분은 부모체계가 자녀체계를 대상으로 규제하고 심할 경우에는 자녀들과는 협의가 되지 않는 일방적 규칙이 많다는 점에서 역기능적이라고 볼 수 있다.

역기능적인 가족체계일수록 일방적 규칙이 많고, 일부는 표면화되지 않은 내재적인 규칙이 가족구성원을 구속하고 통제하는 경우도 있다. 따라서 가족규칙은 가족구성원 간의 행동을 유형화시키고 가족생활과 관련된 특성을 나타내게 하는 요인이 되기도 하지만 경직된 규칙들이 강화될 경우에는 가족치료의 요인이 될 수 있다.

특히 경험적 가족치료 이론과 모형을 창안한 사티어(Satir)는 가족구성원 사이에 오고 가는 의사소통이 이러한 가족규칙에서 학습된다고 보고 있다. 즉 사티어는 가족원들의 의사소통을 관찰함으로써 가족규칙을 발견할 수 있다는 주장을 하고, 가족규칙이 비합리적이고 경직된 가족은 의사소통도 역기능적이므로 가족변화를 위해서는 역기능적인 가족규칙을 변화시키는 것이 필수적이라는 견해를 보인다.

한편, 이러한 가족규칙의 역기능성은 가족구성원들이 공유하는 잘못된 신념과 이데올로기로 인하여 더욱 강화될 수가 있다. 여기에서 잘못된 신념과 이데올로기라고 하는 것은 사실(fact)이나 역사(history)에 기초하지 않는 믿음을 가족들이 공유하고 따르는 가족신화(family myths)를 말한다. 즉 가족구성원들은 잘못된 기대와 신념을 공유함으로써 왜곡이나 부정의 요소가 있기 때문에 결과적으로 해당 가족의 역기능적 가족규칙들은 더욱 강화될 수 있다는 점에서 가족상담 및 가족치료 과정에서는 가족신화를 변화시켜야 한다.

그뿐만 아니라 가족신화가 일반적으로 상담과정에서 가족구성원들에 의해서 말로 표현되는 형태를 띠는 것에 비하여 가족비밀(family secret)은 가족체계의 변화에 저항하는 요인이지만 겉으로 드러나지 않고 은닉되는 특징이 있다는 점도 유의해야 한다.

가족비밀 역시 가족규칙을 강화하기 때문에 상담자나 치료자는 가족구성원들이 노출하지 않으려는 가족비밀에 대해서도 역기능적인 측면을 파악할 필요가 있는 것이다. 그렇지 않으면 역기능적 가족규칙과 가족신화 속에서 자란 소위 '성인 아이(adult children)'는 성장한 이후에도 역기능적 규칙으로 인한 여러 가지 증상을 나타낼 수 있다.

2) 가족병리적 요인

정상적 가족(기능적 가족)은 가족생활주기와 관련된 가족발달단계에서 겪게 되는 문제에서 긴장하지만 대체로 전환기적 가족발달 상황에서 환경에 적응하기 위하여 그들의 가족구조와 체계를 수정하면서 기능적으로 적응해 나간다. 하지만 병리적이고 역기능적인 가족은 가족생활주기의 전환기마다 심각하게 긴장하고, 가족구조와 체계를 수정하지 못하고 경직된 상태를 유지함으로써 가족병리(family pathology)를 나타내어 가족상담 및 가족치료의 도움을 필요로 하게 된다. 가족병리현상이 가족치료이론의 기초가 된다고 보는 이유도 여기에 있다.

따라서 가족병리현상은 정신분석적·인지행동적 가족치료 이론에서부터 체계론적 가족치료 이론들의 대부분에서 정상가족과 역기능가족 관련 개념에서 다루어지는 경향이 많다. 다만 후기구조주의적인 사회구성주의 가족치료에서는 병리에 초점을 주는 것보다는 질문방식을 통해 새로운 가족관계를 조성하는 방식을 취하므로 핵심적인 개념이 되지 못한다.

그러나 가족상담 및 가족치료 이론과 모델이 발달하게 된 배경을 보면 주로 정신과 의사들이 중심이 되어 정신분열증 환자 가족을 대상으로 연구하고 치료하는 과정에서 특정한 환자, 즉 증상을 나타내는 환자(identified patient, IP)에게 나타나는 문제행동이나 병적인 증상의 원인이 가족구성원 전체에게 있다고 보는 '가족병리' 개념에서 비롯된 것이다.

따라서 가족상담 및 가족치료의 접근 틀에서는 가족체계가 형성되는 결혼단계에서부터 자녀양육과 성장기를 거쳐 자녀가 독립한 이후 노년부부체계가 배우자 사망으로 인하여 가족체계가 소멸되는 가족생활주기 전체에서 나타나게 되는 가족병리현상의 요인들에 대한 이해가 기본이 된다.

다시 말하면 가족관계에서 발생하게 되는 갈등과 증상이 가족 사회생활의 상호작용으로 형성되는 사회심리적 요인(scio-psychological factors)으로도 원인분석이 될 수 있지만, 정신분열증 또는 조현병(schizophrenia)을 비롯한 정신분열 스펙트럼 및 기타 정신증적 장애(schizophrenia spectrum and other psychotic disorders)와 상관이 있었을 때는 정신병리적 요인(psychopathological factors)에 기초하여 약물치료로도 접근할 필요가 있는 것이다.

하지만 이론적으로는 역기능가족에서 나타나는 가족문제나 증상들이 차별적으로 정의될 수 있는 것과는 달리 상담장면이나 치료현장에서는 임상적으로 크게 구별이 되지 않고 있는 것도 사실이다. 즉 사회심리학적 요인과 정신병리학적 요인이 임상실천에서는 뚜렷한 구별이 없이 접근되는 것이 현실이다. 이는 개인상담이나 개인치료 분야에서 대상으로 삼는 정신질환의 범주로 삼는 20개 영역의 질환에 대해서도 정신과 의사뿐만 아니라 임상심리학이나 사회복지학 등의 전문가들도 공히 상담이나 치료를 담당하고 있는 것과 유사한 현상이다.

이러한 맥락에서 여기에서는 가족상담 및 가족치료 이론과 모델의 발달사에서 주로 정신과 의사들이 정신분열증 환자가족을 치료하면서 개념화한 정신병리적 요인들을 중심으로 정리하고자 한다. 여기에서 제시되는 요인들은 골든버그(Goldenberg, 2017)와 그의 동료들이 저술한 『가족치료의 개관(*Family Therapy: An Overview*)』(2017)에서도 유사하게 정리되고 있는 내용이다.

(1) 이중구속 메시지(double bind massage)

이중구속 메시지는 베이트슨(Bateson), 잭슨(Jackson), 헤일리(Haley) 등이 어떠한 학파를 형성하지 않고 개별적으로 정신분열증 환자가족을 치료하다가 잭슨이 1959년에 미국 서부의 팔로 알토(Palo Alto) 지역에서 정신건강연구소(Mental Research Institute, MRI)를 설립하여 의사소통 연구를 진행하는 과정에서 베이트슨이 제시한 개념이다.

베이트슨은 정신분열증 환자의 의사소통과정을 연구하다가 정신분열증상이 개인의 정신내적 질환이라기보다는 가족구성원 간의 대인적이고 관계적인 현상이라는 가설을 발표하였던 것이다.

이중구속(double bind)적인 의사소통의 예를 들면, 어린 시기에 주된 양육자가 자녀에게 "집 밖으로 나가! 나가지 않으면 죽일 거야."라고 억압적인 말을 했다고 가정할 때, 자녀는 집 밖으로 나가게 되면 나쁜 아이가 되고 나가지 않으면 맞아 죽을 수도 있다는 두려움의 진퇴양난에 빠지게 된다는 것이다. 이런 경우 양육자를 비롯한 다른 가족들은 특정한 가족을 희생양으로 삼아 이중구속적이고 부정적인 명령을 지속할 개연성이 많아지게 되며, 이중구속적 의사소통의 희생양이 되는 특정인은 공포나 분노가 쌓여 정신병리 증상을 나타내게 된다고 보는 것이다.

(2) 결혼균열과 결혼왜곡(marital schism & marital skew)

1940년대 후반부터 가족치료 연구를 진행했던 시어도어 리즈(Theodore Lidz, 1910~2001)는 정신분열증 환자와 부모를 동시에 치료하면서 결혼균열(marital schism)과 결혼왜곡(marital skew, 부부불균형)이라는 개념을 가족치료의 정신병리적 요인으로 정립하게 된다.

먼저 결혼균열(marital schism)은 부부 중 한 사람의 지배성이 강하고 비합리적 태도가 강할 때 그 배우자의 입장에서 불평과 불만이 있지만 어쩔 수 없이 모든 것을 양보하는 결혼(부부)관계를 의미한다. 이러한 결혼균열의 부부관계는 흔히 부부 상호 간에 서로에 대한 신뢰성이 부족하고 자신의 생각을 관철하고자 하지만 상대적으로 더 강한 배우자의 통제에 따르게 되는 대칭적(symmetrical)이고 유리된(disengaged) 가족체계에서 나타나는 병리현상이다.

이에 비해 결혼왜곡(marital skew)은 결혼이 특정 배우자가 상대에게 의존하고 상대방의 배우자는 강한 가장의 역할을 하면서 균형성을 잃게 되는 결혼(부부)관계를 말한다. 이러한 결혼왜곡은 흔히 부부 사이에 능력의 차이가 있는 상태에서 한쪽의 배우자가 다른 배우자를 지배하고 복종하는 보완적(complementary) 관계의 가족체계에서 나타난다. 보완적 부부체계에서는 겉으로 노출되는 갈등현상은 많지 않지만 속박된(enmeshed) 정서적 응어리가 정신병리적 요인으로 자리잡을 수 있는 것이다.

(3) 대칭적 혹은 보완적 관계(symmetrical or complementary relationships)

1951년에 가족치료를 시작했던 클라크대학의 존 벨(John Bell)과 함께 가족치료의 선구자인 팔로 알토(Palo Alto) 그룹의 돈 잭슨(Don Jackson, 1920~1968)은 인간 사이의 상호교류의 역동성, 즉 의사소통에 초점을 두고 치료적 도구로 삼았다. 잭슨은 이 과정에서 가족이 변화에 저항하는 현상을 '가족항상성(family homeostasis)'이라고 명칭하였다.

팔로 알토 그룹의 당초 프로젝트는 1952년 가을에 정신분열증 환자의 의사소통의 본질을 다각도로 연구하고자 베이트슨이 록펠러 재단으로부터 연구비를 지원받으면서 시작되었으나 탁월한 정신과 의사인 돈 잭슨이 1954년에 합류하면서 1959년에 정신건강연구소(MRI)를 설립한 후에 의사소통의 병리적 개념이 구체화 된 것이다.

그중에서도 잭슨(Don Jackson, 1954)이 제시한 중요한 개념 중의 하나는 대칭적 관계(symmetrical relationship)와 상호보완적 관계(complementary relationship) 사이의 이분법이다. 대칭적 관계는 가족구성원들의 평등성과 유사성에 기초하고 있는 개념이다. 그러나 상호경쟁적인 관계에 있기 때문에 각자의 행동이 상대방의 반응에 영향을 주어서 상승작용을 하게 되는 위험요소가 있다.

따라서 대칭적 관계에 있는 부부는 부부 상호 간에 불신이 심하고 자신이 낫다는 생각이 있게 되면 서로 어떤 사건과 사람에 대한 해석에서 상대방을 신뢰하지 못하고 부정적인 의사소통을 하게 되는 것이다. 즉 상대방의 말을 경청하지 않고 성장과정에서 생긴 마음의 상처 때문에 자신의 의견만을 내놓는 승리(win)의 자세를 견지하게 된다. 유리된(disengaged) 가족구조에서 흔히 발견되는 가족관계이다.

이에 비하여 상호보완적 관계는 서로 다르지만 잘 맞는 관계로서 한 사람이 가진 속성이 다른 가족구성원의 결핍된 부분을 보완하는 관계를 의미한다. 하지만 불평등과 차이가 극대화 될 경우에는 가족구조에서 부부 사이 혹은 가장 역할을 하는 아버지나 어머니와 자녀들 사이에 전통적인 지배와 복종의 관계를 갖게 될 우려가 있다.

흔히 속박된(enmeshed) 가족이나 유리된(disengaged) 가족구조 안에서는 바깥 세계, 즉 가족을 둘러싸고 있는 외부 환경을 다루는 데 있어서 가족구성원 간의 능력의 차이가 있거나 교육된 인식의 결과로 이러한 상호보완적 관계가 된다. 그러나 긍정적 측면에도 불구하고 부부간이나 부모-자녀 간에 참된 대화가 이루어지지 못하는 부정적 측면이 병리적 요인이 되는 것이다.

(4) 거짓상호성(pseudo mutuality)과 거짓적대감(pseudo hostility)

정신분열증 환자 가족을 대상으로 한 리만 윈(Lyman Wynne, 1923~2007)이 국립정신건강연구소(National Institute of Mental Health, NIMH)에서 1954년에 진행한 연구결과에서는 '의사소통 일탈'이라는 새로운 개념을 '사고 장애'라는 이전의 개념과 연결하여, 의사소통이 정신분열증을 규정하는 특성인 사고장애를 전달하는 수단이 된다고 보고 있다.

즉 리민 윈은 이 연구에서 의사소통 일탈이 일어나는 정신분열증 환자들과 가족(부모)과 격주로 면담하면서 가족 간의 의사소통적 문제점으로 거짓상호성(가성상호성), 거짓적대감(가성적대감), 고무담장(고무울타리)이라는 하위 개념을 들어 특징을 설명하고 있다.

우선 거짓상호성(pseudo mutuality, 가짜친밀성)은 구성원들이 연합하면서 표면적으로는 갈등이 없는 척하지만 실제로는 친밀감을 형성하지 못하는 경우를 말한다(Wynne, Ryckoff, Day & Hirsoh, 1958). 거짓적대감(pseudo hostility)은 가족 간의 제휴와 분열 간의 경계를 모호하게 만드는 공모이다(Wynne, 1961). 따라서 가족구성원들이 겉으로 보기에는 요란스럽고 강렬하게 부딪치는 것 같지만 실제로는 피상적인 수준에 머무는 심리상태이다.

이 외에도 리만 윈은 고무담장(rubber fence)이라는 용어를 사용하면서 가족병리를 가진 환자는 현실왜곡을 바로 잡기 위해서는 외부세계와의 접촉을 필요로 하지만 오히려 외부 접촉을 피하는 현상을 미끄러운 고무담장처럼 의사소통의 장벽이 있다고 설명한다.

이러한 '의사소통 일탈'의 세 가지 병리 중 가장 핵심이 되는 요인은 거짓상호성, 즉 '가짜친밀성'이라고 할 수 있다. 왜냐하면 가족들이 겉으로는 서로 관계를 유지하려고 애를 써서 개방적이고 이해심을 가지고 상호 소통하는 것 같지만 실제로는 서로 간에 큰 거리감을 두고 있는 병리적 관계를 의미하기 때문이다(Goldenberg, 1985).

이러한 가짜친밀성은 주로 속박된(enmeshed) 가족체계에서 일어나는 현상으로 서로 간에 문제를 솔직하게 의사소통하지 못하기 때문에 갈등들이 지속적으로 쌓이게 되고, 그럴수록 상처가 깊어져서 건드리지도 못한 채 문제가 없는 것처럼 행동하는 것이다. 그러나 삶의 중요한 결정적 순간에 극단적인 싸움이 일어날 개연성이 충분한 병리인 것이다. 1978년까지 리만 윈은 600여 가족을 연구하면서, 젊은 조현병 내담자들의 가족에서 의사소통장애 유형이 두드러지게 나타난다는 결과를 얻었다.

(5) 속박과 유리(enmeshment & disengagement)

속박(enmeshment)과 유리(disengagement)의 가족병리적 개념화는 살바도르 미누친(Salvador Minuchin, 1921~2017)에 의해서 이루어졌다. 미누친은 미국에서 정신분석 훈련을 받은 후 설리반(Sulivan)의 대인관계적 정신의학에 심취하였고, 이후에 저소득층에 속하는 비행청소년 가족을 치료하면서 구조적 가족치료(Structural Family Therapy) 이론과 모형을 정립하게 된다.

말 그대로 가족구조(family structure)에 초점을 둔 연구와 치료를 병행하면서 비행청소년 가족의 상당수가 부모와 자녀 간의 하위체계에 적절한 경계(boundary)가 결여되어 속박과 유리라는 정신병리 현상이 나타난다는 점을 밝히게 된 것이다. 이러한 개념에 따른 구조적 가족치료는 1970년대 가족치료운동이 번성하게 되는 주요 동력이 되었으며, 특히 헤일리(Haley)와 마다네스(Madanes)는 미누친의 영향으로 구조적 전략주의 이론과 모형을 개발하게 되었다는 점에서 그 영향성이 크다고 볼 수 있다.

미누친은 가족이 개인, 하위체계, 전체가족이 상호경계에 의한 한계가 설정된다고 보고, 이를 보이지 않는 심리적 경계선으로 칭한다. 그런데 이러한 경계

(선)는 명확한 경계(clear boundary)가 가족 간에 이루어져야 만이 가족건강성을 담보할 수 있는데, 경직(rigid)되거나 산만(diffuse, 혼돈)하여 서로 속박(enmeshment)하거나 유리(disengagement)될 수 있다는 점을 병리적 요인으로 제시한다.

즉 속박은 구성원 간의 가족관계 경계가 산만(모호)하여 보호라는 명목으로 간섭하는 것이다. 이에 비하여 유리는 가족구성원 간의 인과관계가 지나치게 경직되어 가족상호 간 의사소통이 이루어지지 않는 것이다. 따라서 미누친은 이러한 가족경계의 속박과 유리현상이 가족병리요인이 된다고 보는 것이다.

(6) 정신·신체적 가족 / 비행조성 가족

정신·신체적 가족이나 비행조성 가족의 개념은 미누친의 구조적 가족치료 이론에서 핵심이 되는 경계선과 상관된 개념이다. 우선 정신·신체적 가족은 가족구성원 간의 하위체계에 대한 경계가 분명하지 못하여 개인적 경계도 자주성이 없을 경우를 말한다. 이런 가족에게서는 의사소통이 부재하기 때문에 부부체계의 갈등과 반복이 빈번해진다.

이러한 경우에는 부부가 갈등을 우회하는 수단으로서 자녀를 희생양으로 삼거나 어머니와 자녀 간의 연합이 이루어져서 아버지가 소외되는 병리현상이 나타난다. 즉 부모가 자녀에게 밀착되거나 속박되고 그러한 과정에서 심리가 약한 병적 증상을 보이거나, 그렇지 않을 경우에도 부모의 한쪽 편이 정신·신체적인 증상을 보일 수 있는 것이다.

비행조성 가족도 경계선이 경직되거나 산만(혼돈)하여 자녀들이 부모에 대한 반항으로 비행을 조성한다고 보는 것이다. 이때 자녀와 경계선이 산만하고 모호한 부모, 특히 어머니의 경우에는 자녀의 비행(행동장애)이 전적으로 자신의 책임으로 인식하여 병리를 나타내거나 배우자에게 비난을 돌리게 된다. 그러나 부모와 자녀 간의 경계가 경직되어 있는 가족체계에서는 자녀의 일상생활에 어떤 장애가 일어나고 있는지를 거의 묻지 않기 때문에 자녀는 비행을 저지르고도 죄책감을 느끼지 못하는 병리현상이 나타나게 된다.

(7) 속죄양(scapegoat)

최초의 가족치료자로 알려지고 있는 미국 클라크대학의 존 벨(John Bell)은 가족치료 역사에서 매우 중요한 개념인 '속죄양(scapegoat)'의 개념을 제시했지만 가족치료 운동에 관한 역사적 저술에서는 단 두 곳에서만 간단히 언급되고 있다(Guerin, 1976; Kaslow, 1980). 이러한 이유는 다른 가족치료 이론가들처럼 책을 출간하거나 주목할 만한 임상치료센터를 설립하지 못하여 제자들을 양성하지 못했기 때문이다. 따라서 적절한 훈련프로그램이 개발되지 못했지만 부모와 자녀로 구성된 집단치료 과정을 진행했기 때문에 최초의 가족치료자로 명명이 되고 있다.

특히 존 벨(John Bell)은 가족치료가 가족구성원들의 의사소통을 촉진하고 가족의 문제를 해결하기 위해서는 단계별로 고안된 프로그램에 따라 진행되어야 한다고 주장하고 있다. 그중에서도 벨이 가족치료집단에서 발견한 가족병리적 요인으로서 '속죄양' 개념은 매우 중요하다, 속죄양은 부모-자녀의 하위 가족체계에서 심각한 갈등을 겪는 부부(부모)가 그 책임을 특정한 자녀에게 전가시켜 자녀의 정서적 발달을 희생시키는 경향을 말한다. 이러한 가족체계에서는 부부체계는 일정기간 동안 자녀의 희생을 통해 조화로운 관계를 유지하지만 병리적 요인으로서 영향을 미치게 된다고 본 것이다.

Chapter 04

가족상담 및 가족치료의 발달 역사

1 가족상담 및 가족치료의 태동·형성기(초기)

1) 가족상담 및 가족치료의 태동기(1950년대 이전)

일반적으로 인간이 전 생애과정에서 겪게 되는 심리문제는 동서양을 막론하고 19세기까지는 고대나 중세의 귀신론(鬼神論)이 일반인들에게 널리 퍼져 있었다. 하지만 19세기 후반에 이르러서는 정신장애 등의 심리문제가 개인의 심리적 원인에 의해 유발될 수 있다는 심리적 원인론 및 심리적 결정론(psychic determinism)이 제기되기 시작하여 현대 심리학이 태동하게 된다.

1897년에 독일 라이프치히대학의 빌헬름 분트(Wilhelm Max Wundt, 1832~1920)가 심리실험실을 만들어 실험심리학을 창시한 것이 그 시작점이라고 할 수 있다. 그리고 오스트리아의 지그문트 프로이트(Sigmund Freud, 1856~1939)가 1900년에 『꿈의 해석(*Die Traumdeutung*)』[1]을 출간하여 정신분석이론을 제시하면서 후대에 이르러서 '현대심리학의 아버지'로 불리게 된다.

특히 프로이트는 1909년경에 자신의 환자를 치료하면서 신경증이나 정신질환의 문제가 개인의 내부적인 심리문제에 한정된 것이 아니라 어린 시절에 겪

1) 이 책은 초판본이 1899년 11월 4일 라이프치히와 빈에서 동시에 독일어로 600부가 출간되었지만 다 파는 데는 8년이 소요될 정도였다. 그러나 이 책은 이후 심리학뿐만 아니라 인문학과 사회과학 전 분야에 영향을 미쳤다고 볼 수 있다.

은 부모와의 관계문제로 '오이디푸스 콤플렉스(Oedipus complex)[2]'를 정의하게 되는데, 이것이 심리분석이론에서 가족치료의 시발점이라고 볼 수 있다. 즉 유아 시절에 이미 무의식(unconsciousness)인 성욕을 가지고 있는 아동이 어머니 사랑을 독차지하기 위해 아버지와 경쟁한다는 복합 감정으로 보는 것이다. 이를 여아의 입장에도 적용하여 여자아이도 어릴 때 자기 어머니를 미워하고 아버지를 좋아하는 증상으로 본 '엘렉트라 콤플렉스(Electra complex)'는 상담의 대상을 '관계'의 문제로 보는 가족상담 및 가족치료의 정체성을 보여 준 것으로 규정할 수 있다.

한편, 이러한 가족상담 및 가족치료의 영역이 개인상담의 일부분이나 기법으로만 취급되지 않고 독립적인 심리치료 영역과 기법으로 정체성을 갖추게 된 배경에는 두 차례에 걸친 세계대전의 영향으로 인한 가족해체의 사회문제에 대응한 사회복지실천의 이론과 기법이 자리 잡고 있다. 먼저 사회복지실천의 시초라고 볼 수 있는 자선조직협회(Charity Organization Society, COS)의 우애방문원(friendly visitor) 활동은 1869년에 런던에서 처음 결성되어 주로 '빈곤가족'을 대상으로 물질적이고 정서교육적인 서비스를 하면서 점차 전문화의 길을 가게 된다.

그러나 실제로 자선조직협회가 빈곤가족이나 장애인가족 등의 가족문제를 본격적으로 다루면서 '가족과 함께 일한다.'는 용어를 사용하는 등의 서비스 대상을 개인이 아니라 전체 가족을 범주로 삼은 것은 1877년에 미국 동부의 뉴욕시와 버펄로시에서 자선조직협회가 구성되면서 본격화되었다고 볼 수 있다(Gurman & Kniskem, 1981).

당시 미국은 1861년에 남북전쟁(American Civil War)이 일어나 공업지대였던 북부가 1865년에 승리한 후 산업혁명으로 산업자본주의 체제를 구축했지만, 공업도시 발달의 이면에는 현저한 빈부의 격차나 슬럼가 형성, 범죄발생과 함께 노동

2) 정신분석학파에서는 콤플렉스(감정 복합)가 상황을 왜곡하여 보게 하며 그 강도에 따라 상황을 중립적이고 객관적으로 보는 것을 힘들게 한다고 보고 있다. 그 이유는 콤플렉스가 생각, 감정, 행동에 영향을 미치고 삶의 에너지원이 되기도 한다고 보기 때문이다.

운동이 거세지던 상황이었다. 이러한 상황의 사회문제는 바로 민간차원의 자선조직협회가 우애방문원을 개별 가정에 파견하여 의식주와 같은 기본적인 욕구를 사정하고 원조하는 것에서부터 해결의 실마리를 찾게 된 것이다.

특히 이러한 자선조직협회의 활동이 전문적인 가족서비스 활동으로 이어지게 한 역할을 한 대표적인 활동가로는 메리 리치몬드(Mary Richmond, 1861~1928)를 들 수 있다. 리치몬드는 1889년 볼티모어 자선조직협회의 경리담당으로 일하게 되면서 약 25년간의 사회사업의 실무경험을 바탕으로 1908년에 『가족의 진실 이야기(*Real Story of Family*)』라는 책을 발간하면서 한 남편이 없는 부인과 4자녀로 구성된 가족에 대한 치료와 복지서비스 사례를 발표하기도 하였다.

그리고 1900년대에 접어들면서 자원봉사자로 구성된 우애방문원이 부족하게 되자 유급직원 형태로 고용되는 개별사회사업가(Case Worker)의 탄생에도 기여하게 된다. 리치몬느는 1897년에 열린 자선 및 교정학회에서 전문직교육의 필요성을 제시하였고, 그 결과 1898년부터 뉴욕 자선학교가 설립된 것이 1910년에는 2년간의 교육과정으로 발전하여 1919년에는 미국에서 17개의 정규 사회복지대학이 개설되기에 이른 것이다.

한편으로 리치몬드는 1917년에 『사회진단(*Social Diagnosis*)』이라는 사회복지실천에 관한 최초의 사회복지학 이론서를 발간함으로써 개별사회사업(Case Work)의 어머니로도 칭해지게 된다. 이 책에서 리치몬드는 개별사회사업의 과정을 개인과 환경 사이에 관계된 사회관계의 조정으로 보는 '인간행동과 사회환경론'적인 견해를 보임으로써 사회사업의 전문교육 분야에서도 선도적 역할을 하게 된 것이다.

리치몬드의 이러한 견해는 사회복지실천 전문직들이 빈곤문제에 대한 물질적 자원뿐만 아니라 가족의 심리정서적 문제에도 관심을 기울이게 만들었고, 부부갈등이나 자녀양육문제도 심리서비스적으로 다루게 되는 역할을 하였던 것이다. 1930년대 이전까지 대도시를 중심으로 이민자 가족 등의 정착을 돕거나 불우한 가정을 지원하는 인보관(지역사회복지관)이 많이 설립된 것도 이와 관련이 있다.

그러나 이러한 민간의 자선적인 가족서비스 활동은 1930년대 초반에 닥친 경제대공황에 즈음하여 정부가 국민의 경제적·사회적 안정의 책임 주체가 되면서 대부분의 가족원조 민간단체는 폐쇄되거나 미국가족서비스협회(Family Service Association of America) 등과 같은 민간 사회사업기관에 합병되기에 이른다. 이즈음 개별사회사업(Case Work)은 전문성에 대한 비판을 받게 되고 이러한 영향으로 프로이트(Freud)의 정신분석학적 기법을 받아들이게 된다.

즉 정신분열병 등의 개인치료적 접근을 받아들이게 되면서 사회사업가들의 활동이 병원 중심의 의료사회사업으로 전환이 일어나게 된 것이다. 다시 말하면, 1910년 이후부터 발생하기 시작한 정신위생운동으로 말미암아 가족치료 분야를 포함한 사회복지실천 분야에서도 전문성을 요구받게 된 사회사업 전문직들이 자연스럽게 정신질환의 예방과 치료에 관심을 가졌던 것이다.

하지만 의료사회 사업현장에서 일하는 사회사업 전문직들이 정신분석에서 강조하는 성격(personality) 문제뿐만 아니라 환자의 신체와 정신적 건강을 해치게 만드는 대인관계에서의 가족문제 등에도 자료를 수집하고 사정하는 본연의 자세를 유지했던 것은 오늘날 사회복지사들의 정체성과도 상관이 있다. 이는 사회복지사를 양성하는 대학이나 교육기관에서 '가족상담 및 가족치료'에 관한 교과목을 개설하고 있는 배경이기도 하다.

그러나 전체적으로 보면, 1930년대부터 1950년대까지는 정신분석학자들에 의해 가족역동성에 대한 연구가 구체화 되면서 정신의학, 심리분석, 사회사업 분야 등에서 공통적으로 정신분열증 등의 개인문제도 가족과의 관계에서 비롯된다는 인식이 자리 잡게 된 시기로 볼 수 있다.

그중에서도 선두는 1960년대에 '가족연구소'를 창립하고 가족치료 분야의 최초의 학술지를 발행하면서 정신역동적 가족치료를 발전시킨 소아정신과 의사 나단 애커만(Nathan Ackerman)을 들 수 있다. 그는 1958년에 『가족생활의 정신역동(*The Dsychodynamic of Family Life*)』이라는 가족진단과 치료에 관한 최초의 저서를 통해 '가족은 안정적이고 예측이 가능한 경우가 매우 드물다'는 견해를 내놓았던 것이다.

이러한 이유로 그는 정신분열증 등의 어려움을 겪는 한 개인을 가족에서 고립시키거나 격리하기보다는 가족 안에서 치료하는 것이 보다 나은 변화를 기대할 수 있다고 주장하였다. 이는 정신적 어려움을 겪는 개인도 완전히 고립되어 살아가는 존재가 아니므로 개인의 무의식에 대한 정화한 이해를 가족의 상호작용이라는 맥락에서 찾을 필요성을 제기한 것으로 볼 수 있다. 결국 애커만은 가족을 심리적이고 사회적인 단위로 보고 치료는 개인, 가족, 지역사회 안에서 계속적으로 변화하고 역할관계에 초점을 둔 '가족항상성'이 깨지지 않도록 의사소통하는 것에 관심을 두었던 최초의 가족치료사로 볼 수 있는 것이다(Bowen, 1985 재수정).

한편, 가족상담 및 가족치료는 제1차 세계대전(1914~1918) 시기인 1917년 3월에 미국이 독일에 선전포고를 하면서 전쟁에 참전한 것과 제1차 세계대전의 연장선상에서 발생한 제2차 세계대전(1939~1945)에서 많은 전사자 가족이 발생한 것과도 상관되어 발전의 변화를 보인다. 양 차에 걸친 세계대전은 경제적인 문제와 더불어서 전쟁에 참여한 가족을 비롯한 다수의 시민들에게도 심리적인 문제를 유발시켜서 결국 개인뿐만 아니라 가족문제를 가져왔던 것이다. 미국 대학에서 정신의학이 전문프로그램으로 자리 잡게 되고, 정식으로 정신분석 이론을 치료분야에서 다루게 된 것도 이와 상관이 있다(Okun & Rappaport, 1980, 재수정).

그러나 정신분열증 환자를 주로 다루는 정신분석학적인 치료 분야와는 별개의 시대적 상황도 가족상담 및 가족치료는 영역의 관심을 넓히게 되는데, 결혼생활에 문제를 겪게 된 일군의 사람들은 정신역동적 치료 분야의 밖에서 상담하는 전문가 집단을 찾게 된 것이다. 이로 인하여 성직자, 대학교수, 교사, 변호사들이 부부문제를 상담하게 되면서 여성학자들을 중심으로 한 가족생태학 모델이 발달한 것도 이와 상관이 있다.

하지만 20세기 전반의 결혼생활의 관심사는 개인의 심리적 요인보다는 부부 상호작용의 결과로 나타나는 경우가 많았다고 보면 기존의 정신치료적 접근에는 한계가 있었다고 볼 수 있다. 오늘날 가족상담의 영역에 결혼가족상담이나 부부상담이 기본적으로 위치하게 된 배경도 이러한 배경과 상관이 있다고 볼 수 있다.

아울러 가족상담 및 치료의 본격적인 출발점을 제2차 세계대전 이후 가족의 기능과 역기능 문제를 연구하는 경향이 늘어나고, 가족치료운동이 확산된 시기의 부부성장 프로그램이 등장한 시기로 보는 것도 이와 같은 이유에서다. 당시의 가족치료의 부부상담가, 사회복지사, 임상심리학자, 목회상담전문가들은 그들의 전문성을 요구받게 되자 정신의학의 정신분열증(조현병) 치료와 유사한 방법을 사용하게 된 것이다.

하지만 가족상담 및 가족치료의 역사적 근원을 보면 1950년대 이전의 발달사도 의미가 있다. 왜냐하면 가족상담 및 가족치료의 배경은 미국에서 경제대공황 시기 즈음부터 활동이 시작되었기 때문이다. 즉 1920년에 미국의 아동상담소(Child Guidance Center)가 설치되면서 아동에게 영향을 미치는 가족의 중요성을 강조하였고, 1929년에는 뉴욕시에서는 아브라함과 한나 스톤(Abraham & Hannah Stone)이 부부상담소를 개설한 것이 부부상담의 시초로 볼 수 있다.

이어서 1930년경에는 부부관계 상담을 위한 최초의 전문센터(연구소)가 폴 포페노(Paul Popenoe)에 의해 로스앤젤레스(LA)에 설립되어 예비부부를 대상으로 한 결혼상담과 부부간의 갈등문제를 상담하였다. 비슷한 시기인 1932년에는 미국 북동부의 펜실베이니아주 필라델피아시(City of Philadelphia)에서도 에밀리 하트숀 머드(Emily Hartshorne Mudd)가 결혼생활상담소(Marriage Council of Philadelphia)를 설립하여 운영하였다.

이들 단체의 가족상담 전문가들은 1942년부터 연례적인 모임을 가지고 연구하였으며, 1945년에는 미국결혼상담가협회(American Association of Marriage Counselors, AAMC)[3]가 설립되었다. 이 협회는 결혼(부부)상담소에 대한 전문성 인증과 전문가 교육은 물론 상담의 기준이나 윤리강령을 제정하기도 했으나 가족상담의 독자적 이론이나 모형을 제시한 정도는 아니었다.

---

3) 미국결혼상담가협회(미국부부상담가협회)는 1970년대 후반에 미국결혼 및 가족치료협회(American Association for Marriage and Family Therapy, AAMFT)로 명칭을 변경하였다.

1948년에는 뉴욕정신분석연구소의 벨라 미틀맨(Bela Mittleman)이 미국에서 처음으로 부부를 대상으로 치료했던 방법론에 대한 보고서를 발표하였고, 1951년에는 클라크대학(Clark University)의 심리학자 존 벨(John Bell)이 가족치료를 임상심리학 분야에서 최초로 시작하게 되었다(Guerin, 1976; Kaslow, 1980)는 것이 가족상담 및 가족치료의 태동기 역사이다.

2) 가족상담 및 치료의 형성기(1950년대)

1950년대는 가족상담 및 가족치료의 본격적인 형성기로 볼 수 있다. 즉 가족상담 및 가족치료 분야가 전통적인 심리치료와는 다른 이론적 배경을 탐색하게 된 시기로 볼 수 있는 것이다. 그 대표적 배경이론은 오스트리아의 생물학자인 카를 루트비히 폰 버탈란피(Karl Ludwig von Bertalanffy, 1901~1972)가 1940년대에 처음 제시한 '일반체계이론(general system therapy)'과 미국의 수학자 노버트 와이너(Norbert Wiener, 1894~1964)가 1948년에 개발한 인공두뇌학 혹은 두뇌모형 이론(cybernetics, 사이버네틱스)이다.

이러한 이론에 배경을 둔 가족치료 접근의 선두에 선 사람은 캘리포니아주 팔로 알토(Palo Alto)[4]에서 조현병연구소를 내고 활동한 영국 출신의 인류학자이자 언어학자였던 그레고리 베이트슨(Gregory Bateson, 1904~1980)이었다. 그는 사이버네틱스 이론의 기초를 닦은 뉴욕의 메이시 회의(Macy Conferences)[5]의 하나의 프로그램인 사이버네틱스 회의(1941~1953)와 집단 과정 회의(1954~1960)를 주도하면서 공학 분야에 적용되고 있던 사이버네틱스의 원리와 개념을 행동과학적

4) 산타 클라라 카운티에 있는 도시로 실리콘 밸리(Silicon Valley)의 북서쪽에 위치하고 있으며, 스탠퍼드대학과 실리콘 밸리와 관련된 HP, Facebook 등의 하이테크 회사에서 창출하는 부가 커지면서 더욱 유명해졌다.

5) 메이시 재단은 케이트 메이시 래드(1863~1945)가 그녀의 아버지이자 유명한 자선가였던 조시아 W. 메이시 주니어를 기리기 위해 1930년에 설립한 자선재단으로서, 원래 의학적 연구에 이니셔티브를 집중했다. 1950년대에 이르러서야 메이시는 건강 관리를 개선하기 위한 수단으로서 의학교육에 초점을 맞추기 시작했다. 메이시 회의는 이러한 목적에서 지원을 받아 뉴욕에서 열린 여러 학문의 학자들의 다학제적인 모임이었다. 그러므로 메이시 컨퍼런스라는 문구는 사이버네틱스에 관한 콘퍼런스에만 적용되지는 않는다.

용어로 환원하면서 기존의 기계론적 개인치료 및 가족치료 모형을 비판하는 견해를 보였다.

그 결과 베이트슨은 1954년에 정신분열증 환자 가족의 의사소통에 관한 프로젝트 수행결과를 1956년 학술지에 발표하면서, 정신분열증(조현병)이 개인이 정신내적 질병이라기보다 대인관계적인 현상이라고 보았다. 즉 정신분열증 환자는 '이중구속(Double bind)'의 상황에 처하게 되는데, 가족을 비롯한 상대방에게서 언어적 메시지와 비언어적 메시지가 서로 일치하지 않고 모순되는 메시지를 받게 되기 때문에 어느 메시지가 진짜 메시지인지를 구별하지 못하여 적절한 반응을 할 수 없다는 주장을 한 것이다.

이처럼 정신분석적 접근의 가족치료를 반대하는 흐름은 베이트슨 외에는 정신건강연구소(MRI)를 창설한 돈 잭슨(Don Jackson), 나단 애커만(Narthan Ackerman), 1959년에 팔로 알토에 리만 윈(Lyman Wynne), 시오도르 리즈(Theodore Lidz), 머레이 보웬(Murray Bowen) 등 정신과 의사들에 의해서 1950년대 이후 발전이 되었다. 이들은 조현병(정신분열병) 환자 가족을 다루면서, 개인이 보이는 증상이 가족이 가지고 있는 증상과의 상호작용의 결과를 봄으로써 가족치료가 형성되는 데 결정적으로 기여한 것이다.

그리고 1950년대 중반에 이르러서는 '가족'을 정서적 역기능 문제를 일으키는 단위로 보는 견해가 주류를 이루게 되는데, 연구자들 간의 상호교류는 드물게 일어났다. 예를 들어 밀턴 에릭슨(Milton Erickson, 1901~1980)은 의료최면 분야의 최고 전문가였는데, 베이트슨의 요구로 캘리포니아주 팔로 알토(Palo Alto)에서 베이트슨(Bateson)이 록펠러 재단으로부터 연구비를 지원받아 수행한 의사소통에 관한 연구 프로젝트에 참여하게 되면서 같은 참여자였던 헤일리(John Haley)와 교류하여 구조·전략적 가족치료가 고안되도록 영향을 미쳤다.

그리고 뉴욕에서는 나단 애커만이 정신분석적 아동치료에 가족면담을 적용하는 형태였고, 메릴랜드(Maryland)주 베데스다(Bethesda)에 1949년에 설립된 미국 국립정신건강연구소(National Institute of Mental Health, NIMH)에서는 보웬(Bowen)이 조현병(Schizophrenia) 환자 가족의 어머니와 자녀 간의 정서체계적 공생관계를 연구하였다. 그 외에도 정신과 의사인 칼 휘태커(Carl Whitaker, 1912~1995), 리만 윈(Lyman Wynne), 시오도르 리즈(Theodore Lidz) 등이 당시의 대표적인 전문가들이라고 할 수 있다.

한편, '가족'을 정서적 역기능 문제를 일으키는 단위로 보는 연구의 업적은 베이트슨의 이중구속(Double bind) 개념 외에도 리즈(Lidz)와 윈(Wynne)의 연구결과도 가족치료 이론 구축에 기여한 것으로 볼 수 있다. 먼저 예일대학 정신의학과 교수였던 시오도르 리즈(Theodore Lidz)는 조현병과 가족 간의 관계를 연구하면서 환자가족의 부부문제에 관심을 기울인 결과 부부균열(Marital Schism)과 부부불균형(Marital Skew)의 개념을 제시하였다.

먼저 부부균열은 부부가 각자 자신의 기대와 욕구를 충족하기 위하여 상대방의 동기를 믿지 않고 상대방을 억누르려고 시도하면서 부모로서의 지위를 손상시키는 상태이다. 그리고 부부불균형은 강한 배우자가 약한 배우자를 지배함으로써 부부간 갈등이 표면화되고 조화로운 힘의 균형을 유지하지 못하는 상태를 의미한다.

리만 윈(Lyman Wynne) 역시 1952년에 국립정신건강연구소의 연구원으로서 1954년에 조현병 환자 가족을 연구하면서 가족의 의사소통유형과 역할관계를 고려해야 한다는 관점에서 1958년에 거짓상호성(가짜 친밀성)과 거짓적대성(가짜 적대성) 및 고무울타리(고무담장)의 세 가지 개념을 정립하였다.

2 가족상담 및 가족치료의 성장·확립기(중기)

1) 가족상담 및 가족치료의 성장기(1960년대)

1960년대는 1950년대에 정신분열병(조현병) 가족 연구 그룹들이 제시한 개념과 이론들이 모형과 기술로 체계화가 되면서 가족상담 및 가족치료의 영역이 전통적인 심리치료 분야와 독립된 전문성을 인정받으면서 성장한 시기로 규정할 수 있다. 1950년대 정신분열병 연구 분야에서 가족의 역기능 부문을 연구한 그룹에는 미국 캘리포니아주의 팔로 알토(Palo Alto) 지역의 정신건강연구소(Mental Research Institute, MRI) 중심의 집단, 예일대학의 리즈(Lidz) 그룹, 윈(Wynne) 그룹, 보웬(Bowen) 그룹이 있다.

이 중에서도 팔로 알토 그룹[6]의 의사소통(가족의 상호의사소통) 이론은 베이트슨(Gregory Bateson)과 밀턴 에릭슨(Milton Erickson) 등에 의해 개발되어서 후일에 사티어(Virginia Satir)의 경험적 의사소통 가족상담 및 치료와 헤일리(Haley)의 전략적 구조주의 가족상담 및 가족치료 모형은 물론 1980년대 이후 위스콘신주 밀워키(Milwaukee)의 단기가족치료센터를 이끈 스티브 드 세이저(Steve de Shazer)와 김인수(Insoo Kim Berg) 등의 해결중심 단기가족상담 및 치료 모형에도 영향을 미치었다.

그리고 보웬(Bowen)은 처음에는 정신분석 훈련을 받고 정신분열병 환자와 그 가족을 치료하면서 정신분열병 환자가 어머니에게 과도한 병리적 밀착관계를 유지하고 있음에 착안하여 '다세대 정서체계 가족상담 및 치료' 모형을 개발하게 된다. 특히 보웬의 이론과 모형은 정신역동적 이론에 일반체계이론의 관점을 연결시킨 가족상담 및 가족치료의 선구자적 모형이라고 볼 수 있다.

보웬에 의하면 가족은 방향이 각기 다른 여러 개의 힘이 상호작용하여 균형을 이루는 하나의 체계와 같은 것이다. 따라서 가족은 하나로 모이려는 융합성과 각자 독립성을 유지하려는 개체성을 가지는데, 이 두 가지의 힘은 마치 한 개인의 행동패턴처럼 다음 세대(다세대)로까지도 이어진다고 보는 것이다.

보웬은 이러한 정서체계적 관점에서 주요 개념들을 제시하여 그의 이론을 설명하고 있는데, 자아의 분화(differentiation of self)와 두 사람의 가족구성원이 자신들의 정서적 문제에 다른 사람을 끌어들이는 삼각관계(triangles)가 그 핵심 개념이다. 그 이외에도 보웬은 가족투사과정(family projection process), 정서적 단절

6) 샌프란시스코의 팔로 알토 그룹은 1959년에 돈 잭슨(Don Jackson)에 의해서 정신건강연구소(MRI)를 설립하여 미국 서부지역의 정신건강 분야의 가족치료를 이끌게 된다.

(emotional cutoff), 형제 순위(sibling position), 다세대 전수과정(multi-generational transmission process) 등의 개념을 제시하고 있다.

2) 가족상담 및 가족치료의 확립기(1970년대)

일반체계이론과 사이버네틱스 이론(두뇌모형 이론)로 대표되는 체계론적 사고를 바탕으로 발전된 초기의 가족치료 모형은 1970년대에 이르러서 그 정점에 도달하게 된다. 말 그대로 '가족치료'가 개인치료와는 다른 영역으로서 정체성이 확립된 시기로 볼 수 있는 것이다. 따라서 1970년대에는 정신분열증 가족연구에서 벗어나서 정상가족에 대한 연구가 활발해지면서 체계론적 관점을 근거로 하는 구조적(구조주의적) 가족상담 및 가족치료의 영향이 매우 큰 시기로 볼 수 있다. 가족규칙, 가족역할, 하위체계, 경계, 전체성 등과 같은 구조주의적 개념들은 각 가족들의 위치와 가족관계, 가족기능, 가족문제 등에 관한 관점을 구조화(체계화)시키는 데 많은 기여를 했기 때문이다.

그중에서 아르헨티나 출신 미국의 정신과 의사 살바도르 미누친(Salvador Minuchin)은 미국 동부지역인 펜실베이니아주 필라델피아시(City of Philadelphia)에서 1965년부터 아동지도클리닉을 창설하여 주로 빈곤한 계층(빈민)의 가족들과 비행청소년 집단을 치료하는 과정에서 '구조적 가족상담 및 치료' 이론과 모형을 제시하여 가족상담 및 치료가 이론적으로 확립되는 선구자적인 역할을 하였다.

미누친이 정립한 구조적 가족치료에서의 중요한 신념은 개인의 문제행동이나 증상은 가족구조 문제를 반영하는 것이라고 믿는 것에 있다. 가족 내 하위체계의 구조와 경계선, 역할, 규칙, 위계구조(체계) 등의 가족구조를 변화시키면서 구성원들의 긴장이 완화되어 행동의 긍정적 변화를 가져옴으로써 가족원 간의 관계가 재정비될 수 있다고 보는 것이다. 이러한 맥락에서 구조적 가족치료 모형은 비행청소년 가족, 거식증 환자 가족, 약물이나 알코올 의존 가족, 저소득층 가족, 소수민족 가족을 대상으로 한 치료효과가 있는 것으로 보고가 되었다(Goldenberg & Goldenberg, 2001 재수정).

세부적으로 보면, 미누친이 1974년에 출판한 『가족과 가족치료(*Families and Family Therapy*)』에서 제시한 구조적 가족상담 및 치료(Structural Family Therapy)의 이론을 구성하는 주요 개념은 가족구조, 하위체계, 경계와 경계선, 연합과 동맹의 제휴, 가족규범, 가족항상성, 가족순환성, 권력구조(위계구조) 등이 있다. 이 중에서 제휴(alignment)와 권력구조(위계구조), 하위체계와 경계선의 개념들은 가족 내의 권력과 책임소재와 관련이 있는 것으로 미누친은 설명하고 있다.

이러한 미누친의 구조적 가족치료 이론은 그의 제자들에 의해서 1980년대에 더욱더 발전이 되는데, 주요 인물로는 정신과 의사인 피시먼(C. Fishman)과 생태적 접근을 추가 발달시킨 사회사업가 아폰테(H. Aponte) 등이 있다.

한편, 1970년대는 서부 캘리포니아주 팔로 알토(Palo Alto) 그룹의 정신건강연구소(MRI)에 소속된 초기의 정신분열병 연구에서 차츰 자녀의 비행, 학습부진, 부부갈등문제 등의 연구로 전환하면서 초기의 이론가들인 잭슨(Don Jackson), 베이트슨(Gregory Bateson), 그리고 베이트슨이 수행한 연구의 자문역을 맡았던 밀턴 에릭슨(Milton Erickson)의 영향을 받은 새로운 이론가들이 이론적 모델을 더욱 분명하게 구축하게 된 시기이기도 하다. 가장 대표적인 모형으로는 버지니아 사티어(Virginia Satir)의 경험적 의사소통 가족상담 및 치료와 제이 헤일리(Jay Haley)와 그의 아내와 마다네스(C. Madames)의 전략적 구조주의 가족상담 및 치료를 들 수 있다.

먼저 사티어의 경험적 의사소통 가족상담 및 치료 모형은 1970년대의 가장 영향력 있는 가족치료 모형으로서, 초기에는 그녀가 참여했던 팔로 알토 그룹의 초기 연구에 영향을 받아 가족 간의 상호작용인 의사소통에 관심을 두고 접근하였다. 그러나 차츰 감정의 차원을 추가하여 인지적이고 정서적인 기존의 심리접근법과 균형을 맞추게 된다. 이는 당시의 심리학계의 인본주의적 접근 경향에 영향을 받은 것으로도 볼 수 있는데, 인간의 존엄성과 존재가치, 성장과 변화를 위한 욕구와 성장 가능성 등을 중심으로 한 치료적 신념을 기초로 치료 모형을 정립한 것이다. 사티어의 경험적 가족치료 모형의 주요 개념으로는 자아존중감과 자기가치감, 의사소통 및 대처유형, 인지(생각)와 정서(감정) 등이 포함된 가족규칙을 들 수 있다.

다음으로 전략적 구조주의 가족상담 및 치료 모형은 헤일리와 마다네스(Madanes)가 개발했는데, 사티어와 마찬가지로 초창기 MRI(정신건강연구소)의 주요 구성원으로서 참여하여 연구했던 의사소통이론에 관심을 두고 접근하였다. 처음 헤일리가 권력(power)이 인간 상호작용의 필수적인 부분이라는 생각에 몰두하면서 단기적이고 지시적인 치료 형태로서 그의 치료 모형을 개발하던 시기에는 사이버네틱스(cybernetics) 이론에 의한 가족치료에 비판이 있었던 상황이었다. 즉 가족을 공학적 이론에 따라 기계에 빗대어 설명하는 사이버네틱스 개념이 가족치료사를 마음의 치유자라고 보는 것보다는 기계적 치료자로 보게 만든 측면이 있었기 때문이다. 이는 사이버네틱스 이론이 상징적으로 '병든 가족'으로부터 '희생양이 된 가족구성원'을 구출해야 한다는 지나친 열정에 치우쳐 있다고 비난받게 된 원인이 되기도 한다.

이에 헤일리는 정신건강연구소(MRI)에서 연구자로 참여하고 있었을 당시부터 최면과 역설적 기법을 연구하였던 밀턴 에릭슨(Milton H. Erickson, 1901~1980)[7]과 교류하면서 지도를 받은 것을 바탕으로 자신의 아내 두 번째 아내인 마다네스(C. Madanes)와 같이 정신건강연구소(MRI)의 이론과 모형에서 벗어나면서도 미누친의 구조주의적 관점을 융합한 전략적 구조주의 가족치료 모형을 개발하게 되었던 것이다. 그러므로 헤일리와 마다네스의 모형은 MRI의 역설적 기법인 문제의 재정의, 증상에 처방하기 등과 구조주의적 기법의 사이에 걸쳐있다고 볼 수 있다.

이 외에도 전략적 구조주의 가족상담 및 치료 모형과 관련된 모형의 발달은 정신건강연구소(MRI) 그룹의 상호작용의사소통 모형, 이탈리아 밀라노에서 파라졸리에 의해서 형성된 밀란 그룹의 체계론적 모형도 포함이 된다. 그중에서도 MRI에서 발전한 상호작용 모형은 워싱턴 D.C.의 헤일리의 전략적 모형과 이탈리아 밀라노의 파라졸리(Palazzoli)가 주도한 체계론적 모형으로 확산된 것의 시발

7) 미국의 정신과 의사이자 심리학자로 미국임상최면학회(American Association of Clinical Hypnosis)의 회장을 역임했으며, 미국정신의학협회(American Psychiatric Association), 미국심리학협회(American Psychological Association), 미국정신병리학협회(American Psychopathological Association)에 관여하면서도 다른 유명 심리학자와 달리 자신만의 상담과 심리치료에 대한 이론을 만들지 않고 개인의 특성에 기반을 두고 치료적인 의사소통을 해야 한다고 주장하였다.

점으로 볼 수 있다. 이러한 세 가지의 모형은 1970년대를 시작으로 1980년대까지 가족상담 및 치료분야에서 가장 많이 활용되었으며, 후에 해결중심 가족치료에 영향을 주게 된다.

하지만 MRI의 상호작용 모형의 발달 배경을 보면 인류학자인 베이트슨(Gregory Bateson)이 록펠러 재단(Rockefeller Foundation)으로부터 의사소통의 역설적 기법에 관한 연구비를 지원받아 잭슨(Don Jackson), 헤일리(Jay Haley) 등을 캘리포니아주 샌프란시스코시의 팔로 알토(Palo Alto)로 초청하고, 1959년에 팔로 알토에 정신건강연구소가 잭슨에 의해서 설립되어 사티어(Satir), 헤일리(Haley), 위크랜드(Weakland) 등이 함께 가족치료 모형을 연구하게 된 시기까지도 거슬러 올라가야 한다.

정신건강연구소(MRI)의 상호작용 모형은 초기에 베이트슨(Bateson)이 강조한 사이버네틱스 이론과 에릭슨(Erikson)이 강조한 역설적이고 임상적인 기법을 도입하여 상호작용적 의사소통과 체계개념에 기반을 둔 것이다. 따라서 MRI의 상호작용 모형의 치료목표는 가족을 재조직하는 것이 아니라 내담자가 생활을 잘해나갈 수 있도록 임상적 접근으로 문제를 해결하는 것에 있다. 이러한 MRI 모형은 그 확산과정에서 이탈리아 밀라노에서 정신과 의사인 파라졸리(Palazzoli)를 주축으로 한 체계론에 중심을 둔 전략적 가족치료 모형이 발전되는 데도 영향을 미쳤던 것이다.

파라졸리는 1971년에 섭식장애 증상이 있는 가족을 대상으로 정신분석적 치료를 하던 중 별 효과가 없자 기존의 정신분석적 접근이 아닌 미국의 MRI 모형을 도입하여 '체계론적 전략 모형'을 개발하게 된 것이다. 그녀는 보스콜로(Boscolo), 체친(Cecchin), 프라타(Prata) 등과 함께 1971년에 밀란가족연구센터를 설립·운영하면서 베이트슨이 강조한 사이버네틱스의 순환적 인식론과 에릭슨이 임상적 접근인 역설적 개입 기법을 사용하였기 때문에 체계적 전략모형으로 불리게 된다. 따라서 유럽 최초의 가족치료 모형을 개발한 밀란 그룹의 근거이론은 MRI의 상호작용 모형이나 헤일리 모형과는 다소 다르게 체계이론에 그 배경이 있다고 볼 수 있다.

한편, 1970년대를 가족상담 및 치료의 확립기로 볼 수 있는 근거는 1977년에 미국 미네소타대학(University of Minnesota)에서 데이비드 올슨(David Olson)과 그의 동료들에 의해서 프리페어/인리치 부부/커플관계 검사(PREPARE/ENRICH)[8]가 개발되어 부부상담과 가족치료의 공통적인 접근을 시도한 것에서도 찾을 수 있다. 올슨을 비롯한 공동연구자들은 개인상담보다는 부부관계와 가족구성원 간의 관계성에 초점을 두고 양 영역의 결합을 주장하고 결혼 만족에 대한 10개의 핵심영역에 대한 타당도, 신뢰도를 과학적으로 검증한 검사지를 개발했던 것이다.

이러한 영향으로 미국결혼상담가협회(미국부부상담가협회)도 1978년부터는 미국결혼 및 가족치료협회(American Association for Marriage and Family Therapy, AAMFT)로 명칭을 변경을 하고 '결혼 및 가족치료 학술지(Journal of Marital and Family Therapy)'도 1979년부터 간행하게 되었다고 볼 수 있다.

이 시기에 캘리포니아주 샌프란시스코시 인근의 팔로 알토(Palo Alto)에 소재한 정신건강연구소(MRI)에서는 분노, 우울, 부부갈등, 성문제, 가족문제 등과 같은 가족치료 영역을 확립하기 위한 노력을 하게 되는데, 그중에서도 이러한 문제를 단기간에 해결하고 증상을 완화시키려는 시도가 두드러지게 된다. 다시 말하면 단기 전략적 가족치료에 관심을 가지고 10회 이내로 상담(치료) 회기를 제한하자는 논의가 활성화가 된 것이다.

즉 가족상담 및 치료의 초기 모형들이 대부분 정신분석적이고 정신역동적인 개인치료의 영향에서 벗어나지 못한 시기였기 때문에 대부분 장기적인 상담회기를 설정하는 것과는 달리 단기적인 해결책에 초점을 두는 변화가 시도된 것이다. 그러한 시도의 선두는 정신건강연구소(MRI)에서 활동하던 드 세이저(S. de Shazer)와 그의 동료들이 미국 위스콘주의 가장 큰 도시인 밀워키(Milwaukee)에 단기가족치료센터(Brief Family Therapy Center, BFTC)를 1979년에 설립하고 1980년대부터 본격적인 모형의 개발과 기법을 연구하게 된 것을 들 수 있다.

8) 프리페어/인리치 커플관계 검사(PREPARE/ENRICH-CV)는 지속적인 연구개발을 통해 2008년에 내담자 맞춤형 온라인 검사로도 개발되었다. 프리페어/인리치는 커플들이 관계를 알아가고 강화하는데 가이드 역할을 한다는 의미에서 부부상담사 양성교육에도 활용이 되고 있다.

3 가족상담 및 가족치료의 전문화·통합기(후기)

1) 가족상담 및 가족치료의 전문화기(1980년대)

1970년대는 일반체계 이론이나 사이버네틱스 이론(두뇌모형 이론)이라는 유기체론적 관점이 베이트슨에 의해 가족치료에 접목되어 가족치료 모형의 초기 모델들이 확립된 시기였다. 이에 비해 1980년대는 가족의 정상성이나 역기능성 여부를 정의하고 치료목표를 설정하는 다양한 모델, 즉 보웬의 다세대 정서체계적 모형, 미누친의 구조적 모형, 사티어의 경험적 의사소통 모형, 헤일리의 전략적 구조주의 모형을 비롯한 MRI와 밀란 그룹의 모형이 확립되면서 가족치료사들이 양성되었던 1970년대의 흐름이 변화하게 된다.

그동안 특정 모델에 열광했던 분위기가 다소 수그러들면서 보다 전문화를 통해 성장하는 경향이 나타난 것이다. 이는 더 이상 특정 모델에서 제시하는 주요 개념에 따라 가족의 정상성이나 역기능성을 평가하고 치료목표를 설정하는 초기 가족치료 모형들에서 벗어난 중기 모델들이 등장하여 전문화의 역할을 하게 되었음을 의미한다. 다시 말하면, 초기 모델들의 특징들을 통합하고 적정한 모형으로 전문화시키려는 경향이 제기된 것으로 볼 수 있다.

초기 모형 중에서 보웬의 다세대 모형이나 사티어의 경험적 모형은 가족치료의 초점을 가족구성원 간의 관계뿐만 아니라 개인의 심리 내면체계에 초점을 두고 원가족과 관련된 과거 시점의 경험을 중요시한다. 이에 비해 미누친의 구조적 모형이나 전략적 모형은 가족구성원 간의 관계체계를 강조하며 과거의 경험보다 현재에 초점을 두는 차이가 있는데, 중기에 등장한 해결중심 단기가족치료나 이야기치료 등의 모형에서는 이러한 접근에서도 벗어나는 경향들이 나타나고 있다.

이 중에서 MRI(정신건강연구소)에서 활동했던 드 세이저(S. de Shazer)와 인수 김 버그(Insoo Kim Berg)가 1982년에 개발한 '해결중심 단기치료(Solution-focused Brief

Therapy)' 모형은 그 선두에 선다. 이들은 1978년에 미국 위스콘주 밀워키시에 단기가족치료센터(Brief Family Therapy Center)를 설립하고 치료의 초점을 내담자의 문제중심에서 해결중심으로 전환시킨 모형을 제시한 것이다(de Shazer & Berg, 1993).

해결중심 단기치료 모형은 MRI의 상호작용적인 전략적 치료 모형에 토대를 둔 단기상담(치료)로서의 공통점이 있지만 현재뿐만 아니라 미래 시점에도 초점을 두고 접근하는 차이점이 있다. 말 그대로 과거나 현재의 문제 원인을 아는 것보다 현재와 미래 시점의 문제해결에 초점을 맞추는 모형인 것이다.

따라서 해결중심 단기가족치료 모형에서는 치료자의 역할이 내담자보다 더 많이 알고 있는 유능한 전문가를 요구했던 초기 가족치료 모형에 비하여 내담자의 경험세계를 현재와 미래 시점에서 재창조하는 과정에서 함께 협력해야 할 동반자적인 입장이 강조된다. 이러한 입장은 가족상담 및 치료의 전문화와 국제화에도 기여한 측면이 있다.

이를 위해 드 세이저는 치료자가 가족의 장점과 특성을 활용하도록 내담가족을 존중하고 격려해야 한다는 밀턴 에릭슨(Milton H. Erickson)의 역설적이고 전략적인 기법을 근거로 상담철학을 발전시키게 된다(de Shazer, 1985). 또한 해결중심 단기가족치료 모형은 1980년대에 확산되었던 사회구성주의(Social Constructivism) 철학의 영향도 받았음을 드 세이저가 밝히고 있다.

사회구성주의는 철학의 범주에서는 포스트구조주의(Post-Structuralism)에 속하고, 문화적 범주까지 확대하면 포스트모더니즘(Post-Modernism)에도 속한다. 즉 현대 철학의 주류를 이루는 분석철학과 구조주의 철학의 대상이 '언어'의 기능과 체계에 초점을 둔다는 측면에서 내담가족의 언어가 곧 내담자(내담가족)의 현실과 미래를 구성한다는 상담관점을 보인 것이 사회구성주의적 가족치료이다.

다시 설명하면, 내담자는 개인이 자신의 가족이나 관계를 어떻게 경험하는지, 또한 자신의 경험세계에 어떤 의미를 부여하며 자신의 현재와 미래의 경험세계를 어떻게 구성하는지를 치료과정에서 파악하는 것이 문제해결과정에서 더욱 중요하다는 사회구성주의(Social Constructionism)[9] 혹은 구성주의(Constructivism)

9) 사회 구성주의 이론은 1966년 사회학자 Peter L. Berger와 Thomas Luckman이 쓴 『현실의 사

의 철학이 해결중심 단기가족치료 모형에 내재하고 있는 것이다.

이는 초기의 가족치료 모형들이 순수체계이론이라고 할 수 있는 사이버네틱스나 일반체계이론에 기반한 구조주의(Structuralism)와 정신역동적 가족상담이나 인지행동주의적 가족상담 모형이 추구했던 실증주의나 후기실증주의(Post-Positivism)에 기반하여 개발되었던 시대적 배경과는 차이가 있음을 말해준다.

실증주의나 후기실증주의에 기반한 정신역동적 가족치료와 인지행동적 가족치료를 비롯한 초기 가족치료 모형들은 개인상담의 연장선상에서 가족상담(치료)을 접근했던 것에 비하여 구성주의나 사회구성주의에 배경을 둔 중기 가족치료 모형들은 가족상담(가족치료)을 개인상담과는 별개로 보려는 관점을 보인 것이다.

이야기치료(Narrative therapy) 혹은 내러티브 카운슬링(Narrative counseling)도 1990년대 이후 포스트모더니즘적 문화와 사회구성주의에 영향으로 호주 아델라이 덜위치(Adelaide Dulwich)센터에서 활동하던 화이트 부부(M. White & C. White)와 뉴질랜드의 엡스턴(D. Epston)에 의해 개발된 모형이다.

내러티브 상담은 사람들의 삶을 파괴적인 방식으로 형성한다고 주장하는 지배적 담론(dominant discourses)을 사회정의(Social justice) 차원에서 이슈화하고 이에 도전하는 새로운 이야기(narrative)를 구성하도록 하는 접근방식이라고 볼 수 있다.

아울러 내러티브 상담은 상담자가 협력적 입장에서뿐만 아니라 인간의 존엄성을 강력히 지지한다는 점에서 인간중심 상담과도 그 맥락을 공유하고 있다. 그러므로 이야기치료자의 입장은 내담자들이 전혀 다른 삶의 경험에서 가지고 오는 이야기들을 이미 그들이 가지고 있는 기준으로 바꾸거나 판단할 수 없다는 것이다(Pardeck, Murphy & Choi, 1994). 따라서 치료자는 해석학적 입장에서 협력적 관계를 유지하는 것이 강조된다.

회적 구성(*The Social Construction of Reality*)』라는 책에서 소개되었다. Berger와 Luckman의 아이디어는 Karl Marx, Emile Durkheim, George Herbert Mead를 포함한 많은 사상가로부터 영향을 받았는데, 특히 사회적 상호작용이 정체성의 구성에 영향을 미친다는 미드의 상징적 상호작용론의 영향이 크다고 볼 수 있다.

2) 가족상담 및 가족치료의 통합기(1990년대 이후)

가족상담 및 치료의 역사가 1960년대에 그 독자적 영역이 인정되고 1970년대에는 초기 모델이 주로 체계이론에 근거하여 발달한 반면, 후기 모델은 1980년대 중반부터 시작된 포스트모더니즘의 확산으로 구성주의와 사회구성주의 이론의 영향으로 전문화되고 성장하는 시기로 접어들게 하였다. 그러나 1980년대에도 체계이론의 영향성은 여전하였고, 실증주의 이론에 근거한 정신역동주의적 가족상담 및 치료나 인지행동주의적인 가족상담 및 치료도 각기 발달하였다고 간주할 수 있다.

그 이유는 미국에서 가족상담 및 치료는 초기에 사회사업가들의 가족서비스 영역에서 시작된 측면이 있고, 실천기술에 있어서 전문성의 필요성이 제기되면서부터는 주로 정신과 의사들에 의한 모형개발과 임상심리학자 등의 가족연구가 지속되어왔기 때문이다. 이러한 흐름은 한국에서도 유사한데, 가족치료의 개념이 1970년대에 사회사업 영역에 도입이 되어 1979년에 이화여대 사회사업학과에서 대학원 전공 선택 과목으로 개설된 것이 대학교육과정의 시초였다.

그리고 실제로 가족상담 및 치료가 임상이나 사회복지실천 현장에 적용된 것은 10여 년이 지난 1980년대 후반이었던 것이다. 1988년에 정신과 의사, 사회복지사, 임상심리학자, 정신보건간호사(현, 정신건강간호사)를 중심으로 한국가족치료학회가 결성되면서 1980년대 후반부터 가족치료나 가족상담에 관한 학위논문과 번역서, 저서가 출간되면서 가족상담 및 치료가 개인상담이나 정신치료와는 다른 영역으로 자리 잡게 된 것으로 볼 수 있다.

그리고 1990년대 전반기부터는 한국에서도 민간차원에서 가족상담 및 치료기관(센터)들이 운영되고 있지만 주로 미국에서 발달한 초기 모델이나 후기 모델에 따른 연구나 실천적 현장(기관)이 대부분인 실정이다.

하지만 미국을 비롯한 유럽사회적 차원에서 보면, 1990년대 이후는 가족상담 및 치료 연구나 실천에 있어서 새로운 전환점이 되었다고 볼 수 있다. 시대적으로 포스트모더니즘적인 사회구성주의 이론에 근거한 해결중심 단기치료와 이야기치료(내러티브상담)에 대한 관심이 증대하였고, 다문화사회의 영향과 페미니즘(feminism)의 영향으로 여성주의 상담이나 다문화가족치료 모델도 제기되었기 때문이다. 그뿐만 아니라 1980년대 이후 가족상담 및 치료의 전문화와 함께 실천 영역에서도 많은 성장을 가져온 것과는 다른 경향의 비판적 현실주의 관점이 대두되기도 하였다.

초기의 가족상담 및 치료 이론과 모형이 주로 19세기 프랑스의 오귀스트 콩트(Auguste Conte, 1798~1857)에 의해서 제기된 철학인 논리실증주의 관점에 따라 경험적으로 알 수 있는 자연적 법칙에 의한 지식만이 진정한 지식이라는 입장에서 개발되었고, 중기의 가족상담 및 치료 이론과 모형이 구성주의나 사회주의적 입장에서 개발된 것에 대하여 1990년대에는 양자의 입장 모두를 비판하게 된 것이다. 다시 말하면, 다양하고 전문화된 기존의 가족상담 및 치료 모형들이 지나치게 구분되어 있어서 현실적으로 통합이 필요하고, 더 나아가서는 개인상담의 이론이나 모형들과도 통합이 이루어져야 한다는 관점이 1990년대에 힘을 얻게 된 것이다.

이러한 관점과 입장의 통합적 가족상담은 바로 비판적 현실주의(Critical Realism)라는 철학을 배경사상으로 두고 있다고 볼 수 있는 것이다. 따라서 통합적 가족상담 및 치료의 필요성을 제기하는 학자들은 인간의 관념과 상관없이 현실이 존재한다고 주장하는 현실주의자(논리실증주의자)나 인간의 관념에 의해서만 현실이 구성된다고 믿는 구성주의자와 사회구성주의자들을 동시에 비판한다.

이러한 비판적 현실주의는 영국의 철학자 램 로이 바스케르(Ram Roy Bhaskar, 1944~2014)의 주장에서 그 근거를 찾을 수 있다. 그는 자연계를 이해하는 논리실증적인 인간의 지식이 사실은 대부분 사회적으로 구성되어 있다는 역설을 제기했는데, 이를 '초월적 현실주의(transcendental realism)'이라고 칭하였다. 이를 재해석하면, 가족상담 및 치료 영역을 포함한 사회적 현실을 탐구하기 위해서는 자연적(nonhuman) 세계를 탐구하는 데 사용되는 것들과는 다른 메커니즘(mechanism)을 사용해야 된다는 주장이 된다.

그러므로 비판적 현실주의의 철학적 기초를 존재론(Ontology)이라는 현실의 본질 차원에서 보면, 후기실증주의자의 인식론적 관점을 받아들이지만 사회적 현상의 근간을 이루는 구성주의적 메커니즘의 인식론도 결합하고 있다고 평가할 수 있다. 따라서 비판적 현실주의에 근거한 방법론(methodology), 즉 과학적 연구 수행 방법(how to conduct scientific research)은 사회적 현상의 현실적 맥락, 메커니즘, 결과의 삼자적인 관계에 초점을 맞춘 이론 중심의 연구 접근법이 된다. 다시 말하면 "무엇이, 누구에게, 어떤 상황에서, 어떻게, 왜 효과가 있는가?"에 관심을 갖는 것이다.

3) 가족상담 및 가족치료의 발달전망과 과제

지금까지 분석한 바와 같이 가족상담 및 치류의 발달과정은 1950년대 이전의 태동기를 거쳐서 1950년대에 일반체계이론과 인공두뇌(사이버네틱스) 이론이 행동과학에 구체적으로 적용되기 시작하면서 유기체인 생물과 인간을 모델로 하는 '인공두뇌적인 체계이론'으로 이행되는 과정에서 가족치료라는 분야가 형성되기 시작되었다고 볼 수 있다. 따라서 초기의 가족치료 이론이나 모형들은 정신분열증(조현병) 환자나 그 가족들을 대상으로 한 연구에서 출발이 되어 기존의 개인상담 및 치료 영역과는 다른 독립된 전문성을 1960년대에 인정받게 된 것이다.

이후 가족상담 및 치료가 독자적인 전문성을 바탕으로 인정받게 된 배경에는 미국 워싱턴의 미국립정신건강연구소(National Institute of Mental Health)에서 1954~1959년까지 연구했던 보웬(Bowen)은 물론 미국 서부 지역의 캘리포니아주 팔로 알토(Palo Alto)에서 가족치료에 관심을 둔 전문가 집단이 결집한 측면과 미국 동부 지역 펜실베이니아주 필라델피아의 미누친(Minuchin)을 비롯한 가족치료 연구자들이 다양한 치료 모형들을 개발하고 전문화시킨 1970~1980년대의 활동들이 있다.

하지만 1980년대 후반에는 일반체계 이론이나 사이버네틱스 이론에 기반한 초기의 가족치료 모델의 관점이 퇴색하면서 해결중심 모델을 비롯하여 이야기치료(내러티브상담), 협력언어체계(반응팀) 모델 등이 사회구성주의적인 이론을 근거로 성장하게 된다.

1990년대에는 이러한 가족상담 및 치료의 후기 모델적인 성장추세로 상당 부분에 걸쳐 안정화·통합화가 되는 경향을 띤다. 그 배경에는 비판적 현실주의라는 철학적 배경이 두드러짐에 따른 초기모델과 중기모델에 대한 비판적 시도가 구체화가 되기 시작한 것을 들 수 있다. 비판적 시도의 시작은 초기 가족상담 및 치료 모델의 논리실증적인 인식과 중기의 가족상담 및 치료 모델의 관념적이고 사회구성주의적인 인식의 절충적 통합의 필요성을 제기한 것에 있다.

그뿐만 아니라 가족상담 및 치료 모델의 통합은 물론이고 개인상담 및 치료에 관한 이론이나 모델과의 통합의 주장도 드러나게 된다. 이러한 맥락에서 21세기에 접어든 현 시점에서는 가족상담 및 치료 모델들의 유용한 이론이나 기술들이 통합적인 상담절차에 따라 절충적으로 적용이 되는 새로운 통합 모델이 개발되고 안정적으로 발전될 것으로 전망이 된다.

02

Part

가족상담 및 가족치료의 이론·모형

가족상담 및 가족치료

Chapter 05

정신분석적 / 대상관계적 가족상담 및 가족치료

1 정신분석적 가족상담 및 가족치료의 흐름

정신역동적 / 대상관계적 가족상담 및 가족치료는 큰 범주에서 보면, 지그문트 프로이트(Sigmund Schlomo Freud, 1856~1939)가 창시한 정신분석적 심리상담 및 치료 이론과 모형에 속한다. 정신분석(psychoanalysis)은 원래 정신내적 이론이자 개인 대상의 상담 및 치료 모형이다.

그러므로 가족상담 및 가족치료는 가족이라는 사회집단을 대상으로 체계적으로 관계적인 접근을 하므로 정신분석과 가족상담 및 가족치료의 결합, 즉 개인상담적 가족상담 및 치료 이론이나 모형을 접근하는 것은 상당 부분 역설적일 수 있다.

따라서 정신분석적 가족상담 및 가족치료라고 칭하는 것보다는 정신분석적 훈련을 받은 초기의 가족상담 및 가족치료 선구자들의 활동 경향에 따라 '정신역동적 가족치료(psychodynamic family therapy)'와 '대상관계적 가족치료(object relations family therapy)'로 구분하여 접근하는 것이 타당할 것으로 보인다.

초기의 가족상담 및 가족치료가 태동할 시기인 1930~1950년대에도 몇몇 정신분석학자들, 그중에서도 소아정신과 의사들을 중심으로 어머니와 자녀를 함께 분석하려는 시도를 하였고, 때로는 부부를 동시에 분석함으로써 가족이 맞물려 돌아가는 정신내적 체계라는 것을 인식하기 시작하였다.

이러한 정신역동적 가족치료 그룹과 상관이 있는 선구자로는 나단 애커만

(Nathan Ackerman), 머레이 보웬(Murray Bowen), 시오도르 리즈(Theodore Lidz), 이반 보스조르메니-내지(Ivan Boszormenyi-Nagy), 칼 휘태커(Carl Whitaker), 돈 잭슨(Don Jackson), 살바도르 미누친(Salvador Minuchin) 등을 들 수 있다. 이들은 초기에 정신분석적 훈련을 받았지만 정신역동적 치료이론에서 서서히 체계역동적 이론으로 전환해 나갔던 인물들인 것이다.

이러한 인물들 중에서도 나단 애커만과 이반 보르조메니-내지는 가장 대표적인 정신역동적 가족치료의 선구자적 역할을 한 사람으로 볼 수 있다. 이들은 초기에 전통적인 정신분석학이 성적 충동과 공격적 충동을 중심으로 하는 본능(원초아)과 자아, 초자아 사이의 심리내적인 무의식적 갈등이 심리적 병리의 원인이라는 관점에서 가족을 대상으로 치료했지만 일정한 치료적 한계에 접하자 각자의 독특한 정신역동적 가족치료 이론과 모델을 제시했던 것이다.

먼저 나단 애커만(Nathan Ackerman, 1908~1971)은 러시아계 미국의 정신분석가로서 가족치료에 영향을 미친 가장 초기의 선구자적 인물이자 대표적인 인물이다. 그는 정통적인 프로이트적 치료인 심리내면적인 갈등을 고려하면서도 인성의 변화를 사람들의 상호작용으로부터 설명해 내려는 새로운 시도를 가족치료에 적용하게 된다.

즉 애커만은 정신분석적 자아심리학에서 주장하는 인간 내면의 성적 충동(성욕)과 공격적 충동(공격욕)을 전제로 치료를 하되, 가족관계에서 어려움을 겪는 가족구성원(개인)을 가족에서 격리하여 별도로 치료하는 것보다는 가족 안에서 치료하는 것이 문제가 개선된다는 두 가지 측면을 함께 견지한 것이다. 따라서 애커만은 정신분석 이론과 체계이론을 연결한 초기의 정신역동적 가족치료이론과 모델을 대변하는 중요 인물로 볼 수 있다.

애커만은 이러한 관점에서 1958년에 『가족의 정신역동(*The Psychodynamics of Family*)』이라는 가족의 진단과 치료에 대한 저서를 발간하고 가족치료에 대한 열정과 능력을 인정받게 된다. 이러한 활동과정에서 미누친(Minuchin)은 당초 내과 의사였지만 애커만으로부터 정신분석훈련을 받고 가족치료에 관심을 갖게 된 것으로 알려지고 있다.

그리고 이반 보르조르메니-내지(Ivan Boszormenyi-Nagy, 1920~ 2007)는 헝가리계통 미국의 정신분석가로서 초기에는 프로이트적 이론에 따라 정신분열증 환자를 치료하다가 치료자와 환자 사이에 형성되는 신뢰가 치료에 중요한 영향을 미친다는 사실을 인식하게 된다. 아울러 정신분열증 환자가 겪고 있는 심리내적인 문제를 다루는 것만으로는 치료효과에 한계가 있다는 점도 실감하게 된다.

이러한 점에 착안하여 보르조르메니-내지는 오스트리아 출신 유대계 종교철학자 마르틴 부버(Martin Buber, 1878~1965)가 『나와 너(*Ich und Du*)』(1923)에서 제시한 '나와 타인과의 관계(I-thou relationship)'에 관한 '관계철학'과 로널드 페어바인(Ronald D. Fairbairn, 1889~1964)의 대상관계이론을 바탕으로 맥락적 가족치료(Contextual Family Therapy) 이론과 모델을 정립하게 된다.

보르조르메니-내지의 이러한 이론은 1981년의 '맥락적 가족치료(Contextual Family Therapy)'라는 논문과 1986년에 출간한 공동저서 『기브 앤 테이크 : 맥락치료에 관한 임상가이드(*Between Give and Take: A Clinical Guide to Contextual Therapy*)』에 잘 나타나 있다.

그러나 다른 한편에서는 1960~1970년대에 보웬, 휘태커, 사티어, 미누친, 헤일리 등의 구조적이고 체계적인 가족치료 이론·모형이 급속하게 확산된다. 따라서 보르조르메니-내지의 맥락적 가족치료를 포함한 정신분석적 가족치료의 접근은 영향력이 약화되거나 비판을 받게 된다. 왜냐하면 프로이트가 '오이디푸스 콤플렉스'나 '엘렉트라 콤플렉스'를 다루면서 가족관계에 관심을 보인 시초를 제공하기는 했지만, 신경증적 공포를 가진 개인과 가족을 현재적 관계로 다루었던 것이 아니라 어린 시기에 습득한 과거적인 관계로만 보았다는 한계가 있었다는 점을 비판한 것이다.

하지만 1980년에 접어들면서부터는 정신분석을 비롯한 인지행동주의 등의 개인심리학의 치료 및 상담효과가 가족상담 및 가족치료 접근에서도 여전히 교훈을 줄 수 있다는 점을 실천현장의 가족치료사들 중심으로 인식을 하게 되는 변화가 일어나게 된다. 이러한 변화는 팔로 알토에 정신건강연구소(MRI)를 개설하고 가족치료를 선도적으로 연구했던 돈 잭슨(Jackson, 1967)이 죽기 1년 전에 개인치료적 가족치료 접근에 대한 종언을 한 것이나 살바도르 미누친(Minuchin, 1989)이 "관계를 고려하지 않은 개인은 정신역동적 맹목성이 만들어낸 신화적 괴물이며, 환상일 뿐임을 알아야 한다."고 주장한 시기에 비하면 획기적인 변화라고 볼 수 있다. 이는 정치사에서 냉전체제의 강력한 한 축이었던 구소련체제가 붕괴하고 베를린 장벽이 무너진 것과도 유사한 것으로 비유될 수 있는 것이다.

그동안 가족상담 및 가족치료에서 가족 간의 체계적 상호작용에 관한 심오한 진리를 발견한 것은 사실이지만 개인심리적이고 심층심리적인 치료의 효과에 등을 돌린 것이 잘못이라는 인식이 새롭게 생기기 시작한 것이기 때문이다. 한편, 이러한 인식의 변화가 일어난 배경에는 미국 내부에서보다는 유럽과 영국 등에서 학자들의 기여도가 크다고 할 수 있다.

이들은 프로이트의 개인중심 이론에서 벗어나 관계중심인 '자기심리학(Self psychology)'과 '대상관계이론(Object relations theory)'으로 연구를 전환하면서 주목받게 된 것에 있다. 특히 영국을 중심으로 발전한 대상관계이론은 프로이트의 추동(욕동) 심리학에서 다루는 핵심적인 동기들(추동과 애착욕구)과 가족의 사회적 관계성을 연결하는 역할을 하였다고 볼 수 있다.

먼저, 미국에서는 당시 뉴욕 중심의 '자아심리학(Ego psychology)'이 프로이트의 막내딸 안나 프로이트(Anna Freud 1895~1982)와 그녀의 제자 에릭 에릭슨(Erik H. Erikson, 1902~1994) 등의 이론을 근거로 뿌리를 내리고 있던 시기였다. 아울러 또 다른 한편에서는 미국에서는 오스트리아 빈(Wien, Vienna 비엔나) 출신의 하인츠 코헛(Heinz Kohut, 1913~1981)이 프로이트의 성격이론인 지형이론과 구조이론을 기반으로 하는 이러한 자아심리학을 비판하는 자기심리학(Self psychology)을 주창하며 정신분석에 중요한 영향을 미치게 된다.

코헛(Kohut, 1971)이 제시한 '자기심리학(Self psychology)'의 핵심은 인간존재는 항상 자기 존재를 인정받고 싶어 한다고 보는 것에 있다. 즉 아이가 사랑을 표현할 줄 아는 부모 밑에서 성장하게 되면 성인이 되어서도 안전한 심리상태에서 주도권을 쥐고 사랑할 수 있지만, 자기가 사랑받고 있다는 것을 제대로 인식하지 못하고 성장한 경우에는 평생 동안 인정받고자 하는 갈망 속에서 살게 되며, 자신을 받아들여 주는 대상을 만나게 되면 무한정으로 그 갈망(욕구)을 드러내게 된다고 본 것이다. 코헛은 저서 『자기의 재건(*The restoration of the self*)』(1977)에서 이러한 자기심리학의 관점을 체계화하였다.

다른 한편으로 영국에서는 대상관계이론(Object relations theory)이 미국의 정신분석학 주류였던 자아심리학을 비판하면서 정신분석학에 영향을 미치게 된다. 대상관계이론의 창시자는 오스트리아 빈 출신의 멜라니 클라인(Melanie Klein, 1882~1960)[1]이었는데, 그녀는 헝가리와 독일을 거쳐 정신분석가가 된 이후 영국에 이주하여 왕성하게 활동하였다.

대상관계이론에서의 '대상(object)'이란 프로이트 이론에서 성충동, 즉 리비도(Libido)의 대상이 사물인 것과는 달리 사람인 것을 말한다. 그리고 '대상관계(object relations)'란 무의식에서 일어나고 새겨지는 개인과 타인 사이의 관계를 말하는데, 클라인의 연구는 유아가 태어나서 맨 처음 관계를 맺는 어머니와 유아의 관계를 관찰함으로써 시작이 된 것이다.

연구결과 클라인은 성격발달에 있어서 이러한 대상관계가 자아심리학에서 중요하게 여기는 리비도(libido)나 본능(id)보다 더 중요하다는 결론을 제시하고 있다. 이러한 대상관계이론은 클라인(Melanie Klein)을 시작으로 로널드 페어바인(Ronald Fairbairn), 도널드 위니코트(Donald Winnicott), 마가렛 말러(Margaret Mahler) 등의 많은 이론가들에 의해서 발전이 된다. 아울러 하인츠 코헛(Heinz Kohut)의 자기심리학 이론 역시도 큰 범주에서는 이러한 대상관계이론과 상관된다고 볼 수 있다.

1) 멜라니 클라인은 빈에서 유대교도 출신 의사로서 40세가 넘어서 결혼한 아버지 모리츠 라이제스에게서 태어난 네 자녀 중 막내였다. 멜라니는 연로한 아버지와는 그리 가깝지 않았으나 폭넓은 독서를 즐겼던 아버지에게서 지적인 자극을 많이 받았다고 알려진다.

2 정신역동적 가족상담 및 가족치료 이론·모형

1) 정신역동적 가족치료의 개념

정신역동적 가족치료는 정신역동의 개념으로 가족을 이해하고, 상담자(치료자)와 가족원 또는 다른 사람 사이의 반응 방법에 대한 통찰을 바탕으로 가족에게 개입하는 치료(상담)이다. 이는 이후 시기에 발달한 대부분의 체계론적 가족치료 이론이나 모델들이 개인 간에 일어나는 상호작용의 관계에 초점을 맞추는 기법을 사용하는 것과는 차이가 있다. 즉 정신역동적 가족치료는 가족이 개인에게 미치는 영향성에는 관심을 가지지만 주로 가족과 상호작용하고 있는 개인 내에서 정신역동적 문제를 이해하고자 하는 것이다.

다시 말하면 프로이트가 인간 본성에 대해 주목하는 어린 시절의 가족관계에 초점을 두고 가족구성원 중 어려움을 겪는 개인에게 주목하는 것이 기본이라고 할 수 있다. 프로이트는 가족관계를 개인이 자신의 성격을 발달시키는 매개체로 보고, 가족이 환자의 어린 시절 무의식적 본능에 어떠한 영향을 미쳤는지를 분석하여 정신적 갈등(불안과 우울 등)을 치료하고자 했던 것이다.

그러나 정신역동적 가족치료의 발전과정에서는 프로이트가 주장한 가족의 정신내적인 영향성 부분만이 아니라 가족성원 간의 역동적 관계성도 고려한다. 여기에서 말하는 가족구성원 간의 역동적 관계성(역동성)이란 가족치료에 참가하는 가족구성원 개개인이 보이는 역동성이 합을 넘어서는 것이며, 그러므로 가능하면 많은 가족구성원이나 친인척까지도 참가시켜서 반복되는 문제의 관계 양상을 파괴하고 변화시키는 치료를 의미한다.

가족치료의 선구자인 애커만(Ackerman)이 자신이 훈련받은 프로이트의 정신분석학적 인식에 머무르지 않고 가족을 하나의 심리적·사회적 유기체로 간주하고 가족을 진단하며, 치료의 단위로 설정하고 있다는 것도 이와 같은 개념에서 파악될 수 있다. 애커만은 치료자(상담자)가 가족 간의 상호연관성과 영향력에 관심을 가질 것을 주문하고, 치료자는 명확한 관계로 분명한 역할을 해야 한다고 강조했던 것이다. 이처럼 애커만이 역할관계를 주장한 것은 가족이 활기 있게 감정교환을 할 수 있게 하고, 건설적으로 문제를 해결하는 가족치료의 역동적 심리 과정의 기본이 된다는 점을 분명히 한 것으로 볼 수 있다.

보스조르메니-내지(Boszormenyi-nagy) 역시 정신분석가였지만 가족 중에서 누군가가 나타내는 증상(문제)은 그 가족체계의 부정적 관계가 너무 많이 누적되어 있다는 것을 알리는 신호이고, 문제를 드러내는 가족(개인)의 이익이 집단(가족 전체)의 이익을 위해 희생되는 '보이지 않는 충성심(Invisible Loyalty)'이 문제행동이나 병리적 반응으로 나타난 것이라는 입장을 보였다. 이때 '보이지 않는 충성심'은 의식되지 않은 상태에서 세대에서 세대로, 즉 다세대 간으로 전달되는 역기능으로 보고 있다.

따라서 보스조르메니-내지의 이러한 관점은 정신역동적이기도 하지만 다세대 정서체계적 이론과 모델을 제시한 보웬(Bowen)의 가족치료 이론과도 상통하는 측면이 있다. 보스조르메니-내지는 이러한 자신의 가족치료 관점에 따라 '맥락적 가족치료(Contextual Family Therapy)'라는 명칭으로 이론을 체계화시켰는데, 치료자의 중요한 역할은 현재의 가족(개인)이 보이는 증상과 연결된 세대 간의 부정적 연쇄 고리(chain)를 찾아내도록 조력하여 통찰을 통해 관대함과 용서의 관계로 이끄는 것에 있다고 보았다.

2) 애커만의 가족역동론 치료

개인의 심리내적인 갈등에서 문제의 원인을 찾는 개인치료에 비하여 개인을 둘러싼 역기능적 상호작용을 파악하여 대인관계적 위기를 해결하고자 하는 가족치료의 학술적 시초는 미국 클라크대학(Clark University)의 심리학자 존 벨(John Bell)에 의해 1951년도에 시작되었다고 알려지고 있다.

그러나 정신역동적인 가족치료의 선구자는 애커만(Ackerman)이라고 할 수 있다. 애커만은 정신과 의사(psychiatrist)이자 정신분석가(psychoanalyst)로서 1957년에 뉴욕가족연구소(Family Institute in New York City)를 설립하고, 1958년에는 저서 『가족의 정신역동(*The Psychodynamics of Family*)』을 출간하여 전통적인 정신분석에서 정신역동적 가족치료로 이론적인 전환을 했기 때문이다.

이 책에서 애커만은 대인관계 정신분석학 이론을 정립한 미국 정신의학자 해리 스택 설리반(Harry Stack Sullivan, 1892~1949)의 영향을 받아 가족관계란 어느 한쪽의 일방적인 의사소통에 의해서 성립되는 것이 아니라, 두 사람 사이에 주고받는 두 방향의 의사소통에서 이루어진다고 보고 있다.

따라서 부모와 자녀 혹은 부부 사이의 관계에서도 상호작용이 있는데, 서로가 인지와 욕구·정서를 교환하는 과정 속에서 서로 갈등을 타협하고 충족시켜 나간다는 가족역동의 견해(Ackerman, 1958)를 보이게 된 것이다.

이러한 견해는 설리반이 정신분석가로 출발했지만 자신만의 대인관계이론(Interpersonal development theory)을 정립한 이후에는 무의식적 욕구와 충동이 환자의 내면 자체에서 생성되는 것이 아니라 대인관계 맥락에서 습득이 된다고 보았던 것과도 상관이 있다.

설리반의 대인관계이론에는 만족을 추구하는 욕구(needs of satisfaction)와 그에 따른 통합경향성(integration tendencies), 불안을 없애고자 하는 안전에의 욕구(needs for security), 불안을 느끼는 불안 지점과 그때마다 반복하는 불안 해소 행동인 안전 작용(security operation)의 개념이 포함된다.

애커만의 가족역동론은 바로 이러한 설리반의 대인관계이론을 기초로, 인간이 '가족으로부터 기대되는 역할'에 부응하려고 노력하면서 자신 내의 정신역동적 균형, 즉 항상성(homeostasis)을 유지하려고 한다는 점을 강조한다. 그러므로 가족은 창조적이지만 통제된 불안과 관련이 있으며, 환자가 되는 가족구성원의 항상성도 그를 둘러싼 가족체계의 항상성에 연결되어 있다고 주장하고 있다.

따라서 애커만의 가족역동론은 대략 ① 대인관계이론, ② 역할이론, ③ 항상성 이론으로 구성된다고 볼 수 있다.

3) 보스조르메니-내지의 맥락적 가족치료

애커만(Nathan Ackerman)이 뉴욕을 중심으로 한 미국 동부지역의 가족 뛰어난 가족치료 활동을 하면서 미누친(Salvador Minuchin)을 비롯한 여러 명의 제자들을 이끌었다면, 헝가리계통 미국인 정신분석가였던 보스조르메니-내지(Ivan Boszormenyi-Nagy, 1920~2007)[2]도 애커만과 같은 1957년에 펜실베이니아주의 '동부 펜실베이니아 정신과 연구소(Eastern Pennsylvania Psychiatric Institute, EPPI)'를 설립한 선구자에 속한다.

그는 초기에 정신분열증 환자를 치료하면서 치료자와 환자 사이에 형성되는 신뢰관계가 중요한 영향을 미친다는 사실을 인식하면서 이를 가족관계에도 적용하여 '맥락적 가족치료(Contextual Family Therapy)' 이론을 개발하게 된다. 그러므로 맥락적 가족치료 이론은 개인심리에 근거를 두면서도 동시에 가족들의 관계를 상호작용이라는 맥락을 강조하는 것이 특징이다.

따라서 보스조르메니-내지의 관점에서는 맥락(context)을 떠나 사람을 판단하는 것은 정당하지 못하다. 결혼에 있어서 각 배우자도 새로 시작하는 결혼생활에 이전 세대 가족의 전통을 가져오는 존재인 것이다. 새로운 가족이라도 백지판(tabula rosa)으로 시작하지는 못한다고 주장한다. 그의 이론에 의하면 사람은 '자신이 근본적으로 뿌리를 두고 있는 맥락'을 벗어날 수 없다. 아울러 가족들이 상호작용을 하는 맥락(context)은 상호작용의 형태를 담는 그릇의 역할을 하며, 그러한 역할로서 맥락은 서로 주고받는(Give and Take) 일정한 관계 윤리(relational ethics)가 있다는 점도 강조한다.

다시 말하면 맥락적 가족치료에서는 가족 내의 윤리적 책임을 강조하는데, 그 이유는 가족구성원은 서로 근원적 채무를 지고 있어서 여러 세대(다세대)에

2) 보스조르메니-내지는 1944년에서부터 1948년까지 부다페스트(Budapest)대학에서 정신과의 수련의로서 화학부문을 공부하였다. 이후 미국으로 이주하여 일리노이(Illinois)대학에서 정신분열증 환자의 혈액 세포 속에 들어 있는 효소를 연구하면서 정신병의 연구에 효소생화학은 별로 도움이 되지 않는다고 확신하게 되고, 정서적으로 서로 밀접한 관계를 가지고 있는 심리를 연구하게 되었다.

걸쳐서 그것을 상환해야 하는 일종의 가족금전출납원장(대차대조표 장부)에 따라 부정적으로 연쇄되어 있다고 가정한다. 따라서 그 채무를 제대로 갚지 못하고 누적이 될 경우에는 병리적 증상이 나타난다는 것이다.

하지만 현재 부부가 된 각 배우자가 자신의 원가족(family of origin)에서 관계의 공평성(fairness)을 경험하였다면, 이들은 빚과 권리의 균형이 이루어진 장부(balanced ledger of indebtedness and entitlement)를 새로운 결혼생활에 가져올 수 있다고도 본다. 빚과 권리의 문제에 부딪쳐서 그 문제가 효율적으로 다루어지면, 그 관계는 신뢰할 수 있게(trustworthy) 되는 것이다. 여기에서 관계를 상호적으로 신뢰할 수 있는 것은 가족관계와 사회관계의 기본요소가 된다고 보는 것이다.

세부적으로 보면, 빚(채무)과 권리로 구성된 가족금전출납원장인 장부에는 두 가지 윤리적 구성요소가 있다. 첫 번째 구성요소는 유산(legacy)이라고 불리는데, 이는 아동이 부모로부터 태어나서 가족 안에서 부여되는 사회적 역할을 맡음으로써 획득하게 된다. 두 번째 윤리적 구성요소는 타인의 행복을 위한 공헌(contribution to the welfare of the other)으로 개인이 쌓은 공적에 관한 기록이다(Boszormenyi–Nagy & Ulrich, 1981). 이 기록은 한 사람이 부모나 자녀로서 마땅히 행해야 할 것 그리고 그의 공적과 가치가 합해진 윤리인 것이다.

이러한 보스조르메니-내지의 주장은 바바라 크라스너(Barbara R. Krasner)와 함께 쓴 『기브 앤 테이크 : 맥락치료에 관한 임상가이드(*Between Give and Take: A Clinical Guide to Contextual Therapy*)』(1986)에도 잘 나타나 있다. 따라서 맥락적 가족치료 이론에 따르면 가족금전출납원장에 채무를 갚아야 하는 개인은 전체 가족을 위한 '보이지 않는 충성심(invisible loyalties)'에 의한 무의식적 헌신과 그 맥을 같이한다고 보는 것이다(Boszormenyi-Nagy, 1973). 그러므로 맥락적 가족치료(다세대-맥락적 가족치료)에 있어서 치료사(상담사)는 현재 드러난 병리적 증상에 연결된 부정의 연쇄고리(chain)를 찾아 통찰할 수 있도록 조력하는 것이 중요하다.

치료과정에서 가족구성원들은 과거에 윤리적 채무를 갚지 못한 자료를 찾아 더 이상 부정적 채무이행이 되지 않도록 가족관계의 맥락을 재정의해야 한다고 보기 때문이다. 즉 가족금전출납원장의 적자를 해소하기 위하여 부채를 상환해야 하는 윤리적 책임이 환자의 문제행동이나 병리적 반응으로 나타났다는 점을 통찰하고 '보복의 고리(chain of displaced retribution)'에 의한 '희생양(scapegoat)'을 용서하고 관대하게 대하도록 가족을 이끌어야 하는 것이다. 이는 보스조르메니-내지가 인간은 윤리적 존재로서 관계윤리를 형성하고자 하는 기본적인 욕구를 가지고 태어나며 인간이 살아가는 윤리의 맥락을 형성한다(Boszormenyi-Nagy and Spark, 1984)고 본 관점과도 상관이 있다.

이처럼 보스조르메니-내지는 세대에서 세대로 이어지는 가족관계 윤리를 부채를 상환해야 하는 금전출납부에 비교하여 부정적 채무이행을 정지하도록 강조한다. 이러한 관점은 보웬(Bowen)의 다세대 정서체계적 가족치료 모델과도 상통한다. 그의 이론을 '다세대-맥락적 치료'로 명칭을 하는 경우도 여기에 해당한다.

3 대상관계적 가족상담 및 가족치료 이론·모형

1) 대상관계적 가족치료의 개념

전통적인 정신분석은 개인이 지닌 신체증상의 하나인 히스테리를 치료하면서 그 원인이 어린 시절의 무의식과 연관되어 있다는 관점에서 시작된 것이다. 19세기 후반까지만 해도 대부분의 의사들은 운동 마비, 실성(失性), 경련 따위의 신체 증상이나 건망 따위의 정신 증상이 나타나는 히스테리(Hysterie)가 단지 꾀병에 지나지 않는다고 보았다. 그러나 프로이트는 과거의 상처와 심리적 갈등, 미해결된 욕구가 무의식 속에서 존재하다가 히스테리나 신경증(neurosis)으로 드러난다고 보았던 것이다.

이러한 관점에 도달한 프로이트는 처음에 히스테리를 최면기법을 사용하여 환자의 무의식에 접근하려고 했으나 한계가 있음을 발견하고 자유연상(free association) 기법을 도입하여 환자가 머릿속에 떠오르는 모든 것을 숨기지 않고 이야기하도록 하여 무의식을 분석하고자 시도한 것이다. 그러나 프로이트는 사회과학자가 아니라 정신과 의사였기 때문에 이론을 대중화시키는 데는 상당한 기간이 걸렸다.

그러한 와중에서 1909년에 미국의 초기 심리학자 스탠리 홀(Granville Stanley Hall, 1844~1924)[3]이 자신이 초대 총장으로 재직하고 있었던 미국 클라크대학으로 프로이트를 초청하여 정신분석을 알렸던 시기부터 심리학계에서도 서서히 대중화·일반화되기에 이르렀다고 볼 수 있다. 이때 프로이트는 칼 융 등을 대동하여 당초 리버럴 아츠 교육을 위해 대학원대학교로 출발한 클라크대학에서 자신의 이론에 대한 강의를 하였던 것이다. 이러한 영향으로 현재에도 클라크대학은 심리학과 재학생이 전체의 20% 정도에 달할 정도로 인지도가 있다.

그리고 프로이트는 1923년에 발간한 저서 『자아와 원초아(*Ego and Id*)』에서 성격 구조모형을 제시하면서 그의 정신분석이론은 사람의 마음에 대한 통찰(insight)을 제공하는 상담이나 치료 이론으로서의 대표성을 갖추게 되었다고 볼 수 있다. 그러므로 정신분석은 고전적으로 개인중심의 상담이나 치료 이론의 뿌리가 된다. 이에 비하여 가족치료는 말 그대로 가족구성원 간의 관계를 다루는 이론이다.

따라서 정신분석과 가족상담 및 가족치료를 연결하는 역할을 하게 된 이론을 파악할 필요가 있는데, 바로 대상관계이론이 주된 역할을 했다고 볼 수 있다. 물론 앞에서 다룬 정신역동적 가족치료이론이 미국 지역을 중심으로 그 역할을 했지만 영국을 중심으로 전개되었던 대상관계이론(object relation theory)에 비할 정도는 아니었다고 할 수 있다.

그러나 대상관계이론 역시 프로이트의 정신분석학 테두리 안에서 발전하여

3) 아동심리와 청년심리의 연구를 교육학에 응용하여 교육자로서 1887년에 〈미국심리학회지(American Journal of Psychology)〉를 창간하였으며, 미국심리학회를 조직하여 초대 회장이 되었다. 대표 저서로는 1904년에 발간한 『청년기의 연구(*Adolescence*)』 2권 등이 있다.

개인치료 및 가족치료 분야에서 각광을 받는 이론으로 정착되었음은 사실이다[4]. 하지만 정신역동적 가족치료 이론가에 속하는 범주보다 대상관계이론은 보다 큰 범주에서 많은 이론가들에 의해서 발전되었다는 점은 분명하다(Hamilton, 1988).

대상관계이론은 프로이트의 고전적 정신분석에서 사용되었던 '대상(object)'의 개념과는 차이가 나며, 프로이트 이론과 마찬가지로 무의식과 역동을 다루지만 '관계(relation)'를 강조하는 차이점이 있다. 즉 프로이트는 인간을 본능적 욕망인 추동(drive)에 의해 지배되는 자기중심적 개체로 보았기 때문에 이러한 본능적 추동인 성적(쾌락적), 공격적 긴장이나 불안을 해소하기 위한 수단이 '대상(object)'이라고 보았던 것이다. 따라서 프로이트 이론에서의 '대상'은 욕구충족 수단으로서의 정신적(성적) 에너지인 리비도(Libido)와 타나토스(Thanatos)와 상관이 된다.

이에 비하여 대상관계이론가들이 주장하는 '대상'은 프로이트가 세 살 이후의 오이디푸스 콤플렉스 시기에 형성된다고 제시한 본능적이고 생물학적인 추동보다는 세 살 이전 시기(생애 초기)에 겪게 되는 중요한 타자(significant other)와의 관계 경험이 자아구조의 형성과 병리 발생에 영향을 미치는 것으로 본다. 따라서 '추동(drive)' 역시 성적이고 공격적인 개념이 아니라 대상(사람과의 관계)을 찾기 위해 발생한다고 재해석하는 것으로 볼 수 있다. 그 이유는 대상관계이론가인 페어바인(Fairbairn)이 "리비도(Libido)는 대상(object)을 추구하지 쾌락을 추구하는 것이 아니다."라고 단언하고 있는 것에서도 알 수 있다.

이를 해석해보면, 인간에게 가장 심각한 공포와 불안은 개인의 내적 갈등(internal conflict)으로 발생하는 것이 아니라 대상관계의 상실이나 왜곡이 있을 때 생긴다고 볼 수 있다. 아울러 대상관계이론의 기초를 구축한 페어바인(Fairbine)이 영아는 태어날 때부터 대상을 추구하는 것이 목적이고, 공격성은 그러한 대상

4) 멜라니 클라인은 아더 스테판 클라인과 21살에 결혼하여 부다페스트에 거주하면서 프로이트의 『꿈에 관하여(*On Dreams*, 1901)』을 읽고 정신분석에 관심을 가지게 됐다. 정신분석학자 산도르 페렌치(Sándor Ferenczi)의 지원을 받아 어린이 분석을 시작했고, 1919년 첫 논문 '아동의 발달(The development of a Child)'을 발표한 것이 프로이트의 절친한 동료이자 영국의 정신분석가 어니스트 존스(Ernest Jones, 1879~1958)에게 깊은 인상을 주면서, 클라인은 1925년 영국으로 초대를 받는다.

추구에서 기본적 결함(basic fault)이 일어났을 때 좌절에 대한 반응이라고 본 것도 같은 맥락에서 이해될 수 있다.

그러므로 대상관계이론에 따라 가족치료를 하기 위해서는 몇 가지 기본적인 개념에 대한 이해가 요구된다. 즉 대상관계는 주체인 한 개인의 특정한 양식으로 대상(object)과 맺는 관계라고 볼 수 있으며, 이때 '대상'을 어떻게 규정하고 접근할 것인가는 대상관계이론가들의 주요 관심이었기 때문이다. 우선, 대상(object)은 '개인'이라는 주체에 상대되는 개념으로 주체가 관련을 맺는 어떤 것, 즉 리비도 에너지가 투자되는 사람 혹은 사물을 일컫는다. 그러나 페어바인 이후에는 관계를 맺는 것이 인간에게 가장 본능적 욕구로 간주되면서 '특정한 사람'을 지칭하는 개념이 보편화되었다.

그러나 이때의 대상관계 개념은 일차적으로 심리내적 구조를 의미하며, 성장 초기나 현재 상태에서 주체의 주변에 현실적으로 존재하는 중요한 타자(외부 대상)와의 대인관계를 의미하는 것이 아니라는 것이다. 다만 이러한 중요한 타자들은 외부 대상으로서 개인의 주체에게 어린 시기에서부터 관계를 통해 심리적인 구조의 한 부분으로서 내부 대상이 형성되도록 영향을 미친다는 관계성이 있다.

하지만 페어바인은 '내적 대상(internal object)'이라는 독특한 개념을 제시하면서 외부 대상들과의 관계가 만족스러우면 자아가 완전하고 온전한 상태로 남지만, 불만족스러우면 보상적이고 병리적인 내적 대상이 생성되어서 자아가 분리되고 파편화된다고 보았다. 이러한 의미에서 페어바인은 내적 대상을 몇 가지로 구분했는데, 그 하나가 '흥분시키는 대상(exciting object)'이며, 다른 하나는 '거절하는 대상(rejecting object)'이다. 흥분시키는 대상은 실현성이 없는 일에도 약속하고 유혹하는 어머니(enticing mother)와의 관계경험으로 인하여 대상의 유혹적인 측면이 내면화된 것을 의미한다. 그리고 거절하는 대상은 박탈(거절)하는 어머니(depriving mother)와의 관계경험으로 인하여 어떤 접촉, 만족에 대해서도 적대적이며 냉소적인 측면이 내면화된 것이다. 이에 비하여 만족을 주는 어머니(gratifying mother)와의 이상적인 관계경험은 중심적 자아(central ego)로 자리를 잡아 외부 현실세계의 사람들과 관계를 맺는 데 이상적 자아로 내면화된다고 보았다.

한편, 대상관계적 가족치료 개념에서 거론되는 대상(object)에는 앞에서 거론된 외적 대상이나 내적 대상이 아니면서도 중간 영역에 위치하여 유아와 애착관계를 형성하는 '중간 대상(transitional object)'도 중요하게 다루어진다. 흔히 유아들은 곰 인형이나 자신이 추울 때 따뜻하게 느껴졌던 담요나 이불자락에 강한 정서를 느끼고, 일부의 경우는 성인의 시기에도 유사한 패턴을 보이는 사례도 나타난다.

영국의 소아과 의사이자 정신분석학자인 위니코트(Donald Woods Winnicott, 1896~1971)는 이러한 중간 대상(transitional object)을 비롯하여 유사한 현상을 '중간 현상(transitional phenomena)'이라고 칭하고, 중간 현상(transitional phenomena)이 일어나는 중간 영역을 중간 공간으로 보았다(Winnicott, 1953). 아울러 중간 현상이 일어나는 시기를 생후 4개월에서 12개월 사이에 시작되어 아동 후기까지 계속된다는 견해를 제시하였다.

따라서 대상관계이론에 따른 상담 및 치료의 목표는 주체인 자신과 대상인 타인을 통합적으로 인식할 수 있는 능력과 태도의 습득 및 건강한 개별화에 있다. 이러한 목표를 달성하기 위해서는 상담자(치료자)도 관계적인 의미를 유지하면서 새로운 대상관계를 경험시키면서 내담자의 대상관계를 수정하도록 조력해야 한다. 대상관계이론에서의 많은 치료기법이 중요한 타자인 어머니의 태도나 행위와 관련된 은유로 표현되는 이유도 여기에 있다.

2) 클라인과 페어바인의 대상관계이론

(1) 클라인의 대상관계이론

멜라니 클라인(Malanie Klein, 1882~1960)은 오스트리아 태생 영국의 여성 정신분석학자로, 프로이트에게서 직접 배운 헝가리 출신 산도르 페렌치(Sándor Ferenczi, 1873~1933)의 권유로 부다페스트(Budapest)에서 40세에 정신분석학에 입문하여

2~3세 어린이를 대상으로 정신분석을 하였다. 그리고 1919년에 '아동의 발달(The development of a Child)'이라는 제목으로 첫 논문을 발표하고 결혼한 이후에 베를린 정신분석연구소를 거쳐 런던으로 이주하여 유아와 아동의 불안문제를 대상으로 정신분석적 연구를 심화해 나갔다.

그 결과 1932년 『아동의 정신분석(*The Psychoanalysis of Children*)』을 발간하여 대상관계적 정신분석이론을 정립하게 된다. 클라인은 이 책에서 성인 환자들의 자유연상에서 자유롭게 말하는 언어를 해석하는 방식으로 어린이들의 놀이에서 정신분석적 해석을 할 수 있다는 입장에서 대상관계이론을 제시한 것이다. 즉 프로이트가 성인 시기에 드러난 신경증이나 정신병리 문제를 아동기를 회상하여 분석하는 데 머물러 있었다고 본다면 클라인은 문제에 처한 유아와 아동들을 직접 관찰하고 놀이를 통해 내적 심리체계가 대상관계에서 형성된다는 점을 발견하여 자신의 대상관계이론(object relations theory)을 창안한 것이다.

다시 말하면, 클라인의 대상관계이론은 정신분석의 한 방법론이지만 프로이트가 사용한 본능, 구조, 대상과 같은 용어를 사용하면서도 그 용어들이 가진 의미를 확대하여 해석한 업적이 있는 것이다. 그중에서도 본능을 어린아이 시기부터의 관계적인 것이라고 보고, 본능적인 충동은 생애 초기부터 중요한 양육자인 어머니와의 대상관계 상황에서 발생하여 대상(사람)을 지향하는 것으로 설명하고 있다.

이러한 견해는 언어를 사용하기 이전인 유아 시기부터 대상관계에 의해 자아와 병리가 형성된다는 내적 설명이 된다. 이는 프로이트가 욕동(충동)을 아동 시기에서부터 비롯되는 쾌락의 충동이나 긴장이나 불안을 해소하기 위한 정신적 에너지로 본 것과는 달리 생애 초기부터 근본적으로 '어머니'라는 대상에 묶여 있다고 보는 관점의 차이점이 보인 것이다.

따라서 클라인은 유아의 이러한 내적세계 형성과 관련하여 '판타지(Fantasy, 방어기제 공상)'라는 용어를 제시하고 있다. 유아는 놀이 활동에서 정서적 활동인 판타지를 무의식적으로 나타내는데, 예를 들면, 불쾌감을 느끼면 적대적인 세력(타인)이 자기를 공격한다고 생각하고 현실세계와 혼란을 경험하게 된다고 보는 것이다. 클라인 학파를 잇는 후학자들은 이러한 판타지 세계가 프로이트가 제시한 '내사'와 '투사적 동일시', 그리고 '환상과도 같은 소망 충족'의 개념과 상관이 있다고 설명한다.

이러한 클라인의 대상관계이론은 프로이트의 막내딸이자 아동심리학의 선구자로서 같은 영국에서 활동했던 안나 프로이트(Anna Freud, 1895~1982)의 자아심리학파와는 대척점에 서게 되었다. 실제로 클라인은 자신을 프로이트의 고전적인 정신분석학을 잘 계승한 '프로이트의 실질적인 딸'로 지칭했지만, 안나 프로이트와 멜라니 클라인 사이에 논쟁이 1943년 1월부터 1944년 5월까지 격렬하게 벌어지게 된다.

이러한 과정에서 클라인과 동료들은 그들의 대상관계이론을 더욱 엄격하게 정립하기에 이른다. 그 결과물이라고 할 수 있는 '편집증적-정신분열증적 위상(paranoid-schizoid position)[5] 개념과 우울위상(depressive position) 개념은 인격의 성장과정 단계를 설명하는 대상관계이론을 더욱 원숙하게 만들었던 것이다.

(2) 페어바인의 대상관계이론

대상관계이론을 영국중심의 학파로 좁게 규정하면, 잉글랜드의 멜라니 클라인에 의해서 시작되고 스코틀랜드의 정신과 의사 로널드 페어바인(Ronald Fairbairn, 1899~1964)에 의해서 더욱 발전된 이론으로 규정할 수 있다. 왜냐하면 클라인이 프로이트가 제시한 '본능'보다 '대상관계'가 성격 발달의 설명에 더 적합하다는 주장을 한 상태에서, 페어바인은 프로이트의 '욕동심리학(추동심리학)'을 완전히 배제하고 대상관계 쪽으로 이론을 진일보시켰기 때문이다.

즉 페어바인은 근본적인 인간의 욕구를 순수하게 타인과의 관계욕구로 전제했다는 점에서 진정한 대상관계이론의 시초라고도 볼 수 있다. 이 점은 클라인이 인간행동의 근본 동기에 대하여 환경의 영향을 받지 않는 내부 심리체계에

5) 생애초기인 유아기에 어머니와의 관계에서 경험하는 어떤 피해의식에 대한 두려움의 자리를 '편집-분열적 자리'라고 말하고, 유아가 편집-분열적 자리에서 벗어나 서서히 대상에 대한 좋음과 나쁨의 양가적 관계감정을 가지게 되는 경험체계를 '우울 자리(위상)'라고 칭한다.

서 발생한다는 욕동이론(추동이론)의 전제를 수용하면서 욕동조절과 정신구조가 타인과의 관계적 구성물로 이루어진다고 보는 혼란성이 있다는 점과 다른 점이다.

페어바인은 프로이트와는 달리 인간이 정신적으로 고통을 받는 것은 어린 시기의 '억압' 때문이 아니라 어린 시기에 내면화된 나쁜 대상들 때문이라고 본다. '억압'은 내면화된 나쁜 대상을 제거하지 못한다고 보는 것이다. 내면화된 대상관계는 사람을 지배하는 '힘'이 있다고 보는 것이다.

따라서 정신병리를 가진 사람은 어린 시기에 '나쁜 대상'이 내면화된 것이며, 귀신들린 사람은 '귀신'으로 인식된 나쁜 대상관계가 투사되어 표출된 것이라고 볼 수 있다. 즉 정신적 문제를 가진 사람들은 아동 초기에 내면화된 대상인 타자를 추구하며 관계를 반복하게 된다고 본다. 예를 들어 역기능적인 가정에서 성장한 사람은 의식적으로는 그의 부모를 닮지 않겠다고 하면서도 강력하게 내면화된 부모의 이미지를 반복하는 패러다임을 보이는 것이다.

페어바인 이후의 순수 대상관계이론가들은 본능적인 욕동(추동) 개념을 완전히 폐기하고, 정신구조와 에너지를 분리해서 생각하는 프로이트 이론에 반대했던 것이다. 페어바인은 정신구조를 역동이며 그 자체가 에너지로서 태어날 때부터 자기(자아)라는 구조로 존재한다고 보았기 때문이다. 이러한 견해는 자아(ego)가 리비도적인 충동과 사회규범과의 갈등을 겪으면서 발달된다고 보는 정신분석이론과의 차이점이다. 아울러 정신에너지로서의 공격성은 좌절이나 박탈에 대한 이차적 반응으로, 기분적 동기로서의 리비도(Libido)는 자기(자아)의 기능으로서 쾌락을 추구하는 것이 아니라 현실적 대상을 추구하는 것으로 개념화하고 있다.

따라서 페어바인의 대상관계이론은 당초 개인을 대상으로 하는 고전적 정신분석과 사회적 관계를 대상으로 하는 가족상담 및 가족치료를 이어주는 이론이라고 할 수 있다. 왜냐하면 페어바인은 사람이라는 존재는 대상을 추구하는 존재(object seeking being)라고 정의하였으며, 대상을 추구하는 과정에서 과거의 초기 경험에 의하여 형성된 개인의 이미지를 토대로 현재의 인간관계(대상관계)를 맺어 나간다고 파악하고 있기 때문이다.

이러한 견해는 페어바인이 멜라니 클라인과 헝가리-오스트리아계 미국 정신분석학자 마가렛 말러(Margaret Schoenberger Mahler, 1897~1985)가 프로이트의 욕동(추동)이론을 기초로 대상관계이론을 정립한 것과는 차이가 있는 것이다. 즉 리비도(Libido)는 쾌락을 추구하는 것이 아니라 대상을 추구 혹은 지향(object oriented)하며 충동(에너지)도 처음부터 대상을 향하도록 구조화되어있다고 보고 있다는 점이다.

따라서 프로이트 사후 안나 프로이트(Anna Freud)를 중심으로 한 자아심리 학파 세력에 맞서서 실제적으로 대상관계이론을 발전시킨 공로는 페어바인에게 있다고 보아야 한다. 이러한 페어바인의 대상관계이론은 미국의 설리반(Harry Stack Sullivan, 1892~1949)의 대인관계이론(Interpersonal Development Theory)과도 유사한 경향을 띠고 있다고 볼 수 있다.

설리반은 "성격은 인간의 삶을 특징짓는 되풀이되는 대인관계 상황의 비교적 지속적인 패턴이다."라고 정의하였는데, 성격이 대인관계에서 발달하는 특징을 갖기 때문에 잘못되는 경우에는 병리적 현상이 나타난다는 입장을 보인 것이기 때문이다. 설리반이 자신의 치료기법을 대인관계 심리치료(interpersonal psychotherapy)로 명칭하고 있는 것도 같은 맥락에서 이해할 수 있다.

이렇게 볼 때 페어바인은 정신분석적 가족상담 및 가족치료의 발달사에서 프로이트가 정립한 리비도 이론과 심리성적 발달이론에 정면으로 도전하여 자아(Ego)가 중심이 된 삼원구조이론을 지키고자 했던 자아심리 학파와 대결하며, 관계구조이론을 체계화한 대표적 이론가로 칭할 수 있다. 즉 인간심리에서의 갈등과 문제발생이 자아가 무의식적 본능(원초아)과 충돌함으로써 일어나는 구조가 아니라 중요한 타자 등의 대상들이 특성에 대한 갈망과 동일시 과정에서 자신의 온전성을 유지할 수 없는 대상관계구조에서 일어난다는 관점을 발전시킨 대표적 공헌이 있는 것이다.

3) 말러의 대상관계이론과 설리반의 대인관계이론

(1) 말러의 대상관계이론

멜라니 클라인(Melanie Klein, 1882~1960)은 오스트리아와 영국의 정신분석가로서 프로이트가 주장하는 자유연상을 통해 이야기를 할 수 없는 소아들을 대상으로 놀이 활동 등을 관찰하는 정신분석을 통해 대상관계이론을 정립하면서 인격의 성장과정을 두 단계의 위상(자리)으로 설명하였다.

즉 생후 6개월 이내의 유아들은 어머니를 전체적으로 이해하지 못하고, 좋은 엄마와 나쁜 엄마의 두 가지로 분리하는데, 나쁜 엄마에 대해서는 공격성을 투사하면서도 다른 한편으로는 엄마에게 박해를 받게 될 것을 두려워하게 되고 편집증적인 성향이 생기는 '편집-분열 위상(paranoid-schizoid position)'을 겪게 된다고 본 것이다.

그리고 생후 6개월~12개월 정도의 유아들은 현실감각이 생기면서 좋은 엄마와 나쁜 엄마를 통합해 엄마는 하나라고 생각할 수 있게 되는데, 하지만 자기 속에 남아 있는 공격적인 충동이 엄마를 공격하여 좋은 대상을 헤칠지도 모른다는 우울적 불안이 발생하는 '우울 위상(depression position)'을 겪게 된다는 2단계(자리, 위상)의 성장과정을 제시하면서 그의 대상관계이론을 체계화하였다.

마찬가지로 마가렛 말러(Margaret Mahler, 1897~1985)는 헝가리-오스트리아계 미국 정신분석가로서 갓난아기와 생후 2년여 동안의 유아를 관찰하여 분리와 개별화(separation-individuation)의 과정을 대상관계발달의 4단계로 설명하고 있다.

첫째, 신생아가 태어난 직후부터 1개월 정도의 시기를 '정상적 자폐단계(normal autistic phase)'로 표현한다. 그 이유는 신생아기는 주변의 소리, 냄새, 촉감 등에 별다른 반응을 보이지 않기 때문에 신생아는 본능적으로 외부현실로부터 차단된 상태로 보는 것이다.

둘째, 신생아는 생후 4주 정도부터, 즉 2개월에서 6개월 사이에 다양한 외부의 자극들로부터 민감하게 반응하기 시작하면서 외부대상으로부터 긴장을 감소시켜주는 중요한 대상(object)인 어머니와 일대일의 대상관계를 인식하게 된다고 보았다. 말러는 이를 '정상적 공생단계(normal symbiotic phase)'라고 칭한다. 이 과정의 주요 특징은 경험을 통해 '좋음'과 '나쁨'으로 구분하기 시작한다는 점이다.

셋째, 유아는 생후 6개월 정도부터 약 24개월까지 분리와 개별화 과정을 거친다. 이 분리 개별화 단계(separation-individuation phase)는 어머니의 얼굴 앞에서 행동하고, 감정적으로 이용하면서 분리 능력을 갖추게 된다. 따라서 말러는 유아가 어머니와 분리되는 이 과정이 결국은 성인기에까지 지대한 영향을 미치게 된다고 보았다. 왜냐하면 이 시기에는 유아가 분리불안을 극복하고 분리능력을 얻음으로써 자신에 대한 느낌, 진정한 대상관계들, 바깥세상을 향한 현실적 자각이 동시에 형성되어야 하는 과제가 있기 때문이다.

넷째, 유아는 24개월~36개월 정도에 '대상항상성(object constancy)'과 함께 일생 동안 지속되는 '개별성(개성)'을 성취하게 된다. 이때 개성은 '자기항상성'도 포함하며 발달하게 된다. 따라서 말러의 대상관계이론에 따른 치료는 아동이든 성인이든 간에 이러한 발달 과정상의 결핍에 기초하여 원만한 대상관계를 성취하도록 조력하는 것이 목표가 된다.

따라서 말러의 대상관계이론은 유아를 대상으로 단계별로 분석하고 있어서 생후 시기별 흐름에 따라 유아의 정신적인 성장이 부모와의 대상관계에서 어떻게 이루어지는지를 이해할 수 있는 장점이 있다.

(2) 설리반의 대인관계이론

대상관계이론에 영향을 미친 해리 스택 설리반(Harry Stack Sullivan, 1892~1949)은 미국의 정신과 의사로서 정신분열증 환자들을 치료하면서 환자들이 자폐적, 즉 자신만의 환상세계에 사로잡혀 있는 것이 아니고 대인관계에 대체로 민감한 상태임을 알게 된다. 이러한 발견은 그를 더 이상 정신분석적 접근인 자유연상 기법을 사용하지 않고 치료자가 듣기보다는 환자에게 활발한 질문을 통하여 대인관계의 맥락을 파악하는 기법으로 전환하게 만들었다.

이러한 접근은 인간의 말 또한 대인관계 맥락에서 습득되는 것이기 때문에 자유연상 기법에서처럼 있는 그대로 받아들이는 것보다는 환자가 표현하는 고유의 맥락을 대인관계에 초점을 두어야 한다는 결론으로 귀착이 된다. 즉 프로이트와 같은 방식의 '대화치료'에 기초하지만 개인의 성격형성이 오랜 시간 반복되어온 대인관계(대상관계) 상황의 유형이라고 보는 차이점이 있는 것이다. 이에 따라 설리반은 자신의 치료기법을 대인관계 심리치료(interpersonal psychotherapy)라고 불렀는데, 일생에 걸쳐 그의 심리치료 기법을 보급하였다.

설리반은 이러한 관점에 따라 성격발달 7단계를 유아기, 아동기, 소년기, 청소년 전기, 청소년 중기, 청소년 후기, 성인기로 나누어 대인관계 경험 중심으로 제시하고 있다. 여기에는 만족을 추구하는 욕구(needs for satisfaction)와 관계 속에서 욕구를 추구하고자 하는 통합 경향성(integration tendencies), 불안을 없애고자 하는 안전에의 욕구(needs for security), 그럼에도 불구하고 관계 속에서 불안을 느끼는 상황을 '불안 지점' 그리고 그때마다 반복하는 불안해소 행동을 안전 작용(security operation)이라는 개념이 포함된다.

이를 유아의 대인관계 경험을 중심으로 설명하면, 유아는 수동적으로 어머니의 감정상태에 영향을 받는 공감적 연결(empathic linkage) 상태에서 긴장을 경험하게 되면서 첫 번째 발달단계를 거치게 된다. 그리고 두 번째 발달단계에서는 유아가 자신의 어떠한 행동이 주된 양육자(대상)를 불안하게 하는지를 지각하게 되면서 '좋은 나'와 '나쁜 나'를 구분하는 경험을 하게 된다. 세 번째 발달단계에서는 부모가 싫어하는 '나쁜 나'를 배제하고 '좋은 나'에 머물려고 하면서 다른 한편으로는 '좋은 어머니(대상)'에 적합한 자신을 배치하면서 '자기 체계(self system)'를 정립해 나가는 것이다. 이는 유아의 본래적 자기가 아니라 중요한 타자(어머니)의 성격체계에 맞추어지는 발달과정이라는 점에서 부모의 불안이 성인시기에 도달한 시기에도 정신병리적인 영향을 미치게 된다는 결론에 도달한다.

이러한 설리반의 대인관계이론은 개인치료는 물론 가족치료이론에도 많은 영향을 미치게 된다. 일반적으로 대인관계 심리치료에서는 정신장애, 특히 우울증과 사회적 지지의 연관성에 관심을 가지는데, 부족하거나 역기능적 사회의 지지는 우울증의 발병과 진행, 그리고 재발을 촉진한다고 본다. 그리고 풍성하고 좋은 사회적 지지는 우울증을 감소시키거나 재발방지에 효과적이라고 보는 것이다. 대인관계치료의 과정은 비교적 단기인 16~20회기로 구성되며, 대인관계에서 역기능적 형태를 발견하고 향상시키기 위한 인지행동주의적 기법들이 병행하여 사용된다.

(3) 위니코트와 코헛의 자기심리학적 대상관계이론

영국의 도널드 위니코트(Donald Winnicott, 1896~1971)와 미국의 하인츠 코헛(Heinz Kohut, 1913~1981)의 대상관계이론은 서로 닮은 점이 있다. 먼저 위니코트는 프로이트와 클라인의 이론을 결합시켜서 정신분석 이론을 수정하였다. 그러나 위니코트가 자기(self)에 관하여 정립한 이론은 프로이트 학파나 클라인 학파의 이론과는 새로운 발달이론이 되었다고 평가된다. 코헛 역시 전통적 정신분석가로서 충실한 길을 걷다가 위니코트가 제시한 '자기(self)' 개념에 중심을 둔 저서들을 출판하면서 정신분석학계에 명성을 얻게 된다.

먼저, 위니코트는 영국 케임브리지대학에서 생물학과 의학을 전공하여 페딩토 그린(Paddingto Green) 병원에서 40여 년간 소아과에 재직하면서 어머니와 아기들을 대상으로 정신분석을 수행하였다. 당시 영국 정신분석협회에서는 안나 프로이트 추종자와 멜라니 클라인 추종자들이 갈등하며 논쟁이 심했는데, 멜라니 클라인에게서 광범위한 슈퍼비전을 받은 위니코트는 기본적으로 클라인의 영향을 받았다고 볼 수 있다. 그러나 클라인이 아동발달에 있어서 본성을 중요시한 것에 반대하고 발달과정의 환경 요인의 중요성을 강조하여 충돌하게 된다.

소아과 의사로서 오랜 경험이 있었던 위니코트는 아동과 성인을 대상으로 한 정신분석 과정에서 주로 타인과의 친밀한 관계를 유지하면서도 동시에 개별화된 존재가 되고자 하는 '자기(self)' 개념 정립에 연구와 투쟁을 집중하였다. 그중에서도 아동이 그들의 부모가 제공하는 환경과 상호작용하는 관계에서 자기(self)의 발달과 장애의 발달을 설명했다. 위니코트는 대상관계가 전적으로 양육자가 제공하는 환경에 따라 결정된다는 관점을 유지했던 것이다. 즉 자기형성에 있어서 부모라는 양육환경을 강조했으며, 환경이 충분히 좋을 때, 유아의 자기형성과 성숙과정이 촉진된다고 본 것이다.

이러한 관점에서 위니코트는 유아의 성격발달에 있어서 촉진적 환경을 제공하는 부모의 기능을 설명하며 '충분히 좋은 엄마(good enough mother)'라는 개념을 제시하고 있다. 여기에서 충분하다는 의미는 의존적인 유아를 최적량의 항상성(constancy)과 위로를 주는 '안아주는 환경(holding environment)'을 제공하는 어머니의 대상관계를 말한다.

이러한 맥락에서 대부분의 대상관계이론에서와 마찬가지로 아버지의 영향성에 대한 언급은 거의 없다. 물론 클라인의 이론에서도 '좋은 엄마'와 '나쁜 엄마'가 거론이 되지만 아버지에 대한 설명이 없는 한계가 있다. 이렇게 보면 대상관계이론에서는 주로 유아가 어머니에게 의존하면서 성격 등이 발달하게 된다고 본다.

위니코트 역시 마가렛 말러(Margaret Mahler)처럼 유아가 발달하는 과정을 어머니와의 관계에서 다음과 같이 설명하고 있다.

첫째, 생후 6개월 또는 1년까지 유아는 모성의 돌봄에 전혀 의식하지 못하지만 상호 간 절대적 의존 시기이므로 모성적인 돌봄이 정신병 예방문제를 결정할 수 있다.

둘째, 6개월에서 24개월까지는 상대적 의존 시기로서, 유아는 자신이 필요한 모성적 돌봄을 인식하게 되며, 점차적으로 독립된 자기(self)를 찾아가게 된다.

셋째, 24개월 또는 3년 이후부터 평생 동안 돌봄 없이도 지낼 수 있는 독립을 향하게 된다. 이는 계속 넓어지는 대상관계의 범위 안에서 진정한 독립을 추구하게 되는 과정이다.

다음으로, 하인츠 코헛(Heinz Kohut)은 오스트리아계 유대인 출신으로서, 빈대학에서 프로이트와 친분이 있었던 아우구스트 아이콘(August Aichhorn)으로부터 정신분석에 관한 수업을 이수하고 제2차 세계대전이 발발한 이듬해인 1940년에 미국으로 이주하여 시카고대학에서 정신분석학을 전공하고 정신분석가가 된 사람이다.

이후 임상가와 교육가로서 활동했던 초기의 코헛은 '미스터 정신분석(Mr. Psychoanalysis)'이라고 불릴 만큼 전통적 프로이트 이론 추종자이었다. 코헛은 1964년 프린스턴(Princeton)에서 열린 회의에서 안나 프로이트를 처음 만난 후 계속해서 두 사람은 서신을 교환하기도 하였다. 그 결과 1964년에는 51세의 나이로 미국정신분석학회(American Psychoanalytic Association)의 회장직과 국제정신분석학회(International Psychoanalytic Association)의 부회장직도 맡게 된다.

그러나 1970년대에 접어든 시기부터 프로이트 이론에서 벗어나 '자기(self)'의 개념을 중심에 둔 연구와 저서를 발간하면서 정신분석학회로부터 멀어지게 된다. 그의 저술들이 전통적인 정신분석적 욕동(추동) 모델의 범위를 벗어났기 때문이었다. 한편, 코헛이 이처럼 전통적 욕동이론을 멀리하게 된 배경에는 위니코트 등의 영국 중심의 대상관계이론가들의 영향도 있었다고 볼 수 있다. 특히 그중에서도 위니코트는 영국정신분석협회 회장직을 이끌면서도 국제정신분석학회장 직책을 수행하며 '자기(self)' 개념에 중신을 둔 대상관계이론을 전개하였기 때문이다.

다만, 코헛은 위니코트의 개념에 영향을 받은 것에 머무르지 않고, 소위 '자기심리학(Self psychology)'을 정립하게 되는 차이점이 있다. 그는 자기애성 성격장애를 가진 환자들을 대상으로 정신분석을 하게 되면서 프로이트가 설명하고 있는 자기애성 성격에 대한 의문을 품게 된 것이다. 프로이트는 심리적 에너지인 리비도(Libido)가 자신을 향해 스스로를 사랑하기 때문에 굳이 타인의 관심이나 사랑이 필요치 않은 성격이라고 보았지만, 코헛은 어린 시절 부모의 공감 실패로 생긴 대상관계의 문제로 보았던 것이다.

따라서 코헛은 프로이트의 성격이론인 '본능(id)-자아(ego)-초자아(superego)'의 삼원구조를 거절하고, '삼원구조 자기(the three-part self)'라고 명명하면서 '자기심리(Self psychology)학'을 발전시키게 된다. 즉 코헛은 한 개인의 자존감(sense of worth)과 행복(well-being)을 포함한 개인의 자기상태(self states)의 욕구가 타인과의 관계에서 충족될 때만이 이 삼원구조자기가 발전할 수 있다고 보았던 것이다.

코헛은 이러한 관점을 『자기의 분석(*The Analysis of the Self*)』(1971)이라는 단행본으로 발간했다. 이 책에서 코헛은 나르시시즘(narcissism)과 자기(the self)의 개념을 중심으로 인간발달을 자기와 자기대상과의 관계 측면에서 설명하고 있다. 여기에서 나르시시즘은 '자기애적 리비도'로 볼 수 있으며, 자기대상은 자기애적 리비도에 의해서 점유(cathexis, occupation)된 부모 등의 사람을 말한다. 이는 프로이트가 성적이고 본능적인 동기인 욕동(drive, 추동)과 내적 갈등(internal conflict)에 따라 인간을 분석하는 구조에 반대하면서도 더욱더 연장된 개념이라고 할 수 있다.

왜냐하면 욕동(추동) 이론적 정신역동이론에서는 유년기 발달의 중요성만 강조하지만 코헛은 자기대상 관계(self object relationship)에 대한 욕구가 유년기뿐만 아니라 생애 전단계에 걸쳐서 지속된다고 보았기 때문이다. 이처럼 코헛이 정립한 자기심리학은 자기애적 성격장애(Narcissism)를 치료하는, 즉 자기애성 장애(narcissistic disorder)의 사람들을 치료하는 이론으로서, 자아심리학(Ego psychology)이나 대상관계이론(Object relations theory)과 함께 현대 정신분석의 3대 주류를 이루고 있다.

한편, 영국의 클라인 학파를 중심으로 한 대상관계이론은 페어바인(Fairbairn)을 비롯한 여러 이론가들에 의해 발전이 되었지만, 1920년 설립된 런던의 정신병원이자 공공 정신의학 연구기관인 타비스톡 클리닉(Tavistock Clinic)의 헨리 딕스(Henry Victor Dicks, 1900~1977)와 그의 동료들이 가족정신의학부서를 설립함으로써 부부치료 분야에서 명성을 얻게 된 것을 들 수 있다.

헨리 딕스는 대상관계이론에 근거하여 커플관계를 심도 있게 연구하여 커플의 갈등관계를 파괴관계, 불만스럽고 갈등에 가득 찬 평형관계, 갈등해결관계의 세 가지로 분류하고 있다. 물론 부부치료나 부부상담이 가족치료나 가족상담의 영역과 일치하느냐에 대한 논란은 있다.

부부를 가족체계의 특정 하위체계라는 관점에서는 부부상담(부부치료)이 가족상담(가족치료)의 범주에 속하지만, 부부상담과 가족상담이 서로 강조점이 다르다는 점에서 보면 구별된 영역이기 때문이다. 즉 가족상담 및 가족치료에서는 가족관계에서 발생되는 감정, 기대, 두려움 등을 주로 다루기 때문에 비교적 체계론적인 관점에서 단기치료를 목표로 한다.

이에 비하여 가족체계의 기본이자 핵심이라고 할 수 있는 부부를 대상으로 한 접근은 단 두 사람만의 친밀성과 상호작용성에 초점을 맞추어야 하고, 대부분의 경우에는 부부 개인을 대상으로 하는 개인분석(자기분석) 상담 및 치료가 병행되어야 하는 특징이 있기 때문에 비교적 장기치료가 요구된다.

따라서 대상관계이론을 가족상담 및 가족치료에 실제로 적용시켜서 실천한 프라모(J. Framo), 스키너(R. Skynner), 야콥슨(N. Jacobson), 쉬라프 부부(D. Scharff & J. Scharff) 등에 있어서는 부부와 가족구성원이 각기 별개로 다루어지기도 하고 전체적으로 다루어지기도 하는 경향을 나타내게 된다. 하지만 이들이 대상관계이론에서 공통적으로 적용하는 전제는 생애 초기의 부모와의 관계가 성인기의 친밀관계에서 기능하는 자율성, 애착성, 책임감 등의 개인적 능력에 중요한 영향을 미친다고 보는 것에 있다. 즉 어린 시절 부모와의 원가족 경험에서 미해결된 욕구(욕망)나 갈등을 배우자가 자녀 관계에서 투사적 동일시를 통하여 행동들로 나타내는 경향성이 있다는 점이다.

그뿐만 아니라 가족을 포함한 타인과의 관계에서 어려움이 있고 자신에 대한 불안과 두려운 등의 감정문제를 가진 사람은 자신과 타인 간의 관계를 '거절하고 처벌하는(악한)' 관계나 '보살펴주고 베푸는(선한)' 관계로 양분하는 아동기의 경향성이 지속되어 병리를 겪게 된다고 전제하는 것이다.

영국 런던의 타비스톡 클리닉(Tavistock Clinic)에서 부원장으로 근무하면서 애착이론(attachment theory)을 정립한 영국의 심리학자이자 정신분석가였던 존 보울비(John Bowlby, 1907~1990)도 바로 이러한 대상관계이론을 기초로 진화생물학, 동물학, 인지심리학을 융합하였던 것이다. 따라서 넓은 의미에서는 많은 애착이론가들도 대상관계이론의 범주의 학자들에 포함될 수 있다.

Chapter 06

인지행동적 / 정서체계적 가족상담 및 가족치료

1 인지행동주의 가족상담 및 가족치료

1) 인지행동적 가족상담 및 가족치료의 발달과정

정신분석적 가족상담 및 가족치료는 프로이트(Sigmund Freud)의 정신분석학 이론에 기초하여 주로 미국 동부지역인 뉴욕을 중심으로 정신과 의사 그룹에서 정신분열증 환자 가족을 다루면서 발달한 특징이 있다. 이와는 달리 인지행동적 가족상담 및 가족치료의 이론적 배경이 되는 행동주의나 인지주의 이론가들은 대체로 임상현장이 아닌 각 지역의 대학 심리연구실에서 실험연구 작업을 했던 심리학자들이 중심이 되어 발달시켰다는 차이점이 있다.

하지만 체계이론적 관점이 확산되면서부터 가족상담이나 가족치료에서 행동주의 이론은 정신분석이나 정신역동주의 이론과 마찬가지로 원칙적으로 개인상담 및 치료이론에서 출발했다는 점에서 가족상담 및 가족치료의 주류 세력에서는 크게 주목받지 못하였다는 공통점도 있다.

그러나 1990년대에 접어들면서부터는 상황이 변하게 되는데, 행동주의적 가족치료는 인지주의 상담 및 치료이론들을 통합하여 인지행동주의적 이론과 모형을 갖추게 되면서 가족치료의 주류 세력으로 성장하고 있는 추세를 보이기도 한다. 따라서 인지행동적 이론·모형의 발달과정 역시 행동주의적 이론이 주축이 되지만 상당한 부분은 앨버트 엘리스(Albert Ellis)와 아론 벡(Aron Beck)이 강조한 인지 요인을 매개한 인지주의적 치료(Cognitive Therapy) 이론과도 관련하여 분석하는 것이 중요하다.

먼저 정신과 의사 출신인 아론 벡(Aron Beck)은 그의 인지치료(Cognitive Therapy) 이론에서 정신분석과 행동주의 치료가 어려운 우울증 환자들을 대상으로 인지적 요소를 중시하는 치료기법들을 발전시켰고, 심리치료사 출신인 앨버트 엘리스(Albert Ellis)는 아론 벡보다 다소 먼저 인지적 요소를 중시하고 합리적 정서적 행동치료(Rational Emotive Behavior Therapy, REBT) 이론을 정립했던 것이다.

이러한 맥락에서 인지행동적 가족상담 및 가족치료에 영향을 미친 배경 이론과 주요 인물들에 대한 기초적인 이해를 필요로 한다. 우선 인지행동주의 이론이 개인상담과 치료이론으로 정립되는 과정에서는 행동주의 학습이론(Behavioral Theories of Learning)이 주로 영향을 미쳤다고 규정할 수 있다.

영향을 미친 시기를 중심으로 보면, 러시아 생리학자 파블로프(Ivan Pavlov)의 개 실험에 근거한 고전적 조건형성(classical or respondent conditioning)과 이를 1950년대에 이상적으로 정교화시킨 남아프리카 출신의 미국 정신과 의사 조셉 울프(Joseph Wolpe)의 체계적 둔감화(Systematic desensitization) 기술, 미국의 스키너(Bunhus F. Skinner)의 조작적 조건형성(operant conditioning), 반두라(Albert Bandura)의 사회적 인지이론(social cognitive theory), 메켄바움(Donald Meichenbaum)의 인지적 행동수정(cognitive behavior modification), 티보와 켈리(Thibaut & Kelly)의 사회교환이론(social exchange theory)으로 정리할 수 있다.

그러나 이러한 배경 이론에 근거한 행동치료는 초기에는 개인을 대상으로 개입하고 가족 전체를 치료대상으로 삼지는 않았다. 다만 문제행동을 보이는 아동을 대상으로 조작적 조건형성원리를 이용하여 효과적으로 통제하거나 부모에게 아동이 바람직한 행동을 보이도록 강화(reinforcement)하기 위하여 벌(punishment)과 보상(reward)을 주도록 훈련시키는 수준이었던 것이다. 이는 특정 가족구성원인 아동이 변화되면 가족전체의 변화를 가져올 수 있다는 관점의 치료라고 볼 수 있다.

하지만 이러한 개인 내적인 문제를 대상으로 한 치료접근이 별다른 효과를 거두지 못하자 심리치료계에서는 티보와 켈리(Thibaut & Kelly, 1959)가 제시한 사회교환이론(Social Exchange Theory)에 주목하게 된다. 사회교환이론에 따르면 모든 사람은 어떤 관계 속에서 보상을 극대화시키고 비용과 투자는 최소화시키려고 시도하기 때문에 "두 사람 사이의 인간관계는 각자에게 돌아가는 성과에 따라 그 관계의 존속 여부가 결정된다."고 본 관계적 개념을 상담과 치료 전략에 도입하게 된 것이었다. 다시 말하면, 사람과 사람 사이의 인간관계(대인관계)는 비용과 투자라는 '부담'과 그로 인한 '보상'의 관계에서 부담이 작고 보상이 커야 만족스럽게 유지된다고 볼 수 있다고 보는 관점을 상담과 치료목표로 삼게 된 것이다.

이를 결혼관계나 가족관계에 적용하면, 결혼생활에 만족하지 못하는 경우는 결혼이 주는 보상이 자신이 부담한 비용과 투자보다 적다고 인지하게 되는 데 기인하는 것이다. 따라서 성공적인 결혼생활이나 가족생활을 위해서는 서로에게 보상을 늘리고 부담을 줄일 수 있는 방법을 모색할 필요가 있다는 결론에 도달하게 된다. 왜냐하면 결혼생활에 실패하거나 역기능적 가족(dysfunctional family)에서는 서로 상처를 입지 않기 위해서 자신들을 보호하려는 시도에서 상대방에게 보상을 늘리는 방법에는 관심을 가질 여유가 없고, 가치가 적은 것을 주거나 비용만 줄이려고 하게 되어 상대방도 같은 행동교환이 반복된다고 볼 수 있기 때문이다.

이러한 사회교환이론을 받아들인 행동주의 가족치료사들은 각자의 방법으로 가족치료 이론과 모형을 발전시키게 되는데, 그중에서도 오레곤대학(University of Oregon)의 행동치료연구소에 재직했던 심리학자인 제럴드 패터슨(Gerald Patterson)을 가장 대표적으로 들 수 있다. 패터슨은 선구적인 행동주의 가족치료자로서 임상과 연구에 헌신하였고, 부부의 상호작용에 사회교환이론을 적용하는 많은 연구업적을 남겼기 때문이다(Nichols & Schwartz, 2001). 그리고 부부관계 문제만이 아니라 복합적 행동문제를 가진 아동의 가족을 행동주의 이론·모형을 적용하여 치료하였던 것이다.

패터슨이 사회교환이론에 기초한 가족치료 모형을 고안하게 된 배경에는 자신과 동료들이 상담실에서 치료한 가족구성원들이 치료 후에 그들의 집으로 돌아가서 행동하는 모습과는 거리가 있다는 점을 발견하게 되면서, 가족구성원들이 집에서 행동하는 상호작용을 측정하게 된 것에 있다. 그 결과 27명의 공격적인 아동에 관한 연구와 치료를 기초로 사회인지이론을 비행에 적용시킨 사회학습이론(social learning theory)에 의거한 부모들을 훈련시키는 프로그램과 워크북을 개발하게 된다. 즉 바람직하지 못한 행동은 제거하고 바람직한 행동으로 대체하는 세부적인 방법들을 가족치료 영역에서 개발하였던 것이다(Patterson, 1971).

패터슨이 사회교환이론을 적용한 가족치료 및 가족상담 사례 중에는 부부간의 결혼생활 만족도 문제와 관련된 업적이 많은데, 대부분의 결혼생활의 문제 발생이 서로 간의 강화자극 수준이 낮고 혐오자극 수준이 높은 것에서 기인한다고 보고 있다. 즉 부부간에는 상호 간에 긍정적인 만족을 주는 보상행동이 충분하지 못하여 불화가 생기기 때문에 강화자극으로써 긍정적 행동을 증가시키는 것이 부부치료에 필수적이라고 본 것이다. 따라서 성공적인 결혼생활을 위해서는 상호관계기술의 개발이 필요하다는 점을 강조하고 그중에서도 평상시의 효율적이고 갈등예방적인 대화기법이 바람직한 상호관계를 유지하기 위한 필수요건이라고 주장하였다.

이러한 패티슨의 업적에 이어서 두 번째로 중요한 업적을 남긴 행동주의 치료이론가는 정신의학자인 로버트 리버만(Robert Liberman)을 들 수 있다. 그는 정신과 의사로서 우울증, 참기 힘든 두통, 사회부적응, 부부불화 등을 겪는 4명의 성인 환자들을 대상으로 조작적 조건형성원리에 근거한 학습이론의 기본 틀을 적용시켜서 치료한 사례를 '부부 및 가족치료에 대한 행동주의적 접근'이라는 논문으로 1980년에 발표하였다.

이 논문의 내용을 보면, 리버만은 위에서 제시된 증상을 보이는 환자들의 문제행동을 강화하는 환경반응을 조작적 조건형성의 원리를 적용하여 조사하면서 "무시하면 문제행동이 사라질 것이다."라는 원칙을 가지고 가족원들의 바람직하지 않은 행동을 소거하는 방식으로 치료효과를 얻었다고 진술하고 있다.

아울러 문제행동을 보이는 자녀를 가진 가족을 치료하면서도 리버만은 조작적 조건화와 모델링(modeling) 기법을 적용하게 되는데, 많은 자녀의 문제행동이 부모의 지나친 관심에 의해서 무의식적으로 지속된다는 사실을 밝혀내고 상당수의 부모들이 이러한 자녀들의 문제행동에 대한 효율적인 통제방법을 알고 있지 못하다는 점도 지적하였다.

한편, 사회사업가인 리차드 스튜어트(Richard Stuart, 1969)가 제시한 유관계약(contingency contracting)[1] 접근법도 조작적 조건형성의 원리를 적용하여 자녀들의 문제행동을 가지고 있는 인지행동적 가족치료 발달의 업적으로서 중요하다. 스튜어트는 잔소리나 협박과 같은 혐오에 의한 통제를 사용하는 것이 종종 불행한 결혼생활과 가족관계를 야기시키는 결정적 요인이라고 보았다. 따라서 가족 구성원의 바람직하지 못한 행동을 수정하는 것보다는 상호작용의 원리를 바탕으로 긍정적 행동변화를 극대화시키는 것에 초점을 맞추어 치료하게 된 것이다.

유관계약 기법은 원래 부모가 자녀들의 문제행동을 수정하기 위하여 아동이 긍정적인 변화를 보인다면 부모도 어떤 확실한 변화를 조성하겠다는 일종의 약속을 하는 것인데, 이러한 기법을 갈등을 겪고 있는 부부에게도 상호강화와 조작적 조건형성의 원리를 적용하여 효과를 본 것이다. 즉 부부에게 상대방으로부터 원하는 행동 목록을 작성하게 하고, 배우자가 원하는 행동을 하였을 경우에는 그 빈도수를 기록하여 서로 교환하는 방식의 문서화가 된 유관계약 기법을 사용한 것이다.

이러한 행동주의자들의 업적은 인지주의 이론을 정립한 미국의 심리학자 앨버트 엘리스(Albert Ellis, 1913~2007)의 '합리적 정서적 행동치료(Rational Emotive Behavior Therapy, REBT)'와 미국의 정신과 의사 아론 벡(Aaron T. Beck)의 인지치료(Cognitive Therapy, CT)에서 주장하는 인지매개적인 행동이론을 통합하면서 부모훈련, 부부치료, 성치료 등의 가족치료 및 상담 분야에서 1970년대부터 괄목할 만한 발전을 이루게 되었다. 그리고 오늘날에도 다른 가족치료 학파의 가족치료사들이 부

1) 유관계약은 두 사람 또는 그 이상의 가족 구성원이 서로가 바라는 구체적인 행동을 하겠다는 약속을 문서로 작성하는 기법이다.

분적으로 자신들의 치료에 행동주의 기법들을 차용하는 경우가 늘어나고 있다.

2) 상담 및 치료요인과 주요 개념

인지행동적 가족치료는 모델의 발달과정에서도 다루었듯이 1970년대와 1980년대에는 가족상담 및 가족치료의 주류로부터 소외되어 왔다. 그러나 이후 심리학자인 패터슨(Gerald Patterson), 정신과 의사인 리버만(Robert Liberman), 사회사업가인 스튜어트(Richard Stuart) 등이 중심적인 역할을 하여 가족치료 분야에서 행동주의적 접근으로부터 발전되었다. 즉 초기에 행동주의 치료는 개인을 대상으로 개입하고 가족 전체를 치료대상으로 삼지는 않았지만 이들은 티보와 켈리(Thibaut & Kelly, 1959)가 제시한 사회교환이론(Social Exchange Theory)의 영향으로 가족과 부부를 치료적 관심의 대상으로 옮기게 된 것이다.

"두 사람 사이의 인간관계는 각자에게 돌아가는 성과나 보상에 따라 그 관계의 존속 여부가 결정이 된다."는 사회교환이론을 부부나 가족관계에 적용하면, 결혼이나 가족생활에 만족하지 못한다는 것은 결혼생활이나 가족생활에서 그들이 받고 있는 보상이 각자가 지불한 비용보다 적다고 생각하는 것에 기인한다고 볼 수 있기 때문이다.

다른 한편으로는 초기의 행동주의적 가족치료 접근에서 필수적으로 거론되어야 할 이론으로는 사회학습이론도 있다. 앨버트 반두라(Albert Bandura, 1925~2021)는 이른바 보보인형 실험(Bobo doll experiment)을 통해서 인지적 요소를 가미한 사회학습이론(social learning theory)을 창안했는데, 가족치료사들은 가족들이 나타내는 문제행동을 변화시키기 위해서 반두라의 인지학습이론을 통합하여 치료 개념들을 제시했던 것이다.

하지만 초창기의 행동주의 가족치료는 이러한 행동주의 이론에 기초하여 출발했지만 나중에는 인지와 행동 모두를 균형적으로 강조하는 인지행동주의 접근으로 이동하게 된다. 그리고 체계이론적인 관점에서 파생된 요소들과 일관성을 유지함으로써 광범위하고 포괄적으로 접근하는 방법을 취하게 된다(Epstein,

Schlesinger & Dryden, 1988).

바로 아론 벡(Aaron Beck, 1979)에 의해 창시된 인지치료(Cognitive Therapy, CT)와 앨버트 엘리스가 1950년대 후반에 '합리적 치료(Rational Therapy, RT)'라는 명칭으로 창안한 후에 '합리적-정서적 치료(Rational Emotive Therapy, RET)'로 개칭한 이론의 영향을 받게 된 점이다. 따라서 인지행동적 가족상담 및 가족치료의 치료요인은 행동주의적 주요 개념에 한정하는 것보다는 인지와 행동 모두를 균형적으로 강조하는 치료요인들을 거론하는 것이 타당할 것으로 본다.

(1) 사회교환이론적 치료요인

사회교환이론(social exchange theory)은 사회적·물질적 자원의 교환을 인간 상호작용의 근본 형태로 파악한 조지 호만스(George Homans)와 피터 블라우(Peter Blau)의 연구(1958)에 의해서 처음 형성된 이론이다. 이후 심리학자 존 티보와 헤럴드 켈리(John Thibaut & Herold Kelly, 1959, 1978)도 같은 맥락에서 상호의존성 이론(interdependence theory)을 대인관계(interpersonal relationship)에 적용하여 사회교환이론(social exchange theory)을 제시하였다.

따라서 이들의 사회교환이론은 초기의 행동주의적 가족치료자들이 고립된 개체에서 가족관계로 관심을 옮길 수 있도록 커다란 영향을 미치게 된다. 티보와 켈리의 견해에 따르면 가족을 비롯한 모든 인간은 어떤 관계 속에서 보상을 극대화시키고 그에 투자되는 비용은 최소화하려는 관계성을 가진다는 것이다.

이러한 사회교환이론은 부부불화를 겪은 부부간의 상호관계성을 이해하는데 많은 이해를 제공하는데, 결혼생활에 만족하지 못하는 부부문제는 자신이 지불하고 있는 비용보다 보상이 적다고 생각하는 것에 있다고 볼 수 있다.

(2) 사회학습이론적 치료요인

사회교환이론과도 상관이 있는 사회학습이론(social learning theory)은 사회인지이론(social-cognitive theory)이라고 불리기도 하는데, 행동주의 학습이론에서 유래하여 생겨난 이론이다. 캐나다계의 미국 심리학자인 앨버트 반두라(Albert Bandura, 1925~2021)와 월터스(Walters)가 1963년에 처음 주장한 이후 1977년에 저서 『사회학습이론(*Social Learning Theory*)』으로 출간된 이론이다.

반두라는 종래의 학습이론가들이 보통 물리적인 방법으로 동물을 실험하고 그것을 기초로 이론체계를 구축했다는 점을 비판하고 개인의 인지, 행동, 환경적 요인의 세 가지와 상호작용이 인간의 행동에 미치는 영향을 탐구해야 한다고 생각한 것이다. 이러한 견해는 인지과정의 중요성을 의미하는 것으로서, 주로 어떤 사람의 특정 행동에 따른 보상 및 처벌 여부 따위에 관한 과정을 학습자가 간접적으로 경험하는 대리학습(vicarious learning)이나 모방학습(imitation learning)과 관계된다.

이를 가족상담 및 가족치료에 적용시키면 클라이언트는 직접적 보상이나 처벌의 경험 없이도 타인이나 비디오(영상물)를 관찰함으로써도 행동이 변화되는 대리학습효과를 기대할 수 있는 것이다.

(3) 역기능적 인지도식

역기능적 인지도식(dysfunctional cognitive schema)은 주로 역기능적 신념(dysfunctional belief)과 관련이 있다. 인지행동 이론에서 도식(schema, 스키마)[2]은 자동적 사고(automatic thoughts)의 기초가 되는 정보 처리의 기본적인 틀 혹은 규칙들을 의미한다. 즉 아동기 초기에서부터 시작되는 과거 경험에 영향을 받아 구조화되는데 자신과 세상에 대한 신념으로 구성되어 있다.

신념은 어린 시절에 중요한 인물과 상호작용을 하면서 근원적으로 생긴 핵심신념(core beliefs)과 이에 영향을 받아 삶에 대한 태도, 규범, 가정(조건)으로 나타나는 중간신념(intermediate beliefs)이 있다. 그런데 중간신념은 흔히 핵심신념(core

2) 스키마(schema, 도식)는 인공지능, 인지과학, 언어학 등에서 공통으로 사용하는 개념으로 지식을 표상하는 구조를 의미한다.

beliefs)과 자동적 사고(automatic thoughts)를 매개하여 절대주의적이고 완벽주의적이며 융통성이 없이 경직된 믿음이나 원칙으로 구성된 역기능적 신념이 될 수 있다. 특히 역기능적 신념으로 인한 역기능적 인지도식은 가족관계나 대인관계에서 오는 스트레스 상황에서 활성화되어 인지적 오류를 유발한다는 것이 아론 벡(Aaron Beck)의 주장이다.

(4) 인지적 오류

인지적 오류(cognitive distortions)는 주변의 사건이나 생활 상황을 왜곡해서 해석하여 자동적 사고를 만들어 내는 과정이다. 이러한 과정은 가족관계에서도 흔히 일어날 수 있는데, 가족 내부에 일어난 어떤 사건이나 상황을 체계적으로 왜곡해서 그 의미를 해석하는 정보처리과정에서 부정적인 자동적 사고를 하게 되는 것을 말한다. 미국의 정신과 의사이자 인지치료의 창시자인 아론 벡(Aaron Temkin Beck, 1921~2021)은 주요 인지적 오류를 다음과 같이 들고 있다. 인지적 오류는 개인 내적 문제뿐만 아니라 가족관계에서도 문제로 작용한다고 볼 수 있다.

① 이분법적 사고(All or nothing)이다. 이는 전부 아니면 전무의 사고로서, 분열(Splitting), 흑백논리(Black and White thinking), 양극단적 사고(Polarized thinking)라고도 한다.

② 평가절하(Filtering, 필터링)이다. 이는 어느 한 상황에서 부정적인 부분에만 집중하고 긍정적인 면은 평가 절하하는 것이다. 이와 비슷한 유형으로는 긍정 격하(Disqualifying the positive)가 있다.

③ 과잉일반화(Overgeneralizing)이다. 불충분한 증거에도 불구하고 성급한 일반화(hasty generalization)를 하는 것이다.

④ 예단(Jumping to conclusions)이다. 증거가 없는 경우에도 부정적으로 넘겨짚기를 하는 경우이다.

⑤ 극대화와 축소화(Magnification and minimization)이다. 이는 자신이나 다른 사람 또는 어떤 상황을 평가할 때 타인의 재능을 실제보다 크게 보고 자신의 강점을 작게 보는 경우이다.

이 외에도 감정적 추리(Emotional reasoning), 자신이나 타인에게 반드시 따라야 할 절대적 명령으로 강제성을 부여하고 그에 부응하지 못하면 강렬한 부정적 감정을 유발하는 당위적 명령(Making 'must' or 'should' statements), 개인화와 질책(Personalization and Blaming) 등의 인지오류(인지왜곡)가 있다. 예를 들면, 자녀가 나쁜 행동을 하는 이유가 자신의 잘못이라고 생각하는 부모의 인지는 개인화(Personalization)로 볼 수 있고, 피해의식(victim mentality)이 있는 배우자가 결혼생활의 문제를 상대방에게 전가하는 것은 질책(Blaming)이다.

(5) 비합리적 신념

비합리적 신념(irrational belief)은 자신, 타인, 세상에 대한 비현실적인 기대와 요구를 하는 것을 말하며, 심리학자인 앨버트 엘리스(Albert Ellis)의 합리적 정서 행동치료(Rational Emotive Behavior Therapy, REBT)의 주요 개념이다. 이는 정신과 의사인 아론 벡이 제시한 인지적 오류(cognitive error)의 개념과도 상통한다.

엘리스는 11가지의 비합리적 신념의 유형을 제시하고 있는데(1962), ① 사랑과 인정 기대 신념, ② 능력과 업적 기대 신념, ③ 악행 징벌의 당위 신념, ④ 원하는 일의 성취 신념, ⑤ 불행의 외적 귀인 신념, ⑥ 과잉 위험발생 신념, ⑦ 어려운 일 과다회피 신념(문제회피), ⑧ 과잉 타인 의존 신념, ⑨ 강박적 과거 결정론적 신념(무력감), ⑩ 타인에 대한 과잉 배려 신념, ⑪ 완전무결한 해결 신념이다.

아울러 엘리스는 이러한 비합리적 신념의 요소와 특징을 ① 당위적 사고, ② 과장적 사고(파국화 또는 재앙화), ③ 좌절에 대한 인내심 부족, ④ 자기 및 타인에 대한 비하적인 사고의 네 가지를 들고 있다. 이러한 비합리적 신념은 가족관계의 인식에서도 문제를 가져올 수 있다.

이 외에도 인지행동적 가족상담 및 가족치료의 치료요인을 설명할 수 있는 개념들로는 기본적으로 고전적 조건형성(classical conditioning) 이론이나 조작적 조건형성(operant conditioning) 이론과 관련된 치료요인들이 있다. 먼저 고전적 조건형성 이론은 파블로프(Pavlov)의 개먹이 실험에서 비롯되었으며, 미국의 존 브로더스 왓슨(John Broadus Watson 1878~1958)이 1913년 컬럼비아대학에서 앨버트(Albert)라는 11개월 된 어린아이를 대상으로 '공포조건화 실험'[3]을 하면서 인간을 대상으로 한 행동주의 이론을 창시하고 이후의 이론적 발전에 많은 영향을 주었다.

이러한 왓슨의 실험 결과는 남아프리카공화국 출신 미국의 정신과 의사이자 심리학자인 조셉 울프(Joseph Wolpe, 1915~1997)에 의해 개발된 '체계적 둔감화(systematic desensitization)' 등의 기법으로 발전되었기 때문이다. 한편, 미국 하버드대학의 행동주의 심리학자 버러스 프레더릭 스키너(Burrhus Frederic Skinner, 1904~1990)[4]의 조작적 조건형성 이론은 바람직한 인간행동을 증가시키는 강화물(reinforcers)을 조작적 조건화(operational conditioning)시켜서 바람직한 행동을 유발시키는 것이다.

3) 상담 및 치료과정과 기법

(1) 상담 및 치료과정과 치료자(상담자)의 역할

인지행동적 가족상담 및 가족치료의 과정은 행동주의 경향의 부부치료와 가족치료에 치중했던 초기에는 가족치료사들은 일차적으로 행동변화에 초점을 맞추었다. 따라서 가족이 어떻게 기능하는가보다는 행동이 어떻게 변화되는가에 더 많은 관심을 두었다.

3) '어린 앨버트 실험(Little Albert experiment)'으로 불리며, 왓슨은 1910년부터 1915년까지 '심리학 리뷰'의 편집자였고, 2002년에 발표된 일반 심리학 리뷰(Review of General Psychology Survey)는 그를 20세기의 가장 많이 인용된 심리학자로 선정했다.

4) 스키너는 해밀턴대학에서 영문학을 전공하여 작가로 활동했지만 행동주의 심리학의 아버지라 불리는 존 왓슨(J. B. Watson)에 관한 글을 읽고 하버드대학 심리학과에서 심리학 공부를 했다.

인지행동치료에서 핵심적 전제는 "행동이란 그 결과에 따라 유지된다."는 것이었기 때문에 새로운 행동(긍정적 행동)의 결과에 보상이 주어지지 않으면 행동변화는 지속되지 않는다고 보는 것이다. 그러므로 초기의 인지행동적 가족족치료사들의 신조는 자녀를 둔 부모나 배우자들에게 긍정적인 행동을 가속화시킴으로써 그들의 만족을 증대하도록 돕고 대인관계 기술을 학습하도록 도움을 주는 것을 치료자(상담자)의 역할로 삼았다.

이러한 역할에는 내담자나 가족구성원에게 목표행동을 구체적으로 설정하고 바람직한 행동이 일어나는 조건과 보상기준을 정하며, 어떤 상황에서 목표행동을 할 것인가에 대해 구체적으로 명시하는 것이 포함된다. 그리고 바람직한 행동변화를 위해 다양한 기술을 적용한 후 이러한 과정에서는 체계이론적인 가족치료 이론과는 달리 순환적 인과관계보다는 직선적 관점을 선택하고 세 사람 이상의 상호작용체계보다는 두 사람 사이의 관찰할 수 있는 행동에 초점을 두는 것을 중요하게 본 것이다.

이러한 초기의 행동주의적 가족치료사들의 역할 배경에는 사회교환이론과 사회학습이론이 내재하고 있다. 그러나 후기에 접어들면서 행동주의적 가족치료사들은 일차적으로는 행동변화에 초점을 맞추지만 전반적인 가족문제 해결에는 인지·정서적 요소들이 중요하다는 점을 인식하게 된다. 즉 인지적 접근이 초기의 행동주의 경향의 부부치료와 가족치료에서는 보충적 역할이었지만(Margolin, Christensen & Weiss, 1975), 서서히 인지가 가족상호작용을 중재하는 사건들에서 중요한 역할을 하게 된 것이다(Alexander & Parson, 1982; Epstein, Schlesinger & Dryden, 1988).

따라서 인지·정서적 기법을 중요하게 여기는 가족상담 및 가족치료자의 역할은 기본적으로 행동적 기법을 기초로 하여 내담자와 가족성원의 인지적 오류(cognitive distortions)와 역기능적 인지도식(dysfunctional cognitive schema)을 변화시키고 재구성하는 역할을 해야 한다. 아울러 정서적으로도 내담자나 가족성원의 비합리적 신념(irrational belief)을 논박(dispute)하고 합리적 신념과 태도로 변화할 수 있도록 교육하는 것이 주요 역할이 된다. 이러한 역할의 중요성은 인지이론과 인지행동이론에 근거하고 있다.

(2) 상담 및 치료목표와 기법

인지행동적 가족상담 및 치료목표는 초기의 '행동주의적 접근'과 후기의 '인지행동적 접근'의 이론으로 구분하여 제시될 수 있다. 초기의 행동주의적 접근의 배경 이론으로는 사회교환이론과 사회학습이론을 들 수가 있다. 따라서 사회교환이론적 관점에서는 비용과 보상의 관계에서 보상 교환 비율을 높이는 반면에, 혐오적인 교환 비율은 낮추고 의사소통과 문제해결 기술을 가족들에게 가르침으로써 문제행동의 결과를 수정하는 것에 있다.

아울러 사회학습이론의 관점에서는 부모와 자식 간의 역기능적인 문제들이 강화 유형에서 발생된 것으로 본다. 즉 가족의 문제(증상)는 사회적으로 학습된 반응이기 때문에 가족의 뜻과는 상관없이 획득되고 강화된 것으로 다루어진다. 이러한 관점은 복잡하고 순환적인 가족 상호작용은 고려하지 않고 학습된 행동 결과를 바꾸는 것에 치료목표가 있다는 의미가 된다.

이에 비하여 후기의 인지행동적 가족상담 및 가족치료사들은 이러한 행동변화 측면에서뿐만 아니라 인지와 행동을 모두 균형 있게 강조하는 아론 벡(Aaron Beck)과 앨버트 엘리스(Albert Ellis)의 견해로 전환하여 치료적 목표를 설정하게 된다. 아론 벡은 1976년에 인지치료(Cognitive Therapy, CT) 이론을 제시하면서 자신과 타인, 세상에 대한 믿음인 '핵심신념(core beliefs)'이라는 개념을 크게 강조하였다(Beck, Rush, Shaw, & Emery, 1979).

아론 벡의 인지치료 이론 관점에 따르면, 핵심신념이라는 인지과정이 모든 가족의 문제행동을 설명해주는 것은 아니지만 가족 사이에 일어나는 사건, 인지, 감정, 행동 사이에 존재하는 인지적 평가가 중요한 역할을 한다는 점을 분명히 강조한다(Epstein et al., 1988). 따라서 인지치료에서는 왜곡된 핵심신념을 재구성하는 것이 역기능적인 행동을 변화시키는 치료목표가 된다.

한편, 앨버트 앨리스도 1956~1957년에 개발했던 '합리적 치료(Rational Therapy)'

이론이 정서적인 측면에서의 접근을 무시하는 것으로 오해를 받자 1961년에 '합리적 정서적 치료(Rational Emotive Therapy, RET)로 명칭을 바꾸면서 가족 내에서 발생하는 사건들을 개인이 어떻게 인식하고 해석하는지에 초점을 맞추었다. 그리고 1993년 이후에는 인지-정서-행동적인 측면을 함께 생각하는 포괄적이고 합리적인 관점임을 나타내기 위해서 '인지정서행동치료(Rational Emotive Behavioral Therapy, REBT)'로 명칭을 바꾸었다. 이러한 과정에서 엘리스가 기본으로 삼은 것은 '비합리적 신념(irrational belief)'이 가족이 보이는 문제행동의 원인이 된다고 보았던 것이다. 그러므로 엘리스의 관점에 따르면 비합리적 신념을 합리적 신념으로 재구성하는 것이 개인치료나 가족치료의 목표가 된다.

이제 이러한 인지행동주의적 가족상담 및 가족치료의 배경 이론에서 제시된 관점에 따라 행동주의적이고 인지주의적인 영역의 치료기법들을 제시하면 다음과 같다.

① 강화

강화(reinforcement)는 부부의 상호작용에 사회교환이론을 적용하여 많은 연구업적을 남긴 심리치료사 패터슨(Patterson)의 견해와 상관이 있는 기법이다. 강화는 특정한 행동의 발생비율을 높이는 사건(event), 행동 또는 사물을 의미하는데 긍정적 강화(정적 강화)와 부정적 강화(부적 강화)가 있다. 패터슨은 이를 부부나 가족관계에 적용하여 바람직한 행동에 대해서는 그 결과에 대하여 보상을 해주어 반응비율을 높일 수 있고, 바람직하지 않은 행동에 대해서는 벌을 가하거나 강화를 전혀 제공하지 않는 소거 기법을 사용할 수 있다고 보았다.

패터슨은 결혼생활 문제의 대부분은 정적 강화자극의 수준이 낮고 부적강화자극(혐오자극) 수준이 높은 것에 있다고 보았기 때문에 부부는 상호 간에 긍정적인 만족을 주는 보상행동을 늘리고 효율적인 대화기법을 사용할 것을 강조하였다. 아울러 복합적 행동문제를 가진 아동 시기에는 미국 펜실베이니아대학 심리학과 교수 프리맥(David Premack, 1965)이 제안한 프리맥의 원리(Premack's Principle)[5]을 적용할 필요가 있다고도 보았다. 즉 바람직한 행동을 증가시키기 위해 빈도가 높은 활동(아동이나 가족이 좋아하는 활동)을 이용하여 빈도가 낮은 활동(덜 선호하는 활동)을 강화할 수 있는 것이다. 이러한 원리는 부모나 가족치료사, 교사의 가장 효과적인 강화물 선택을 돕는 방법이 될 수 있다.

② 소거와 모델링

소거(extinction)는 이전에 강화 받던 행동에 대해 강화를 중단하는 방법으로 주로 바람직하지 않은 행동을 감소시킬 때 사용하는 기법이다. 정신의학자 리버만(Liberman)은 부모가 자녀행동에 대한 효율적인 통제방법을 알지 못하고 있음을 지적하고, 아동을 비롯한 가족원의 바람직하지 않은 행동에 관심을 두지 않고 무시하는 방식의 소거를 적용하여 치료효과를 얻었다.

아울러 많은 자녀의 문제행동이 부모의 관심에 의해 무의식적으로 지속된다는 사실을 지적하고 조작적 조건화와 관련된 모델링(modeling) 개념을 적용하여 치료하였다. 이처럼 소거(소멸)와 모델링 기법은 사회학습이론에 근거하는데, 리버만은 우울, 참기 힘든 두통, 부적응이나 부부 불화를 겪는 가족을 대상으로 부모교육을 하거나 부부치료를 하여 실증적 효과를 거둔 것으로 알려져 있다.

③ 유관계약과 유관관리

유관계약(contingency contracting)은 가족끼리 바람직한 행동을 할 때 서로 보상을 주겠다고 약속하는 행동치료 기법이다. 이에 비하여 유관관리(contingency management)는 주로 자녀의 행동에 근거해서 보상과 처벌을 하는 행동치료기법이다. 사회사업가 스튜어트(Stuart)는 리버만과 유사하게 사회학습이론에 속하는 조작적 조건화에 관심을 가지고 인지행동적 치료기법을 대중화시켰는데, 그중에서

5) Premack은 자극뿐 아니라 반응도 강화물이 될 수 있다는 점에 주목하고, 두 반응 중에서 더욱 선호되는 반응은 덜 선호되는 반응을 강화할 수 있다는 점을 실험적으로 증명하였다. 1959년 프리맥은 아이들에게 타구 게임기를 하거나 설탕을 먹게 하는 두 가지 활동 중 하나를 선택하게 하는 실험을 했다. 어떤 아이들은 전자를 선택했고 어떤 아이들은 후자를 선택했는데, 사탕을 좋아하는 아이에게는 설탕을 강화물로 사용하여 볼게임기의 빈도를 증가시킬 수 있었고, 볼게임기를 즐기는 아이에게는 볼게임기를 강화물로 사용하여 설탕의 양을 증가시킬 수 있다는 결과를 얻게 된다.

대표적인 것은 유관계약과 상호보완성 강화원리(complementarity principle)를 들 수 있다.

스튜어트는 불행한 결혼생활을 야기시키는 중요한 결정요인이 잔소리나 협박 같은 혐오에 의한 통제에 있다는 점을 착안하게 된다. 따라서 부부치료 부문에서는 바람직하지 않은 행동을 수정할 수 있는 방법보다는 오히려 바람직하고 긍정적인 행동변화를 할 수 있는 유관계약(contingency contracting)을 하는 방법에 초점을 맞출 것을 강조하였다. 아울러 아동에 대해서는 유관관리를 하거나 토큰 강화물을 사용하는 상호보완성 강화원리(complementarity principle)를 적용하는 것이 효과적이라고 보았다.

④ 체계적 둔감화

행동주의적 가족치료는 부모교육이나 부부치료 영역 외에도 성기능 장애치료에도 업적을 나타내고 있는데, 체계적 둔감화(systemic desensitization) 기법이 대표적이다. 이 기법은 남아프리카 출신 미국 정신과 의사였던 조셉 울프(Joseph Wolpe, 1915~1997)가 1950년대에 개발한 행동치료 기법인데, 대부분의 성기능 장애는 상황적 불안반응의 결과로 보는 것이다. 따라서 치료자는 부부 서로에게 성에 대한 불안감을 줄이고 성욕을 방해하는 부정적인 생각을 없앰으로써 성욕을 개선시키게 된다. 이 과정에서는 자기주장 훈련을 통하여 성적인 욕구와 감정을 표현하도록 격려하는 의사소통방법을 가미할 수도 있다.

⑤ 인지/정서적 기법

부부관계나 가족관계에 대한 행동주의적 치료기법은 서서히 행동 변화만으로 근본적인 해결이 되지 않는다는 인식이 확산이 되면서 사회교환이론이나 사회학습이론에 근거한 기법보다는 인지·정서적 상담 및 치료이론의 영향이 커지게 된다. 정신과 의사인 아론 벡(Aron Beck)의 인지치료(Cognitive Therapy)와 심리치료사인 앨버트 엘리스(Albert Ellis)의 합리적·정서적 행동치료(Rational Emotive Behavior Therapy, REBT)가 가족치료사들에게 영향을 미치게 된 것이다.

인지·정서적 상담 및 치료의 기본원리는 내담자나 가족성원의 부적응이나 문제행동은 실제 현상보다는 그것을 인지하고 느끼는 방식에 그 원인이 있다는 것에 있다. 실제 현상에 대한 잘못된 인지(사고)나 정서(감정)를 가지게 되면 심리적 장애와 부적응을 겪게 된다고 보는 입장인 것이다. 따라서 인지주의적 가족치료에서는 내담자의 문제해결을 위한 인지(사고) 능력을 중요하게 여기고 변화시키는 인지적 기술을 사용하게 된다.

이러한 인지적 기술에는 재귀인, 재정의, 탈중심화 등이 있다. 재귀인(reattribution)은 내담자가 자신이 처한 상황이나 사건에 대해 책임이 거의 없는 경우에도 죄의식 등을 느끼는 귀인을 하는 것을 정확한 인과관계에서 자신의 책임 여부를 재귀인(파악)하도록 하는 것이다. 재정의(redefinition)는 가족구성원들이 아무도 자신에게 관심이 없다고 생각하여 포기한 내담자에게 가족구성원들과 접촉하고 돌봄을 받을 필요가 있다고 믿도록 다시 정의하는 기법이다. 탈중심화(decentering)는 가족구성원이나 다른 사람들의 관심이 자신에게만 쏠려 있다고 잘못 인지하는 신념을 바꾸는 기법이다.

그리고 합리적·정서적 행동치료 기술에는 인지적 기법인 '비합리적 신념 논박하기'와 정서적 기법인 '합리적 정서 상상하기'와 '유머 사용하기' 등이 있다.

첫째, 비합리적 신념 논박하기는 내담자가 비합리적이고 비현실적으로 생각함으로써 정서장애를 유지시키고 있다는 점을 가르치는 기법이다. 논박하기의 기술은 주로 내담자가 자신의 언어 속에서 비합리적인 생각을 찾아내어 합리적인 언어로 재구성하도록 조력하는 것이다.

둘째, 합리적 정서 상상하기는 비합리적 정서를 가진 내담자에게 그 상황과 맞지 않는 부적절한 감정을 적절한 감정으로 변화시키는 것이다. 이는 비합리적인 생각이 내담자에게 비합리적이고 부정적인 정서로 이어진다는 원리에서 부적절한 정서가 결국은 부적절한 행동으로 이어지기 때문에 합리적 정서를 상상하도록 하는 것이다.

셋째, 유머 사용하기는 내담자의 틀에 박힌 생활철학을 논박하기 위하여 웃음으로 넘길 수 있는 유머(humor)나 비유를 사용하여 불안을 감소시키는 것이다.

이를 위해서는 우선 내담자의 비합리적 신념을 극단적으로 과장하거나 우스꽝스러운 결론에 도달하도록 이끌어서 합리적이지 않다는 점을 익살스럽게 깨닫도록 조력해야 한다.

2 보웬의 다세대 정서체계적 가족상담 및 가족치료

1) 보웬의 다세대 정서체계적 이론·모형의 발달과정

머레이 보웬(Lucius Murray Bowen, 1913~1990)은 미국 테네시(Tennessee)주 웨이벌리(Waverly)에서 대가족의 맏이로 태어나 테네시대학 의과대학에서 외과를 전공하여 의학박사 학위를 받았다. 이후 뉴욕시의 벨레뷰 병원(Bellevue Hospital) 등에서 인턴생활을 거친 후 제2차 세계대전(1939~1945) 시기인 1941~1946년까지 미육군으로 복무하면서 외과에서 정신과로 관심을 바꾸게 된다. 따라서 군 제대 후 1946~1954년까지 정신분석가 회원으로서 메닝거 클리닉(Menninger Clinic)[6]에서 정신분석훈련을 경험한 후 1954~1959년까지 미국국립정신건강연구소(National Institute of Mental Health, NIMH)에 재직하면서 자신의 이름을 딴 가족치료 이론인 '보웬 이론(Bowen Theory)'을 개발하게 된다.

물론 보웬이 본격적으로 가족치료에 관심을 갖게 된 시기는 1946~1954년까지 메닝거 클리닉에서 조현병(schizophrenia)을 가진 환자를 대상으로 정신분석적 치료를 한 것에서 시작되었다고 전해진다. 즉 정신분석적 치료를 받은 환자가 증상이 개선되어 퇴원을 했지만 부모가 있는 가족체계에서는 증상이 재발되어 재입원하게 되는 사례를 자세히 관찰하면서 환자의 어머니가 정서적으로 굉장

6) 메닝거 재단(Menninger Foundation)은 클리닉, 요양원 및 정신과 학교(Menninger School of Psychiatry)로 구성되어 1919년에 찰스 프레더릭 메닝거(Charles Frederick Menninger)에 의해 설립되었으며, 메닝거 클리닉은 2003년에 휴스턴으로 이전되었다.

히 민감하다는 사실(fact)을 발견하게 된 것이다. 이로써 보웬은 정신분열병(조현병)을 가진 환자의 치료에는 개인적인 정신역동 요인만이 아니라 가족체계에서의 영향이 크다는 점을 주목하게 된다.

이러한 관점에 이르자 보웬은 1954년에 미국국립정신건강연구소(National Institute of Mental Health, NIMH)로 자리를 옮긴 후부터는 환자와 함께 가족 전체를 같이 치료하는 체계적 치료(systemic therapy)를 시작한 것으로 보인다. 따라서 보웬의 이러한 시도는 크게 보면 정신분석적 가족치료로도 볼 수 있지만 정신분석학에서 벗어나 '가족체계'를 고려한 포괄적인 관점을 제공하였다는 업적으로 볼 수 있다. 왜냐하면 1970년대에 체계이론적인 가족치료 이론들이 발달하는데도 가교적인 역할을 하였기 때문이다.

이러한 이유로 보웬은 가족치료의 선구자로 볼 수 있으며, 당시 정신분석적이거나 행동주의적인 치료 이론과 기술이 정신 및 심리치료의 주류를 이루고 있다는 점을 감안하여 기존 정신의학이나 심리학과는 차별적인 체계치료(systems therapy) 이론 정립에 온 힘을 기울이게 된다. 특히 1959년에 조지타운대학(Georgetown University)의 메디컬센터(Medical Center) 임상교수로 옮긴 후부터는 보웬은 자신의 가족치료 이론(보웬 모델)을 더욱 체계화시키게 된다. 그중에서도 보웬은 환자에게 나타나는 증상 자체보다는 가족과 관련된 대인관계(human interactions)를 더욱 중시하게 된 것이다.

이러한 결론에 이르자 보웬은 기존의 정신과 의사들이 치중하는 정신분석적 진단과 치료에 한계가 있다는 점을 대놓고 비판하게 되었는데, 이는 프로이트 학파의 이론가나 치료사들과 대립하는 원인이 되었다. 이러한 대립관계는 보웬이 조지타운대학뿐만 아니라 여러 의과대학에 자문교수나 객원교수로도 활동했기 때문에 그의 사회적 영향력이나 학문적 영향력이 컸다는 점에서도 이해될 수 있다.

그 외에도 보웬은 미국정신의학협회(America Psychiatric Association, APA)와 미국정신교정학협회(America Orthopsychiatric Association, AOA)의 종신회원이자 정신의학 발전을 위한 그룹(Group for the Advancement of Psychiatry)의 종신회원으로도 활동하며 자

신의 가족치료 이론을 전파하게 되며 많은 제자와 후학들을 배출하게 된다. 필 게린(Phil Guerin), 마이클 커(Michael Kerr), 베티 카터(Betty Carter), 모니카 맥골드릭(Monica McGoldrick) 등이 대표적인 보웬 학파에 속하는 인물들이다.

이러한 보웬의 학문적 활동은 1978년에 미국가족치료협회(American Family Therapy Association, AFTA)의 창설자로서 1982년까지 초대회장직을 맡게 되는 것으로 결실이 되었다. 아울러 대표적 저서로는『임상실천에서의 가족이론의 사용(*The Use of Family Therapy in Clinical Practice*)』(1966),『원가족의 자아분화를 향하여(*Toward the Differentiation of Self in One's Family of Origin*)』(1974),『임상실천에서의 가족치료(*Family Therapy in Clinical Practice*)』(1978) 등이 있으며, 1990년(78세)에 폐암으로 사망하였다.

보웬은 이러한 저서와 많은 논문에서 자신의 가족치료 이론(보웬 이론)을 체계화시키게 되는데, 정신분석적 이론에 기초한 체계적 치료(systemic therapy) 이론을 정립한 것으로 평가할 수 있다. 후학자들이 보웬의 가족치료 이론을 정신분석 학파, 다세대접근 학파, 체계이론 학파로 각기 다르게 분류하고 있는 이유도 여기에 있다. 이와 같이 보웬 이론이 애매모호하고 전통적 정신분석 학파와 급진적 체계이론 학파의 중첩된 이론 학파로 분류되는 근본적인 원인은 보웬의 가족치료 관점이 정신분석 학파와 유사하게 직선적 인과율(linear epistemology)과 체계이론 학파가 주장하는 순환적 인과율(circular epistemology)을 동시에 따르고 있기 때문이다.

그러나 정신분석 학파의 직선적 인과율이 개인의 심리적 과정의 인과관계에 초점을 둔 것임에 비하여 보웬은 다세대에 걸친, 적어도 3세대 이상에 연결된 인간관계(human interaction)를 중시한다는 큰 차이가 있다. 다시 말하면 개인의 정신병리적 결과를 정신적 외상의 원인으로 생각할 뿐만 아니라 근본적으로는 원가족(family of origin)에서 원인이 되어 자신의 다음 세대에까지 영향을 미치는 결과를 초래한다는 입장을 보인다.

그러므로 보웬의 가족치료 이론은 흔히 '다세대 정서체계적 가족치료(Multigenerational affective system theory)'로 통칭이 된다. 이러한 보웬의 관점은 절충적

이면서도 논리적이어서 이후의 가족치료 이론가들에게도 많은 영향을 미쳤다고 볼 수 있다. 가족치료의 발달사적으로 보았을 때 클라크대학(Clark University)의 심리학 교수였던 존 벨(John Bell)이 최초의 가족치료자이고 뉴욕가족연구소를 설립한 애커만(N. Ackerman)이 선구자로 불리지만 보웬이 가족치료의 아버지로 칭해지고 체계적 치료(systemic therapy)의 창립자로 불리는 이유도 여기에 있다.

2) 상담 및 치료 요인과 주요 개념

가족치료의 기원은 1920년 미국의 아동상담소(Child Guidance Center)가 발족되면서 아동에게 미치는 가족의 중요성을 강조하는 아동상담운동(The Child Guidance Movement)이 전개된 것에서 찾을 수 있다. 하지만 학술적 용어로서는 보웬이 1955년에 '가족정신치료'라는 용어를 처음 사용한 후, 1957년 3월 시카고에서 열린 미국정신예방학회에서 공식적으로 채택한 것을 들 수 있다. 보웬을 가족치료의 아버지로 지칭하거나 체계적 치료(systemic therapy)의 창립자로 보는 이유 중의 하나도 여기에 있다.

그러나 본격적으로는 애커만(N. Ackerman)이 미국 동부지역인 뉴욕시에 가족연구소를 설립(1957년)하고 잭슨(D. Jackson)과 사티어(V. Satir) 등이 미국 서부지역인 캘리포니아주 팔로 알토시에 정신건강연구소(National Institute of Mental Health, MRI)를 1959년에 설립한 것을 배경으로 여러 학자들이 가족치료 이론과 모형을 개발하게 된다.

즉 동부의 뉴욕(New York)을 중심으로 한 애커만의 정신분석학적 가족치료, 워싱턴 D.C.(Washington, D.C.)[7]를 중심으로 한 보웬(Bowen)의 정서체계적 가족치료와 북동부의 필라델피아를 중심으로 한 미누친(Minuchin)의 구조적 가족치료, 서부의 캘리포니아(California)를 중심으로 한 헤일리(Haley)의 구조·전략적 가족치료, 사티어(Satir)의 경험적 가족치료 등이 그 위치를 굳히게 된 것이다.

7) 정식 명칭은 컬럼비아구(District of Columbia)이다. 조지 워싱턴과 크리스토퍼 콜럼버스에서 이름을 가져왔으며, 미국 어느 주에도 속하지 않는 독립 행정 구역이다.

특히 보웬은 1954~1959년에 메릴랜드주(State of Maryland)에 소재한 미국국립정신건강연구소(National Institute of Mental Health, NIMH)에서 일할 때부터 당시 이론심리학의 부산물에 불과했던 가족치료 분야에 관심을 가지고 자신의 이름을 딴 '보웬 이론(Bowen Theory)'을 개발하기 시작했던 것이다. 그리고 1959년에 미국 동부 워싱턴 D.C.에 있는 조지타운대학(Georgetown University)의 정신과 임상교수(clinical professor)로 자리를 옮겨 1990년 10월에 사망할 때까지 그의 이론을 체계화시켰다.

보웬의 가족체계 이론은 체계이론을 기초로 하지만, 1930년대 초 생물학자인 버탈란피(Ludwig von Bertalanffy)가 제시한 일반체계이론과는 입장을 달리했다. '전체는 부분들의 합(合) 이상'이라는 것이 일반체계이론의 핵심이고, 이를 가족체계에 적용하면, 개인행동은 순환적인 인과관계로 이해되기 때문이다.

보웬 이론에서는 이러한 일반체계이론의 순환적 사고나 프로이트의 정신분석학에 근거한 개인중심의 이론에 대해서는 비판적 입장을 보인다. 이러한 보웬의 견해는 다른 가족체계이론과의 차별성을 보여주는 것이기도 하지만 기존의 정신역동적 가족치료 학파와도 대립하는 요인이 되었다. 아울러 보웬은 가족구성원 개인에게 발생하는 증상과 적응, 그리고 성장과정을 가족체계와의 관계를 통해서 고찰하게 되는데, 보웬의 가족체계 이론을 구성하는 2대 공리(公理, Axiom)라고 할 수 있는 개별성(individuality)과 집합성(togetherness), 그리고 지적 체계(intellectual system)와 정서적 체계(emotional system)가 이를 상징한다.

우선 개별성과 집합성은 인간관계의 정신적 체계를 일컫는 것으로서, 개별성(individuality)은 인간이 물질적으로나 정신적으로 자급자족하려는 자율성(autonomy)을 말하며, 집합성(togetherness)은 타인과 접촉을 가지고 싶은 인간의 본능적 욕구(instinctual need)와 상관이 있다. 보웬은 이러한 개별성과 집합성의 정신에너지가 항상성(homeostasis)의 상태로 균형을 유지하게 된다고 본다.

그리고 지적 체계와 정서적 체계는 인간의 심리내적인 정신적 체계를 말하는 것으로서, 지적 체계는 대뇌피질의 기능과 관련성이 있고 정서적 체계는 대뇌변연계(limbic system), 즉 대뇌피질과 뇌량 그리고 다양한 기능을 가진 작은 핵으로 구성된 뇌의 일부분인 시상하부(視床下部, hypothalamus) 사이의 경계에 위치한 부위와 관련성을 가진다. 지적 체계와 정서적 체계는 분화되어 조화를 이루고 있을 때는 인간이 어느 쪽의 기능도 선택하여 사용할 수 있지만, 분화되어 있지 않을 경우는 행동과 사고는 정서적 체계(정서기능)가 지배하게 된다고 보웬은 설명하고 있다.

보웬의 가족체계 이론을 주로 '정서체계적 가족치료' 혹은 '다세대 정서체계적 가족치료'로 명칭하고 있는 이유도 여기에 있다. 두 체계가 분화되어 있지 못하고 융합(fusion)되어 있는 경우에는 먼저 생성된 대뇌변연계의 기능인 정서체계가 우선이 된다고 보는 것이다.

따라서 인간의 심리내적인 정신적 체계는 지적 체계와 정서적 체계가 분화를 유지하는 것이 중요하다는 입장으로, 이는 정서의 억압이 정신병의 원인이라고 보는 정신분석학의 견해와는 다른 주장이다. 즉 보웬은 지적체계(지성)가 정서체계와 융합하게 되면 인간의 내적 정신체계는 정서체계(정서)로 흘러 들어가 감정적인 경향을 나타낸다고 보는 부정적인 입장을 보인 것이다.

1963년에 보웬은 그의 다세대 정서체계적 이론·모형을 구성하는 여섯 가지 개념을 발표하였는데, ① 자아분화, ② 삼각관계, ③ 핵가족의 정서체계, ④ 가족투사과정, ⑤ 다세대 전달과정, ⑥ 출생순위가 그것이다. 그리고 1975년에는 '정서적 단절'과 '사회적 정서과정'의 개념을 추가하여 여덟 가지의 개념으로 그의 가족치료 이론을 완성하였다. 각각의 개념은 각각 독립된 것이 아니라 서로 맞물려 있는 개념이다.

그러므로 보웬 이론을 구성하는 기본개념, 즉 치료요인은 크게 인간관계의 체계로서 개별성과 집합성, 그리고 인간의 심리내적인 정신체계로서 지적 체계와 정서적 체계의 융합과 분화가 가족체계에서 어떻게 작용하는가에 대한 상호연관성을 다루는 8개의 개념으로 설명할 수 있다.

(1) 자아분화

자아분화(differentiation of self)는 보웬이론의 초석이자 핵심개념으로서 대인관계적 개념인 동시에 개인의 정신내적인 개념이다. 대인관계적으로는 다른 사람과 구별되는 신념과 자주적이고 독립적인 행동을 의미하며, 정신내적으로는 사고기능(지적 체계)이 감정기능(정서 체계)에서 분화되는 정도를 말한다. 다시 말해서 자아분화는 타인과 구별되는 확신과 신념, 자주성을 지닌 정도와 사고로부터 감정(정서)을 분화(분리)할 수 있는 정도를 의미한다.

보웬은 정서(감정)와 지성(사고)의 분화 개념을 이용하여 개인의 정서적 성숙도를 측정하기 위한 척도를 0~100까지의 연속적 네 개 범주의 분화 수준으로 구분하였다. 즉 0~25는 최저 자아분화 수준, 75~100은 최고 자아분화 수준으로 평가했으며, 분화 수준이 60 이상인 사람은 많지 않다고 지적한다.

최저 자아분화 수준 (0~25)	감정적 세계 속에서 살고 외부 반응에 지나치게 민감하며, 의미 있고 지속적인 관계유지 능력이 결핍이 되어 있는 수준이다.
낮은 자아분화 수준 (25~50)	융합의 정도가 심하지 않으나 자아정체감이 낮다. 관계지향적이며 대부분의 에너지는 다른 사람의 인정을 받기 위하여 사용하고 자신의 가치를 다른 사람의 평가에 의존하는 수준이다.
보통 자아분화 수준 (50~75)	스트레스가 발생해도 감정에 지배당하지 않을 만큼 사고가 충분히 발달이 되어 있고 자율적이며 독립적으로 의사결정을 하는 수준이다.
최고 자아분화 수준 (75~100)	사고와 감정이 분리되어 있고 높은 수준의 독립성을 가지고 거의 완전한 성숙 수준에 이른 수준이다.

분화 수준의 척도가 정신병리와는 직접적인 관계는 없지만 분화 수준이 낮은 사람은 스트레스에 영향을 받기 쉽고 발병하기 쉽다는 점도 지적하고 있다. 이는 분화척도가 실증적 척도가 아니라 개념적 척도라는 의미인데, 개인이 원가족의 정서적 융합에서 벗어나서 자신만의 방식으로 자율성을 갖게 하는 것이 보웬의 가족치료가 지향하는 최종목적이다. 따라서 보웬의 가족치료는 수개월에서 수년간 수행되는 장기치료 형태를 띠게 된다. 이러한 이유로 보웬의 가족치료 이론은 정신분석적 치료 이론으로 분류되는 경우도 있다.

(2) 삼각관계

정서적 삼각관계(emotional triangles) 혹은 삼각관계(triangles)는 가족 중에서 두 사람 사이의 불안과 긴장을 해소하기 위하여 다른 한 사람을 관계로 끌어들이는 정서적 역동을 말한다. 보웬은 1975년부터 원가족 삼인군(Primary Triad)[8]의 긍정적 개념을 발전시켜서 정서적 삼각관계라는 부정적 개념을 제시하면서 이를 가장 흔한 형태의 가족관계문제로 보았다.

보웬의 제자인 게린(Guerin) 등은 부부가 삼인군 체계의 정서적 역동인 삼각관계를 형성할 때 작용하는 두 가지의 과정을 소개하고 있다. 첫째 과정에서는 가장 불안을 느끼는 배우자가 자기편을 얻기 위해 다른 한 사람을 끌어들인다고 본다. 예를 들면, 남편과의 갈등에 불안을 느끼는 아내가 자녀 중 한 명을 자신의 편으로 끌어들이게 되는 것이다. 둘째 과정에서는 제3자(친지나 자녀 등)가 부부 사이의 갈등에 민감성을 나타내면서 어느 한 사람에게 다가가서 긴장을 떨어뜨리려고 하거나 반사회적 행동을 저질러 갈등 상황을 조정하려고 한다는 것이다. 이때 반사회적 행동이 부부 사이를 결합시키는 기능을 한다(Guerin et al., 1987)고 보는 것이다.

(3) 핵가족의 정서체계

핵가족의 정서체계(nuclear family emotional system)는 가족들이 감정적으로 연결되어 있는 정도를 말하는데, 그것은 원가족에서부터 형성되어 배우자 선택과 결혼생활을 통해 다세대에 걸쳐서 반복된다고 보웬은 지적한다. 보웬은 행동이나 의사소통을 통한 가족 간의 상호작용보다 정서적인 상호의존성(충동성)을 조절하는 능력을 강조하는 것이다.

---

8) 원가족 삼인군이란 아버지-어머니-자녀라는 3명이 하나의 팀이 되어 상호작용하는 단위를 말한다. 이는 모든 사회생활의 기초가 된다고 볼 수 있다. 원가족 삼인군 치료는 대부분의 역기능적인 학습이 원가족 삼인군에서 온다는 것을 전제로 하고 있으며, 출생 이후 성장과정에서 자아존중감의 발달측면에서 부모의 영향을 중요시하면서 성장 이후에도 자아존중감의 변화와 새로운 차원에서의 성장이 가능함을 강조하는 치료이다.

보웬은 일반적으로 사람들은 배우자를 선택할 때 자신과 비슷한 자아분화 수준을 선호함으로써 결혼 후에는 상대 배우자에게 정서적 융합을 기대하게 된다고 보았다. 그 결과 핵가족의 부부 사이에는 불만과 불안이 고조되기 쉽고 결과적으로 정서적 거리감이 증가하게 된다. 아울러 부부간이나 부모-자녀 간에도 상대방이 나의 태도나 감정 등과 똑같은 것을 가졌다고 단정하려 드는 경향인 투사(projection) 등의 여러 문제가 발생될 가능성이 있는 것이다.

(4) 가족투사과정

가족투사과정(family projection process)은 미성숙한 부모가 자신들의 미분화로 인한 불안을 해소하기 위해 무의식적으로 가장 취약하고 온순한 자녀에게 자신의 정서적 에너지를 전달하는 과정, 즉 방어기제(defence mechanism)를 의미한다. 보웬은 주로 부모와 자녀 간의 삼각관계에서 가족투사과정이 작동한다고 보았다. 보웬에 의하면 가족투사과정은 어느 가족에서나 일어날 수 있으나, 분화 수준이 낮은 가족체계일수록 투사 정도가 심하다고 전제하고, 투사대상이 된 자녀 역시 자화분화에 문제가 생겨서 다음 세대로 이어지는 가족패턴이 만들어진다고 본 것이다.

(5) 다세대 전수과정

다세대 전수과정(multigenerational transmission process), 혹은 다세대 전달과정은 자아분화수준, 삼각관계, 핵가족 정서체계의 융합과 단절 등이 여러 세대를 통하여 전달된다는 의미이다. 그러므로 어느 세대에서나 가족(부모)과 융합이 가장 덜한 자녀는 자화분화 수준이 높고, 융합이 가장 심한 자녀는 자아분화 수준이 가장 낮다고 볼 수 있다. 즉 부모로부터 자아분화가 덜 된 제2세대의 사람은 새로운 가정(핵가족)을 형성한 이후에도 배우자나 자녀를 자신의 불안을 조절하기 위한 삼각관계로 끌어들이게 되는 것으로 본다.

따라서 모든 세대에서 삼각관계와 가족투사과정에 포함된 자녀는 여러 세대(다세대)에 걸칠수록 그 부모보다 더욱 자화분화 수준이 낮아지는 결과를 가져올 수 있다. 그 결과 3세대 혹은 그 이상의 세대에 가면 자녀 중에 정신분열증이나 조울증, 우울증 등의 정서장애, 알코올 의존증, 강박증 등이 나타나게 되는 것이다.

(6) 정서적 단절

정서적 단절(emotional cutoff)은 관계를 유지해야 할 사람들끼리 정서적으로 접촉을 끊고 지내는 것을 말한다. 정서적 단절은 미분화를 처리해 나가는 방법으로써, 세대 간(다세대) 정서적 융합이 심할수록 단절이 일어날 가능성이 많다. 주로 원가족에서 가족투사과정에 포함된 자녀에게 일어나며, 부모와 융합된 자녀가 원가족과 접촉함으로써 발생하게 되는 불안과 긴장을 줄이기 위해 정서적 관계를 단절하게 된다고 본다.

보웬은 부모와의 정서적 단절이 심한 자녀일수록 부모의 가족문제를 과장하며 자신의 긴장과 정신적 문제를 부모 탓으로 돌린다고 지적한다. 그리고 이러한 자녀가 결혼 후 핵가족을 구성하게 되면 고립과 소외를 극복하기 위하여 자신의 가족에 대한 정서적 애착 정도가 심해진다고 보았다.

(7) 출생순위

출생순위(sibling position)은 토만(Toman, 1969)의 연구에서 다른 가정에서 태어났어도 동일한 출생순위의 사람들은 비슷한 성격을 가지게 된다는 주장을 기초로 성립한 것이다. 이러한 관점에서 보웬도 핵가족의 정서적 과정에 작용하는 출생순위의 영향을 정리했는데, 자녀의 출생순위나 형제자매의 위치에 따라서 성장할 때나 결혼 후에 배우자와의 상호작용에서도 영향을 미친다고 주장하였다.

한편, 출생순위의 중요성은 미국 심리학자 프랭크 슬로웨이(Frank Sulloway)가 그의 저서 『출생 순서, 가족의 역동성 및 창조적 삶(*Born to Rebel: Birth order, family dynamics, and creative lives*)』(1996)에서 500년 동안 100명 이상의 전기를 분석하여 가족의 역동성이 역사적 변화의 주요 엔진이라고 규정한 연구한 결과에서도 입증이 되고 있다.

(8) 사회적 퇴행(사회적 정서과정)

사회적 퇴행(societal regression) 혹은 사회적 정서과정(societal emotional process)은 가족과 개인의 정서적 과정을 사회로 확대시킨 개념이다. 즉 보웬은 사회에 불안이 증가하면 가족에 대한 결속력에 대한 압력을 주어서 개별성(개성)과 자아분화 수준이 감소된다고 본 것이다. 그 결과 가족 내의 역기능적 삼각관계가 갈등과 가족투사과정으로 이어져서 사회문제가 확산된다고 주장하는 것이다. 또 다른 측면에서 보면, 사회체계도 가족체계와 마찬가지로 불안이 증가하면 하위집단끼리 융합되면서 공격성, 회피성, 폭력과 불신, 비행과 범죄가 늘어나는 퇴행현상이 발생하게 된다고 보는 것이다.

3) 상담 및 치료과정과 기법

(1) 상담 및 치료과정과 치료자(상담자)의 역할

보웬의 다세대 정서체계적 가족치료 및 상담의 과정은 내담자에 의해 제시된 임상적 증상(문제)이 무엇이든 간에 가족의 자기분화 수준을 높이는 단계로 구성된다. 보웬이 제시한 자기분화(Differentiation of self)의 개념 중심에는 인간의 삶에는 항상 만성적 불안(chronic anxiety)이 존재한다는 가정이 깔려 있다. 이는 개인이 자율성이 허용되지 않고 정서적 연합에 대한 압력이 강한 상황에서는 만성불안이 존재할 수밖에 없다고 보는 것이다. 특히 보웬은 '급성불안'은 단기적으로 경험되는 것이므로 개인의 적응을 위해서는 순기능적이지만 만성불안은 가족원 간에 '전염'이 되는 특징이 있다고 지적하고 있다.

그는 핵가족 단위의 만성불안의 평균 수준은 개인과 가족의 기본 분화(basic differentiation)와 관련이 있다고 하였다(Bowen, 1978). 여기서 기본 분화(basic differentiation)는 다세대 정서과정에서 결정되므로 개인의 노력과는 무관하며, 원가족과의 정서적 분화 수준에 의해서 결정된다. 이에 비해 상대적 개념인 기능 분화(functional differentiation)는 현재 맺고 있는 정서적 관계 과정에 의존하는 기능을 의미한다. 이러한 관점에서 보면, 보웬 가족치료는 크게 만성적 불안과 스트레스를 해소하는 단계와 개인과 가족구성원들이 기본적 분화 수준을 향상시키는 2개의 단계로 설명할 수 있다.

그러나 보웬이 제시한 치료요인과 관련하여 전체적인 과정을 세부적으로 구분해보면 가계도를 기초로 한 가족평가, 가족 내 불안 감소, 문제(증상)와 관련된 핵심적 삼각관계와 다세대 전수과정에 대한 정의, 탈삼각(비삼각) 관계화로 이어지는 총 4단계로 정리할 수 있다(Kerr & Bowen, 1988). 이때 치료자는 '코치(coach)' 또는 '컨설턴트(consultant)'의 역할을 맡게 되는데, 가족구성원의 분화와 불안을 줄이기 위해서 모델, 교사, 친구, 지도자, 안내자, 성직자 역할을 수행할 수 있다.

① 제1단계 : 가계도 작성 및 가족평가

보웬 모델에서의 치료과정은 치료자가 다세대 정서적 체계의 맥락 안에서 현재 문제를 파악하기 위해서 정확한 가계도를 그리도록 돕는 것에서 시작된다. 가계도를 기초로 치료요인들을 파악하고 사정(평가)할 수 있기 때문이다.

② 제2단계 : 가족 내 불안감소

보웬은 불안이 정서적 융합을 가져온다고 보기 때문에 불안을 감소시킴으로써 정서적 역기능을 줄여야 한다고 보았다. 그러므로 치료자(상담자)는 객관성과 중립성을 유지하며 전문적으로 조언해야 한다.

③ 제3단계 : 삼각관계와 다세대 전수과정에 대한 정의

문제(증상)와 관련된 핵심적 삼각관계를 핵가족 내에서뿐만 아니라 세대 간에 걸쳐서 전수되는 반복적 삼각관계를 파악해야 융합된 가족관계에서 벗어날 수 있다고 보았다. 따라서 치료자(상담자)는 삼각관계의 다세대 전수과정에 대한 객관적 이해는 물로 가족구성원들도 정확한 인식을 할 수 있도록 이끌어야 한다.

④ 제4단계 : 탈삼각관계로 변화

개인을 대상으로 하는 경우에는 확대가족과의 삼각관계에서 생긴 신경증적인 정서관계의 해소에 초점을 둔다. 그리고 부부를 대상으로 하는 경우에는 문제(증상) 발생에 자신이 기여한 부분을 찾아보도록 해야 한다. 이를 위해서는 치료자가 삼각관계로 개입하여 부부 양쪽과 공정하게 접촉을 유지하여 부부의 자아분화 수준을 높인 후에 치료자는 국외자(아웃사이더)로 빠져나오게 되면 탈삼각관계(비삼각관계)로 변화될 수 있다고 본다.

보웬 모델의 치료자(상담자)의 역할은 위와 같은 4단계의 치료과정에서 중립적인 자세로 가족의 감정적 동요를 진정시키고, 자아분화를 높이는 촉진자 역할을 해야 한다. 보웬은 이러한 역할을 크게 코치(coach)의 역할로 비유하는데, 세부적으로 다음과 같은 네 가지의 역할로 재정리할 수 있다.

첫째는 부부 혹은 가족 간의 삼각관계를 명확하게 이해하도록 코치 역할을 해야 한다. 둘째는 부부 혹은 가족과 정서적 연결을 유지하면서도 그들의 정서체계에 비삼각관계를 유지해야 한다. 셋째는 부부 혹은 가족이 정서체계의 기능을 통찰할 수 있도록 치료 중반기부터는 이성적으로 이해시켜서 불안 수준이 내려가도록 한다. 넷째는 부부 및 가족이 그들의 정서체계에서 삼각관계와 원가족과의 전수과정에 대한 이해가 높아지면, 중립적 태도를 유지하면서 내담자들이 분화수준을 높일 수 있도록 모델, 중개자, 감독자 역할도 병행해야 한다.

(2) 상담 및 치료목표와 기법

보웬 모델에서의 상담 및 치료목표는 부부나 핵가족, 개인이나 확대가족 등이 어떤 형태로든 가족 간의 정서적 체계를 변화시키고, 그것을 바탕으로 기본적으로는 자아분화를 촉진하는 데 있다. 따라서 보웬 모델의 가족상담 및 치료자는 세대 간에 걸친 정서체계인 삼각관계를 명확하게 이해하고, 현재에 드러난 문제(만성불안 등)가 원가족체계(다세대체계)에서 전수(전달)되었다는 점을 통찰할 수 있도록 조력하는 것이 중요하다고 본다.

다시 말하면, 부부나 가족에게 다세대 정서체계의 기능을 이해시키는 것이 세부적 치료기법보다 우선한다고 보는 입장이기 때문에 특정 기법에 치중하지 않는 특징이 있다. 그러므로 보웬 모델(다세대 정서체계적 가족치료)에서는 주로 가계도 작성을 기본으로 하여 질문이나 과제를 부여하는 기법을 사용하며, 세부적으로는 다음에서와 같은 여섯 가지의 기법들이 많이 사용된다.

① 가계도 작성

보웬은 초기에 다세대 정서체계의 전수과정에 관한 중요 자료를 수집하기 위해 '가족도표(family diagram)'라는 도구를 사용하다가 1972년부터는 '가계도(genogram)'로 명칭을 바꾸었다. 가계도란 3세대 이상에 걸친 가족구성원에 대한 정보와 그들 상호 간의 정서과정을 표시한 그림이다. 가계도 작성법은 가능하면 가족구성원이 참여할 수 있도록 배려해야 하는데, 1985년에 맥골드릭(McGoldrick)과 거슨(Gerson) 등의 보웬의 제자들에 의해서 보다 세밀하게 수정·보완되었다.

구체적인 가계도 작성법을 보면, 우선 가계도에 사용되는 기호를 알려주고 현재의 핵가족, 부부 각각의 3대에 걸친 가족구성원에 관한 정보와 주요 생활사건 등을 표기하도록 한다. 즉 가족구성원의 이름, 연령, 형제자매 위치, 결혼, 별거, 이혼 등의 정보, 직업, 학력, 거주지역 등과 이사, 사망, 구금, 질병 등의 주요 생활사건을 적도록 한다. 그리고 가족 간의 관계유형, 기능과 역할 패턴,

정신적·신체적 문제나 중독이나 폭력 등의 문제도 표시하도록 한다. 그 외에도 가족의 강점, 종교 활동, 사회적 네트워크 등도 추가될 수 있다.

② 치료적 삼각관계 유지

보웬 모델의 치료기법에서는 주로 자녀-부모나 부부처럼 두 사람과 치료자가 면담하는 삼자관계 형태에서 개입이 이루어진다. 이때 상담자나 치료자는 두 사람 사이의 정서과정에 삼각관계로 얽히지 말고 객관적 입장을 취하는 치료적 삼각관계(탈삼각화)를 유지해야 한다. 즉 치료자는 각 배우자나 부모-자녀의 한 사람과 너무 가깝거나 소원하지 않는 관계에서 감정보다 생각에 대하여 질문을 하는 것이 중요하다.

③ 코칭

코칭(coaching)은 치료자가 가족의 삼각관계에 휘말려 들지 않으면서도 가족구성원과 내담자가 스스로 가족문제에 대처할 수 있는 능력을 발휘하도록 돕는 기법이다. 이때 코칭의 의미는 치료자가 내담자에게 할 일을 직접 설명하는 방법이 아니라 질문을 통해서 자신의 역할을 이해하도록 조력하는 방법을 말한다.

④ 관계성 실험

관계성 실험(relationship experiments)은 핵심적인 삼각관계를 구조적으로 변화시키는 것이다. 핵심적 삼각관계로 인한 문제는 흔히 정서적으로 가까워지기를 원하는 사람과 그것을 거부하고 냉담하고 멀리하려는 사람들 사이에 일어나는데, 이를 포가티(Fogarty, 1979)는 '추적자-냉담자' 관계로 묘사한다. 즉 정서적인 추적자(pursuer)에게는 상대에게 가까워져야 한다는 관계 압박을 멈추게 하고, 냉담자(distance)에게는 다른 사람에게서 도망치거나 회피하지 않도록 실험(경험)해봄으로써 두 사람의 관계 변화 방법을 찾게 하는 것이다.

정서적 추적자는 냉담자에게 의사소통과 공동의 시간과 결속을 더 많이 요구하지만 그럴수록 상대편 냉담자는 더욱 거리를 두고 관계를 회피하기 때문이다. 이에 대해 보웬은 "냉담자를 결코 뒤쫓지 말라."고 조언한다. 이는 정서적으로 가까워지기를 원하는 사람이 뒤쫓는 것을 억제하고 요구를 중단하며 정서적인 관계 압박을 줄이도록 조력함으로써 자신과 다른 사람과의 관계에 일어나는 관계성을 보게 하는 것이다.

⑤ 나-입장 취하기

나-입장 취하기(I-position) 기법은 가족구성원 중 다른 사람이 "무엇을 하는가?"를 비난하거나 지적하는 대신에 자신이 "무엇을 생각하고 느끼는가?"를 말하게 하여 자신의 생각과 정서를 표현하게 하는 방법이다. 즉 상대방에게 책임추궁을 하는 것이 아니라 자신의 현재 감정 상태를 표현하게 하여 가족끼리의 악순환적인 대화를 벗어나게 하고 해결방법을 찾을 수 있게 한다. 즉 상대방에게 책임을 추궁하는 것이 아니고 자신의 현재 감정 상태를 표현하도록 하는 기법이다.

⑥ 불안완화 기법(다중가족치료기법/치환이야기)

다세대 가족치료 모형은 세대에 걸쳐 누적된 만성불안을 감소시키는 방법을 기초로 자아분화 수준을 높여서 정서적 삼각관계에서 벗어나도록 하는 것이 치료과정의 목표이다. 따라서 보웬 모형의 치료자들은 개인의 자율성과 성장을 돕기 위해서는 정서체계의 변화를 통해서 가족원 간에 이성적으로 의사소통할 수 있게 조력해야 한다. 이는 곧 불안을 완화시키고 감정을 차분히 가라앉히는 기법과 상관이 있다. 만성불안을 완화하기 위한 세부적인 기법으로는 다음과 같은 기법이 사용될 수 있다.

첫째는 부부간 혹은 가족구성원 간의 상호작용을 최소화시키고 한 사람씩 차례로 상담자와 이야기를 하게 한 후 다른 사람들은 이를 경청하고 관찰할 수 있도록 하는 다중가족치료기법이다. 다중가족치료기법을 사용하면 개인이나 가족원들은 자신의 정서에 몰입하지 않고 가족의 의사소통개선과 관계기능의 향상을 가져올 수 있다. 이렇게 하면 가족성원이 치료자의 역할에도 참여하는 기회를 갖게 되어 서로를 도와 변화가능성을 찾을 수 있게 된다.

둘째는 비슷한 가족문제를 가진 다른 가족의 사례를 들어 이야기를 해주거나 비디오테이프, 영화 등을 이용하여 가족 속에서 자신의 역할(기능)을 배우게 되고, 결국 문제발생에 자신이 기여한 점을 통찰할 수 있게 되는 것이다. 이러한 기법은 치환 이야기(displacement stories)로 불린다.

Chapter 07

상호작용적 의사소통 / 전략적 가족상담 및 가족치료

1 MRI의 상호작용적 의사소통 가족상담 및 가족치료

1) MRI의 상호작용적 의사소통 이론·모형의 발달과정

전략적 가족치료는 미국 서부 캘리포니아주 팔로 알토시에 1959년도에 돈 잭슨(Don Jackson)이 세운 정신건강연구소(Mental Research Institute, MRI)에서 정신분열증 가족의 의사소통(대화) 연구 프로젝트를 시작하면서 비롯된 가족치료 모형이다. 당시의 의사소통이론은 의사소통이 어떻게 인간의 행동에 영향을 미치는가에 초점을 둔 이론으로, 대표적인 학자로는 그레고리 베이트슨(Gregory Bateson), 돈 잭슨(Don Jackson), 버지니아 사티어(Virginia Satir), 제이 헤일리(Jay Haley), 폴 바츨라빅(Paul Watzlawick) 등이 있다.

1960년대는 가족치료가 정신건강치료 영역에서 하나의 독립된 전문 분야로 자리 잡기 시작한 시기인데, MRI(정신건강연구소)는 영국의 인류학자이자 언어학자인 그레고리 베이트슨(Gregory Bateson)이 제시한 순환인식론과 다수의 의사소통 이론가에 영향을 받았다는 점이 전략적 가족치료 이론과 모형의 공통점이다.

베이트슨은 뉴욕에서 메이시 재단(Macy Foundation)[1]이 지원하여 운영한 이른바

1) 저명한 자선 사업가 요시야 메이시 주니어(Josiah Macy Jr.)의 유언에 따라 그의 딸 케이트 메이시 래드(Kate Macy Ladd)에 의해 설립된 재단으로, 1940년대 후반에 시작된 Macy 회의 지원으로 국제적으로 알려지게 되었다.

메이시 회의(Macy Conferences)에서 '사이버네틱스(cybernetics)' 이론 학자들의 연구를 접한 후 의사소통 등의 인류학적 관찰에도 사이버네틱스와 일반체계론 이론을 적용하고자 시도하게 된다. 이러한 관점에 동조한 돈 잭슨 등이 중심이 되어 제2차 세계대전 이후에 사회문제로 대두되었던 가족관계 문제 연구를 위해 팔로 알토 지역에 정신건강연구소(MRI)를 설립했던 것이다.

따라서 정신건강연구소(MRI)는 미국의 서부지역이 동부지역에 비하여 상대적으로 사회경제적으로 안정되지 못했던 시대적 상황을 배경으로 가족치료 이론 개발과 실천에 관심이 있었던 지식인들이 창립 멤버로서 참가하는 경우가 많았다. 그중에서도 버지니아 사티어(Virginia Satir)는 의사소통(communication)에 기초한 가족치료 연구를 위해 돈 잭슨이 설립한 MRI에 정신분열증 환자와 그의 가족을 연구하는 프로젝트에 참여했다. 그리고 1964년에 캘리포니아주 빅서(Big Sur)의 해안가에 자리한 에살렌 인스티튜트(Esalen Institute)의 첫 번째 지도자(연구소장)가 되면서 MRI를 떠나게 된다. 이때부터 사티어는 의사소통이론에 바탕을 두고 자신의 경험적 가족치료 이론·모형을 개발해 나갔던 것이다.

당시 MRI의 또 다른 팀에서는 그레고리 베이트슨이 주도하여 제이 헤일리(Jay Haley), 존 위크랜드(John Weakland), 윌리엄 프라이(William Fry)가 정신분열증 환자와 그 가족들의 의사소통 유형을 연구했는데, 헤일리도 1967년에 MRI를 떠나 미누친(Salvador Minuchin)이 운영하고 있었던 필라델피아 아동상담연구소에 합류하여 빈민가족을 연구하게 된다. 미누친은 당시에 가족치료 학계에서 명성을 가진 사티어와 논쟁할 정도로 가족치료 학계에서 자신의 구조주의적 치료의 과학성을 인정받고 있는 상태였다는 점에서는 헤일 리가 합류하게 된 원인을 알 수가 있다.

이 과정을 거쳐서 헤일리는 그동안 자신이 연구해왔던 의사소통적(communicational) 가족치료 이론을 기초로 미누친의 구조주의적 개념을 받아들이면서 구조·전략적 가족치료의 관점과 이론을 정립하게 된 것이다. 한편, 이러한 과정에서 헤일리는 자신의 이론을 구축하는 과정에서 기본적으로 그레고리 베이트슨의 의사소통이론과 밀턴 에릭슨(Milton H. Erikson)[2]의 최면

치료방법에 뿌리를 둔다는 점에서 '전략적 치료(Strategic therapy)'로 명명하게 된다.

이처럼 1970년대에 가족치료 이론과 모형이 전문화되는 데는 팔로 알토에 1959년에 돈 잭슨(Don Jackson)에 의해 설립되고 그의 동료인 그레고리 베이트슨(Gregory Bateson)이 주도하여 연구한 MRI(정신건강연구소)의 역할이 지대하였다. 가족치료의 초기 이론이자 모형이라고 할 수 있는 정신역동적이고 대상관계적 가족치료나 보웬의 다세대 정서체계적 가족치료, 그리고 인지행동적 가족치료를 제외하면 대부분의 가족치료 이론과 모형이 MRI(정신건강연구소)와 상관되어 발전되었기 때문이다.

그리고 포스트모더니즘적 사상에 바탕을 둔 해결중심 가족치료, 이야기 가족치료 등의 단기상담 및 치료 모형들도 바로 MRI의 전략적 가족치료에 토대를 둔 이론들로 구성되었다는 점에서도 그렇다. 이러한 맥락은 전략적 가족치료이론가인 헤일리(Haley)를 비롯한 초기의 가족치료 선구자들이 밀턴 에릭슨(Milton Erickson)이나 그레고리 베이트슨(Greygory Bateson)이 제시한 사이버네틱스(cybernetics, 인공두뇌학) 이론의 피드백 원리에 근거한 의사소통 및 순환적 인식론에 영향을 받아 가족의 상호작용에 초점을 둔다는 점과 미누친의 구조주의적 이론과 기법에도 영향을 받았다고 본다면 더욱 분명해진다.

그중에서도 MRI의 상호작용·전략적 가족치료는 사이버네틱스 이론과 체계이론을 적극적으로 응용하여 1980년대 중반까지의 가족치료 흐름을 주도하였다. 그 이유 중의 하나는 전략적 치료 기법이 실용적이고 문제해결에 중심을 두고 고안된 전략에 많은 치료사들이 매료되었다는 점도 있다. 하지만 전략적 치료 기법이 취한 전략의 조작적 측면이 치료사들이나 환자들로부터 점차 등을 돌리게 만드는 요인이 되어 1990년대부터는 인지적 변화에 초점을 맞추는

2) 밀턴 에릭슨은 주로 독학을 통하여 심리치료와 최면 분야의 최고 권위자가 되었는데, 프로이트(Sigmund Freud)가 심리치료의 이론에 기여했다면 에릭슨은 심리치료의 실제에 기여했다고 볼 수 있다. 하지만 다른 유명 심리학자와 달리 자신만의 상담과 심리치료에 대한 이론을 만들기를 원하지 않았다. 다른 거장들처럼 독자적인 학파를 구축하기를 원했던 제자들에게도 최면은 따로 존재하는 것이 아니며 에릭슨 자신의 무의식과 내담자 무의식의 만남이 있을 뿐이라고 언급했다고 전해진다.

가족치료 기법이 선호되는 전환이 일어나게 된다.

따라서 전략적 가족치료 이론과 모형을 전개했던 헤일리(Haley), 위크랜드(Weakland)와 이탈리아의 셀비니-파라졸리(Selvini-Parazzoli) 등의 주요 인물들은 미누친의 구조주의적 가족치료 이론의 영향력이 커지면서 서서히 세력이 약화된다. 물론 초기에 MRI에서 연구했던 사티어(Virginia Satir, 1916~1988)가 개발한 경험적 가족치료(Experiential Family Therapy) 모형 역시 세력이 약화된 것은 마찬가지였다.

아울러 드 세이저(Steve de Shazer) 등은 잭슨(Don Jackson)과 바츨라비크(Paul Watzlawick) 등이 이끈 전통적인 MRI 모형을 확장시켜서 사회구성주의적 흐름에 맞게 만들어 낸 해결중심 이론과 기법들이 가족들이 스스로 해결할 수 있는 힘을 주는 방식으로 변화를 강조함으로써 각광을 받게 된다.

하지만 MRI의 의사소통적 상호작용 모형이 가족치료 영역에서 세력이 약화된 근본적인 배경도 파악할 필요도 있다. 왜냐하면 MRI의 연구비나 운영비의 대부분은 베이트슨(Bateson)이 1952년에 록펠러 재단(Rockefeller Foundation)으로부터 지원받은 것인데, 가족의 변화나 가족치료를 목표로 자금을 지원받은 것이 아니라 의사소통 자체를 관찰하기 위해서 시작되었기 때문이다. 그리고 그 중간 과정에서 베이트슨이 최면치료 전문가이자 정신과 의사인 에릭슨(Erickson)을 참여시킴으로써 가족변화를 위한 치료 모형이 개발되고 자리 잡게 되었다는 점도 이해할 필요가 있는 것이다.

이 외에도 MRI를 이끈 초기 지도자들의 활동 측면에서도 분석이 필요한데, 잭슨은 1968년에 48세의 이른 나이로 사망했고, 위크랜드(Weakland) 역시도 1995년에 루게릭병으로 사망하여 지도력을 잃게 되었다고 볼 수 있다. 거기에다 헤일리(Haley)는 의사소통전문가였지만 치료사로서는 임상자격이 없었기 때문에 늘 주요 연구에서 국외자의 위치에 머물다가 MRI를 떠나게 되었던 것이다. 헤일리가 MRI를 떠나 미누친의 구조주의적 가족치료 이론을 접한 후 자신만의 이론과 모형을 정립하고 훈련과 감독에 관심을 기울인 이유도 여기에 있다.

한편, 오랫동안 섭식장애를 전문으로 다루었던 이탈리아의 여성 정신분석가 셀비니-파라졸리(Mara Selvini-Parazzoli)는 전략적 모델인 MRI 모델과 헤일리의 모델에 영향을 받아 체계이론적인 접근법을 따르는 밀란가족 연구센터를 1967년에 밀라노에 설립한다. 그리고 1971년에는 보스콜로(Boscolo), 체친(Cecchin), 프라타(Prata) 등과 함께 밀란팀을 만들게 됨으로써 이른바 '밀란(밀라노) 모델'이 탄생하게 되었다.

이어서 1970년대 중반 이후에는 베이트슨(Bateson)의 개념을 적용한 독특한 치료방법을 개발하여 인공두뇌 이론에 기초한 체계이론과 순환적 인식론의 관점을 적용하여 순환적 질문기법과 함께 역설적 처방을 사용하였다. 1980년에는 Milan팀이 둘로 나뉘게 되는데, 남성 팀인 Boscolo, Cecchin은 치료자 훈련에 주력하여 순환적 질문 통한 가족신념체계 변화에 관심을 가지게 되고, 여성 팀인 Palazzoli, Prata는 가족체계, 가족게임 이해와 중단에 관심을 가지고 치료를 전개하게 된다.

2) 상담 및 치료요인과 주요 개념

상호작용적 의사소통 가족상담 이론은 가족의 대화방식인 의사소통을 끊임없이 이어지는 순환적 상호교환 작용의 연속으로 바라다본다. 즉 사람들은 의사소통을 각자의 인식 틀에 따라 각기 다르게 판단하지만 현실의 연속된 행동은 순환적으로 상호작용하기 때문에 단선적인 원인과 결과로 파악하는 것은 불합리하다는 입장이다.

예를 들면, 갈등을 빚는 부부의 행동은 상대방 행동의 원인이 됨과 동시에 결과가 되는 상호작용의 순환관계로 파악되기 때문에 의사소통을 어떻게 하고 있는가를 파악하여 역설적 의사소통인가 혹은 대칭적 관계인지, 보완적 관계인지를 찾아내어 병리적인 의사소통유형을 변화시키는 것이 치료요인이 된다. 이는 의사소통 상호작용 모델의 공리(axiom, 이치)이기도 하다.

이러한 치료요인과 관련된 주요 개념은 사이버네틱스 이론(인공두뇌 이론)의 피드백(환류) 고리 개념과 체계이론의 가족항상성(family homeostasis)과 가족규칙(family rule) 개념을 들 수 있다.

(1) 피드백 고리

사이버네틱스 이론의 핵심개념인 피드백 고리(feedback loop)란 의사소통유형이 의사소통이 일어나는 상황 내의 환류(feedback)로 인하여 반복되고 유지된다는 전제가 따르는데, 역설적 의사소통과 이중구속(이중속박, double bind)[3]으로 구분될 수 있다. 먼저 역설적 의사소통(paradoxical communication)이란 입을 통해 하는 말과 표정에서 드러나는 의미가 서로 다른 메시지를 전달하여 혼란을 가져오는 병리적 의사소통 유형의 하나이다. 이와 유사한 의사소통 유형으로는 평등에 기초한 대칭적 관계의 의사소통이 경쟁적 영향력과 지배력을 가질 때나, 평등하지 않은 관계에서 일어나는 보완적 관계의 의사소통이 경직될 때도 병리적 의사소통이 될 수 있다.

그런데 이러한 병리적 의사소통 유형이 이중구속(이중속박)의 형태를 띠면 더욱더 유해한 영향력을 미치게 된다. 그리고 이중구속은 역설적 의사소통의 대표적인 형태로 볼 수 있는데, 한 사람(주로 자녀)에게 상호모순 된 메시지를 동시에 전달하여 어떠한 메시지에도 제대로 반응할 수 없게 하는 것이기 때문이다. 그레고리 베이트슨(Gregory Bateson)과 그 동료들은 이중구속(Double-bind)이 자녀에게 정신분열증적 반응을 가져온다는 이중구속이론(Double bind theory)을 1950년대에 처음 제시하였다.

(2) 가족항상성

체계이론에 속하는 가족항상성 개념은 가족구성원이 변화에 저항하여 원래의 상태를 유지하려는 성질을 말하는데, 역기능적 가족체계에서는 어려움이 발생하게 되면 가족항상성 때문에 종전의 가족관계를 유지하려고 하는 부적(-) 피드백(환류) 고리의 작용으로 문제를 악화시키게 된다고 본다. 그리고 가족의 상호작용이 정적(+) 피드백(positive feedback)의 고리를 가지고 있는지, 부적(-) 피드백

3) 이중구속(double bind) 혹은 이중메시지(double message)는 하나가 다른 하나를 부정하는 둘 이상의 모순된 메시지를 개인이나 가족 등의 집단이 받게 되는 의사소통상의 딜레마를 말한다.

(negative feedback)의 고리를 가지고 있는지는 주로 가족규칙에 의해 결정된다는 점을 강조한다.

(3) 가족규칙

가족규칙(Family Rules)은 일종의 명령(injunction)으로서 인간이 부-모-자녀로 구성된 3명의 가족이 하나의 팀이 되어 상호작용하는 단위를 말하는 원가족 삼인군(The Primary Triad)에서 경험한 것을 내면에 지니고 있는 것이며, 가족의 의사소통과 행동을 규정하는 포괄적인 기준과 지침을 말한다.

3) 상담 및 치료과정과 치료자(상담자)의 역할

전략적 치료(Strategic therapy) 이론과 모형의 치료자 역할에서 공통적인 것은 치료자(상담자)가 내담자의 저항을 다루기 위한 전략을 세우는 전략가로서의 문제해결과 변화에 대하여 직접적인 책임을 진다는 것이다. 아울러 가족구성원(치료단위)들에게 편안한 분위기를 조성하면서 그들의 상호작용 연쇄과정을 관찰하여 가설을 설정하고 문제별로 직접적 수정기법을 사용하거나 변화유도를 위한 조작적 기법(역설적, 우회적, 은유적)을 사용한다는 점도 공통적이다.

전략적 가족치료의 상호작용 모델, 헤일리의 전략적 구조주의 모델, 밀란의 체계적 모델 등 세 가지 주요 모형은 주로 단기 치료를 지향한다. 치료단위로서는 정신건강연구소(MRI)의 상호작용적 의사소통 모형에서는 2인 또는 3인을, 헤일리의 전략적 구조주의 모형에서는 3인 이상 가족이나 사회적 관계를 맺고 있는 전체 구성원, 셀비니-파라졸리의 체계론적 모형에서는 3인으로 설정하고 있다.

전략적 치료자들은 주로 적극적인 공동치료나 팀 접근방법을 선호하는데, 치료자가 상담실에서 내담자를 상담하는 동안 동료 치료사나 슈퍼바이저(지도감독자)가 상담실의 일방경(one way mirror) 뒤에서 관찰하다가 전략적(가설적) 개입방법을 치료자에게 실시간으로 전달할 수 있기 때문이다. 혹은 공동의 치료 팀이 가족의 상호작용을 관찰한 결과에 대해 논의하는 모습을 가족들에게 보임으로써 가족원들이 양가감정이 제대로 평가되고 있다는 점을 알 수 있게 하는 것이다. 이러한 쌍방적 치료방식은 후기 모더니즘(포스트모더니즘)과 후기구조주의(Post-Structuralism)의 영향이다.

전략적 가족치료 모델에서의 치료자의 역할은 일종의 '전략가(strategist)'라고 할 수 있으며, 다른 치료 모델에 비하여 치료자의 역량을 요구하고 내담자의 문제해결을 위해 합리적인 전략을 세울 수 있는 기술도 필요로 한다. 아울러 전략주의 가족치료자는 활동적이고 변화를 만들어 내고자 하는 강한 비난과 책임이 돌아올 수 있다는 강한 책임감도 가져야 한다. 헤일리를 비롯한 전략주의 치료자들은 이러한 책임감이 치료결과에 영향을 미친다고 보았다. 따라서 전략적 가족치료자는 치료과정에서 내담자에게 융통성 있는 권위를 가지고 치료 상황을 통제하는 지시적이고 역설적인 역할이 요구된다.

한편, 전략적 가족치료 모델의 하나인 MRI(정신건강연구소) 상호작용적 의사소통 모델에서의 치료과정은 다음과 같은 다섯 단계로 정리할 수 있다(Goldenberg & Goldenberg, 2001 재수정).

① 상담 및 치료과정을 내담자 가족에게 소개하는 단계
② 문제(증상)에 대한 조사와 정의하는 단계
③ 문제(증상)를 유지시키는 행동을 평가(사정)하는 단계
④ 상담 및 치료 목표를 설정하는 단계
⑤ 개입방법의 선택과 실행, 과제를 주는 단계

4) 상담 및 치료목표와 기법

전략적 가족치료는 여타의 가족치료 모형에 비하면 이론보다는 치료기법 중심으로 접근하는 특징이 있다. 그중에서도 대부분은 개별 사례와 문제 맞춤형

개입방법을 사용하는 밀턴 에릭슨(Milton H. Erickson, 1901~1980)의 치료 전통에서 출발한 기법들을 사용한다. 정신건강연구소(MRI)의 상호작용적 의사소통 모형에서는 첫 면담에서 가족체계 속에 있는 사람과 그 속에서 가장 어려움을 겪는 사람이 누구인가를 파악하는 것을 중요하게 여긴다. 아울러 첫 면담이 시작되면서 치료 목표를 분명하게 설정하고 치료 회기도 최대 10회기 안에 종료될 수 있다는 점을 가족들에게 설명하여 강한 변화의 기대를 제공하는 것이 중요하다.

이를 위해서는 우선 가족이 겪고 있는 문제(증상)를 구체적인 언어로 분명하게 설명하도록 요구하여 치료목표를 설정하도록 돕는 것이 시작점이 되어야 한다. 일단 치료목표가 설정되면 문제를 해결하기 위한 전략을 치료자가 구성하고 가족들에게 이 전략을 따를 만한 가치가 있다는 점을 확신시키는 것이 중요하다.

이러한 치료 기법으로는 ① 문제의 재정의, ② 증상에 처방하기 혹은 역설적 지시(명령) 등의 역설적 개입, ③ 보상, ④ 직접적 지시를 통한 수정기법이 있다. 여기에서 역설적 개입은 변화유도를 위한 조작적 기법으로서, 일반적으로 지금까지 개인이 조정할 수 없는 것으로 인식되었던 증상을 의식적으로 조정하도록 하는 것이다. 그리고 내담자가 문제해결 의지와 통찰력을 나타내는 경우에는 직접적 지시를 통하여 병리적 의사소통유형을 수정할 수도 있다.

(1) 문제의 재정의(재명명)

문제의 재정의(reframing, redefining) 기법은 재명명(relabeling) 기법이라고도 한다. 전략적 가족치료자는 인간의 문제행동이 왜 일어났는지에 대해서는 관심을 두는 것이 아니라 이미 일어난 문제행동에 새로운 의미를 부여하고 증상의 의미와 의도를 긍정적으로 재명명하고 다른 언어로 재구성하여 가족의 느낌과 생각을 바꾸는 기법이다.

(2) 증상에 처방하기 혹은 역설적 지시(명령)

가족원들에게서 나타나는 증상(문제)을 변화하지 말고 계속 유지하라고 역설적 지시를 하는 기법이다. 예를 들면, 갈등관계에 있는 가족성원이 자주 싸움을 하는 증상을 보일 때, 치료자는 매일 일정 시간을 정해서 계속 싸우도록 지시(명령)할 수 있다. 이렇게 되면 가족원들은 스스로 문제(증상)를 인지하게 되어 스스로 증상을 포기하는 처방이 될 수 있다. 이를 '치료적 이중구속'이라고도 칭한다.

(3) 보상

잭슨(Jackson)에 의해서 발전된 보상기법은 부부치료에 많이 사용되는데, 치료자가 각 배우자에게 상대방에게 무엇을 원하는지를 질문하여, 그 상대방이 배우자가 원하는 것을 해주게 함으로써 배우자 간의 관계를 '보상'의 규칙으로 규정하는 기법이다.

(4) 직접적 지시(직접수정기법)

직접적 지시(직접수정기법)는 잭슨과 헤일리(Haley)가 의사소통이론에 기초하여 처음 시도한 기법인데, 내담자의 문제 해결의지와 통찰력이 관건이 된다. 가족의 상호작용 패턴을 변화시키기 위한 것인데, 점차 역설적 지시 기법으로 전환이 되었다.

2 헤일리의 전략적 구조주의 가족상담 및 가족치료

1) 헤일리의 전략적 구조주의 이론·모형의 발달과정

제이 헤일리(Jay Douglas Haley, 1923~2007)는 미국 서부의 캘리포니아주 팔로 알토시의 정신건강연구소(MRI)에서 베이트슨과 함께 정신분열증 환자와 그 가족들을 대상으로 의사소통적 가족치료 연구를 하다가 1967년에 MRI를 벗어나서 미누친(Minuchin)이 주도했던 동부의 필라델피아 아동상담연구센터에 합류하여 구조주의적 가족치료이론을 접하게 된다. 헤일리는 MRI에서 활동했던 시기인 1963년에 의사소통이론에 기초하여 『심리치료의 전략(*Strategies of Psychotherapy*)』이라는 저서를 발간할 정도로 이론적 체계를 갖추었지만 주도적인 역할을 못하다가 미누친과 공동연구를 하면서 그의 이론을 융합하게 된 것이다.

그리고 자신의 두 번째 부인이기도 한 아르헨티나 부에노스아이레스 출신 클로에 마다네스(Cloe Madanes, 1940~)와 함께 전략적 구조주의 가족치료 이론 및 모형을 개발하게 된다. 즉 헤일리는 캘리포니아대학 로스앤젤레스 캠퍼스(University of California, Los Angeles, UCLA)에서 연극학을 전공한 후 극작가로 활동하다가 캘리포니아주 팔로 알토에 있는 스탠퍼드대학(Stanford University)에서 의사소통에 관한 석사학위를 받은 이후에 MRI에서 1962년부터 연구하게 되면서 밀턴 에릭슨(Milton Erickson)을 비롯한 가족치료 분야의 선구자들에게 영향을 받아 자신만의 독자적인 가족치료이론을 개발하게 된 것이다.

이후 1976년에 이러한 이론을 바탕으로 클로에 마다네스(Cloe Madanes)와 함께 워싱턴 D.C.에 구조적 전략주의 가족치료연구소를 열고 자신의 이론에 따라 가족치료와 연구를 본격적으로 시행하면서 1970~1980년대에 큰 인기를 끌게 된다. 아울러 한때 필라델피아에서 미누친이 운영하는 연구소에서 공동연구를 했던 미누친과도 지속적으로 협력하면서 미누친의 이론인 구조적 가족치료에도 많은 영향을 받게 된다. 그뿐만 아니라 헤일리는 미누친이 자신의 구조적 가족치료이론을 확산시키기 위해 1960년대에서부터 10여 년간 미국 전역에 구조적 가족치료학교(Structural School)를 설치한 것을 참고로 하여 전략적 가족치료 학교(Strategic School)도 설립하여 헤일리도 자신의 학파를 구성하였다.

헤일리가 이처럼 미누친에게 영향을 받게 된 이유를 분석해보면, 가족치료 연구의 메카라고 할 수 있는 MRI에서 인류학자인 베이트슨(Bateson)과 정신과 의사인 에릭슨(Erickson)에게 이론과 기법의 영감을 받아 자신의 전공인 의사소통 학적으로 연구했지만 MRI에서는 임상적 치료를 중시했기 때문에 국외자(outsider) 취급을 받았던 경험과도 상관이 있다고 볼 수 있다. 그러던 중 미누친은 정신과 의사 출신이었지만 아르헨티나에서 미국으로 이주해온 러시아계로서 필라델피아에서 자신과 유사하게 베이트슨의 의사소통이론을 참고하여 가족역동을 이해하고 구조적 체계이론을 구축하여 명성을 얻고 있었던 것이다.

따라서 헤일리가 자신만의 독자적인 가족치료이론을 정립하게 된 배경에는 1952년에 베이트슨과 교류하기 시작하면서 배운 사이버네틱스 이론적인 의사소통이론이 시작점이라고 할 수 있다. 1962년부터 베이트슨의 초청으로 돈 잭슨이 팔로 알토에 설립한 MRI에서 5년 정도 연구하면서 밀턴 에릭슨의 최면치료기법에 바탕 한 전략적이고 임상적인 영향을 받았다고 볼 수 있는 것이다.

다만 헤일리는 정신과 의사가 아니라 의사소통이론가였기 때문에 에릭슨과의 연구에도 참여했지만 당시의 그의 역할은 에릭슨 이론의 개념적 재해석을 하는 정도였다는 한계가 있었던 것이다. 이러한 한계는 미누친과 1967년부터 필라델피아 아동지도연구소(Philadelphia Child Guidance Clinic)에서 합류하여 일하면서 보완되고 체계화가 되었다고 볼 수 있다.

이렇게 볼 때, MRI의 상호작용모형은 순수하게 의사소통이론과 전략적이고 임상적인 이론이 근거이론이라고 볼 수 있는 반면에 헤일리의 구조·전략적 모형은 의사소통이론과 구조적 치료 이론이 근거이론이 된다고 규정할 수 있다. 물론 에릭슨의 전략적 임상적 접근 이론이 헤일리의 이론과 모형의 저변에 깔려 있다는 점은 부인될 수 없다. 이는 이탈리아의 밀란(Millan) 그룹이 발전시킨 체계이론적이고 전략적인 모형이 가장 순수하게 베이트슨이 주장한 사이버네틱스적이고 순환적인 인식론에 따르고 있다는 점과의 차이이기도 하다.

1976년에 헤일리는 두 번째 아내이자 17세가 적은 클로에 마다네스(Cloe Madanes)와 함께 워싱턴 D.C.로 이주하여 가족치료연구소(Family Therapy Institute)를 창립하게 된 것이다. 마다네스 역시 MRI와 미누친의 필라델피아 아동지도클리닉(연구소)에서 일한 적이 있는 창의적인 치료사였기 때문에 두 사람은 이곳에서 치료와 이론적 기반을 발전시키게 된다. 같은 1976년에 헤일리는 워싱턴 D.C.의 외곽에 위치한 주립 메릴랜드대학(University of Maryland)의 의과대학 교수로 부임하여 1976년에 『문제해결치료(*Problem-Solving Therapy*)』를 발간하게 되는데, 이 책에서 그는 종래의 의사소통 이론에서 상당히 벗어난 전략적 가족치료 이론으로 전환하고 있다.

다시 말하면, 베이트슨으로부터 배운 의사소통 이론보다는 밀턴 에릭슨의 최면기법과 역설적 기법(paradoxical technique), 그리고 미누친의 필라델피아 아동지도클리닉[4]에 있을 때 빈민가족을 대상으로 연구를 같이 했던 몬탈브(B. Montalvo)의 영향을 받아 의사소통 그 자체보다는 '변화의 속성'에 대한 개념을 채택하게 된 것이다. 이는 헤일리의 가족치료 관점이 성장보다는 변화에, 의사소통보다는 가족구조에 초점을 둔 전략적(Strategic) 치료로 정형화되었음을 의미한다.

헤일리는 메릴랜드의과대학에서 1995년에 은퇴하면서 캘리포니아주 남부의 샌디에이고(San Diego)로 다시 이주하게 되는데, 이즈음인 1990년대 중반부터 가족치료의 전반적 흐름이 '전문적인 전략'보다는 '협동적인 파트너'로 전환이 되는 추세에서 전략적 가족치료 이론과 기술은 인기가 급감하게 되었다.

다만 이러한 헤일리의 업적은 1970년대에 이탈리아의 밀라노(Milano, Milan)에서 정신분석가로 활동하고 있었던 셀비니-파라졸리(Mara Selvini-Palazzoli)에게로 영향을 미쳐서 어느 정도 이어진 것으로 볼 수 있다. 그녀가 이끈 밀란 학파의 체계이론적 전략치료는 베이트슨의 순환적 인식론의 의사소통이론뿐만 아니라 일

4) 미누친의 아동지도클리닉에는 해일리를 비롯하여 몬탈브(B-Montalvo), 로스만(B-Rosman), 아폰테(H-Aponte)가 공동연구를 하며 구조적 가족치료 이론과 모형을 개발하는 데 중요한 역할을 하였다고 볼 수 있다.

정한 부분에서 헤일리의 이론적 모델에서도 공유하는 측면이 있기 때문이다.

또 다른 측면의 헤일리의 업적은 장기적인 정신역동적 심리치료가 지배적이었던 1970년대에 '지금-여기'를 중심으로 한 내담자의 문제에 대하여 내담자와 치료자의 전략적이고 실용적인 계약을 중시했다는 점이다. 이러한 점들은 그가 워싱턴 D.C.의 메릴랜드대학에서 은퇴한 후 캘리포니아주의 샌디에이고로 이주하여 세 번째 아내인 매들린 리치포트 헤일리(Madeleine Richeport-Haley)[5)]와 함께 집필하여 그가 사망한 해에 발간한 『직접적 가족치료(*Directive Family Therapy*)』(2007)에서도 뚜렷하게 드러나고 있다. 아울러 생애 마지막 시기에 아내와 함께 제작한 인류학과 심리치료에 관한 영상자료에서도 내담자의 강점을 활용한 전략적이고 실용적인 관점들이 강조되고 있다.

2) 상담 및 치료요인과 주요 개념

헤일리는 베이트슨의 의사소통이론과 에릭슨의 최면치료 등의 전략적 치료기법을 '전략적 치료(Strategic therapy)'로 명명하였으며, 초기에 MRI에서 연구했다는 측면에서는 MRI의 상호작용적 의사소통 가족치료의 영향을 받았다고 볼 수 있다. 그러나 MRI에서는 주도적인 역할을 하지 못하고 에릭슨이 접근한 역설적 치료방법에서는 국외자에 머물렀기 때문에 MRI에서 벗어나 자신의 이론인 전략적 구조주의 이론·모형을 구축하게 된 것으로 볼 수 있다.

그러나 이러한 헤일리의 치료 및 연구활동의 이력은 그의 이론을 구성하는 주요 개념으로 자리 잡게 되는데, 일차적으로는 환자(내담자)의 저항(resistance)을 막기 위하여 통찰이나 해석을 삼가고 행동(action)과 맥락(context)을 변화시키자 한 밀턴 에릭슨(Erickson)의 전략적 기법에 영향을 받았다고 볼 수 있다. 그리고 자신도 의사소통전문가로서 베이트슨(Bateson)의 인공두뇌(사이버네틱스) 개념을 기초로

5) 매들린 리치포트-헤일리(Madeleine Richeport-Haley)는 캘리포니아 전문 심리학 학교인 Alliant International University의 선임 연구교수로서 Milton Erickson과 함께 훈련한 인류학자이기도 하다. 아울러 남편 Jay Haley와 함께 많은 작업을 공동 작업했으며 브라질의 PAHO-WHO(범미국보건기구-세계보건기구)에서 정신건강 컨설턴트로 일하기도 했다.

미누친(Minuchin)의 구조적 개념과 역기능적 개념을 받아들였다고 간주할 수 있다.

좀 더 구체적으로 말하면, MRI에서 접한 에릭슨과 베이트슨의 이론과 MRI를 벗어나 미국 동부의 필라델피아 아동지도클리닉에서 미누친과 함께 한 시기에 영향을 받은 구조적 개념을 자신의 치료요인으로 제시한 것이다. 따라서 이러한 이론적 개념으로 인하여 그의 치료 모델은 '구조적 전략적 가족치료(structural strategic family therapy)'로 불리기도 한다. 이러한 치료요인의 개념은 1976년에 발간된 그의 저서 『문제해결치료(*Problem-Solving Therapy*)』에 잘 나타나 있는데 다음에서와 같이 정리할 수 있다.

첫째, 헤일리는 가족의 관계 규정에 대한 개념을 잭슨(Jackson)과 유사하게 규칙을 강조하지만 가족의 위계와 권력의 역할을 강조하는 점이 다르다(Hanson & L'Abafe, 1982). 이는 헤일리가 가족을 순환적 인과관계로 보고, 치료단위로 삼는 3인 이상의 가족(아버지, 어머니, 자녀) 체계에서의 위계와 질서를 둘러싸고 있는 규칙이 중요하다는 관점이라고 볼 수 있다.

둘째, 헤일리는 초기에는 문제증상이 의사소통 수준의 불일치나 가족원 간의 권력다툼에서 유리한 지위와 권력행사를 위한 개념으로 접근했으나 후기에는 가족 간의 위계구조를 파악하여 에릭슨의 기법과 마찬가지로 저항을 줄이면서도 단계적이고 전략적으로 접근해야 한다는 견해를 보였다.

셋째, 헤일리는 치료단위를 3인 이상의 가족뿐만 아니라 사회 전체에도 설정하고 있는데, 이는 치료자와 내담자 사이에도 세력다툼이 일어난다는 관점을 보인다. 따라서 치료자는 역기능적 가족과 IP(Identified Person, 지목된 환자)를 대상으로 역설적 개입을 선택하여 '통제와 조절'을 하는 것이 치료요인이 된다고 보았다.

3) 상담 및 치료과정과 치료자(상담자)의 역할

헤일리의 전략적 가족치료에서는 현재 문제를 감소 또는 제거시키는 단기적인 전략에 관심을 두고 있기 때문에 통찰이나 인지적인 변화보다는 행동변화를 일으키는 것에 초점을 두고 있다. 그러므로 전략적 가족치료사들은 내담자의 저항을 최소화하기 위해 직면(confrontation)이나 상황설명(explanation) 기법은 피하며 과제를 제시하는 역할을 많이 하는 경향이 있다.

이러한 전략적 가족치료사의 역할은 미국 캘리포니아주 서해안에 있는 MRI 그룹과 미국 동부의 워싱턴에 있는 제이 헤일리(Jay Haley)와 클로에 마다네스(Cloe Madanes)의 문제해결(전략적) 가족치료 학파의 공통적 측면이기도 하다. 다만 헤일리는 MRI 그룹보다 행동(action) 지향적인 전략을 강조하기 때문에 상담자(치료자)의 역할에서는 인식의 변화(통찰)를 크게 다루지 않으며, 가족 간의 위계와 세대 간의 경계를 구조적으로 재조직하여 역기능성을 치료하는 것에 초점을 두는 차이점이 있다.

따라서 MRI의 상호작용적 의사소통 모델보다는 치료 기간이 다소 더 많이 소요되는 접근을 하고 있다. 헤일리는 이러한 변화는 단기간에 생길 수 있는 것이 아니라 단계적으로 일어난다고 가정했기 때문에 단계적으로 치료목표를 세우고 치료과정도 초기의 면접과정과 후기의 역설적 개입선택과 실행과정으로 접근한다. MRI 그룹과는 달리 헤일리는 치료가 반드시 단기간의 문제해결을 목표로 해야 한다고는 믿지 않았으며, 대신에 문제(증상)를 가져오는 가족의 위계질서 등의 구조적인 기능의 순기능적(정상적)으로 해결될 때까지 통제적, 능동적, 역설적 역할을 계속할 필요가 있다고 보았던 것이다.

이러한 헤일리의 관점은 마다네스(Madanes)와 함께 하면서 구조적인 관점을 넘어서 성장지향적인 목표와 관련된 치료자의 역할이 강조되면서 사티어의 경험론적 가족치료에서 강조되는 역할도 포괄하게 된다. 이러한 변화는 헤일리와 마다네스의 치료과정에서도 잘 드러나는데, 이들은 초기 면접과정에서 환자로 지목된 사람(IP)과 상관없이 3인 이상의 가족 모두를 참여시켜서 구조화된 단계를 진행하는 것을 중요하게 여긴다.

한편, 이러한 헤일리의 전략적 구조주의 모델은 다음과 같이 다섯 단계의 치료 및 상담과정을 제시하고 있는 것으로 정리할 수 있다(Goldenberg & Goldenberg,

2001 재수정).

① 상담자(치료자)의 자기소개에 이어서 가족 개개인의 소개가 이루어지는 사회적 단계(social stage)
② 상담실(치료실)에 온 목적과 가족원 각자의 증상(문제)에 대한 질문을 통하여 문제를 정의하는 단계(problem stage)
③ 가족원 상호 간에 문제에 관한 의견을 나누고 상호작용하는 것을 경험하고 관찰하면서 드러나는 가족위계구조와 동맹권력 등의 가족구조 진단하는 상호작용단계(interaction stage)
④ 상담 및 치료목표를 설정하는 단계(goal-setting stage)
⑤ 역설적 개입선택과 실행과 과제를 지시하는 단계

4) 상담 및 치료목표와 기법

헤일리와 마다네스의 전략적 구조주의 가족상담 및 가족치료의 목표는 가족을 구조적으로 재조직하는 전략에 있다. 따라서 가족의 위계질서나 가족경계선의 재구조화를 강조한다는 점에서 미누친의 구조주의 가족치료와 유사한 경향이 있다.

그러나 문제해결을 위한 목표를 현재 문제에 두어서 행동성을 강조한다는 점에서 차이가 있다. 치료기법에서도 구조적 가족치료가 개인의 문제에 접근하여 개인과 가족 간의 관계를 중요시하는 것에 비해 헤일리와 마다네스의 치료기법에서는 전략적으로 접근하여 가족이 가지고 있는 구조적인 문제의 근본적인 것을 해결하려고 한다.

특히 헤일리가 마다네스와 함께하면서부터는 구조적 접근은 문제중심과 구조적인 목표를 넘어서 균형, 조화, 사랑과 같은 성장지향적인 것까지도 포함하게 된다는 점이 특징이다. 이러한 전략적 구조주의 가족치료 접근은 증상제거, 현재행동의 변화, 가족체계 변화라는 치료목표에 따라 다음과 같은 기법으로 정리할 수 있다.

(1) 증상처방(증상제거)과 제지

증상(문제행동)을 내담자(IP)에게 자발적으로 계속하도록 격려하는 증상처방(symptom prescription) 기법은 역설적 개입 선택의 일종이다. 예를 들어, 학교에 가는 시간이 늦어서 어머니와 갈등하는 자녀에게 현재보다 더 늦게 학교에 가라고 말하는 지시나 과제를 주는 기법인데, 치료자의 지시대로 더 늦게 학교에 가게 되면 문제와 갈등이 심해져서 결국 학교에 늦게 가는 행동이 줄어들게 된다고 보는 것이다.

이에 비해 제지기법(restraining technique)은 변화가 지나치게 빨리 일어나는 내담자의 경우에 가족원에게 천천히 변화를 진행하도록 경고하여 변화속도를 조정하는 기법이다.

(2) 역설적 지시와 은유적 지시

전략적 가족치료에서의 결정적인 기법은 '지시'이다. 특히 헤일리의 모델에서는 지시가 핵심적 기법이 된다. 헤일리는 초기에는 내담자의 문제해결 의지와 통찰력에 의존하는 충고, 제안, 코칭 등의 직접적 지시(straightward directives) 기법을 사용하였으나, 점차 역설적 지시와 은유적 지시기법을 선호하게 된다. 역설적이고 은유적 개입이 '이중구속 상황'을 만들기 때문에 치료적이라고 본 것이다. 이는 전략적 치료자들이 가족의 저항을 직접적으로 다루기보다는 우회하는 것을 좋아하며, 지시는 역설적이고 은유적이라는 의미가 된다.

(3) 재정의(재구성)

재정의는 재구성(reframing)이나 재명명(relabeling)과 유사한 개념으로서 역설적 개입 선택의 한 유형이다. 예를 들면, 친구들과 놀기 위하여 어울리느라 퇴근 후에도 귀가 시간이 늦어진다고 불평하는 아내에게 '남편을 빨리 보고 싶어 해서 그런 것이지 불평하는 것이 아니다.'라는 식의 긍정적 의도를 남편에게 표현하게 하여 문제라고 여겨지는 행동을 긍정적인 관점으로 재명명하여 변화시키는 것이다.

(4) 고된 체험 기법과 가장 기법(위장 기법)

고된 체험 기법(ordeal technique)은 증상이 나타날 때마다 내담자가 괴로워하는 일을 수행하도록 지시하는 직접적 수정기법이다. 고된 체험 기법(시련 기법)의 원리는 내담자가 증상을 포기하는 것보다 증상을 유지하는 것이 더욱 고통스럽다는 것을 알게 하는 것이다. 예를 들면, 우울증을 호소하는 내담자에게 우울해질 때마다 집안 대청소를 해 보도록 지시하거나, 고부갈등을 겪는 여성에게 오히려 시어머니에게 선물을 하도록 지시하여 증상을 포기하게 하는 것이다.

위장기법(pretend technique, 가장기법)은 마다네스가 개발한 기법으로서, 내담자가 증상을 가진 것처럼 가장(위장)하고, 그것을 접하는 부모에게도 그러한 증상을 도와주는 것처럼 위장하도록 하는 우회적이고 연극적인 기법이다. 예를 들면, 분노발작 증상(문제행동)을 가진 아이에게 시간을 정하여 어머니가 보는 앞에서 미국의 코믹스 회사인 마블 코믹스(Marvel Comics)[6]의 만화 캐릭터인 '헐크(Hulk)[7]' 행동을 하도록, 즉 분노발작을 일으키는 것처럼 가장하도록 지시하고, 어머니에게도 그러한 행동(위장 행동)을 보게 되면 관심을 가지고 도와주는 것처럼 위장하도록 지시하는 우회적 방법을 사용할 수 있다. 이렇게 되면 아이가 분노발작 증세를 헐크 행동으로 연극을 하는 것이나 그것에 대하여 걱정하는 태도 역시도 위장이기 때문에 심각한 가족게임이 유머스럽고 놀이에 가까운 게임으로 변형될 수 있게 되는 것이다(Madanes, 1998 재수정).

6) 슈퍼 히어로물과 다양한 장르의 만화를 주로 출판하며 대표작으로 스파이더맨, 아이언맨, 캡틴 아메리카, 토르, 헐크, 어벤저스, 엑스맨 등이 있다.

7) 헐크(Hulk)는 작가 스탠 리와 만화가 잭 커비가 창조한 마블 코믹스의 만화 캐릭터로 1962년 5월의 '인크레더블 헐그(The Incredible Hulk)' 1호에서 처음 등장하였다. 그리고 1977년부터 1982년까지 CBS에서 '두 얼굴의 사나이(The Incredible Hulk)'란 제목으로 에피소드를 방송한 텔레비전 드라마가 있었다.

(5) 은유적 과제(은유기법)

은유적 과제를 부여하는 은유기법(metaphoric task)은 가족들이 문제를 드러내어 밝히는 것을 수치스럽게 생각하거나 토론(이야기)하기를 주저할 때, 비유나 유사한 이야기를 통해 변화를 유도하는 기법이다. 이 기법을 사용할 때는 가족의 행동목표를 정한 후에 그 행동과 유사하면서도 좀 더 이야기하기 쉬운 은유적 이야기나 행동을 선택하여 실행하도록 하는 것이 효과적이다. 예를 들면, 성문제로 갈등을 겪는 부부가 성적 행위를 표현하는 것에 부끄럽게 생각할 때는 식욕과 음식 취향 등의 문제에 비유(은유)해서 자신이 원하고 생각하는 바를 다루어볼 수 있도록 하는 기법이다.

헤일리와 마다네스의 이러한 전략적 구조주의 가족상담 및 가족치료의 기법은 문제중심적이고 단기적 해결을 지향한다는 점에서 실용적이고 현실적인 성향과 단기에 가시적인 효과를 선호하는 한국문화에도 부합되는 장점이 있다. 특히 한국에서는 부부중심의 핵가족체계를 지향하고 부부체계와 가족의 위계질서를 중시한다는 점에서 상담자의 역할이 적극적이고 융통성 있는 권위를 이용하여 직접적이고 역설적인 지시를 하는 기법도 한국 가족체계에서 적합하다고 볼 수 있다. 그러나 1990년대 이후 한국 가족체계도 급격하게 변화하는 추세에 있고 가족가치관도 달라지는 경향이 있기 때문에 행동변화를 우선시하는 전략적 가족치료 모형은 한계점이 있다고 할 수 있다.

특히 1980년대까지 가족치료계의 주류를 차지했던 전략적 가족치료기법은 치료자의 권위를 강조하기 때문에 냉정하고 조작적(직접적)이라는 비판을 받게 되자 이탈리아의 밀란 모델에서는 포스트모던과 후기구조주의적 문화의 영향을 받아 치료자의 따뜻한 면을 강조하고 순환적 질문방식의 개입선택으로 변화하는 추세를 보인 것을 사례로 들 수 있다. 이러한 은유기법은 사회구성주의적 가족치료 모델인 해결중심 모델, 이야기치료(내러티브 상담) 모델 등에도 영향을 미치게 된다.

3 셀비니-파라졸리의 체계론적 가족상담 및 가족치료

1) 밀란 그룹의 체계·전략적 이론·모형의 발달과정

전략적 가족치료 이론과 모형은 미국 서부의 캘리포니아주 팔로 알토(Palo Alto)에 설립된 정신건강연구소(MRI)에서 발전한 상호작용적이고 의사소통적인 모형을 시발로 한다. 이후 미국 동부의 워싱턴 D.C.에 헤일리(Haley)와 마다네스(Madanes)가 설립한 가족치료연구소가 주도한 구조적 전략주의 모형, 그리고 미국에서 상호작용 모형이 확산되는 것에 영향을 받아 이탈리아 밀란(Millan)에서 정신과 여의사인 셀비니-파라졸리(Mara Selvini-Palazzoli)가 발전시킨 체계이론적·전략주의 모형이 대표적이다.

당시 셀비니-파라졸리는 정신분석훈련을 받은 후 주로 섭식장애(eating disorder)로 음식섭취를 거부하거나 때로는 폭식으로 체중문제나 왜곡된 신체상을 가지고 있는 환자들을 치료하고 있던 중 자신의 정신분석적 치료 결과에 한계를 직시하게 되면서 MRI의 전략적 가족치료 기법을 접하게 된 것이다. 특히 헤일리가 발간한 저서를 통해서는 베이트슨의 순환적 인식론 접근인 의사소통이론에 대하여 영향을 받아 자신과 함께 정신분석적 방법으로 가족치료를 해왔던 동료들을 중심으로 밀라노에 가족연구센터를 설립하게 된 것으로 알려진다.

즉 1967년에 밀란에서 설립된 가족연구센터(Center for the Study of the Family)에는 셀비니-파라졸리(Selvini-Palazzoli), 보스콜로(Liogi Boscolo), 체친(Gianfranco Cecchin), 프라타(Guiliana Prata) 등이 참여했는데, 이것이 소위 '밀란 그룹'의 체계·전략주의 모형이 탄생하게 된 배경이다. 다시 말하면, 섭식장애 증상을 보이는 환자치료에 기존의 정신분석적 접근이 아닌 미국의 MRI가 수행했던 상호작용·전략적 모형을 도입했던 것이다.

따라서 이들의 모형이 개념과 방법론 측면에서 베이트슨(Bateson)이 주장한 순환론적 인식론에 가장 일치되면서도 밀턴 에릭슨(Milton Erickson)이 최면기법으로 사용했던 역설적 개입을 사용하였다는 점에서 '체계·전략적 가족치료'모형으로 불리는 것이다. 이때 역설적 개입 기법은 제이 헤일리(Haley)도 자신의 구조·전략적 가족치료 모형에서 강조하고 있는 방법론으로서, 최면원칙을 사용하여 내담자의 저항을 강점으로 바꾸려는 기법이다(Haley, 1981).

즉 치료사가 내담자(환자)를 최면 혼수상태(hypnotic coma, 최면 코마)로 유도한 후 최면의 얕은 상태(light state)와 깊은 상태(deep state)에서 환자가 나타내 보이는 말이나 태도에서 치료적 요인의 강점을 찾기 위해서 "참을 수 없을 정도로 눈꺼풀이 무거워질 때까지 눈을 뜨고 있으라."라고 역설적으로 기법을 사용하는 것이다. 그러나 밀란 모델은 밀턴 에릭슨의 최면 임상적 기법보다는 주로 베이트슨의 순환적 인식론에 따라 접근했기 때문에 '체계적 가족치료(Systemic Family Therapy)' 모델로 불리기도 한다.

1980년대에 접어들어 밀란 그룹의 구성원들은 다시 두 집단으로 분파가 되는데, 여성그룹인 셀비니-파라졸리와 프라타는 연구에 관심을 가졌으며, 남성그룹인 보스콜로와 체친은 훈련과정에 관심을 가지게 된 것이다. 따라서 파라졸리와 프라타는 심각한 정신문제를 가진 가족들은 역기능적(파괴적) '가족게임(family game)'을 한다는 순환적 인식론을 발전시켰고, 보스콜로와 체친은 전략적 치료기법에서 다소 벗어나 질문을 하는 과정을 통해 가족의 신념체계를 변화시키는 방법으로 전회하게 된다.

이처럼 전략적 가족치료가 초기의 상호작용 모델에서 신념 체계론적으로 변화된 것은 1990년대를 지배하게 되는 사회구성주의적 관점의 해결중심 접근법과 이야기치료 접근법의 토대가 되었다고 볼 수 있다. 특히 보스콜로와 체친이 지향했던 '협력적 팀(반영 팀) 접근 중재모델'은 해결중심치료 등의 단기치료 모형에 많은 영향을 미쳤다고 볼 수 있다. 이처럼 밀란 모델은 다른 모델과 달리 팀 접근법을 택하고 치료과정에서 치료간격이 긴 배양기를 두는 점에서 차이를 보이고 있다.

2) 상담 및 치료요인과 주요 개념

1967년에 이탈리아의 여의사 셀비니-파라졸리가 밀라노(Milano)에 가족연구센터를 설립하고, 1971년에 미국의 정신건강연구소(MRI)가 개발한 상호작용적 의사소통 모델의 단기치료 접근법을 도입하면서 정신분석훈련을 받은 보스콜로, 체친, 프라타 등이 합류하면서 4명으로 구성된 소위 밀란(Milan) 그룹이 형성된다. 이들은 처음에는 거식증 환자들을 치료하다가 일반체계이론과 베이트슨(Bateson)의 인공두뇌 이론을 매우 논리적인 방법으로 치료 실무에 연결시켰는데, 인공두뇌 이론은 모든 삶, 현장, 조직, 행동패턴들이 상호의존하고 상호 연결되어 있다는 관점을 가지는 순환적인 인식론이다.

그러나 1980년대에 접어들면서 밀란 그룹은 치료요인에 대한 관점의 차이로 두 집단으로 분리되었다. 셀비니-파라졸리와 프라타는 미국의 MRI 그룹의 관점을 유지하면서 모든 가족에게 보편적으로 적용 가능한 기법을 개발하는 데 주력하였고, 보스콜로(Boscolo)와 체친(Cecchin)은 치료 팀을 남녀 공동치료자(2명)로 구성된 2개 팀으로 나누어 치료를 직접 담당하는 팀과 일방경(one-way mirror) 뒤에서 관찰하는 팀으로 접근하는 독특한 방법을 채택하였다. 이때 두 치료 팀은 치료모임(session)이 끝난 후 치료효과를 높이기 위한 논의 단계를 두어 각 팀에서 설정했던 가설과 치료효과를 의논하는 방식을 취했던 것이다. 아울러 전략적 개입에서 벗어나 협조적이고 부드러운 방식의 치료로 바꾸었다.

하지만 전체적인 관점에서 보면, 밀란 그룹의 치료요인(주요 개념)은 다음과 같은 공통점을 가지고 있는 것으로 정리할 수 있다.

첫째, 가족의 기능을 알기 위해서는 오랫동안 그 가족을 지배해온 상호작용과 관계성의 가족규칙과 항상성 유지를 위한 복잡한 의사소통규칙인 '가족게임(family game)'을 찾아내야 한다는 것이다. 가족규칙은 세대를 넘어서 가족원의 세력동맹과 제휴들을 말하며, 가족게임은 서로가 힘을 얻기 위해 증상(문제행동)으로 나타나는 게임을 진행한다는 의미이다.

둘째, 이러한 가족규칙과 가족게임으로 인하여 발생되는 증상(문제행동)은 가족원 한 사람의 문제적 반응이라고 볼 수 없고, 가족 중 누군가의 안녕과 보호에 중요하고 가족항상성 유지에 필요해서 생긴 것이라고 본다. 이는 가족을 일반 체계이론과 베이트슨(Bateson)의 순환적 인공두뇌이론에 근거해서 바라다보는 치료 개념이다.

셋째, 밀란 그룹은 상담자(치료자)가 중립성을 가지고 순환적 질문을 통하여 드러난 문제를 중심으로 역설적 개입을 하는 것을 기본으로 삼지만, 현재라는 시간적 개념뿐만 아니라 과거와 미래에도 연결된 동맹과 제휴의 연결망에도 개입하려고 하는 특징이 있다. 따라서 밀란 그룹의 가족치료자는 순환적 인식론으로 가족게임의 증상을 중립성을 가지고 접근하고, 초기에 설정한 치료가설과 치료효과를 논의하는 치료과정을 거치게 된다.

3) 상담 및 치료과정과 치료자(상담자)의 역할

전략적 가족치료기법은 타 가족치료 이론과 모형에서와는 차별적으로 치료자의 적극적 역할을 강조하고, 경우에 따라서는 공동치료나 팀 접근을 하는 것을 선호하는 특징이 있다. 그중에서도 셀비니-파라졸리가 주도한 밀란(밀라노)의 체계적 가족치료 모델에서는 독특하게 팀 접근(남녀 공동치료)을 강조한다. 이는 치료과정에서도 드러나는데, 상담(면접) 과정의 중반부와 종료되는 시점에 휴지기를 두고 상담목표를 설정하고 전체적 상담과정에 대한 논의 단계를 두는 것이 특징적이다.

상담(치료)은 평균 한 달에 한 번 정도 진행이 되며, 10회기 이내의 짧은 회기로 한정된다. Milan 팀은 이를 두고 스스로 "긴 단기 치료"라고 명칭하기도 하였다. 밀란의 체계적 가족치료 모델에서 이처럼 회기 간의 간격이 긴 이유는 내담자(가족성원)가 역설적 처방(기법)의 효과에 반응할 충분한 시간이 필요하다는 관점에서이다. 밀란 모델의 치료과정 상의 독특한 점은 매 회기(session) 마다 남성과 여성으로 구성된 공동치료 팀이 2개 팀(총 4명)이 1개 팀은 치료실에서 내담자(가족구성원)를 상담하고, 1개 팀은 일방경(one-way mirror) 뒤에서 관찰하는 형식을 취한다는 점이다.

아울러 모든 치료(면접) 장면은 비디오로 녹화되고 기록되며, 한 회기에 소요되는 시간이 길지만 치료횟수를 제한하여 가족구성원이 책임의식을 가지고 임하여 시간과 비용을 줄이는 효과를 기대하는 것에 특징이 있다. 이러한 밀란 모델의 독특성으로 인하여 치료자(상담자)가 되려면 수년 간의 정신분석훈련 경험과 실무에 대한 지도감독을 필요로 한다. 그 외에도 밀란 모델은 동질적이지 않고 대부분 주관적이어서 좀 더 객관적인 치료과정이나 효과에 대한 검증이 필요하다는 지적을 받기도 한다.

하지만 밀란 모델은 신경증적 거식증과 정신분열증, 비행자녀 치료에서 효과가 나타났다는 보고가 있다(Boscolo, 1983; Palazzoli & Viaro, 1988). 그리고 밀란 모델에서의 치료자의 역할은 다른 전략적 모델에서 공통적으로 강조되는 문제해결을 위한 전략가로서의 역할보다는 치료자로서의 '중립성'을 강조한다는 점에 있다. 중립성이란 치료자의 태도나 행동패턴에 관한 것으로 통제되고 분석적인 입장을 유지하는 것을 의미한다. 즉 중립적이고 치료동반자의 역할을 요구한다.

한편, 셀비니-파라졸리가 주도한 밀란의 체계론적 전략주의 모델에서는 주로 4명의 치료자가 한 팀이 되어 한 회기를 장시간 진행하는 '장시간 단기치료(Long Brief Therapy)'를 하는 방식을 취하며, 전체적인 치료 및 상담과정은 다음과 같이 다섯 단계로 정리할 수 있다(Goldenberg & Goldenberg, 2001 재수정).

① 면접(상담) 전에 전화접수를 하면서 가족의 정보와 현재 문제에 대한 정보를 수집하는 단계(전 면접단계)

② 면접(치료) 장면에서 가족원들의 문제와 상호작용에 대해 평가하는 단계(면접단계)

③ 휴지기를 가지는 동안 가설설정 및 상담목표를 설정하는 단계(휴지기단계), 즉 전략적 가족치료 모델에서는 환자로 지목된(Identified Patient, IP) 가족원의 증상과 문제행동은 가족항상성을 유지하는 기제로서 다른 가족원에 대한 통제방식기능을 한다는 가정을 가지고 있으므로 그에 따른 정확한 가설설정 및 상담목표설정이 요구되는 것이다.

④ 개입선택과 실행, 과제부여 단계(개입단계), 즉 전략적 모델에서는 주로 역설적 개입을 선택하는 것이다.

⑤ 면접(상담) 후 논의하는 단계(논의단계)

4) 상담 및 치료목표와 기법

밀란 모델에서는 가족의 상호작용이 오랫동안 진행되어온 일련의 의사소통 규칙과 관계 규칙을 체계적으로 가지고 있다는 점을 가정하고 있다. 따라서 가족들은 그들의 가족관계 규칙을 유지하기 위한 복잡한 상호작용을 하는데, 이를 '가족게임(family game)'이라고 명명하고 있다. 즉 정신분열증을 비롯한 비행자녀의 가족원들은 가족원 모두의 게임의 규칙에 합의하지 않으면서도 서로의 힘을 얻기 위해 승자도 패자도 없는 더러운 게임(dirty game)을 하는 순환적(circular)인 연쇄과정을 이루기 때문에 원인과 결과를 정확히 알 수 없다는 입장을 가지고 있다.

따라서 밀란 모델에서의 상담 및 치료목표는 이러한 가족게임을 멈추기 위한 기법으로서 역설적으로 개입하는 것이 효과적이라고 보았다. 역설적 개입기법에는 ① 긍정적 의미부여(긍정적 함축, 재해석), ② 순환질문, ③ 의식처방, ④ 불변의 처방(보편적 처방) 등이 있다. 이러한 치료기법들은 밀란 모델의 치료원리이자 치료기법인 가설설정(hypothesizing) - 순환성(circularity)[8)] - 중립성(nerutrality)[9)]의 원리에서도 연관이 된다.

즉 치료자는 증상(문제행동)이 가족원에게 나타난 원인을 가족원들에게 다양한 질문을 통하여 가설설정을 하고, 중립적 자세에서 순환적 인과론(체계이론)에 따

8) 순환성은 Bateson의 순환적 인과론의 실천적 표현이다. 이 방법은 개인의 증상보다는 가족체계의 하위체계 간의 연관성에 초점을 두고 돌아가면서 가족구성원들에게 가족 상호작용 유형이나 관계에 대해 순환적 질문(circular questions)을 함으로써 가족원들 사이의 지각 차이를 밝혀내는 데 그 목적이 있다.

9) 중립성의 원리는 밀란 그룹 특유의 스타일인데, 중립적 위치에서 가족원을 아무도 비난하지 않고 현재 체계가 어떠한지, 왜 그러한지를 호기심을 가지고 이해하려는 원리이다.

른 중립적인 관점에서 질문을 함으로써 역설적인 개입을 하게 되는 것이다. 아울러 매회 치료는 치료 전 모임(pre-session), 치료회기(session), 중간(휴지)회기(inter-session), 개입(intervention), 치료 후 모임(post-session)의 표준화된 5단계를 거친다.

(1) 긍정적 함축(긍정적 의미부여)

밀란 모델에서는 문제를 가진 가족은 이미 역설이 있으므로 역설적으로 치료자에게 접근해야 한다고 본다. 즉 이런 상황은 치료적 이중구속, 즉 반역설(counter paradox)에 의해서만 해소될 수 있다고 생각한다. 대처방법의 하나로는 증상에 대한 긍정적 함축(긍정적 의미부여, positive connotation) 기법을 제시한다.

긍정적 함축은 MRI 모델의 재정의 기법과 유사한 것으로서, 부정적인 증상행동을 긍정적인 동기로 재해석하여 설명하는 것을 말한다. 이는 가족게임 등의 문제(증상)가 가족체계의 안정과 가족응집을 돕기 때문에 긍정적이라고 의미를 부여하여 역기능적인 가족게임을 무력하게 만드는 기법이다(Nichols & Schwartz, 2001 재수정).

(2) 순환질문

순환질문(circular questioning)은 밀란 모델의 독특한 기법으로서 가족구성원 전원에게 돌아가면서(순환하면서) 가족 상호작용이나 가족관계에 대해 이야기를 할 수 있도록 질문하여 대화할 수 있도록 하는 기법이다. 순환질문으로 인해 내담자 가족원은 개별 가족원의 이야기를 경청하면서 자신을 관계적 맥락에서 바라볼 수 있게 된다. 이 기법은 순환성을 강조하는 베이트슨(Bateson)의 개념에 기반을 둔 것으로 보스콜로(Boscolo)와 체친(Cecchin)이 많이 사용하였다.

(3) 의식처방(의례화 증상처방)

의식처방(rituals prescription)은 가족게임을 과장되게 드러나게 하여 가족원(내담자들)이 그것을 더욱 분명하게 인식할 수 있도록 하여 어리석은 행동임을 깨달아 중단시키는 기법이다. 예를 들어, 대학에 가지 않으려는 딸과 그러한 딸의 행동을 부추기고 과잉보호하려는 어머니, 그러한 어머니를 비난하는 아버지로 구성된 가족원에서 치료사가 아버지에게 비난하지 말고 딸에게 학비가 들지 않아서 고맙다는 말을 하도록 처방하는 것이다.

(4) 불변의 처방(보편적 처방)

셀비니-파라졸리와 파라타(Parata)가 주로 사용한 불변의 처방(invariant prescription) 기법은 역설적 지시를 하는 치료로 진행되며, 한 달 간격의 10회기로 구성된다. 역기능 가족의 공통적인 유사성이 가족게임을 소유하고 있다는 전제하에 가족게임을 중단시킬 수 있도록 하는 기법인데, 여기에서 처방이란 가족의 저항에 대처하고 증상을 없애기 위해 증상을 지속하게 하거나, 증상을 과장하게 하고, 자의로 증상을 통제할 수 있도록 조력하는 역설적 개입 전략에 속한다. 이러한 처방은 주로 정신분열증(조현병, Schizophrenia) 및 거식증(anorexia) 가족에게 적용된다.

아울러 부부관계가 교착상태에 있을 때 부모가 자녀를 끌어들여서 자녀에게서 증상이 나타나는 경우에도 파괴적인 상호작용에서 벗어나도록 처방을 줄 수 있다. 이는 파라졸리(Palazzoli)가 역설적 개입을 사용하는 것에 그치지 않고 치료대상이 되는 가족에게 부과하는 정교하고 창의적인 의식을 개발하였다는 점을 말해준다.

Chapter 08

경험적 / 구조적 가족상담 및 가족치료

1 휘태커, 사티어의 경험주의 가족상담 및 가족치료

1) 경험주의 가족상담 및 가족치료의 발달과정

(1) 휘태커의 상징적 경험주의 이론·모형의 발달과정

미국의 칼 휘태커(Carl A Whitaker, 1912~1995)가 창시한 경험적 가족상담 및 가족치료는 1970년대에 가족상담 및 가족치료 이론과 모형들이 독자적인 연구와 치료 그룹이 정형화되기 이전 시기에 정신분석적 가족상담 및 가족치료와 행동주의적 관점의 가족치료가 갖는 결점에 대한 반동으로 대두되었다고 볼 수 있다.

정신분석과 행동주의 상담이나 치료는 원칙적으로 개인을 대상으로 접근하는 이론과 모형의 심리치료 세력으로서 주류를 차지했지만 1940년대부터 대두된 인본주의 상담, 형태주의(Gestaltism) 상담, 실존주의 상담이 새로운 심리세력을 구축하게 되면서 가족치료 영역에서도 이러한 심리치료 세력의 영향을 받게 된 것으로 분석할 수 있다.

즉 인본주의는 인간의 성장 잠재력과 문제해결능력을 존중하고, 실존주의와 현상학은 인간의 자발성과 자유, 개인의 주관적인 감정이나 욕구를 중시하며, 비슷한 인간관점에서 1940년대 유대계 독일인 정신과 의사인 프릿츠 펄스(Fritz

Perls, 1893~1970)와 부인 로라 펄스(L. Perls), 굿맨(Goodman) 등에 의해 창시된 게슈탈트 치료(Gestalt Therapy, 형태치료)도 내담자의 지각을 하나의 전체적인 형태로 조직화한다는 인식을 가지고 있기 때문에 휘태커(Whitaker)와 사티어(Satir)도 유사한 관점에서 경험적 가족치료 이론과 모형을 개발한 것으로 볼 수 있다.

그러나 휘태커와 사티어는 각기 다르게 그들의 경험적 가족치료 이론과 모형을 제시했다는 상당한 차이점이 있으며, 다만 상담 및 치료 장면에서 느끼는 내담자의 감정을 중요시하고 내담자의 성장을 지향한다는 점에서는 유사성을 가진다. 즉 상담자나 치료자도 개인상담 이론인 인본주의나 실존주의, 그리고 형태주의 상담에서와 유사하게 온정적이고 지지적이며 솔직하게 자신을 개방하는 자세가 내담자의 치료적 변화를 촉진한다는 입장을 공통적으로 가지고 있는 것이다.

하지만 휘태커와 사티어는 이처럼 경험적 가족치료 이론을 구축한 공통점이 있지만 세부적으로 보면 상당한 차이점이 있다.

우선 경험적 가족치료를 대변하는 두 거장의 학문적 배경도 다른데, 휘태커는 의사 출신이고 사티어는 교사 출신으로서 임상사회사업을 전공한 이론가이자 실천가였다는 차이점이 있다.

휘태커의 경우에는 시라큐스(Syracus) 의과대학에서 원래는 산부인과 레지던트를 거쳤지만 제2차 세계대전 동안에 군에서 정신과 공동치료 팀에서 일하면서 정신과적 특성에 매료되어 루이스빌(Louisvill) 의과대학 병원에서 1938년부터 정신과 수련을 쌓은 후에 가족치료에 관심을 갖게 된 것으로 보인다.

이에 비해 사티어는 교육학을 전공한 후 초등학교 교사로 재직하면서 다양한 학생과 그 가족을 만나게 된 것이 계기가 되어 다시 시카고 대학원에서 사회사업학을 전공하게 되면서 가족치료 및 상담자의 길로 가게 된 것으로 볼 수 있다. 이러한 학문적이고 직업적인 배경에서 경험적 가족치료 및 상담을 개척한 두 거장의 치료 관점이나 스타일은 공통점이 있으면서도 다소 차이를 보이게 되는 것이다.

먼저 휘태커는 에모리대학의 정신과 주임교수로 재직하면서 정신분열증 환자와 그 가족을 치료하는 데 초점을 맞추었다. 그는 가족의 정서적 측면에 개입하기 위해서 실제적인 체험뿐만 아니라 상징적 행위를 통해서 가족의 억압과 위선을 직면하게 하는 기법을 사용했다. 이런 점을 강조하는 휘태커(Whitaker)는 자신의 치료법을 '상징적-경험주의 가족치료(Symbolic-Experiential Family Therapy, S-EFT)'라고 명명했다. 즉 정신분열증 환자가족을 치료하면서 질병의 원인 중에서 가족이 중심적인 역할을 한다는 사실을 발견하고 가족을 치료과정에 참여시키기 시작하면서 소위 '상징적-경험주의 가족치료' 이론을 정립하게 된 것이다.

그러므로 휘태커의 상징적 경험주의 가족치료 과정에서는 원인을 통찰하거나 설명해주는 정신분석적 접근보다는 가족이 함께하는 경험이 결정적일 수 있다는 관점을 가지게 된다. 이에 휘태커는 치료과정에서 가족이 함께하는 팔씨름, 좌석이동, 게임과 같은 신체적 상호작용을 할 수 있도록 커다란 공간을 확보하여 가족 특유의 갈등과 행동양식에 맞는 상징적 경험(명료한 표현, 관찰, 경청 등)을 제공하려고 노력하였다.

아울러 휘태커는 정신분열증을 성장과정에서 궁지에 몰린 사람이 나름대로 만들어 낸 창조적인 해결책이라고 규정하고, 치료과정 중에 환자와 치료자가 서로 몰입하는 경험을 통해 양쪽 모두 성장할 수 있다는 입장을 보였다. 그러므로 치료에 참가하는 환자, 환자가족, 치료자 모두는 환자인 동시에 치료사 역할을 할 수 있다는 파격적 관점을 견지하였다. 이러한 관점을 가족치료사에게 적용해보면, 특정 가족치료 모델을 숭상하고 본뜨기보다는 자신을 적극적으로 활용하여 분석과 해석을 통하여 환자와 그 가족에게 통찰을 가져오게 하고 직관적이고 상징적인 접근을 요구하는 것으로 볼 수 있다.

이러한 접근은 휘태커가 미국 조지아주 애틀랜타시에 소재한 에모리대학(Emory University)의 정신의학과 학과장으로 재직했던 1946년부터 1955년까지 어느 정도 정립이 되었다. 그러나 휘태커의 '상징적-경험주의 가족치료'가 본격적으로 탄생하게 된 시기는 에모리대학 당국에서 정신분석적 경향이 강한 부서를 만들라는 압력이 강해지면서 에모리대학 교수직을 그만두면서였다고 할 수 있다. 즉 이에 반발하여 휘태커를 비롯한 토마스 멀론(Thomas Malone), 존 워켄틴(John Warkentin), 리처드 펠더(Richard Felder) 등의 의료진이 동시에 사임하여 1955년에 설립한 애틀랜타 정신진료소(Atlanta Psychiatric Clinic)를 중심으로 10여 년간 연합체를 구성하여 논문들을 발표하는 과정에서 이론이 체계화되었던 것이다.

이후 휘태커는 1965년에 매디슨에 있는 위스콘신대학의 정신과에서 교수로 재직하면서 1982년 은퇴할 때까지 그곳에 머물렀다. 은퇴 후 휘태커는 계속해서 폭넓은 강의와 강연을 이어갔고, 그와 그의 아내인 무리엘 슈람 휘태커도 그를 도와 전 세계 가족 치료사들과 상담하고 감독했다. 이에 휘태커에 영향을 받은 상징적-경험주의 가족치료자들은 실재요인과 상징적 요인이 치료과정에 작용하게 된다는 입장을 보인다.

마치 도시에는 수많은 건물과 도로가 상부 구조로서 실재요인이 되어 구성이 되지만, 표면에 드러나지는 않지만 건물과 도로의 아래에 있는 하부구조가 있듯이 인간의 개인적 심리도 항상 의식되지는 않을지라도 무의식적으로는 충동의 물결과 진화하고 있는 상징들에 의해 지배된다고 보는 것이다. 결국 가족치료나 가족상담의 과정에서도 외부세계에 나타나는 갈등이나 증상이 보이지 않는 내부세계에 의해서 결정될 수 있다는 가정을 하는 것이다.

그러므로 증상을 보이는 환자나 가족의 상징적 내부(내면)세계를 확장시킬 수 있는 '경험'들을 제공함으로써 보다 충만하고 풍요로운 삶을 살 수 있도록 조력하는 것이 상징적-경험주의 가족치료의 이론적·모형적 발달과정이라고 할 수 있다.

아울러 경험적 가족치료(Experiential Family Therapy)의 선구적 모형으로 볼 수 있는 휘태커의 '상징적-경험주의 가족치료'는 개인과 가족의 관계유형에 역점을 둔다는 점에서 다세대적인 접근이라고 할 수 있다. 따라서 흔히 치료과정에서는 증상을 드러내는 환자의 윗세대들의 가족들이 포함되는 경우가 많다. 왜냐하면 상징적-경험주의 가족치료에서는 과거와 현재의 증상들이 확대가족을 포함한 가족의 외부화(언어화)되지 않은 상징적 경험(Symbolic Experience) 안에 편재해 있다고 전제하기 때문이다.

그러나 이러한 휘태커의 관점은 1953년에 『정신치료의 뿌리(*The Roots of Psychotherapy*)』라는 획기적 저서를 발간했지만 임상기법으로 체계화되지 못한 상태에서 1995년에 83세의 나이로 사망한 이후 그 영향력이 약화되었다. 아울러 휘태커는 성장과 성숙의 경험을 제공하는 치료자가 되면서 잭슨(Jackson)이나 애커만(Ackerman) 등에 이어서 미국가족치료계에서 초기 가족치료사로서 대단한 평가를 받았지만 주로 임상활동에만 치중했던 한계가 있었던 것이다.

즉 애커만(Ackerman)의 제자 파버(Farber)는 휘태커(Whitaker)를 미국에서 가장 위대한 치료자라고 칭했고, 구조주의 가족치료자 미누친(Minuchin)도 만약 자신이 가족치료를 필요로 한다면 휘태커(Whitaker)에게 의뢰하겠다고 했을 정도였지만, 휘태커는 초기의 임상적 활동을 제외하면 노후에는 자신을 추종하는 협회나 학회도 만들지 않았던 것이다.

(2) 사티어의 의사소통적 경험주의 이론·모형의 발달과정

휘태커(Carl Whitaker)가 경험적 가족치료(Experiential Family Therapy)의 창시자로서의 역할을 했다면, 버지니아 사티어(Virginia Satir, 1916~1988)는 여성으로서 휘태커가 주장한 경험주의 관점을 공유하면서도 온정과 사랑의 치료관점에서 자신의 이론과 실제적 치료기법들을 잘 정리한 업적이 있다. 즉 사티어는 인본주의적 인간관과 철학을 기초로 자신의 치료이념과 가치체계를 발전시켰던 것이다. 따라서 가족치료 및 가족상담 학계에서 보웬을 '가족치료의 아버지'로 칭하는 것에 비하여 사티어를 '가족치료의 어머니'로 칭하는 이유도 여기에 있다고 볼 수 있다.

그러나 사티어의 의사소통적이고 경험적인 가족상담 및 가족치료의 접근에서는 이론의 역할은 높이 평가되지 않는 특성이 있다. 경험적이라는 용어에서도 알 수 있듯이 경험적 가족치료 접근에서는 이론적 접근보다는 가족이 직접 경험하는 것에 초점을 두기 때문이다. 따라서 치료 현장에서는 꾸준히 관심을 받고 있으나 이론적 측면에서는 1970년대 중반 이후에 각광을 받게 되는 구조주의(구조적) 접근에 비하여 이론적으로 비판을 받으면서 세력이 약화된 것도 사실이었다.

사티어는 미국 위스콘신주에서 가장 큰 도시인 밀워키(Milwaukee)에서 대학을 졸업하고 1937년부터 6년간 초등학교 교사로 재직하였다. 그리고 일리노이주 시카고(Chicago)의 노스트웨스턴대학(Northwestern University)에서 대학원과정을 시작하여 정신치료와 사회사업을 전공하여 1948년에는 사회서비스 행정으로 석사학위를 취득하였다.

이처럼 사티어가 사회사업학 석사학위과정을 이수하게 된 계기는 교사생활을 하면서 다양한 학부모들과 만남을 통해 교사가 학부모에게 지지와 격려를 제공할 때 학생들도 학교생활에 적응도가 높아지게 된다는 점을 발견하게 되었다고 알려지고 있다. 특히 문제행동을 보이는 학생 뒤에는 문제가족이 있다는 인식을 하게 되었고, 교사의 역할로서는 한계가 있다는 판단이 들자 대학원과정을 마치고 1951년부터는 임상사회사업가로서 자신의 클리닉(가족치료소)을 운영하게 된 것이다.

이러한 과정에서 상당한 임상경험이 축적되자 1955년에는 일리노이주 정신의학연구소(Illinois State Psychiatric Institute)로부터 정신의학협회(APA)의 레지던트 훈련 프로그램을 지도하도록 초대되었다. 이후 1959년에는 돈 잭슨(Don Jackson)의 초청으로 미국 서부의 캘리포니아주 팔로 알토로 옮겨서 정신건강연구소(Mental Research Institution, MRI)를 설립하는 데 참여하는 동시에 가족치료 프로그램 훈련 감독자로도 활동하였다. 이는 정통 프로이트식 심리치료를 벗어나 최초로 가족치료 훈련 프로그램의 개발과 실천가로서 활동했다는 점을 의미한다.

사티어는 1959년부터 정신건강연구소(Mental Research Institute, MRI)에서 초창기 연구자로 참여하면서 설립자인 잭슨(Don Jackson)은 물론이고 헤일리(Haley)와도 같이 가족치료 프로그램을 개발하게 되었다. 이후 사티어도 1960년대 후반에 갑자기 잭슨이 젊은 나이에 사망하고 1966년에는 캘리포니아주에 있는 에살렌 연구소(Esalen Institute)의 초대 소장으로 가기 위해 MRI를 떠나게 된다. 이어서 헤일리도 미누친과 공공연구를 위해 정신건강연구소(MRI)를 떠나게 된다. 이에

MRI는 상호작용적 의사소통이론에 근거한 단기치료 모델로 전회하게 된다.

이때부터 사티어의 가족치료 모델은 다양하게 변화과정을 보이게 된 기점으로 볼 수 있다. 다시 말하면 1959년부터는 MRI에서 잭슨이 이끈 의사소통 가족치료에 깊이 있게 몰두하여 자신의 이론과 기법의 터전을 정립했지만 1960년대 중반에는 MRI에서 분리된 활동을 전개하면서 다양한 '사티어 모델'을 발전시키게 되는 것으로 볼 수 있다.

이러한 변화과정을 정리해보면, 사터어의 가족치료의 배경은 1960년대 중반까지는 정신건강연구소(MRI)의 의사소통 모델로 볼 수 있고, MRI를 벗어나 독자적으로 활동하면서부터는 주로 인본주의적 개념을 바탕으로 한 성장모델(growth model)의 일원으로서 가족치료자와 가족이 힘을 모아 가족의 상호교류적인 경험을 촉진하여 성장을 돕는 입장의 기법을 강조하게 된 것으로 볼 수 있다. 그러한 과정에서 1977년에는 사티어 자신의 전재산을 기부하여 한 달씩 묵으면서 가족치료를 훈련받는 조직인 'Avanta Network'를 설립하였고, 1981년에는 'Process Community'라고 칭하는 International Summer Institute도 설립하였다.

물론 가족치료의 이론과 모델의 체계화를 위한 저서 출판에도 많은 업적을 보였는데, 1964년에 『공동가족치료(*Conjoint Family Therapy*)』를 처음 출판 이후 다수의 저서들이 발간되었다. 즉 1975년의 『변화를 향한 가족 돕기(*Helping Families to Change*)』, 1976년의 『만남 만들기(*Making Contact*)』, 1983년의 『사티어 단계(*Stair Step by Step*)』, 그녀가 췌장암으로 사망한 해인 1988년의 『새 사람 만들기(*The New People making*)』, 사망 후 유작을 모아 1991년에 발간된 『사티어 모형(*The Satir Model*)』이 그것이다.

이러한 저서들에서 사티어는 자신의 경험적 가족치료이론과 모형을 자신의 임상적 경험이나 교육과 훈련경험을 근거로 체계화시키게 되는데, 이러한 영향으로 미국을 제외하고도 홍콩, 베네수엘라, 캐나다, 타이완, 중국, 한국 등의 국가에도 사티어 가족치료 지부가 설치·운영되기에 이른다.

하지만 1970년대 후반부터는 미누친이 제시한 구조적 가족치료 이론의 영향력이 커지면서 사티어의 경험적 가족치료 세력은 비판을 받고 그 세력이 약화되는 현상이 뚜렷해지게 된다. 사티어는 미누친과의 논쟁에서 미누친으로부터 이론적 과학성에서 한계가 있다는 점을 지적받자 자신의 모델에서 중시하는 온정주의적인 가치관이나 자기존중감, 그리고 가족규칙과 의사소통유형의 개념이 가족치료 및 인간성장 모델의 근간이 된다는 점을 강조하였다.

이렇게 볼 때 사티어는 미누친과의 논쟁에서 스스로 이론적 한계를 느끼게 되면서 많은 저서들을 출간하게 된 것으로도 짐작할 수 있다. 한편, 경험적 가족치료의 두 거장인 사티어가 1988년에 72세로 사망하고, 1995년에는 휘태커도 사망하자 경험적 가족치료의 추종자들은 구조적 가족치료, 가족조각, 행동적 가족치료를 포함한 다양한 이론과 모형을 통합하는 접근을 보이게 된다.

휘태커와 사티어를 제외한 대표적 경험주의 가족치료사는 형태주의(게슈탈트) 치료기법을 많이 도입했던 켐플러(W. Kempler)와 사이코드라마 기법을 도입했던 켄터(D. Kantor), 덜(B. Duhl)을 들 수 있다. 켐플러(W. Kempler)는 치료자가 가족과 평등하게 치료의 참여자가 되는 것을 강조하여 그들의 세계를 경험하려는 시도를 한 업적이 있고, 켄터(D. Kantor)는 경험적 가족치료접근에 영향을 주는 가족과정의 이론을 개발하였다. 그리고 덜(B. Duhl)은 자신의 치료과정에서 비언어적 의사소통인 가족조각(family sculpture) 기법[1], 인형극 등의 많은 표현기법을 활용하였다.

2) 상담 및 치료요인과 주요 개념

휘태커의 상징적 경험주의 이론·모형에서의 가족치료 접근은 임상적이고 실용적인 측면이 강하지만 이론적으로 규정하기는 취약한 특성이 있다. 이러한 특성은 휘태커가 명성이 높았지만 저서발간 등의 집필 활동에서는 활발하지 못했던 결과와도 이어진다. 휘태커는 그만큼 이론이나 기법보다는 상담자와 내

1) 가족조각치료는 가족 구성원들에게 행동과 감정을 표현하는 자세를 취하게 하고, 심리적 공간을 나타내는 위치에 가족 구성원들에 해당하는 물건들을 배치시키면 마치 '살아 있는 가족 초상화'를 그리는 것 같이 가족의 모습이 명확히 드러나게 하여 가족 각자가 생각하는 바를 타 가족원이 모습을 잠시 동안 말이 아닌 행동으로 표현하는 치료기법이다.

담자 간의 개방성과 자발성을 중요시했다고 볼 수 있으며, 이론 대신 개인의 경험에 대한 신뢰와 치료과정에서 순수한 반응이 나타날 수 있도록 하는 것이 관건이라고 주장하였던 것이다.

따라서 휘태커(Whitaker)의 이러한 견해는 가족상담 및 가족치료가 이론적이고 기술적인 것이라기보다는 예술(art)에 가깝다고 생각하는 것으로 볼 수 있는데, 치료를 치료자(상담자)와 내담자(IP)가 서로 경험을 공유하면서 치료를 통해 서로의 이익을 얻게 되는 하나의 성장과정으로 규정하고 있다는 점에서도 드러난다.

이러한 휘태커의 치료 기법은 명칭에서도 드러나듯이 '경험적(experiential)'이라는 용어에서도 알 수 있는데, 경험주의적 가족치료사들이 인위적인 이론적 노력보다는 치료적 경험의 노력을 강조하는 공통점을 가지고 있다는 점에서도 증명이 된다. 그의 견해를 받아들이는 가족치료사들이 인본주의적 내담자 중심의 기법이나 지금 여기 등의 현상학적 기술, 연극의 틀과 기법을 이용한 심리요법인 사이코드라마(psychodrama) 등의 심리극을 주로 사용하고 있는 것도 같은 맥락에서 이해할 수 있다.

사티어(Satir) 역시 다른 경험적 가족치료사들과 마찬가지로 현상학적 이론이나 인본주의적 이론에서 영향을 받아 가족상담 및 가족치료의 치료요인(주요 개념)을 제시하였다는 점은 공통적이다. 그러나 휘태커와는 달리 자신의 가족치료 이론과 모형을 체계적으로 제시하고 있다는 차별성이 있는데, 오늘날 경험적 가족상담 및 가족치료의 대표적 인물로 버지니아 사티어(Virginia Satir)가 칭해지고 있는 이유도 여기에 있다.

사티어의 가족치료 모형은 흔히 경험적인 '성장모델(Growth model)'로 불리고, 경우에 따라서는 '의사소통모델'로도 칭해지는데, 이는 사티어 모델에서의 인간관이 사람들은 서로 자신의 감정을 분명히 표현하고 차이점을 받아들일 수 있다는 점을 강조하고 있기 때문이라고 할 수 있다. 즉 모든 사람들은 유일한 존재로서의 자아존중감을 가지고 있으면서도 다른 사람과의 차이점을 수용하고 합리적인 의사소통을 선택하여 대처(coping)함으로써 성장할 수 있다는 가정을 하는 것이다.

이러한 신념과 가정은 곧 사티어 모델에서의 치료 신념이자 치료요인으로서 이론적 개념을 구성하고 있다. 사티어의 성장모델에서는 자아존중감(self-esteem)을 핵심적인 개념으로 하였으며 자아존중감을 발달시키는 환경이 가족이기 때문에 '삼인군 가족치료'의 개념을 중요시하고 치료기법을 발달시켰다. 즉 원가족 도표(family of origin map)를 통하여 가족의 역동성과 가족관계를 쉽게 이해하고 평가하여 이를 삼인군 가족치료에 사용했던 것이다. 이때 자아존중감을 발전시키기 위한 가족자원의 두 측면을 강조하였는데, 하나는 가족원 간의 상호작용이며, 다른 하나는 부모의 영향(노력)으로 보았다.

이처럼 사티어가 인본주의 및 실존주의와 현상학적 이론에 영향을 받아서 제시하고 있는 주요 치료요인(개념)은 다음에서와 같이 ① 자아존중감 및 자기가치 체계(자기가치감), ② 의사소통 및 대처유형, ③ 가족규칙 등으로 구분될 수 있다.

(1) 자아존중감 및 자기가치 체계(자기가치감)

사티어는 가족치료에서 인지나 행동보다는 감정 측면을 중요하게 보았는데, 자아존중감이나 자기가치감의 개별성이 문제를 진단하는 중요한 기준이 되며 치료목표가 된다고 보았다. 자아존중감과 자기가치감은 어릴 때 부모자녀 관계와 가족구조에서 어떠한 경험을 하였는가에 의해 형성되며, 성장하면서 친구와 주위 사람, 지역사회로 확대된 관계에서 경험된 상황에 의해 영향을 받는다고 간주하는 것이다.

따라서 사티어를 비롯한 경험주의적 가족치료사들은 가족구성원 개개인의 개별성(자아존중감, 자기가치감)에 관심을 가지고 변화를 위한 에너지 자원으로 간주하였다. 사람은 자신의 존재나 삶에 대한 개인적 의미, 즉 자아존중감이나 자기가치 체계를 갖추지 않고서는 다른 사람(가족 등)과 나누는 관계가 원만할 수 없기 때문이다. 사티어가 "사람은 서로의 공통점 때문에 친하게 되고, 차이점(개별성) 때문에 성장한다."고 언급하고 있는 것도 개인의 개별성과 성장을 강조한 것으로 볼 수 있다.

(2) 의사소통 및 대처유형

사티어는 감정의 전달(표현)을 중요시했기 때문에 의사소통이 역기능적일 때 가족이나 개인문제가 발생한다는 점을 강조하고 있다. 역기능적 의사소통은 언어적 메시지와 비언어적인 메시지의 의미가 불일치하는 이중적 메시지로 전달된다는 특징이 있다. 일반적으로 역기능적 의사소통을 하는 사람들은 자아존중감이나 자기가치감이 낮고, 이는 상대방과의 상호작용에서 두려움으로 작용하기 때문에 자기가 경험한 것을 적절하게 소통하지 못한다고 본 것이다. 의사소통은 어릴 때부터 부모, 형제자매, 이웃 사람(지역사회)들과의 상호작용에서 배우게 되는데, 역기능적 의사소통유형은 변화될 수 있다고 제시한다.

사티어는 사람들이 건강과 스트레스가 있는 상황에서 자아존중감이 위협받는 것을 두려워하면서 대처하는 방식(전략)으로 역기능적 의사소통 유형들을 네 가지로 제시하였다. 즉 자신의 감정이나 생각을 무시하고 타인의 기분을 맞추려는 ① 회유형(placating) 의사소통, 자신을 보호하기 위하여 다른 사람을 무시하는 ② 비난형(blaming) 의사소통, 강박적인 생각으로 다른 사람과 거리를 두고 지나치게 이성적으로 대처하는 ③ 초이성형(super reasonable) 의사소통, 초이성형 의사소통과는 반대로 자신, 타인, 상황을 모두 무시하는 생각과 말, 행동이 자주 바뀌는 ④ 산만형(irrelevant) 의사소통이 그것이다.

따라서 이러한 역기능적 의사소통 및 대처유형은 의사소통의 내용과 내적 감정이 일치하는 말과 행동, 태도가 적절하여 기능적이고 창의적인 일치형(수평형, congruent) 의사소통의 유형으로 변화될 필요가 있다.

(3) 가족규칙과 선택의 자유

사티어는 가족규칙에 관한 개념을 팔로 알토(Palo Alto)의 정신건강연구소(MRI)

에서 잭슨(Don Jackson)과 함께 의사소통적 가족상담 연구를 진행할 때 영향을 받아 가족구조 내에서 가족규칙(family rule)이 역동적이고 필수적인 행동규범으로 간주하고 있다. 사티어는 가족구성원이나 개인이 겪는 고통의 원인을 '나쁜 규칙'에서 찾는데, 가족문제의 원인으로 융통성 없는 가족규칙에 있다고 본 것이다.

가족규칙에는 가족원의 행동을 규정하고 제한하는 것으로서 역할과 관련된 기대, 생각과 감정, 태도 등이 포함되는데, 일종의 명령이라고 간주한 것이다. 따라서 사티어는 가족원 등의 의사소통 유형을 관찰함으로써 가족규칙을 발견할 수 있다고 보았으며, 성장기에 역기능적인 원가족 삼인군(Primary Triad)에서 경험한 것이 내면에 자리 잡는 가족규칙이라고 규정하고 있다.

원가족 삼인군(Primary Triad)이란 주로 부부와 자녀(아동) 한 명이 하나의 팀이 되어 상호작용하는 단위를 말하는데, 원가족 삼인군 치료과정에서는 원가족도표(family of origin map)를 사용한다. 인간은 이러한 원가족 삼인군에서 경험한 역기능적 가족규칙에서 선택의 자유를 방해받게 되어 문제가 발생한다고 보는 것이다. 따라서 사티어의 경험적 가족치료에서는 선택의 자유를 가족치료사가 원조하는 것이 치료요인이 된다.

3) 상담 및 치료과정과 치료자(상담자)의 역할

경험적 가족치료자는 솔직하게 자기개방을 하면서 치료대상인 가족들이 그들의 감정 등의 내면적 경험에 접촉할 수 있는 기법들을 사용하는 치료과정을 진행한다. 이러한 치료과정은 지금-여기에서의 경험과 감수성이 정서적으로 일어나게 하는 치료자(상담자)의 역할과도 상관이 있다. 이는 치료자 자신의 인성과 솔직성(진솔성)을 활용하여 가족들과 참만남을 이루도록 하는 과정이다. 따라서 치료자는 적극적이고도 때로는 자극적일 필요가 있는데, 이를 통하여 가족들의 치료에 대한 불안감이 감소가 되고 가족구성원 상호 간에도 상호작용이 자연스럽게 일어날 수 있게 되는 일종의 모델의 역할을 하는 것이다(Goldenberg &

Goldenberg, 2001 재수정).

휘태커와 사티어가 주장하는 치료과정은 다소 차이가 있는데, 휘태커의 모델을 '상징적-경험주의 가족치료'라고 칭하고 사티어의 모델을 '의사소통적 경험주의 가족치료'라고 부르는 이유와도 상관이 있다. 먼저 휘태커는 주로 삼세대의 가족세대를 가족치료에 참여시켰으며, 만일 중요한 가족구성원이 참여하지 않을 때는 치료를 거절할 정도로 직선적이고 자극적인 치료자의 역할을 했다고 전해진다.

따라서 휘태커는 자신의 이러한 방식에 저항을 보이는 사례에 대해서는 저항을 완화시킬 수 있는 공동치료자를 참여시키는 것이 중요하다는 점도 강조한다. 이는 휘태커의 치료과정이 치료자 자신을 활용하여 인간적 만남을 추구하고, 그러한 과정에서 가족원들이 각자의 신념과 상징체계를 표현할 수 있도록 하여 성장에 초점을 두었다는 점을 나타낸다.

이에 비하여 사티어(Satir)는 따뜻함과 지지를 강조하며 사티어 자신은 '사랑의 치료하는 힘'을 믿는 사람이라고 언급하고 있다. 아울러 가족들이 치료과정에서 의사소통을 명확히 하도록 하기 위해 가족 각자에게 말하게 함으로써 의견의 불일치를 경청하고 이해하도록 하는 것에 치료자의 역할이 있음을 강조한다.

따라서 의사소통적 경험주의 가족치료사에게서 요구되는 역할은 크게 인간적인 참 만남이 이루어질 수 있는 일치성(congruence), 유능감(competent), 자신감(confident)의 세 가지 요소라고 볼 수 있다. 사티어가 상담과정에서 해야 할 치료자의 역할로 교사의 역할, 모델링의 역할, 격려자나 지지자의 역할을 들고 있는 것도 같은 맥락에서 이해될 수 있다.

한편, 사티어는 자신의 의사소통적 가족치료에서 가족들에게 명확하고 분명한 의사소통 규칙에 따라 일치형(수평형, congruent) 의사소통의 유형이 정착되도록 하는 치료과정을 다음과 같이 여섯 단계로 제시하고 있다(Satir et al., 1991).

제1단계는 고통과 증상이 나타나서 가족이 제 기능을 하지 못하는 폐쇄체계에서 적절한 도움이 필요한 단계이다. 제2단계는 가족체계 안에 상담자(치료자)라는 외부요인이 투입됨으로써 저항 및 통찰이 일어나는 단계이다. 제3단계는 치료자의 도움으로 가족이 재구조화되고 체계가 개방되지만 감정이 직면되어 혼란(혼돈)을 겪게 되는 단계이다. 제4단계는 치유와 변화가 시작되는 단계로 치료자는 역기능적 폐쇄체계를 순기능적이고 통합적인 체계로 변화시켜야 한다. 제5단계는 새로운 변화 상태를 연습하는 단계이며, 제6단계는 새로운 변화 상태가 정착되도록 하는 단계이다.

4) 상담 및 치료목표와 기법

경험주의적 가족치료의 접근에서는 인간은 본성적으로 건강하고, 창의적이고, 열정적이고, 사랑스럽고, 생산적이라는 칼 로저스(Carl Ransom Rogers, 1902~1987)의 인본주의적인 믿음을 전제하는 특징이 있다. 따라서 이론과 기법 중심이 아니라 용어 그대로 신념에 입각한 직관적 경험을 강조한다.

따라서 감수성, 느낌의 자유로운 표현, 자발성과 창의력 증진, 선택의 자유, 내면적 경험과 외면적 행동의 일치에 의한 대처 능력의 증진 등이 치료목표가 된다. 이러한 치료목표는 가족의 안정이 아니라 가족과 개인의 성장에 있다는 점을 의미한다.

휘태커(Whitaker)는 개인의 성장은 가족의 결속이나 통합과 불가분의 관계에 있다고 보았으며, 건강한 가족의 요소에 대해서는 창조성, 융통성과 함께 위계질서와 세대 간의 경계를 들었다. 아울러 사티어(Satir)는 개인의 자아존중감을 높이는 개별성, 자기인생에 대한 선택권, 가족규칙을 합리적이고 현실적으로 만들고, 내면의 경험과 일치된 의사소통을 할 수 있도록 하는 것에 치료목표를 두었다.

대신 휘태커는 이론적인 틀이나 기법을 구체적으로 제시하지 않고 개인적이면서도 친밀한 만남을 선호하였기 때문에 가족치료뿐만 아니라 개인치료나 집단치료, 부부치료에서도 모두에게 동일한 접근이 이루어졌다. 그렇다고 휘태커의 접근에서 이론적 배경이 약한 기법들이 사용되었다고는 간주할 수 없다. 가족구성원들의 감정을 열어서 그들의 슬픔과 욕구를 느끼도록 조력하고 진정으로 공감하는 것은 유능한 가족치료사들에게 기대될 수 있기 때문이다.

아울러 휘태커는 정서적 개입에 치중하는 경험적 가족치료에서는 전이나 역전이 현상이 일어날 개연성이 있으므로 치료자의 역전이 반응을 예방하고 가족과 밀착되는 현상을 막기 위해서는 공동치료자가 있으면 효과적이라는 주장도 한다.

반면, 사티어(Satir)와 캠플러(W. Kempler), 캔터(D. Kantor)는 잘 훈련된 기법으로 치료를 계획하고, 구조화를 할 수 있는 가족조각(family sculpture), 역할극(안무), 원가족 삼인군 치료, 재정의와 재구성(가족 재구조화), 빙산의 탐색, 영향의 수레바퀴(wheel of influence) 등의 예술적 기법을 선호한다.

(1) 가족조각

가족조각(family sculpture) 기법은 덜(Duhl)과 캔터(Kantor)가 고안하여 캔터가 주로 사용한 기법으로서, 가족 간의 정서적 관계를 말 대신 몸으로 표현하도록 하는 기법이다. 이 기법은 가족구성원 간의 감각관계, 동맹, 갈등 등이 시각적이고 상징적으로 묘사될 수 있기 때문에 좋은 진단과 치료도구가 될 수 있다. 가족조각 기법에서는 기본적으로 내담자를 중심으로 진행되므로 바로 내담자가 자기 가족의 조각가이기 때문에 내담자의 확인을 거쳐야 정확한 진단과 치료가 가능해진다. 가족조각 기법의 장점은 몸으로 무의식적인 의사소통을 하기 때문에 언어 대화에서 발생될 수 있는 주지화, 방어 및 비난적인 투사의 영향을 줄일 수 있다는 점이다.

가족조각 기법을 활용하는 대략적인 순서는 다음과 같다.

① 상담자가 내담자(조각가)를 선정하고 가족조각 장면을 설정할 수 있도록 돕는다.

② 내담자(조각가)는 가족구성원 중에서 역할을 하는 사람의 위치와 특징한 자세를 하도록 은유적으로 조각한다.

③ 가족조각에 참여했던 가족구성원들의 연기를 마무리시키고, 자신들의 경험을 나누어 탐색하도록 한다.

(2) 역할극(안무)

역할극(drama, 안무)은 캠플러(Kempler)가 주로 사용한 기법으로서, 부모에게 어린 시절의 장면을 상상하게 하여 아버지에게 자신이 지금의 자녀 정도였을 때 같은 문제를 겪는 것을 상상하라고 한 후, 역할극을 하게 한다. 그리고 어머니에게는 작은 소녀였을 때 좋아했던 것을 역할놀이로 표현하게 한다. 만일 치료에 참여하지 않거나 못하는 사람(사망한 조부모 등)에 대해 이야기하고자 할 경우에는 빈 의자 등을 사용하여 의인화한 후에 이야기를 하게 한다. 이러한 역할극을 통해서 가족구성원들은 과거에 해결되지 못한 과제를 완성하고 낮은 자존감을 증진할 수 있게 된다고 보는 것이다. 즉 지나간 기억을 회상하고 억압된 감정을 표출하여 정서적 경험을 확대시키는 결과를 낳고 가족원들이 좀 더 가깝게 접근할 수 있는 기회를 얻게 되는 것이다(Nichols & Schwartz, 2001).

(3) 재정의와 재구성(가족재구조화)

가족재구조화(Family reconstruction)는 1960년대 후반에 사티어에 의해 개발된 기법인데, 원가족으로부터 근거하고 있는 가족의 역기능적 패턴을 명백하게 볼 수 있도록 조력하는 기법이다. 이 기법은 가족구성원 중 '스타(Star)'[2]에게 원가족 지도를 작성토록 하여 건강한 기능체계로 바꾸도록 하는 것이다. 이를 위해서는 가족지도(family map)를 기초로 '스타'에게 자신의 조부모 세대부터 의미 있는 사건을 연도별로 작성토록 하는 가족생활 연대기(family life fact chronology)와 '스타'에게 중요한 영향을 주었던 인물들을 드러내도록 하는 '영향력의 수레바퀴(wheel of influence, 영향권)'라는 도구가 사용된다.

2) 사티어는 사람은 자신의 삶의 주인공이므로 가족치료 대상자를 내담자(Client) 혹은 IP라는 용어 대신에 '스타(Star)'라는 명칭을 사용한다.

(4) 원가족 삼인군 치료

원가족 삼인군(The Primary Triad)이란 바로 치료의 대상인 '스타(Star)'가 아버지, 어머니와 하나의 팀이 되어 의사소통의 방법과 유형을 배우며 스트레스에 대처하고 자신의 감정을 다루고 통제하는 방법, 친밀감을 다루고, 자신의 영역을 타인과 구분하여 분명하게 하는 상호작용의 단위를 말한다. 따라서 이러한 삼인군은 원가족으로부터 형성되므로 세상을 지각하는 방법상의 역기능성도 원가족 삼인군을 대상으로 치료해야 한다는 관점의 기법인 것이다.

원가족 삼인군 치료(Primary triad therapy)는 원가족 도표(family of origin map)를 사용하며, 가족구성원들이 공동으로 원가족 도표를 작성하는 과정과 완성된 원가족 도표를 설명하고 재구조화시키고 가족조각 기법 혹은 역할극(안무)을 병행하면서 치료과정을 진행하는 것이 일반적이다. 원가족 삼인군 치료에 필요한 원가족 도표는 스타(Star)의 아버지 원가족 도표, 스타(Star, IP)의 어머니 원가족 도표가 필수적이며, 필요한 경우에는 스타의 원가족(현재의 가족) 도표도 사용될 수 있다. 원가족 도표에 사용되는 가족 간의 관계는 [그림 8-1]과 같이 표시될 수 있다.

- 굵은 실선 ━━━━━━ : 밀착된 관계
- 물결 선 〰〰〰〰 : 갈등적이고 적대적인 관계
- 가는 실선 ────── : 갈등이 적고 수용적(정상적) 관계
- 점 선 - - - - - - - - : 소원하고 냉담, 무관심한 관계

[그림 8-1] **원가족 도표에 사용되는 관계 표시**

(5) 빙산탐색 은유

사티어(Satir)는 인간의 표출된 행동은 인간의 감정(feeling), 지각(perception) 기대(expectation), 열망(yearning) 자아(self) 등의 요인들이 복합적으로 작용하여 이루어진 것이라고 보았다. 이러한 생각은 빙산 모델로 표현된다. 사티어는 후기에 빙산

탐색 기법을 비유(은유)적으로 제시했는데, 이는 개인의 내적과정을 이끌어 내는 기법이다.

사티어의 경험적 가족치료 및 성장모델은 말 그대로 경험의 다양한 수준에서 이루어지는데, 이를 개인의 빙산에 비유(은유)해 보면, [그림 8-2]에서 보듯이 수면 위에 보이는 것이 표출행동, 표현되는 말(이야기 등), 드러나는 대처방식이 1차 수준이고, 수면 밑에 개인의 감정, 지각, 기대, 열망이 2차 수준이며, 맨 아랫부분에 위치한 3차 수준은 정신, 영혼, 생명력, 본질, 핵심, 존재 등은 자기(자아)이다.

따라서 경험적 가족치료사는 변화를 촉진시키기 위해 내담자의 외적과정(표면적 경험 수준)뿐만 아니라 잠재의식 수준인 내적과정(수면 아래의 경험 수준)과도 작업하여 역동을 변형시킬 필요가 있다. 사티어의 개별 빙산(personal iceberg)은 하부로 내려갈수록 인간에게 중요한 것이라고 보았기 때문이다.

이를 위해서는 내담자가 드러난 행동, 말, 대처방식(생존유형)의 이면에 숨어 있는 감정, 지각, 기대, 열망, 자아(자기)를 진정으로 느껴보고 이를 외부로 표현하며, 자신에게 가져왔던 타인(부모 등)의 기대를 저버리게 하는 것(letting go of expectation)이 가족 상호작용의 역동에서 이루어지도록 하는 것이 중요하다. 이는 빙산의 맨 아랫부분에 깔려 있는 자아(나는 나)의 선택을 통하여 스스로가 책임지고 성취할 수 있게 하는 치료과정이기도 하다.

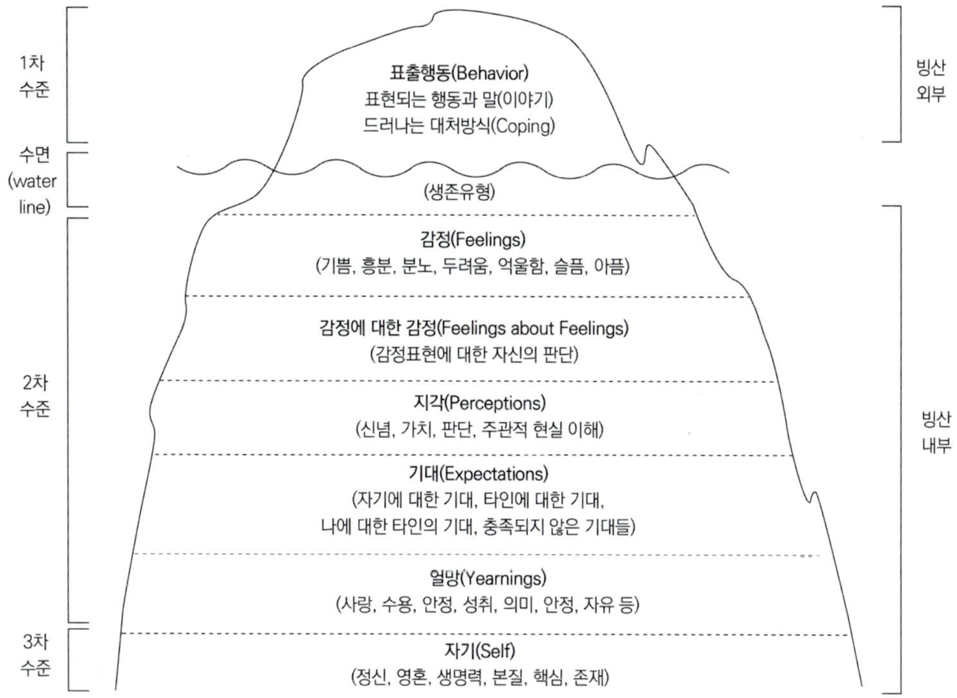

[그림 8-2] 개인의 빙산탐색 은유(The Personal Iceberg Metaphor)

(6) 영향의 수레바퀴

영향의 수레바퀴(wheel of influence, 영향권)란 사티어가 아동기와 사춘기에 걸쳐서 개인(가족)에게 지적, 정서적, 신체적, 사회적인 영향을 준 사람이나 사건을 수레바퀴 모양의 그림으로 작성하여 치료하는 기법이다. 즉 아동기와 청소년기에 치료대상인 스타에게 지적 정서적 신체적 사회적으로 영향을 준 모든 사람이나 사건의 관계(가족, 친척, 선생님, 친구, 특정 사건에 관련된 것 등)를 그림으로 그린 것인데, 스타(Star)와 주위 인물 및 사건과의 관계를 선의 두께와 모양으로 표시함으로써 관계의 친밀도나 갈등 정도를 보여준다.

이 영향권(wheel of influence) 그림은 가족생활 연대기처럼 전지에 그려서 가족 새구성 치료 시에 사용된다. 이때 스타(Star, 내담자)는 중앙에 그리고 외부의 바퀴에는 영향을 가족들을 그리고 친밀도와 갈등 정도를 선으로 표시하되, 영향을 준 사람과 사건을 묘사하는 형용사를 3개 정도씩 적어서 그 단어에 긍정(+) 또는 부정(-)의 표시를 하게 한다.

2 미누친의 구조주의 가족상담 및 가족치료

1) 미누친의 구조주의 이론·모형의 발달과정

살바도르 미누친(Salvador Minuchin, 1921~2017)은 아르헨티나 엔트레리오스주(Entre Rios)에서 러시아 유대인 계통의 유럽 이민자 부모에게서 태어났다. 아르헨티나의 코르도바(Cordoba)대학에서 의과대학 과정을 마친 후 이스라엘 군대의 내과 의사로 복무하게 된다. 이후 미국으로 가서 1950~1952년까지 뉴욕시에 있는 유대인 보호국에서 애커만(Nathan Ackerman, 1908~1971)으로부터 소아정신과 훈련을 받고 정신과 의사가 된다.

그리고 1952년에는 이스라엘로 가서 빈곤한 가정의 아동들을 치료하게 되면서 가족의 중요성을 인식하게 된다. 그리고 다시 미국으로 돌아와 1954년부터 윌리엄 앨란슨 화이트 정신분석연구소(William Alanson White Institute of Psychoanalysis)에서 본격적인 정신분석 훈련을 받게 된다. 이곳에서 미누친은 설리반(Sullivan)의 대인 정신의학(interpersonal psychiatry)에 심취한 것으로 알려지고 있다.

본격적인 정신분석 훈련과정을 거친 미누친을 화이트 정신분석연구소를 떠나 뉴욕시 근교에 소재한 비행청소년 기숙학교인 윌트윅(Wiltwyck) 학교에서 8년간 재직하면서 비행청소년이나 빈곤가족에게 적합한 가족치료기법을 개발하게 된다. 그 당시 애커만(Nathan Ackerman)이나 돈 잭슨(Don Jackson)과 같은 정신분석학적 가족치료의 개척자들은 중산층을 대상으로 치료기법을 사용하고 있었기 때문에 윌트윅 학교에 다니는 빈곤청소년 가족에게는 적합하지 않다는 점을 인식했기 때문이었다.

이러한 미누친의 관점에는 당시 윌트윅 학교에서 치료사로 재직하고 있었던 동료들인 딕 아우에르스발트(Dick Auerswald), 찰리 킹(Charlie King), 브라울리우 몬탈보(Braulio Montalvo), 클라라 라비노비츠(Clara Rabinowitz) 등도 동조를 하면서 치료실에 일방경(one-way mirror)을 설치하고 서로의 치료 장면을 관찰하면서 구조주의(구조적) 가족치료의 기법을 개발하게 된 것으로 알려지고 있다.

이후 1962년에 미누친은 그 당시 가족치료의 성지로 불리던 미국 서부의 캘리포니아주 팔로 알토(Palo Alto)에 위치한 정신건강연구소(Mental Research Institute, MRI)를 방문하여 헤일리(Haley) 등과도 관계를 가지며 전문성을 강화하게 된다. 이는 후에 헤일리가 MRI를 떠나 미누친이 운영하는 필라델피아의 아동지도클리닉에서 공동연구자로 참여하게 된 계기로도 작용한다. 헤일리의 가족치료 이론과 모형이 전략적 가족상담에 속하지만 세부적으로 보면 '구조·전략적 가족상담'으로 볼 수 있는 것도 이러한 협동적 교류활동에서 생성된 것으로 원인을 찾을 수 있다.

아울러 미누친은 자신이 2년간 정신분석 훈련을 받았던 애커만과도 지속적으로 교류하며 애커만과 잭슨이 공동으로 출판한 가족치료 분야의 최초의 학술지인 『가족과정(*Family Process*)』(1962)에서 나타난 체계이론에도 관심을 가지게 된다.

그 결과 미누친은 도시슬럼 빈곤가족과 비행청소년에 대한 임상적 경험과 그에 따른 이론적 정립을 하게 되는데, 그 결과는 그의 동료들인 몬탈보(Montalvo), 게니 로스만(Guerney Rosman), 슈머(Schumer) 등과 공저로 발간한 『슬럼의 가족(*Family of the Slums*)』(1967)이라는 책에서 드러나게 된다. 이로써 그의 구조적 가족치료 이론은 구체화 되었으며, 미누친의 가족치료사로서의 명성도 높아지게 되었다고 볼 수 있다.

미국 북동부의 펜실베이니아주에서 가장 큰 도시인 필라델피아의 중심지인 흑인빈민가에 위치한 필라델피아 아동지도클리닉의 소장이 될 수 있었던 것도 같은 맥락에서 이해될 수 있다. 미누친은 이곳에서 약 10년간 재직했는데, 초기에는 12명 정도의 소규모였지만 그가 그만두고 1975년부터 개인클리닉을 운영할 즈음에는 300명이 넘는 직원들의 규모로 필라델피아 아동지도클리닉이 성장하는 업적을 이루었다.

미누친은 필라델피아 아동지도클리닉을 운영하면서도 펜실베이니아 의과대학 소아정신의학 임상교수로 재직했던 1974년에 『가족과 가족치료(*Families and Family Therapy*)』를 출판하였다. 이로써 본격적으로 그의 구조적 가족치료의 이론과 기법을 널리 알리게 되는데, 이에 그의 동료들도 이러한 확산에 기여하게 된 것으로 볼 수 있다.

즉 헤일리(Jay Haley)와 마다네스(Cloe Madanes), 몬탈보(Braulio Montalvo), 아폰테(Harry Aponte), 피쉬만(Charles Fishman), 그린스타인(Stephen Greenstein) 등이 미누친과 관계를 가지면서 구조적 가족치료는 1970년대 후반에 이르러 가장 영향력이 있는 가족치료 접근법의 위치를 차지하게 된 것이다. 특히 비행청소년 가족, 거식증 환자 가족, 약물이나 알코올 중독자 가족, 사회경제적 지위가 낮은 가족을 대상으로 한 가족치료 분야에서는 효과가 있다는 점을 인정받게 되었다.

그러나 미누친이 필라델피아 아동지도클리닉의 소장으로 재직하면서 클리닉의 명칭을 '가족치료센터'로 바꾸고 아동정신과 의사훈련과정에 가족치료 훈련을 포함시키게 될 즈음부터 미국심리학회(American Psychologist Association)와 미국의학협회(American Medical Association)에서는 미누친의 가족치료 기법을 이단시하고 이들 협회의 정기회의에 참석하여 설명하라는 요구를 하게 된다.

미누친이 필라델피아 아동지도클리닉의 소장 자리에서 1975년 물러나 개인자격으로 1981년까지 가족치료 훈련과정 책임자의 역할과 함께 개인 클리닉을 운영하게 된 것도 이와 상관이 있었던 것으로 보인다. 즉 미누친은 당시 정신분석학이 주도하고 있었던 이러한 단체의 요구에 불응했던 것이며, 이는 역설적으로 그의 구조적 가족치료 이론과 기법이 확실한 입지를 확보한 것으로 해석될 수 있다.

미누친은 이후 1981년에 뉴욕시에 가족학 연구소(현재, Minuchin Center for the Family)를 설립하여 가족치료사들을 훈련하는 데 전념하였으며, 1996년 은퇴하여 보스턴에서 제자들과 저서를 출판하는 등 여생을 보내다가 97세(2017년)에 사망하였다. 그의 구조주의(구조적) 가족치료가 유명해지게 된 배경에는 그의 임상가로서의 탁월한 능력도 있었지만 무엇보다 필라델피아 아동지도클리닉에서 이루어진 질 높은 가족치료 훈련 프로그램의 실용성에서도 찾을 수 있다.

그뿐만 아니라 그의 가족치료 이론은 가족 내의 적절한 경계와 위계를 강조하는 문화적 요인이 있어서 동양문화권 국가들에서도 효과적인 것으로 평가되었다는 점도 있다. 이는 헤일리를 비롯한 전략적 가족치료 이론가들에 영향을 미치게 된 요인이기도 하다.

아울러 구조적 가족치료는 과거보다는 현재의 잘못된 가족구조를 재구조화하는 것을 중시하고 가족원 간의 상호작용 방법과 관계규칙을 기호를 사용하여 도식화함으로써 가족문제를 사정하고 치료하는 실제적 지침을 제시하였다는 점에서 실행단계에서 유용성이 크다고 할 수 있다. 한편, 구조적 가족치료의 발전에 기여한 미누친의 제자로는 정신과 의사인 피쉬만(C. Fishman)과 사회사업가인 아폰테(H. Aponte) 등을 들 수 있다.

2) 상담 및 치료요인과 주요 개념

미누친의 구조적 가족상담 및 가족치료는 1970년대 초반에 대중적 가족치료 접근이었던 사티어(Satir)의 경험적 가족치료 모델의 영향력이 약해지면서 세력이 커지게 된다. 그 결정적인 계기는 1974년 베네수엘라에서 열린 'Family Process' 학술위원회에서 미누친(Salvador Minuchin)과 사티어(Satir)가 가족치료의 본질에 대하여 논쟁하게 된 것에서 찾을 수 있다. 당시 미누친은 사티어가 주장하는 인본주의적이고 경험적인 접근에서 중시하는 온정과 사랑의 신념보다는 과학적 기술이 요구된다는 점을 주장했다. 즉 과학으로서 깨어진 가족을 고치는 구조적 기술이 요구된다는 점을 강조하게 된 것이다.

이러한 미누친의 주장에 대해 결국 사티어는 자신의 경험적 가족치료의 한계성을 직감하고 가족치료의 현장을 떠나게 되었다고도 볼 수 있으며, 대신 전

세계를 여행하면서 연설과 경험적 시연 활동을 이어가게 된다. 다른 한편으로는 자신의 의사소통 경험적 가족치료 이론과 모형의 체계화를 위한 저서 출간에서도 많은 업적을 나타내었다는 점은 이러한 영향일 것이라는 점을 짐작할 수 있다.

미누친의 구조주의 가족치료의 입장에서 보면 가족의 구조가 기능적인가 혹은 비기능적인가에 따라서 건강가족과 병리가족으로 구분할 수 있다. 즉 기능적 가족구조는 명료하며, 결합력이 강하고, 복잡하면서도 융통성이 있는 것으로 정의할 수 있지만 비기능적 가족구조는 그와 반대의 역기능적 구조를 가지고 있기 때문에 환경에 잘 적응할 수 없게 되는 것이다.

이러한 관점에서 미누친의 구조주의적 가족치료의 치료요인과 주요 개념들로는 크게 ① 하위체계의 권력구조, ② 제휴와 위계구조, ③ 경계(선) 구조의 세 가지의 개념으로 가족기능성을 보는 것에 있다.

(1) 하위체계와 권력구조의 가족기능성

구조적 가족치료는 체계이론에 기초하여 가족을 하나의 체계로서 사회의 기본단위로 본다. 미누친이 가족을 다양한 유기체의 연합이라고 규정하고, 가족의 문제나 증상은 전체 가족유기체의 기능이 건강하지 못할 때 발생한다고 규정한 것도 같은 맥락에서 이해될 수 있다.

가족체계(family system)는 여러 하위체계로 분화되고, 각 하위체계를 통하여 가족 전체 체계의 기능을 수행해 나간다고 본 것이다. 가족 내의 하위체계(subsystem)로는 우선 개인이 있으며, 부부, 부모, 형제와 자매, 고부, 조손 관계 등 세대, 성별, 기능, 성향과 흥미 등에 따라 형성될 수 있다. 즉 가족 내에서 세대, 성, 흥미 등에 따라 가족체계와 권력구조가 형성되며 개인은 체계에 속하여 각각의 역할과 권력을 가지게 된다고 볼 수 있는 것이다.

① **부부하위체계**

구조주의 가족치료에서는 부부하위체계는 원가족과 독립적이고 자율적으로 기능하여야 한다고 본다. 만약 부부 중 한 사람이 원가족과 밀착되어 원가족 고유의 가족규칙을 주장하고 권력구조를 형성하게 되면 가족기능성은 취약해진다고 보는 것이다.

② **부모하위체계**

부모는 자녀의 연령과 생애발달단계에 적합한 양육과 지도규칙을 정하고, 애정과 통제의 균형을 이루어 권위 있는 역할을 하는 것이 중요하다고 본다. 그러나 부부하위체계가 역기능적인 경우에는 대부분 부모하위체계도 역기능적일 개연성이 높아진다는 것이 구조주의 가족치료의 입장이다.

③ **형제와 자매 하위체계**

형제와 자매 하위체계는 동일한 세대로 구성되지만 성별, 역할별, 권력별로 위계구조를 이루고 있다. 따라서 그 안에서 협동, 양보와 협상, 연합, 우애, 자기주장과 경쟁 등을 학습하고 사회성을 기르는 것이 가족기능성을 가져올 수 있다. 그러나 독자인 경우에는 부모체계에 적응하기 위해 조숙할 수 있으나 자율성, 타인과의 협동, 경쟁능력을 발전시키는 측면에서는 한계가 있다는 것이 구조주의 가족치료의 관점이다.

(2) 제휴와 위계구조의 가족기능성

가족의 위계구조는 하위체계 간의 경계선(boundary)과 기능을 기반으로 하는 가족 내의 권력(power)과 책임소재와 관련이 있다. 바람직한 위계구조는 부모하위체계가 형제자매나 자녀 하위체계에 대해 권위가 있고 경계선이 명료해야 한다. 만약 이러한 위계구조가 기능을 못하면 미누친은 가족구성원 간에 제휴(alignment)라는 역기능성이 발생하게 된다고 본다. 제휴는 가족구성원이 서로 상호작용하는 연결과정으로 지지나 협력 또는 반대나 대립하는 것을 말하는데(Goldenberg & Goldenberg, 2001), 연합(coalition)과 동맹(alliance)의 형태가 그것이다.

먼저 연합(coalition)은 두 사람이 제3자에게 대항하기 위하여 협력하고 연결되는 제휴형태이다. 예를 들어, 아버지와 어머니가 갈등을 겪는 부모-자녀체계에서 어머니가 딸과 연합하여 아버지를 격리시키는 것이다. 또 다른 예로서, 아내가 원가족인 아버지와 밀착된 관계를 맺고 중요한 일을 아버지와 의논하고 결정하는 경우에는 아내는 자신의 심리적 안정감을 느끼지만 남편 입장에서는 아내의 아버지와의 불평등감과 불편함을 경험하게 되는 역기능이 발생한다.

아울러 연합에는 우회 연합(detouring coalition)의 형태도 있는데, 가족원 간에 갈등이 있을 때 이를 피하기 위해 다른 사람을 끌어들여 정서적으로 연합하는 것이다. 흔히 부모 간의 갈등이 심할 경우에 부모는 직접적으로 해결하지 않고 자녀를 선택하여 밀착관계를 형성함으로써 우회적으로 갈등을 해결하려는 역기능성이 나타난다.

예를 들면, 아들과 밀착된 어머니는 남편(아버지)이 아들에게 엄격하게 대하는 것에 대하여 의도적이고 비판적으로 개입하여 자신의 영향력(권력)을 미치려고 한다. 이로 인하여 아버지가 그러한 아내의 행위에 지친 나머지 아들에게 엄격하게 대하지 않으면 아버지 역할을 포기(방관)하고 있다는 또 다른 비판을 하게 된다. 이에 무력감을 느낀 아버지는 더 이상 자녀교육에 반응하지 않고 아내에게 맡겨버리게 되는 역기능성이 발생하는 것이다.

그리고 동맹(alliance)은 두 사람이 공동의 이익이나 목적 달성을 위해 제휴하는 형태로 제3자에게는 반드시 적대적이지는 않다. 예를 들어, 형제나 자매가 아버지나 어머니에게 용돈 인상을 위해 상호지지하고 협력적 관계를 유지하는 것이다. 그러나 동맹도 세대 간에 형성될 경우에는 부모의 권위나 위계구조는 약화되는 역기능성이 발생하게 된다.

예를 들면, 어머니와 아들이 권위적인 아버지에 대한 요구를 관철시키기 위해 동맹하는 경우에는 아버지는 물론 어머니의 권위도 무너져서 아들에 대한 자녀지도가 효율적이지 못하게 된다. 자칫하면 아버지가 또 다른 자녀와 동맹

관계를 만들어 심리적 안정감을 획득하려고 하면 가족이 두 패로 갈라져서 형제나 자매관계도 갈등이 발생할 수 있다.

이와 같이 제휴에서 연합이나 동맹은 성장이 자녀들에게 부정적 영향을 미쳐서 자신의 연령에 맞는 발달과제에 관심을 갖기보다 어른들의 관계에 관계하여 자신의 정체감 형성에 문제가 발생하는 역기능성이 있는 것이다.

(3) 경계선 구조의 가족기능성

경계선(boundary)은 개인과 개인 간, 혹은 하위체계와 하위체계 간의 상호작용 과정에 누가, 어느 정도, 어떻게 관여하는지를 정하는 규칙을 말한다(Minuchin, 1974). 미누친은 구조적 가족치료에서 가족을 진단하기 위해서 '가족지도(family map)'라는 도표를 사용하는데, 가족지도에서는 주로 [그림 8-3]에서와 같은 경계선의 개념이 다루어진다.

즉 경계선을 통하여 구성원 간의 친밀 정도, 정보와 에너지 흐름, 자원의 교류 정도를 파악할 수 있다고 보는 것이다. 경계선의 개념에는 인간의 가지고 있는 두 가지의 동시적 욕구 개념이 포함되어 있는데, 하나는 자율적이고 독립적인 욕구이고, 다른 하나는 다른 사람과 유대감과 친밀감을 갖고자 하는 욕구이다.

이 두 가지의 욕구가 조화와 균형을 갖추는 것은 개인이나 가족의 하위체계의 기능적 건강성 유지에 매우 중요한 요인이 되는데, 구조적 가족치료에서는 명료한(명확한) 경계선이 가족의 기능이 잘 수행될 수 있는 조건이라고 본다. 다시 말하면 역기능적인 가족체계는 지나치게 경직된(rigid) 경계선이나 애매한(diffused) 경계선을 가진다고 가정하는데, 대부분의 가족은 경직된 경계선(rigid boundary)에서부터 애매한 경계선(diffused boundary)에 이르는 연속선상의 한 지점에 위치하는 것으로 보고 있다. 즉 애매한(모호한) 것, 명료한(명확한) 것, 경직된 것의 세 가지 경계선은 질적인 것이 아니라 정도의 차이라고 볼 수 있는 것이다.

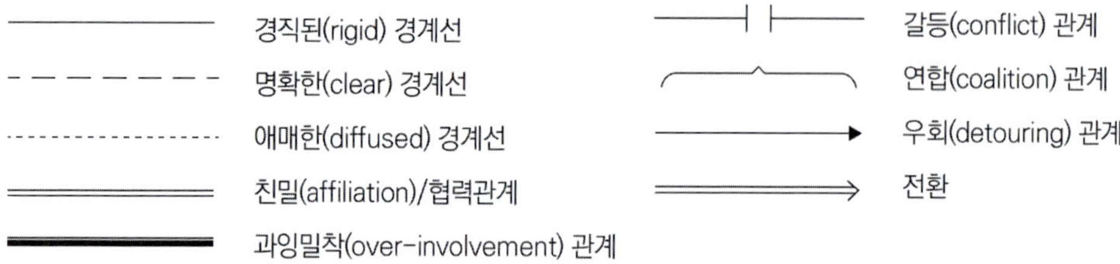

[그림 8-3] 가족지도에 사용되는 경계선 기호

① 경직된 경계선

경계선이 경직(rigid)되면 가족구성원들이 상호교류가 없는 상태로 서로 개입하지 않고 '너는 너, 나는 나'라는 입장을 유지하게 때문에 지나치게 자율적이고 소속감이 없어서 문제해결에도 역기능적이 된다. 이러한 가족은 '유리된 가족(disengaged family)'이라고 불린다.

② 애매한 경계선

경계선이 모호(애매, diffused)하면 가족구성원들이 지나치게 감정적으로 개입되고 얽혀서 필요 이상으로 서로 관여하게 된다. 이러한 경우에는 일체감을 강조하고 개인의 영역(독립성)은 인정되지 않는다. 따라서 구성원들의 정체감 확립과 자율성 발달이 방해받고 독자적 문제해결 능력도 떨어지는 역기능성이 발생하게 된다. 이러한 가족은 '밀착된 가족(enmeshed family)'이라고 칭해진다.

③ 명확한 경계선

명확한(clear) 경계선을 가지는 가족을 자율적이고도 협동적이기 때문에 '나'라는 정체감과 '가족'이라는 소속감을 동시에 가지기 때문에 '기능적 가족(functional family)'이라고 할 수 있다.

3) 상담 및 치료과정과 치료자(상담자)의 역할

미누친은 가족이 현재의 문제나 증상을 해결하기 위해서는 상담자(치료자)를 수용하고 상담자의 개입에 반응해야 하는데, 그것은 상담자가 가족과 관계를 맺고 자연스럽게 가족에 합류(joining)하면서 가족에게 스트레스를 증가시키고 그들이 가진 가족항상성을 흔드는 역할을 해야 한다고 보고 있다.

따라서 상담자가 상담 및 치료과정에서 이러한 역할에 충실하게 되면 필연적으로 가족 내의 구조적 변화는 단기간에 걸쳐 일어날 수밖에 없다는 주장을 한다. 그러므로 구조주의 가족 치료과정에서는 여타의 상담 모델에서 이루어지는 문제의 사정단계를 별도로 가지지 않는 특징이 있으며 한 회기(session)의 치료과정에서도 사정 - 목표설정 - 치료적 개입과정이 연속된 하나의 과정으로 반복되면서 가족구조의 변화를 시도하는 것을 강조하고 있다.

그러나 실제의 상담 및 치료과정에서는 가족의 문제를 수정하고 가족경계 등을 사정하기 위한 가족지도(family map, 가족구조도)를 활용하여 가족구조를 분석하여 치료목표를 설정하는 것이 일반적이다. 일단 가족의 구조가 사정되면 단기적/장기적 치료목표를 설정한 후에 가족지도를 반복적으로 활용하면서 가족의 재구조화를 위한 치료(상담)과정을 진행하게 되는 것이다.

가족의 조직(구조)을 변화시켜서 구성원들이 자신의 문제를 더 효과적으로 다룰 수 있도록 하는 것이 치료과정이며, 치료의 목표는 구조적 변화에 있고, 그것을 통해 자연스럽게 문제해결이 부산물로 따라온다고 보는 것이다. 이때 치료자(상담자)의 역할은 가족들 간의 경계선을 조절하고 하위체계를 조정하여 가족구성원의 행동과 경험을 변화시켜서 결국 다른 유형의 상호작용을 할 수 있도록 조력하는 것이 중요하다.

그러므로 구조주의 가족치료사들은 가족이 본래적으로 구조적인 역기능의 문제를 가지고 있다는 점을 가정하고 있지만 자신들의 역할이 내담자 가족들이 이미 가지고 있는 목록에서 좀 더 잘 적응할 수 있는 구조를 활성화시키는 것에 있다는 입장이다(Simon, 1995). 따라서 이러한 구조주의 가족치료사의 역할은 그들이 수행하는 치료기법에도 연결이 되는데, 상당수의 치료기법이 가족 상호작용의 재구성을 위한 기법들이 중심이 된다.

하지만 일부의 구조주의 학자들은 새로운 구조를 창조하는 역할에도 비중을 두고 강조하고 있다. 즉 구조적 가족치료사는 가족상호작용에 자연스럽게 합류하여 가족구성원들과의 인간적 교류를 바탕으로 가족상호작용의 재구성과 새로운 가족상호작용의 창조 역할을 할 것을 강조한다. 여기에서 가족상호작용을 재구성한다는 것은 보다 기능적인 가족구조를 만들기 위해 가족 간의 상호작용에 변화를 시도하는 역할이고, 가족상호작용의 창조란 상담자가 치료적 효과와 연결될 수 있는 가족 간의 상호작용을 의도적으로 만들어내는 기법을 말한다(Gurman & Kniskern, 1981).

4) 상담 및 치료목표와 기법

구조적 가족치료에서는 가족이 보이는 증상이나 문제는 가족의 역기능적 상호작용 구조에서 비롯된다고 본다. 따라서 가족의 재구조화를 통한 단기적 문제해결에 초점을 둔다. 미누친이 개발한 대부분의 가족치료 기법이 구체적이고 행동중심적인 이유도 여기에 있다. 따라서 구조적 가족치료의 목표는 단기와 장기로 구분이 될 수 있지만 대부분은 단기목표로 설정이 되는 경우가 많다.

구조적 가족치료의 기법은 상담 및 치료과정, 즉 개입단계에 따라 제시될 수 있는데 크게 가족상호작용에 합류를 위한 기법, 가족재구조화(가족상호작용의 재구성)를 위한 기법으로 구분할 수 있다(Minuchin, 1974, 김종욱 역, 1990). 이 외에도 거먼과 니스케른(Gurman & Kniskern, 1981)이 『가족치료의 핸드북(*Handbook of Family Therapy*)』에서 제시한 견해에 따르면 가족상호작용의 창조를 위한 기법도 포함이 된다.

(1) 합류를 위한 기법

가족과 상담자가 신뢰 속에서 협력하면서 변화를 위한 상담을 지속하기 위해서는 합류(참여, joining)가 기본적인 기법이 된다. 합류(참여)를 위해 상담자(치료자)는 자연스러우면서도 공감적 이해가 선행되어야 하며, 합류를 촉진하기 위한 기법으로는 적응(수용), 추적(따라 하기), 모방(흉내 내기)이 있다.

① 적응(수용)

적응(accommodation)은 상담자(치료자)가 가족과 합류하기 위해서 자신의 행동을 가족의 상호작용에 맞추는 것이다. 치료자가 가족체계에 관여하기 시작하면 대부분의 가족은 긴장과 저항을 느낄 수 있으므로 그 가족을 있는 그대로 지지하고 존중하는 것이 적응기법이다.

② 추적(따라 하기)

추적(tracking)은 상담자(치료자)가 가족의 상호작용과정에 합류하기 위해서 지지적 언급, 내용을 명료화하기 위한 질문, 내용을 추적하기 위해 열심히 듣는 태도 등으로 가족구조와 하위체계의 기능을 탐색할 수 있다.

③ 모방(흉내 내기)

모방(mimesis)은 치료자(상담자)가 가족의 어조, 행동유형, 말의 억양, 몸짓 등을 흉내 내면서 자신과의 유사점을 강조하여 합류를 촉진하는 기법이다.

(2) 가족 재구조화를 위한 기법

가족의 구조를 변화시키기 위해서는 기존의 가족 간 상호작용 패턴을 변화시키는 시도가 있어야 하는데, 이를 재구조화(reframing)라고 한다. 이는 가족들이 가지고 있는 현실과 증상에 도전하는 것으로 주로 가족구조 속에 있는 경계선을 만들거나 바꾸는 기법이 사용된다.

① 긴장고조(스트레스 증가)

가족이 반복하고 있는 역기능적 행동이나 역기능적 구조(연합, 동맹 등)에서 가족들이 벗어나게 하기 위해서는 일시적으로 가족체계에 스트레스(긴장)를 증가시키고 도전하는 기법이 유용하다. 예를 들면, 역기능적인 의사소통 방식이나 행동패턴을 중단시키는 방법, 역기능적 상호작용을 집중적으로 부각시키는 방법, 숨겨진 갈등을 자극하여 표면화시키는 방법 등이 사용될 수 있다.

② 증상의 초점화(강조, 축소, 재정의)

증상의 초점화는 증상을 나타내는 가족구성원(IP)에 초점을 두고 역기능적 가족구조와 연관시켜서 궁극적으로는 가족구조를 변화시키는 기법이다. 세부적으로 보면, 증상의 강조는 가족이나 IP(지목된 환자)가 증상을 유지함으로써 관심을 끌고 책임회피를 할 수 있는 이점(이득)이 일어나지 않도록 증상을 과장시키는 기법이다. 증상의 축소는 반대로 가족이나 IP가 가진 증상의 의미(중요성)를 다른 문제를 부각시켜서 경감(경시)시키는 기법이다. 증상의 재정의(재명명, relabeling)는 증상의 긍정적 의도를 부각시키는 것인데, 예를 들면, 자녀의 과잉행동이 아버지와 갈등관계에 있는 어머니의 외로움을 줄여주려는 시도라고 재정의(재명명)할 수 있다.

③ 구조의 수정(경계선 설정)

경계선이 명료하지 않은 가족을 대상으로 경계선을 설명하는 등의 가족구조를 수정하는 기법이다. 즉 밀착된 관계에 있는 가족구성원에게는 경계를 명확히 하여 개인의 자율성과 독립성을 키워주고, 유리된 관계에 있는 가족구성원에게는 가족이 서로 가까이 접근하고 접촉할 수 있도록 조력한다. 세부적으로는 상담실에서 부모끼리, 자녀끼리 앉도록 자리를 재배치하기, 부모의 권위와 영향력 강화하기, 세대 간 연합 깨기, 취약한 하위체계와 일시적 동맹 만들기 기법이 있다.

(3) 가족상호작용의 창조를 위한 기법

역기능적 가족구조를 변화시키는 것이 구조적 가족치료의 목표이지만 대체로 가족상담을 하게 되는 가족들은 증상을 나타내는 IP의 문제에만 초점을 두므로 가족구조에 문제가 있다는 점을 받아들이는 것에는 저항을 보일 수 있다.

가족들은 자신들의 문제에 대해서 비교적 오랜 기간 동안 고민해왔지만 상당 부분에 대해서는 이미 익숙해져 있기 때문에 굳이 자신들의 숨겨진 상호작용의 구조를 드러내고 싶지 않으려고 하며, 치료효과에 대해서도 큰 의미를 두지 않을 수도 있는 것이다.

그러나 가족치료사는 이처럼 가족의 의미가 있다고 생각하지 않거나 상담장면에서 드러내려고 하지 않는 정보를 수집할 필요가 있다. 이러한 자료가 수집되어 치료장면에 적용이 되면 새로운 가족상호작용이 창조될 수 있는 것이다. 이처럼 가족상호작용이 창조되면 결과적으로 가족상호작용이 재구성될 수 있는 기초가 만들어지게 된다. 가족상호작용의 창조를 위한 기법으로는 구조화, 실연화(enactment), 과제주기(과제 설정하기) 등이 있다.

구조화는 상담자(치료자)가 상담목표에 도달하기 위해 계획적이고 의도적으로 치유적 관여를 하는 것을 말한다. 실연화는 상담자가 구상하고 있는 상호작용의 방법을 가족들이 실제로 행동을 통해서 연기를 하도록 만드는 기법이다. 이는 언어적 설명보다는 행동을 강조하는 구조적 가족치료의 독특한 기법이기도 하다. 과제주기(과제 설정하기)는 상담자가 재구조화에 도움이 되는 특정의 행동 영역을 찾아 가족에게 과제를 내주는 것이다. 실연화와 유사한 기법이기는 하지만 과제는 시간, 장소, 대상자와의 상호작용의 유형이 명확하게 주어진다는 차이가 있다.

Chapter 09

사회구성주의적 가족상담 및 가족치료

1 드 세이저, 버그의 해결중심 가족상담 및 가족치료

1) 드 세이저, 버그의 해결중심 이론·모형의 발달과정

가족치료 및 가족상담의 발달과정에서 1950년대는 영국 출신의 인류학자이자 언어학자였던 그레고리 베이트슨(Gregory Bateson, 1904~1980)이 오스트리아 출신의 생물학자인 루드비히 폰 버탈란피(Bertalanffy)가 제시했던 '일반체계이론(general system theory)'과 매사추세츠공과대학(Massachusetts Institute of Technology, MIT)의 수학 교수 노버트 와이너(Norbert Wiener)가 제시한 '두뇌모형 이론(cybernetics theory)'에 배경을 두고 가족의 의사소통 유형을 연구하기 시작하면서 가족치료가 형성된 시기였다.

그리고 1960년대에는 베이트슨(Gregory Bateson)이 의료최면 분야의 최고 전문가였던 밀턴 에릭슨(Milton Erickson)을 캘리포니아주의 팔로 알토(Palo Alto) 지역에 설립한 정신건강연구소(MRI)에 초청하여 합류시킴으로써 다양한 치료적 이론과 모형으로 가족치료가 성장하는 시기에 접어들게 된다. 흔히 체계적 가족치료 이론에 속하는 다양한 모형들, 즉 보웬의 다세대 정서체계적 가족치료 모형, 휘태커와 사티어의 경험적 가족치료 모형, 미누친의 구조적 가족치료 모형, 그리고 MRI를 중심으로 확산된 전략적 가족치료모형이 1970~1980년대에 확산이 되었다.

이러한 가족치료 모형들은 인간의 정신건강문제가 모두 가족체계를 통해 순환적으로 전달된다는 신념에는 동의하고 있었지만 정신분석적 치료나 인지행동적 치료 분야가 하나의 이론이나 접근을 중심으로 개별적인 모형들로 전개된 것과는 달리 각 학파를 이끄는 지도자와 주제에 따라 별개의 치료 기법을 지닌 집단을 구성하여 경쟁하는 형태였다.

그러나 1980년대에 접어들면서부터는 특정 모델에 열광했던 분위기가 줄어들면서 초기의 가족치료 모델의 경향에서 벗어난 가족치료 모델이 대두되어 전문화 시기에 접어들게 된다. 이러한 전문화 시기를 선두에서 이끌게 되는 역할은 미국 서부의 MRI(정신건강연구소)에서 활동했던 드 세이저(S. de Shazer)와 인수 김 버그(Insoo Kim Berg)가 1982년에 개발한 '해결중심 단기치료(Solution- focused Brief Therapy)' 모형이 맡게 된다.

즉 스티브 드 세이저(Steve de Shazer)와 그의 아내인 인수 김 버그(Insoo Kim Berg)와 그의 동료들(Nunnally, Lipchik, Malnar)은 체계이론적 사고에서 연구되었던 MRI의 상호작용적 의사소통 모형에 매료되어 연구에 참여했으나 점차 한계를 느끼게 되어 그곳을 떠나서 미국 중동부인 위스콘신주의 밀워키(Milwaukee)에 단기가족치료센터(Brief Family Therapy Center, BFTC)를 1978년에 설립하게 된 것이다.

따라서 해결중심치료 모형은 MRI가 지향했던 상호작용적이고 전략적인 치료에 토대를 두고 단기치료를 목표로 실용적으로 문제를 해결하고자 하는 접근방식과 공통점이 있다. 하지만 해결중심 모형은 문제중심으로 접근했던 MRI의 전략적 가족치료에 비해 밀턴 에릭슨(Milton Erickson)으로부터 가치, 철학, 기술, 전략 등의 많은 영향을 받았기 때문에 문제의 원인이 되는 부적응을 교정하거나 문제의 원인을 제거하려는 노력은 필요가 없다고 전제한다. 그것보다는 내담자(환자)가 치료 장면에 가지고 오는 자원과 가지고 있는 잠재적 능력을 활용하는 것이 치료의 기본이라고 가정한 것이다. 그리고 행동보다는 인식변화에 대하여 현재와 미래에 초점을 맞추는 접근원리에 충실하고자 했다는 점에서 차이가 있다.

이러한 해결중심모형은 드 세이저와 인수 김 버그 외에도 단기가족치료센터

(BFTC)에서 8년간 재직했던 립칙(Eve Lipchik)이 치료적 질문을 개발하는 데 기여하였고, 이를 바탕으로 아내구타 상담에 적용하여 효과를 거두었다. 그리고 와이너 데이비스(Michele Winer-Davis)는 드 세이저로부터 훈련을 받은 후 일리노이주(Illinios)의 우드스톡(Woodstock)에 있는 치료기관(Clinic)에서 부부문제와 이혼상담 프로그램에 해결중심 치료 모형을 적용하였다. 이후 단기가족치료센터(BFTC)는 뉴욕, 로스앤젤레스에 이어 미국에서 3번째로 큰 도시인 일리노이주 시카고(Chicago)를 비롯한 미국 전역과 세계 각국에 지부를 설치하거나 워크숍을 실시하면서 1980년대에 인기가 급상승하였다.

이처럼 해결중심치료 모형이 1980년대 후반 이후 가족치료의 전문화 시기에 중심적 위치를 차지하게 된 배경에는 '해결중심'이라는 이름 자체가 매우 호소력이 있었고, 때를 맞추어서 1980년대가 미국을 중심으로 한 서방국가들이 석유파동(오일쇼크)의 여파로 정신건강 의료기관들의 예산이 삭감되었다는 점도 한몫을 차지하였다. 운영 차원에서 치료사들이 의료보험의 급여혜택을 받을 수 있는 치료 회기의 수를 줄이도록 압력을 받게 됨에 따라 치료를 받아야 하는 환자의 입장에서도 단기적이고 실용적인 해결중심치료를 선호하게 된 것이다.

그뿐만 아니라 해결중심치료 모형은 정신건강연구와 치료의 산실이었던 MRI모형을 기초로 배태된 정통성이 있으면서도 MRI의 전략적 모형처럼 문제와 병리에 치료의 초점을 두지 않는다는 점에서 철학적으로도 포스트모던적인 구성주의와 사회구성주의 철학을 상담에 적용한다는 장점도 있다. 다시 말하면 내담자의 문제를 둘러싸고 있는 상호작용적 의사소통에서 치료 전략을 찾는 것이 아니라 내담자에게 예외적인, 즉 문제가 일어나지 않고 해결되었던 상황에 대한 질문을 통하여 내담자가 현실적으로 해결책을 찾아볼 수 있도록 하는 사회구성주의적이고 실용적인 사유방식을 상담에 적용한 것이다.

한편, 해결중심치료 모형은 드 세이저가 설립한 단기가족치료센터(BFTC) 그룹과는 상관없이 발전하기도 하였는데, 그중에서 빌 오한런(Bill O' Hanlon)은 직접 밀턴 에릭슨(Milton H. Erickson)으로부터 훈련받고 독자적으로 활동하였다. 물론 이후에는 드 세이저로부터 훈련을 받은 미셸 와이너 데이비스(M. Weiner-Davis)와 협동하여 해결중심치료 기법을 발전시키기도 하였다.

2) 상담 및 치료요인과 주요 개념

1980년대에 각광을 받았던 전략적 가족치료 모델에 이르기까지의 대부분의 가족치료 이론과 모형들은 문제(증상)와 해결책 사이에 필수적 관계가 존재한다는 가정 하에서 문제 진단에 집중하였다. 따라서 치료자(상담자)에게는 전문가로서의 심리진단과 심리평가 기술이 중요하게 인식되어왔다.

그러나 드 세이저(De Shazer)와 그의 동료들이 정신건강연구소(MRI)에서 벗어나 밀워키(Milwaukee)에 1978년에 단기가족치료센터(BFTC)를 개소하여 활동하게 되면서 제시된 해결중심의 단기치료(Solution Focused Brief Therapy)에서는 내담자의 문제와 해결책은 별개로 접근한다. 문제보다는 내담자의 욕구(want)에 초점을 두고 내담자의 문제를 사정하는 것보다는 내담자의 장점, 예외적 상황 등을 탐색하여 문제해결능력을 높이고자 하는 것이다.

따라서 그 이전의 문제중심적 접근에서는 가족치료 내담자의 저항이 중요시되었지만 해결중심적 접근에서는 내담자의 저항을 중요시하지 않으며, 심지어 저항은 존재하지 않는다고 본다. 밀워키에 있는 단기가족치료센터에서 다루는 주요 대상이 빈곤층에 속하고 범죄 등으로 관련되어 치료를 의뢰해 온 사람이 많았다는 점을 고려하면 문제를 진단하지 않는 기법이 내담자의 저항을 불러오지 않게 된다는 것은 쉽게 이해될 수 있다. 그러므로 해결중심 단기치료에서는 문제중심적 가족치료에서 바라다보는 치료요인은 의미가 없게 된다. 병리적인 것 대신에 건강한 것(강점)에 초점을 두기 때문이다.

그러므로 해결중심의 단기치료(Solution Focused Brief Therapy)는 밀턴 에릭슨을 비롯한 MRI의 단기적 치료 모델의 영향을 받기는 했지만 탈이론적이고 규범에 얽매이지 않는 기법을 활용한다는 특징이 있다. 개별적 치료요인을 찾는 것보다는 내담자의 강점과 자원, 건강한 특성을 발견하고 치료자와 내담자의 협조적 관계를 강조한다는 점이 그렇다.

상담의 효과는 내담자와 치료자 양 축에 의해 좌우된다는 관점에서 치료자가 내담자와 협력해서 가장 좋은 치료적 관계를 만들어 나가는 것을 중시하는 것이다. 기존의 가족치료 모델은 치료자가 내담자보다 더 많은 것을 알고 처방하는 관계(전문적 관계)를 강조하였다. 하지만 해결중심 단기 가족치료에서는 내담자가 자신의 문제에 대한 전문가란 입장에서 치료자와 내담자의 협동적 관계를 강조하는 것이다.

그러므로 해결중심 단기 치료자는 치료 초기에 내담자의 특성을 조기에 파악하여 가장 좋은 치료적 관계를 만드는 것이 곧 치료요인이 된다고 볼 수 있다. 드 세이저(de Shazer)와 인수 버그(Insoo Berg)는 이러한 치료적 관계를 ① 방문형, ② 불평형, ③ 고객형 내담자로 구분하여 치료요인을 설명하고 있다.

첫째, 방문형 관계(visitor type relationship)의 내담자들은 자신의 문제를 인정하지 않고 상담받을 문제가 없다거나 다른 사람에게 문제가 있다고 생각한다. 이 경우는 주로 타의에 의해서 의뢰된 경우가 많은데, 치료자는 성실한 태도로 내담자를 수용하고 의뢰된 회기만큼만 상담하며, 과제는 부여하지 않는다.

둘째, 불평형 관계(complainant type relationship)의 내담자들은 문제가 있음을 인지하지만 자신을 희생자로 생각한다. 이 경우에 치료자는 내담자에게 이해와 공감을 표시하고, 과거와는 다른 방법으로 생각하고 관찰할 수 있는 과제를 준다.

셋째, 고객형 관계(customer type relationship)의 내담자는 자신과 관련된 치료목표를 치료자와 일치되게 표현한다. 따라서 해결중심 치료모델에서는 고객형 관계의 가족원을 대상으로 변화를 이끌어 내어 결과적으로 가족구조를 변화시키는 것으로 볼 수 있다.

3) 상담 및 치료과정과 치료자(상담자)의 역할

해결중심적 단기상담 및 가족치료는 MRI의 상호작용적 의사소통 모델의 영향으로 5~10회 기 정도의 치료과정으로 설정이 되는 경우가 많다. 상담시간은 각 회기마다 1시간 정도가 적당하며, 마지막 10분 정도는 메시지 작성과 과제 부여에 할당한다. 여기에서 메시지 작성과 전달은 이 치료 모델의 중요한 특징 중의 하나이다.

해결중심적 단기 가족상담에서는 전략적 가족치료의 밀란 모델에서처럼 공동치료 팀을 선호하는데, 그 형태는 일방경(one-way mirror) 안에서 치료를 담당하는 팀과 일방경 뒤에서 인터폰 시스템을 활용하여 자문하는 자문팀으로 구성된다. 따라서 40~45분 정도 상담하고 5~10분 휴식 시간을 가지면서 상담팀은 자문팀과 모여서 치료방법을 검토하고 그에 따른 메시지를 작성하여 가족원에게 전달하는 상담구조를 가지는 것이 일반적이다.

메시지 작성에서는 내담자가 가진 자원과 강점을 칭찬하고 문제해결 능력을 이끌어 내고 유지시킬 수 있는 과제를 포함한다. 이처럼 메시지와 과제를 주는 치료과정은 치료자가 치료(상담)과정에서 즉각적으로 메시지를 전해야 하는 부담과 내담자로부터의 저항을 줄일 수 있는 장점이 있다.

그리고 메시지를 과제와 함께 주는 과정은 반드시 확인(confirmation)하는 과정이 수반되어야 한다. 확인하는 과정에서 내담자와 치료자는 협력적 관계가 형성될 수 있고, 부정적 관점에서 그들 자신에 대한 긍정적 관점이 생기고 문제해결에 대한 자신감과 확신감을 심어줄 수 있게 된다. 특히 칭찬하기(complimenting)와 인정하기(acknowledging)가 포함된 메시지에는 내담자가 쉽게 치료자의 치료의견을 수용하게 되어 부여되는 과제 수용도 용이하게 된다.

과제주기(suggestion)는 상담이나 치료도 학습의 일종이기 때문에 변화목표를 명확하게 하는 치료과정이라고 볼 수 있다. 다만, 과제가 포함된 메시지를 전달하는 과정에서는 치료자가 내담자가 가진 강점과 자원을 바탕으로 충분히 수행할 수 있다는 점을 논리적 근거로써 연결하기(bridging)를 하는 것이 효과적이다.

아울러 해결중심 단기 가족치료에서의 상담자의 주요 역할은 주로 질문하기와 과제주기가 핵심이 되는데, 첫 회기 이후의 면접 때부터는 지난번에 부여한 과제에 대하여 확인하고 변화에 대한 지지와 격려, 그리고 또 다른 과제주기 등의 개입을 시도한다. 따라서 해결중심적 단기상담의 과정은 다음에서와 같이 4단계(EARS)의 치료적 대화 과정으로 정리할 수 있다.

첫째, 지난 회기의 상담 이후 변화된 것들에 대한 질문을 하는 이끌어내기(Eliciting, E) 단계이다.

둘째, 예외적 변화를 포함하여 긍정적인 변화를 자세하고 구체적으로 질문하여 예외를 확장하는 확대하기(Amplifying, A)의 단계이다.

셋째, 긍정적으로 변화된 성공과 강점을 언어적, 비언어적으로 인정해주는 강화하기(Reinforcing, R)의 단계이다.

넷째, 내담자에게 또 다른 변화가 있는지를 질문하고, 그 변화에 대한 수준 등을 척도 질문(scale question)을 통하여 강화하고, 만약 변화된 정도가 후퇴하고 악화된 경우에는 예외적으로 개선될 상황의 질문(exception question)을 하는 다시 시작하기(Start again, S) 단계이다. 만약 예외적 상황을 발견하지 못하거나 고통을 호소할 때는 그동안 내담자가 어려운 상황에서도 어떠한 대처를 하여 견디어 왔는지에 대한 대처질문(coping question)을 하는 것이 효과적이다.

4) 상담 및 치료목표와 기법

해결중심 단기가족치료는 말 그대로 치료 기간이 짧고, 모든 가족이 참여할 필요가 없기 때문에 치료에 비협조적인 가족에게도 적합하다는 평가를 받는 모델이다. 이와 같은 평가는 이 모델에서 목표로 삼는 치료가 문제의 제거나 소멸이 아니라 내담자 가족이 이미 가지고 있는 강점과 자원을 활용하여 가족과 함께 해결책을 구축하고 실천한다는 것과도 상관이 있다.

그 과정에서는 주로 문제가 없는 예외상황을 찾아서 자신의 건강한 특성을 발견하고 내담자가족 스스로가 문제를 해결하도록 기법을 사용한다는 원칙이 포함된다. 따라서 해결중심 단기가족치료에서 치료목표를 설정할 때는 내담자 가족과 함께 협동적으로 그들이 원하는 목표를 세우는 것이 필수적이다.

해결중심 단기가족치료에서 취해야 할 치료목표와 기법은 버그와 밀러(Berg &

Miller, 1992)가 제시한 다음과 같은 세 가지의 기본 규칙에서도 확인될 수 있다.

첫째, 내담자가 문제로 삼지 않는 것은 상담자가 먼저 고치려 하지 않아야 한다.

둘째, 어떤 것이 효과적인지를 안다면(효과가 있었다면) 그것을 더 많이 하게 한다.

셋째, 만약 효과가 없다는 것을 알게 된다면 그것을 반복하지 말고 다른 것을 시도해야 한다.

이러한 기본규칙들은 해결중심 치료의 중심철학이기도 하며, 치료목표와 치료기법 적용의 기본적인 가정과도 상관이 있다. 월터와 펠러(Walter & Peller, 1992)는 이러한 세 가지의 기본규칙들을 반영하여 해결중심 치료의 다섯 가지 기본 가정을 다음과 같이 제시하고 있다.

첫째, 내담자의 긍정적인 변화를 이끌 수 있는 성공 경험에 집중한다.

둘째, 내담자는 자신이 겪고 있는 문제에도 예외적 상황(문제가 없었던 상황)이 있었다는 점을 인식할 수 있고, 이것이 내담자가 문제를 해결할 수 있는 방법이 된다.

셋째, 작은 긍정적 변화가 더 큰 긍정적 변화로 발전할 수 있게 된다.

넷째, 예외적 상황에서 일어났던 긍정적 경험에 대해 반복적이고 구체적으로 이야기를 하다 보면 내담자의 문제는 스스로 해결할 수 있게 된다.

다섯째, 치료목표는 긍정적이고 측정 가능한 행동 용어로 기술되어야 한다.

이렇듯 해결중심 단기가족치료는 치료자와 내담자가족의 상호협력 관계로서, 치료자는 내담자가족에게 지시적이라기보다는 스스로 자신의 변화목표를 알 수 있도록 상황을 제시하고 문제해결 능력이 있음을 인정하는 기법이 중심이 된다. 따라서 내담자 중심의 접근이자 내담자가 경험하는 문제에 대한 어떠한 규범도 적용하지 않는 탈이론적이고 사회구성주의적인 접근 기법들이 적용된다는 점을 알 수 있다.

버그와 드 세이저(Berg & de Shazer, 1993)는 해결중심 단기가족치료의 기법으로 크게 '변화와 해결로 이끄는 질문'과 '메시지(과제) 주기'의 두 가지 영역에서 다음에서와 같이 설명하고 있다.

(1) 변화와 해결로 이끄는 질문기법

① 상담 전 변화에 관한 질문

해결중심 단기가족치료는 가족이나 내담자에게서 변화가 계속적으로 일어난다는 것을 전제하므로 가족이 상담을 전화 등으로 예약한 후에 현재 상담실에 오기까지 달라진 것이 무엇인지를 묻는 것에서 시작된다. 즉 상담 전 변화질문(pre-session question)은 사람들은 문제를 해결하기 위하여 계속 노력하고 있다는 전제하에서 치료 이전의 변화를 매우 관심 있게 관찰하는 것이다.

이러한 질문을 하면 상당수의 내담자가족은 다급함이나 불안감이 어느 정도 감소되었다거나 문제에 대한 해결을 위해 노력해본 경험을 보고하게 된다. 하지만 내담자가 회의적인 반응을 보일 경우에는 "여기 와서 무엇이 변화하기를 원하십니까?"라고 질문하여 긍정적으로 대답할 수 있도록 이끄는 것이 중요하다.

② 기적 질문

기적 질문(miracle question)은 문제가 해결된 상태를 상상해보도록 질문하는 것이다. 즉 내담자는 문제가 해결된 상태를 상상하게 된다는 점을 가정하고, 원하는 것을 스스로 설명하게 하여 해결책을 구체적으로 명료화시키기 위한 기법이다. 그런데 문제가 자신에게 있다고 믿고 있는지 혹은 다른 사람에게 있다고 믿는지에 따라 다르게 질문하는 것이 요구된다.

먼저 자신에게 문제가 있다고 보는 내담자에게는 "만약 잠을 자는 동안 걱정하고 있는 모든 것이 해결되었다고 상상을 해 보세요."라고 질문하여 새로운 행동을 할 수 있도록 암시할 수 있다. 그리고 다른 사람(들)에게 문제가 있다고 보는 내담자에게는 "기적이 일어나면 당신에게 무엇이 달라질 수 있을까요?"

라고 질문할 수 있다. 이는 기적의 상상을 통해 실제로 기적과 같은 일이 생길 수 있도록 문제중심에서 변화가능성에 대한 희망을 갖도록 하는 기법이다.

③ 예외발견 질문

예외발견이란 어떤 문제가 있었지만 내담자가 문제상황을 심각하게 생각하지 않았기 때문에 부정적 사고가 일어나지 않았던 상황을 발견하는 것이다. 따라서 치료자는 "문제가 심각하게 생각되었을 경우와 그렇지 않았던 경우의 차이점은 무엇인가요?" 혹은 "문제가 일어나지 않았던 상황에서는 어떻게 지냈죠?" 등의 질문을 하여 흔치 않은 예외 상황을 찾도록 유도할 수 있다. 그러므로 예외발견 질문(exception question)은 내담자에게 예외 상황에서 얻을 수 있었던 성공적 경험을 현실에서도 확장할 수 있도록 단서를 찾게 하는 기법이다.

④ 척도 질문

척도 질문(scale question)은 치료자가 내담자가족의 변화과정을 확인하여 격려하고 강화하기 위하여 개발된 것이다. 즉 문제의 심각성, 문제해결의 우선순위, 문제해결 정도, 정서적 관계, 관계 개선을 위한 노력 정도, 문제해결을 위한 노력 정도나 변화 의지 등을 구체화하기 위해 숫자로 표현하도록 질문하는 기법이다.

예를 들어 "1점에서 10점까지 점수가 있다고 가정했을 때, 1점은 당신이 처음 상담실로 찾아왔을 때의 상황이고, 10점은 문제가 모두 해결된 상황이라면, 현재는 몇 점 정도에 있다고 생각하시나요?"라고 질문하여 정서적 관계나 문제해결 정도를 알아볼 수 있다. 만약에 내담자가 이러한 척도 질문에 5점이라고 응답할 경우에는 "지난 상담회기 때는 몇 점 정도였죠?" 혹은 "다음 상담회기에는 몇 점이 될 것으로 예상하시나요?" 등의 시간을 규정한 척도 질문을 할 수 있다.

⑤ 대처극복 질문

초기 면접에서는 예외 상황질문을 하고, 그에 따른 적정한 응답이 없을 경우에는 기적질문을 하게 된다. 그러나 기적에 대한 질문에도 대답이 애매모호하거나 문제와 고통을 계속 호소하는 내담자에게는 대처극복 질문(coping question)을 하는 것이 바람직하다. 누구든지 어려운 상황에서도 그것을 감내하고 더 나빠지지 않도록 노력해온 경험이 있다는 점을 가정하는 것이다. 어려운 상황에서도 완전히 포기하지 않고 얼마나 많은 대처방법을 사용해 왔는지를 파악하고 노력에 대하여 격려하여 새로운 자신의 자원을 인식할 수 있도록 돕는 기법인 것이다.

⑥ 관계성 질문

위에서 제시된 다섯 가지의 질문기법들은 각기 개인적 질문과 관계성 질문으로 기법이 사용될 수 있다. 개인적 질문은 개인의 생각과 행동에 대해 질문하는 것이고, 관계성 질문은 내담자와 관련된 다른 사람들의 행동이나 생각에 대해서 질문하는 것이다. 관계성 질문의 중요성은 문제가 내담자 자신에게 있다고 하더라도 상당수의 내담자들은 타인에게 문제가 있는 것으로 생각하는 경우가 많기 때문이다.

따라서 치료자는 관계성 질문을 통해 내담자 자신의 생각(관점)이나 행동뿐만 아니라 다른 사람의 관점이나 행동에 대해서도 주의를 기울이게 하여 가족 간의 상호영향과 변화가능성의 자원을 파악할 수 있다. 예를 들어 원가족의 정서적 미해결문제를 가진 여성배우자에게 "지금 여기에 친정아버지가 살아 계신다고 가정하면 따님(여성배우자)이 남편에게 어떻게 하는 것이 문제해결에 도움이 된다고 말씀하실까요?"라고 질문할 수 있다.

(2) 메시지(과제) 주기 기법

해결중심 단기 가족치료에서는 주로 질문기법을 사용하지만 상담회기마다 종료 전에 내담자 가족에게 과제(메시지)를 주는 것을 필수적 과정으로 여긴다. 다만, 방문형 내담자에게는 과제를 주어도 의미가 없으며, 불평형이나 고객형 내담자를 대상자로 상담자(상담팀)의 피드백과 과제를 전달하는 것은 인식과 행동의 변화를 촉진하는 효과가 있다. 그러나 메시지와 과제주기에는 칭찬(compliment)을 동반할 필요가 있으며 국가적 문화나 가족문화에 따라서 융통성 있게 사용하는 것이 중요하다. 일반적으로 칭찬은 내담자 가족이 자존감을 높이고 상담자(상담팀)의 메시지를 협력적으로 받아들일 수 있도록 하는 연결(bridge)을 제공하지만 거부반응을 예상할 수도 있기 때문이다.

흔히 메시지(과제) 주기는 상담실에서 40~50분 정도 상담하다가 10분 정도의 휴식 시간을 갖고 관찰팀과 의논한 후 상담실로 돌아와서 제시하는 것이 일반적이다. 하지만 여건상 혼자서 상담할 경우에는 5분 정도 휴식시간을 가지고 칭찬과 함께 과제를 일반화시키는 연결물을 포함하여 예외적 행동을 더 많이 하도록 메시지를 전달할 수 있다.

이러한 해결중심 가족치료 모델의 기법은 일부에서 단순하다는 비판을 받는다. 하지만 자신의 비관적 생각에서 벗어나 행동으로 옮길 수 있도록 도와줄 수 있는 요소들을 가지고 있다는 평가도 받는다. 드 세이저와 버그의 치료기법들은 오한런(William Bill O'Hanlon, 1952)에 의해서도 개념이 확장되었는데, 오한런이 제시한 '해결지향 치료(Solution focused therapy)'에서는 솔루션(해결) 및 강점기반의 접근방식들이 내담자의 행동과 이야기에 초점을 맞추고 있다.

오한런(O'Hanlon, W. H, 1987)은 드 세이저와 버그와는 상관없이 밀턴 에릭슨(Millton Erickson)과 함께 연구하며 직접 훈련을 받았기 때문에 최면치료에 대한 창의성을 두는 한편으로, 칼 로저스(Carl Rogers, 1902~1987)가 주장한 내담자 중심 치료(client-centered therapy) 이론 혹은 인간중심 치료(person-centered therapy) 이론에도 영향을 받아 자신의 기법들을 제시했던 것이다. 따라서 드 세이저와 버그의 해결중심 모델과 같이 사회구성주의적인 시각을 받아들이고, 개인의 경험세계를 구성하는 것은 언어를 통해서라는 관념의 공통점이 있지만 세부적인 치료 기법이나 과정에서는 차이를 보인다(O'Hanlon, W. H., & Weiner-Davis, M, 1989).

오한런의 해결지향 모델에서 해결방법에는 한 가지만 있는 것이 아니라 다중적으로 존재하며, 자신의 삶을 '올바르게 사는 방법'도 한 가지만 있는 것이 아니라는 포스트모더니즘의 입장에서 치료를 전개한다. 그의 해결지향 치료접근은 다음과 같이 삶을 경험, 행동, 이야기라는 세 영역으로 구성이 되는 것으로 본다. 첫째, 내담자의 경험을 있는 그대로 치료적 대화 속에 끌어들이면서 해결로 이끈다. 둘째, 내담자가 문제해결(치료)과 연결되어 있다고 말하는 행동에만 초점을 둔다. 셋째, 내담자의 이야기는 그의 생각, 신념, 준거 틀, 언어습관 등으로 구성된다는 관점에서 치료목표와 연결된 대화에만 초점을 두고 접근한다는 것이다.

2 화이트, 엡스턴의 이야기 가족상담 및 가족치료

1) 화이트, 엡스턴의 이야기 가족치료 이론·모형의 발달과정

이야기치료(Narrative Therapy)는 20세기 중반에 들어서면서 근대주의(Modernism)와 구조주의(Structuralism)의 사유체계가 포스트모더니즘(Post-modernism)과 포스트구조주의(Post-structuralism)로 변화하고, 영미철학에 속하는 분석철학(Analytic Philosophy)의 영향으로 언어의 구조가 인간심리나 세계의 구조를 드러낸다는 사유방식이 확산되면서 정립된 가족치료의 이론·모형이다.

이러한 시대적 세계관의 변화는 다양한 과학철학에도 영향을 미치게 되는데, 그중에서도 호주(Australia)의 사회복지사이자 심리치료사인 마이클 화이트(Michael White)와 뉴질랜드(New Zealand)의 심리치료사이자 사회복지사인 데이비드 엡스턴(David Epston)이 제시한 이야기치료 이론·모형은 포스트모더니즘적 포스트구조주의 철학자인 프랑스의 미셸 푸코(Michel Foucault, 1926~1984)의 사상적 영향이 크다.

좀 더 세부적으로 본다면, 포스트구조주의들은 레비-스트로스(Levi-Strauss)나 프로이트 등의 사상인 구조주의(Structuralism)가 20세기 중반 이후부터는 푸코와 자크 데리다(Jacques Derrida) 등이 주도한 포스크구조주의적 철학에서 드러난 사회구성주의(social constructivism)가 가족치료와 상담에도 영향을 미치게 된 것이다. 사회구성주의적 사유방식에서는 가족을 비롯한 사회관계도 상호작용(대화, 의사소통, 이야기 구성 등)을 통해 합의하고 인정하면 규범이 되고 변화할 수 있다는 관점을 공유한다.

이러한 맥락에서 보면 전략적 가족상담 및 가족치료에 속하는 MRI의 상호작용·전략적 이론·모형도 상통하는 측면이 있다. 따라서 이야기치료를 비롯한 해결중심 이론·모형과 협력언어체계 이론·모형 등의 사회구성주의적인 관점을 가진 가족치료의 모형들은 전략적 가족치료의 이론과 모형이 가졌던 구성주의 및 사회구성주의적인 지향점을 잇는다고 볼 수 있다.

이렇게 보면, 이야기치료와 비슷한 시기에 대두되었던 여성주의 혹은 페미니즘 가족치료 및 상담 역시 사회구성주의적인 사유방식에 근거한 이론과 모형이라고 규정할 수 있다. 성(sex)이나 젠더(gender) 역시 사회문화에 따라 다양하며, 개인이나 가족사회에서도 상호작용에 따라 합의하면 가변적이고 변화할 수 있는 규범이라고 볼 수 있기 때문이다.

그뿐만 아니라 다문화 상담이나 치료도 상호관계와 평등주의자적 입장에서 가족구성원들의 성장 촉진적인 상담관계에서 정치사회적인 억압문제에 관한 대화나 기법을 사용한다고 본다면 사회구성주의적인 사유방식에 기초하고 있다고 간주할 수 있다.

오늘날 가족치료 이론과 모형에서 사회구성주의적인 철학을 배경으로 한 이야기치료 및 상담(Narrative Therapy & Counseling)은 1990년에 출판된 화이트와 엡스턴의 공동저서인 『이야기 방법을 통한 치료적 결과(*Narrative Means to Therapeutic Ends*)』를 기초로 발전하고 있다.

그리고 대부분의 가족치료 모형이 미국을 중심으로 발전한 배경이 있는 것과는 달리 오스트레일리아와 뉴질랜드를 배경으로 가족치료사들이 활동하고 있으며, 1990년대 중반 이후에는 전 세계적으로도 워크숍을 개최하는 등의 확장성을 보이고 있다. 이야기치료를 처음 창시한 마이클 화이트(Michel White)는 오스트레일리아 출신이고, 화이트와 함께 이론을 구축한 데이비드 엡스턴(David Epston)은 뉴질랜드의 오클랜드 출신이기 때문이다.

최근 이야기치료는 이들로부터 훈련받거나 영향을 받은 세계 각국의 지도자로부터도 확산이 되고 있는데, 그중에서도 미국의 일리노이주의 에반스톤(Evanston)에서 이야기치료 훈련센터를 운영하면서 1996년에 『이야기 치료(*Narrative Therapy*)』를 공동저서로 발간한 프리드만(Jill Freedman)과 콤브(Gene Combs)가 대표적이다. 그리고 짐머만(Jeffrey Zimmerman)과 디커슨(Vicki Dickerson), 닐(John Neal) 등도 팔로 알토(Palo Alto)에 위치한 MRI에서 개인, 가족, 집단을 대상으로 하는 이야기치료 훈련을 지도하면서 직접 치료활동을 전개한 대표적인 사람들이다.

그런데 이러한 이야기치료 운동을 전개하고 있는 대다수의 지도자들의 학문적 배경을 보면, 체계이론적인 가족치료 이론과 모형들이 정신과 의사들이 주도하고, 사회사업학과 인류학을 전공한 학자들(사티어, 헤일리)이 소수였다는 점과는 달리 인문사회과학적 배경이 많았다는 점이 차별적이다.

화이트는 처음에는 기계제도사(엔지니어)였으나 사람을 돕는 일에 관심을 가지게 되면서 1967년에는 사회사업가가 되기 위한 교육과정을 거친 것으로 알려진다. 그리고 가족치료에 관한 저서들을 접하면서 체계론적인 사고와 사이버네틱스 이론에 기초한 그레고리 베이트슨의 인류학적 사유방식과 미셸 푸코(Michel Foucault)의 포스트구조주의적인 저서들을 탐독하게 되면서 가족치료사의 길을 가게 된 것이다.

이후 마이클 화이트(Michael White)는 남부 오스트레일리아 애들레이드(Adelaide)에서 그의 부인인 체릴 화이트(Cheryl White)와 함께 덜위치 센터(Dulwich Centre)를 열고 자신의 이야기치료 모형에 관한 훈련, 임상작업, 출판 작업을 하면서 계간지인 ≪Dulwich Centre Newsletter≫를 발간하여 가족치료 분야에 영향력을 미치게 된다.

그리고 데이비드 엡스턴은 처음에는 1969년 오클랜드대학(Auckland University)에서 사회학 및 인류학 학사학위를 취득하고 문화인류학에 관심을 가지고 학술지나 잡지에 '이야기 코너'라는 제목으로 기고하여 알려지게 되면서 화이트와 교류하게 된 사람이다. 이러한 과정에서 엡스턴은 1976년 영국의 워릭대학(Warwick University)에서 응용사회학 석사학위를 취득한 후 1977년에는 사회복지자격증(Certificate of Qualification in Social Work, CQSW)을 받고 가족치료사의 길을 가게 된 것이다.

특히 엡스턴은 MRI에서 강조했던 접근방식인 상호연관된 가족의 상호작용 전략기법이 중요하다는 점을 화이트에게 강조하여 기법을 개발한 업적이 있다. 아울러 엡스턴은 뉴질랜드의 오클랜드에서 가족치료센터를 운영하며 새롭게 만들어진 대안적 이야기를 유지하기 위해서는 지지적인 공동체가 필요하다는 점도 강조하였다. 그리고 이를 바탕으로 반 식욕부진증이나 반 대식증 환자 그룹을 대상으로 '동맹(leagues)' 개발을 육성하기도 하였다.

2) 상담 및 치료요인과 주요 개념

이야기치료 및 상담(Narrative Therapy & Counseling)은 1990년에 출판된 화이트와 엡스턴(M. White & D. Epston)의 『이야기 방법을 통한 치료적 결과(*Narrative Means to Therapeutic Ends*)』를 바탕으로 하여, 이들을 포함한 뭉크(Gerald Monk), 프리드먼(Jill Freedman), 콤(Gene Combs), 디커슨(Vicki Dickerson), 짐머만(Jaffrey Zimmerman) 등 여러 치료자가 발전시킨 접근법이다.

이들은 해결중심 가족치료와 유사하게 포스트구조주의적이고 사회구성주의적인 영향을 받았다는 공통점이 있다. 따라서 사람들은 그들의 의미를 구성하고 해석하는 방식에 따라 이야기하고 행동을 결정하게 된다는 관점을 공유한다.

이는 전통적인 가족치료 모델이 체계이론과 사이버네틱스(cybernetics) 이론에 기초를 두고 가족체계의 역기능적 특성과 증상을 드러내는 환자(IP)와의 관계를 밝혀서 가족체계의 변화를 통해서 치료하는 방식과는 차이가 크다. 즉 이야기치료 및 상담은 기본적으로 포스트모더니즘과 사회구성주의적 철학을 배경으로 두고, 개인의 증상을 가족관계 맥락과 연관 지어서 반복적(순환적) 패턴을 중시하는 것이다. 그리고 상담자(치료자)의 전문가적 지식이 권력으로 작용하여 내담자의 문화적 맥락을 간과하였다는 푸코(M. Foucaut)의 후기구조주의적 철학의 견해, 페미니즘(여성주의) 관점 등이 혼합되어 하나의 일관성 있는 이론과 개념으로 발전하게 된 것이다(Freedman & Combo, 2002 재수정).

아울러 이야기치료 및 상담에서는 현대사회에서 사람들은 사회·문화적으로 설정된 '정상'의 기준에 의해 자신의 성취나 우월감을 경험하거나 실패나 열등감을 경험하며 이는 전적으로 개인의 책임으로 간주되는 경향이 있다고 설정한다. 그에 따라 상당수의 사람들은 상황을 지배적인 이야기를 지지하는 방식으로 해석하기 때문에 문제가 발생하면 "내가 문제이다." 혹은 "네가 문제이다."라고 규정하게 된다고 보았다. 이러한 규정 방식으로 인하여 사람들은 불안. 분노, 자신감, 무력감, 우울, 회복능력, 슬픔, 실패, 성공, 명량 등의 속성을 갖게 되는 것이다(White, 2004 재수정).

이러한 관점에서 화이트(White, 2004)는 이야기치료의 주요 개념이라고 할 수 있는 기본원리를 다음과 같이 세 가지로 제시하고 있다.

첫째, 문제는 사람이 아니고 그 사람이 만들어내는 이야기가 문제라는 것이다. 이는 내담자와 문제를 내담자가 경험한 관계에서 비롯된 이야기에서만 다루어야 한다는 개념으로 볼 수 있다.

둘째, 인간(내담자)의 이야기는 사회적으로 구성된 유연한 실체로서 주관적 특성을 가지며, 그 이야기를 바꿈으로써 현실이 변화될 수 있다. 이는 치료과정에서 내담자가 표현하는 이야기 속에 잠재된 경험과 소망, 인생관 등에 부합되는 대안적(새로운) 스토리를 찾도록 해야 한다는 개념이다.

셋째, 지배적인 문화적 담론과 문제에서 자신을 분리하면 대안적 삶의 능력을 개발할 수 있다고 본다. 이는 이야기가 자신의 경험에서 어떤 것을 버리고 어떤 것을 선택할지를 결정한다는 개념과 상관이 있다.

3) 상담 및 치료과정과 치료자(상담자)의 역할

이야기치료 및 상담자는 내담자가족의 비생산적인 이야기를 해체하고, 새롭고 생산적인 이야기를 '재구성(reconstruction)' 하도록 하는 과정으로 이루어진다. 이를 위해서 이야기치료사(이야기상담자)는 내담자가 자신과 자신의 경험적 삶에서 주도적이고 문제적인 이야기를 찾아내고 관찰하여 내담자가 더 이상 그런 삶의 스토리(이야기) 속에 머물지 않도록 조력해야 한다.

아울러 내담자가 자신에게 힘과 만족을 주는 새로운 대안적 이야기를 스스로 써 나갈 수 있도록 돕는 데 초점을 맞추어야 한다. 만약 가족구성원이 서로 다른 삶의 목표를 가지고 있을 경우에는 공통의 목표나 바람직하게 설정된 목표에만 한정하는 것보다는 각자의 목표를 수용하고 존중할 필요가 있다. 이는 같은 가족구성원이라고 하더라도 각자는 고유한 문제의 이야기를 가지고 있기 때문에 보편적인 이야기를 강요할 수 없기 때문이다.

이러한 관점에서 이야기치료 및 상담의 과정은 일반적으로 다음과 같이 4단계로 설정할 수 있다.

첫 번째 단계는 내담자가족의 문제이야기를 경청하고 공감하며, 문제를 정상화하는 과정이다. 문제가 발생한 내력과 사회·문화적 맥락을 탐색하는 과정이기도 하다. 상담자는 이러한 과정에서 내담자 기존의 문제에 대한 그들의 신념과 벗어나고자 하는 의지와 책임을 확인할 수 있다.

두 번째 단계는 내담자 가족의 문제이야기 속에서 정의된 독특한 결과를 해체하고 문제의 외재화를 시키는 한편으로, 문제해결에 대한 내담자가족의 지식과 기술 등의 유능함을 찾는 과정이다. 이는 내담자가족의 문제의 효과를 회피할 수 있었던 점화행동(priming action)을 찾아서 새로운 이야기를 재구성하는 기초로 작용한다.

세 번째 단계는 자신(내담자가족)에게 힘과 만족을 줄 수 있는 새롭고 희망적인 이야기를 구축할 대안적 이야기를 선택하여 새로운 관계방식을 갖추는 단계이다. 이는 내담자가족의 이야기에서 발견된 문제해결(예외탐색)의 능력에 근거해야 하는 단계이며, 일단 새롭게 구축된 이야기는 지속적으로 풍성해질 수 있도록 돕는 과정이 포함된다.

네 번째 단계는 일단 새롭게 재구성한 긍정적이고 순기능적인 이야기들로 과거에 문제가 되었던 이야기의 형성과정과 유사한 맥락에서 손상될 수 있기 때문에, 이를 강화하고 대안적 이야기들을 지속적으로 형성할 수 있도록 강화하는 과정이 요구된다.

이러한 이야기치료의 과정은 보통 일주일 정도의 간격을 둔 회기(session)로 5~6회 정도로 진행한 후 단기에 종결하며, 1회기에 1시간 정도가 소요된다. 경우에 따라서는 내담자가족의 변화를 인정하는 의식을 하게 될 경우에는 매 회기의 상담시간이나 전체 회기의 횟수도 변화될 수 있다. 아울러 이러한 치료과정에서 치료자(상담자)는 내담자의 문제적 이야기에 강한 호기심과 관심을 가지고 변화전략을 실행에 옮기기 위한 질문들을 해야 한다.

그리고 이야기치료에서 상담자는 문제해결자가 아니기 때문에 내담자와 협력적 관계를 유지하고, 상담자의 전문적 지식이나 판단(기술)보다는 내담자의 능력에 기초한 지식과 기술들을 사용하는 자세가 중요하다. 이러한 치료자의 자세는 치료자의 역할과도 일치하는데, 협력자, 촉진자, 안내자, 지도자의 역할이 그것이다.

4) 상담 및 치료목표와 기법

이야기치료 및 상담의 목표는 단기적으로 내담자가족이 호소하는 문제증상을 완화하거나 감소시키는 것에 있다. 그러나 치료의 최종적인 목표는 내담자가족이 문제(증상)에 빠져 있는 비생산적 이야기를 버리고 자신들에게 힘과 만족을 주는 생산적이고 대안적인 이야기를 재구성하도록 돕는 것이다. 따라서 이야기치료사는 호소하는 문제와 사람들을 분리시키는 기법을 기초로 시작과 치료를 진행하게 된다. 아울러 정상적 가족발달에 대한 관점에서도 해결중심 단기치료와 마찬가지로 심리치료의 특성인 구조적 결함에 대해서는 탐색하지 않는다.

그뿐만 아니라 내담자가족이 가지고 있다고 전제되는 행동장애의 발달에 대한 관점에서도 병리적인 요인을 추적하는 것을 피해야 한다. 해결중심 단기치료가 문제중심적 대화(언어)를 해결중심적 대화로 바꾸는 것에 목표를 두듯이, 이야기치료도 신경성 식욕부진증 등의 치료대상이 사람 자체에 있는 것이 아니라 문화적 맥락에서 찾고자 한다. 즉 날씬하고 아름다움에 대한 외부적 환경을 숭배한 사회적 해악에 있다고 간주하는 것이다.

따라서 사회구성주의적인 가족상담 및 가족치료 모형들에서는 미국 정신의학회(American Psychiatric Association, APA)에서 공식적으로 사용하는 정신장애 진단분류 체계인 정신장애진단 및 통계편람(Diagnostic and Statistical Manual of Mental Disorders, DSM)에 의해 내담자가족을 구조적으로 판단하는 것을 선호하지 않는다. 사회구성주의적인 가족치료사가 된다는 것은 그러한 범주적 진단을 모두 포기하는 것이며, 비정상과 정상에 의해 사람을 진단하는 것을 피할 뿐 아니라 무엇이 문제이고 무엇이 그것을 해결하는가에 대해서도 개념화를 피한다. 그보다는 내담자가족이 자신들의 경험을 스스로 인지하고 긍정적으로 변화할 수 있는 행동에 초점을 두는 것이다.

그러므로 대부분의 이야기에서 중재(meditation)되는 기법은 앞에서 다루어진 치료과정 속에서 질문의 형태로 내담자가족에게 전달된다. 아울러 질문에 의해 돌아온 답변에 대해서는 해석을 내리지 말고 상담의 목표달성에 맞추어서 질문에 질문을 이어가는 기법이 사용된다. 이 경우에 협력적 분위기를 조성하기 위해서는 내담자가족도 상담자에게 질문할 기회를 주는 것이 바람직하다.

이제 이야기치료 및 상담의 치료과정과 연계하여 사용되는 상담(치료) 기법을 단계적으로 제시해 보면 다음과 같다.

(1) 문제의 정상화와 사람과 문제를 분리하기

상담자는 내담자와의 신뢰관계를 형성하여 내담자의 문제이야기를 경청하여, 그들이 경험하고 느끼고 있는 문제가 정상적인 것임을 인정함으로써 안전한 느낌을 받도록 한다. 이렇게 되면 내담자는 자신의 스토리를 보다 정교하게 펼치는 과정에서 보다 객관적으로 자신의 이야기를 바라다볼 수 있는 여유를 가질 수 있게 된다. 이는 자신의 경험 속에서 문제로 인식된 느낌과 증상이 자신 스스로와는 어느 정도 분리되는 효과를 가져오게 한다.

(2) 독특한 결과의 외재화와 영향력 탐색하기

독특한 결과를 경청하고 공감하는 단계를 지나면 그러한 가족의 이야기에서 일어난 독특한 결과를 외재화하는 기술이 요구된다. 상담자가 내담자가족으로부터 정교한 이야기를 청취하고 기록하는 과정에서 내담자가족이 존중받는다는 느낌을 받게 되면 이때부터 상담자는 처음부터 문제를 외재화하는 질문(해체히는 질문)을 전술로 사용하여야 한다. 즉 문제의 원인에 대하여 질문하는 것이 아니라 문제가 자신에게 미치는 영향력에 대하여 질문을 하는 것이다. 원인을 묻는 질문은 보통 비난을 특정한 사람의 탓으로 돌리는 것으로 인식되지만, 문제가 자신에게 미치는 영향력에 대하여 질문을 하는 것은 문제가 빚어낸 독특한 결과의 효과를 측정하기 위한 것이다.

예를 들어, 부인(아내)의 낭비행위 때문에 남편이 아내에 대한 신뢰결여 문제의 이야기를 하는 경우에는 "당신의 아내가 낭비하는 행위가 당신을 괴롭히는군요."라고 질문(반응)하는 것이 아니라, "낭비하는 행위 때문에 부부 사이에 갈등이 생겼군요. 그런가요?"라고 질문하여 문제를 사람으로부터 외재화하고 그로 인하여 갈등이 발생하게 된 독특한 결과의 영향력을 알아보는 것이다. 즉 문제는 문제이지 가족(부부 등) 자체가 문제가 아니라는 점을 인식시키게 되면 내담자가족은 문제를 해체하려는 의지를 갖게 된다. 외재화 질문을 통해 내담자들은 문제가 자신들 밖의 것이라는 문제의 지도(mapping)를 그릴 수 있게 되는 것이다.

(3) 대안적 이야기와 전체 이야기 다시 구성하기

내담자들이 자신들이 겪고 있는 독특한 결과를 외재화시키는 단계에 이르면, 상담자는 내담자가족에게 힘과 만족을 줄 수 있도록 대안적(예외탐색적) 이야기를 만들 수 있는 질문을 하여야 한다. 예를 들면, 부부갈등이 있는 내담자에게 먼저 "부부간의 싸움이 서로 간의 관계를 지배할 수 있었지만 그렇지 않았던 때도 있었지요?"라고 묻는 방식이다.

그리고 이러한 공감을 열어 주는 질문하기에 이어서 "어떤 방식으로 화해했던 것이 효과가 있었나요?"라고 묻는 방식의 '선호 질문하기'의 기법도 사용할 수 있다. 이러한 기법들은 변화의 씨앗이 되어 좀 더 긍정적이고 새로운 전체 이야기를 재구성하는 질문, 즉 이야기개발 질문으로도 이어질 수 있는 것이다.

(4) 대안적 이야기의 정체성 구축과 강화를 위한 인증하기(의식)

대안적 이야기를 만들고 그것을 기초로 새롭고 전체적인 이야기가 구성되면, 종료단계에 이를 수 있게 된다. 그러나 역기능적 가족의 특성은 문제가 드러났던 때와 마찬가지로 새로 구축된 대안적 이야기에도 유사한 맥락에서 손상될 우려가 있다. 이러한 점을 고려하면 정체성 구축을 위한 긍정적 의미 질문하기나 구축된 이야기를 대외적으로 인증받도록 하는 의식도 필요할 수도 있다.

먼저 긍정적 의미를 가질 수 있도록 하기 위한 기법으로는 내담자가족의 이야기를 상담자나 관찰자 앞에서 적어도 3~4차례 말하도록 하는 것이다. 아울러 문제에 굴복하지 않고 관계를 개선한 스토리에 대하여 상담기관에서 작성한 인증서를 주거나 별도의 축하 의식을 할 수도 있다.

3 앤더슨, 굴리시안의 협력언어체계 가족상담 및 가족치료

1) 앤더슨, 굴리시안의 협력언어체계 이론·모형의 발달

전통적인 사회과학의 패러다임에 근거하여 발전한 체계론적 가족치료 이론과 모형(1차적 가족치료 모형)은 1980년대 이후 페미니스트, 포스트모더니스트, 구성주의와 사회구성주의자, 다문화주의자, 동성애자, 가정폭력과 학대를 다루는 사람, 만성정신질환자 치료자들로부터 비판을 받아왔다. 따라서 체계론적 관점의 임상전문가들은 내담자에 대한 동정심이 있고 내담자와 협력적 관계에서 언어적(대화적) 소통에 능숙한 이론가나 가족치료사들에게 밀려나는 추세를 겪게 된다.

즉 체계론적 관점의 가족치료(1차 가족치료)에서는 치료사들이 가족구성원을 항상성을 유지하려고 하고 변화에 저항하는 체계로 보았기 때문에 내담자를 '가족희생양(scapegoat)'으로 규정하였다. 이러한 1차적 가족치료 모형에서는 어머니는 내담자가 이겨내야 할 '적'이 되고, 아버지 역시 그 주변적 인물로 설정되는 체계적 접근을 원칙으로 했던 것이다.

그러나 20세기 후반부터 21세기에 접어든 시기부터는 가족을 비롯한 사회조직에 대한 보편성이나 규범에서 벗어나고자 하는 포스트모던적이고 사회구성주의적인 인식이 팽배하게 되면서 가족치료 분야에서도 소위 2차적(혁신적) 가족치료 모형이 그 중심을 차지하게 된 것이다.

이것은 20세기 전반에 융성했던 개인치료 모형이 20세기 중반부터 가족치료 모형으로 초점이 전환되었던 전례와도 비교될 수 있다. 체계이론적 관점의 가족치료 이론과 모형들이 1970년대 후반 이후 이론과 기법 차원에서 전문화의 길을 모색하면서 발전했듯이 사회구성주의적 관점의 2차적 가족치료 모형들도 점점 전문화되면서 권위주의적인 의료모델들은 거부되거나 도전받게 된 것은 사실이다.

해결중심 가족치료 이론·모형, 이야기치료 이론·모형, 그리고 호주와 뉴질랜드를 중심으로 전개된 이야기치료의 미국적 모형이라고 할 수 있는 협력적(협동적) 언어체계 이론·모형이 대표적인 사회구성주의적 모형으로서 전문화의 길을 갔기 때문이다.

이는 체계적 접근을 하는 가족치료의 선구자들이 대부분 1990년대에 사망한 것에도 원인이 있지만, 후기구조주의와 사회구성주의의 영향으로 치료자의 특권적 지식을 전제로 하지 않는 언어적인 상호작용에 의해 치료가 이루어진다는 인식이 확산된 것의 영향이라고 볼 수 있다.

이 중에서 협력언어체계(collaborative language system) 이론·모형은 미국의 여성 심리학자 하를린 앤더슨(Harlene Anderson, 1942~)이 창시하였다. 그녀는 텍사스주에 소재한 휴스턴대학(University of Houston)에서 학사와 석사학위를 마친 후 오하이오주 신시네티(Cincinnati)에 위치한 유니온대학(union Institute & University)에서 결혼과 가족치료에 관한 박사학위를 받고, 1978년에 텍사스주 휴스턴의 갤버스턴연구소(휴스턴 갤버스턴 정신분석연구소)에서 근무하게 된다. 그리고 1997년에는 『대화, 언어, 그리고 가능성 : 치료에 대한 포스트모던적 접근(*Conversation, Language, and Possibilities : A Postmodern Approach to Therapy*)』이라는 제목으로 협력적 언어체계 접근이라는 그녀의 이론을 바탕으로 한 첫 번째 저서를 발간하였다.

흔히 포스터모던 협력 접근(Postmodern Collaboration Approach)이라고 칭해지는 이 이론은 가족치료의 클라이언트가 정확하게 이해되고 있는지를 확인하기 위해 비심판적인 방식으로 클라이언트와 협력할 것을 치료사에게 주문하고 있다. 그리고 2012년에는 다이앤 게하르트(Diane R. Gehart)와 공동저서로 『협력치료 : 차이를 만드는 관계와 대화(*Collaborative therapy : Relationship and conversations that make a difference*)』를 출간하여 협력언어체계 이론·모형을 발전시키고 있다.

한편, 앤더슨이 이러한 '협력적 언어체계 접근'의 가족치료를 주장하게 된 배경에는 호주와 뉴질랜드에서 시작된 이야기치료 운동이 언어와 포스트모던적인 접근을 시도한 것의 영향을 받았다고 볼 수 있다. 아울러 앤더슨은 초기에 정신건강연구소(MRI)와 관계를 맺고 상호작용적 의사소통 이론에 따라 전략적 치료자로 활동하고 있었던 정신과 의사인 헤리 굴리시안(Harry Goolishian, 1924~1991)과도 공동연구를 하게 되면서 더욱 발전된 이론과 모형을 구축할 수 있었다.

당시 헤리 굴리시안은 미시간대학(The University of Michigan)에서 심리학 석사학위를 받고 휴스턴대학(University of Houston)에서 1953년에 심리학 박사학위 과정을 마친 후 텍사스대학(University of Texas)에서 정신과 및 행동과학과 교수로 재직하면서 뚜렷한 경력을 가지고 있었기 때문이다. 따라서 앤더슨이 굴리시안으로부터 이론적으로나 기법적으로 많은 도움을 받을 수 있었던 것으로 보인다. 특히 휴스턴 갤버스턴 정신분석연구소가 텍사스주에서 설립되어 운영되었기 때문에 포스트모더니즘과 사회구성주의적 관점을 가지고 있었던 두 사람이 공동작업을 하면서 효과적인 치료기법들이 개발될 수 있었다고 볼 수 있다.

앤더슨과 굴리시안의 '협력언어체계 모형'에서는 말 그대로 체계는 사회적 역할이나 구조에 의한 것이 아니라 언어에 의해 형성된 것이라는 관점에서 치료자는 내담자와 협력적 관계에서 대화를 통해 내담자가 변화할 수 있는 이야기를 함께 구축해나가는 것에 목표를 둔다. 그러므로 앤더슨과 굴리시안은 치료자의 '알지 못함(not-knowing)'의 자세를 강조한다. 아울러 치료자는 내담자에게 일방적으로 말하는 것이 아니라 함께 문제에 대한 '치료적 대화'를 통하여 이해와 발견을 모색하는 것을 강조한다는 측면에서 '치료적 대화 모형'으로도 불린다.

그리고 이야기치료 접근에 기초한 협력언어체계 모형은 1980년대 중반 노르웨이의 가정의학과 의사이자 정신과 의사였던 안데르센(Andersen, 1987)에 의해서 '반영팀(reflecting team)'이라는 치료기법으로도 발전하였다. 즉 치료 장면을 일방경(one-way mirror) 뒤에서 관찰하던 치료 팀이 치료 회기가 종료한 후 치료과정에 대한 생각을 말하도록 구성하여 반영하도록 하는 것이다.

이렇게 되면, 내담자나 가족구성원들은 자연스럽게 공동의 치료 팀이 나누는 이야기를 듣게 되도록 구조화되는 것이다. 이는 곧 치료 팀과 내담자가 함께 모여서 상담(치료) 회기 때와는 다른 새로운 이야기를 나누며 반영하는 기법을 사용하는 것이다. 이러한 기법은 전략적 모델의 하나인 밀란 그룹이 접근했던 치료 방법의 영향이라고 할 수 있다.

2) 앤더슨, 굴리시안의 협력언어체계 이론·모형의 기법

미국의 여성 심리학자 하를린 앤더슨(Harlene Anderson)과 미국의 심리학자 굴리시안(Harry Goolishian)은 일방경(일면경) 뒤에서 전문가끼리 주고받는 대화방식의 치료를 거부하고, 치료자와 가족이 역할을 교환할 수 있는 양방경을 사용하는 다중대화방식의 '협력언어체계' 접근을 채택하였다.

이러한 기법은 치료자의 시각을 내담자에게 다시 비추는(되돌리는) 반영 팀(reflecting team) 치료로도 불린다. 즉 관찰실에서 내담자와 그 가족이 치료 팀이 논의하는 생각과 느낌을 양방경을 통하여 들을 수 있도록 하여, 가족원들이 서로 간에 한 말을 어떻게 들었는지, 그리고 어떻게 이해했는지를 치료 팀이 논의하는 대화를 통해서 반영하는 과정을 설정한 것이다.

그리고 1980년대 중반에 노르웨이의 안데르센(Andersen, 1987)은 1980년대의 정신병 환자 치료가 가족이나 친구, 직업과 이웃 등과 격리된 곳에서 이루어져야 했던 현실에서 치료자와 내담자의 협력적 모델이자 치료적 대화 모델인 반영팀을 실천하게 된 것이다. 이는 치료자가 왜 내담자와 그 가족에 대해 생각하는 것을 숨겨야 하는가?에 대한 의문에서 시작된 것으로 알려지고 있다.

다시 말하면, 협력적 치료 모델이나 반영팀 실천에서는 참여자(내담자) - 관찰자(치료자 혹은 치료 팀)의 역할이 바뀌게 되는 원리의 기법이 사용된다. 이때 치료체계는 협력적인 언어체계이며, 치료자의 역할은 '치료적 대화'의 참여자이자 참여관리자로서 치료적 대화를 구축하는 예술가로 본다. 이는 협력적이고 치료적인 치료자가 전문가의 역할을 맡아야 한다고 가정하지 않는 것이다. 대신 치료자와 내담자가 협력하여 다른 방식으로 대화하면 새로운 언어(이야기)로 재구성할 수 있다고 믿는 것이다. 따라서 미국의 앤더슨과 굴리시안의 협력언어체계 모형과 노르웨이의 안데르센이 창안한 반영 팀 모델은 이야기치료의 한 유형으로도 볼 수 있다.

그러므로 이야기치료에서와 마찬가지로 상담자(치료자)는 어떤 특정한 기법이나 사정 틀을 갖지 않으며, 치료자가 내담자와 공감하면서도 보살핌의 대화를 하면서 새로운 의미를 찾는 과정에 초점을 둔다. 앤더슨과 굴리시안은 치료자의 지식과 경험, 그리고 신념이 내담자의 그것보다 진실에 가깝다고 가정하지 않았던 것이다. 이는 내담자와 치료자의 시작이 사회적으로 구성되거나 언어로 구성된다고 믿는 관점으로서, 치료자와 내담자가 협력하여 다른 방식으로 치료적 대화를 하게 되면 새로운 이야기와 의미를 재구성할 수 있다고 믿는 것이다.

따라서 앤더슨과 굴리시안은 치료자(치료 팀)에게 '알지 못함의 자세(not-knowing posture)'를 강조하고 있는 것이다. 이는 미리 준비된 이론체계를 가지고 치료에 임하는 치료자의 자세와는 정반대의 위치에 있는 자세이다. 알지 못함의 자세를 가지기 위해서는 치료에서 이해, 설명, 해석이 과거의 경험이나 이론적으로 인도되는 진리 또는 지식의 제약을 받아서는 안 되기 때문이다.

아울러 치료자가 이론적 제약에서 벗어나기 위해서는 정형화된 질문이나 특정한 전제(가설)를 근거로 한 질문을 지양하고 배우는 입장에서 호기심을 표현할 수 있는 자세를 갖출 필요가 있다는 점도 강조한다. 그 이유는 내담자가 말하는 스토리에 진지하게 귀를 기울여야 치료자는 내담자가 이해하고 경험한 것을 알 수 있기 때문이다.

이러한 의미에서 '알지 못함의 자세'는 지식이 없다거나 경험이 부족한 채로 판단해도 된다는 것과는 근본적으로 의미가 다른 것이다. 다시 말하면 치료자에게 부여된 역할은 내담자가족이나 문제를 사정하고 분석하는 것이 아니라 끊임없이 내담자의 이해와 경험을 알아가는 자세에 있다고 할 수 있다. 이는 치료보다 '보살핌(돌봄)'에 초점을 둔 기법들을 사용하는 것이 중요하다는 것을 말해주는 것이다.

그러므로 협력언어체계 모형이나 반영 팀 실천에서는 치료자(치료자)는 관찰하고 내담자가족은 관찰대상이 된다는 고정관념에서 벗어나야 한다. 처음 단계에서는 상담실(면접실)의 가족을 대상으로 느낀 점에 대하여 먼저 논의하지만, 그러한 논의과정을 내담자가족이 양방경을 사이에 두고 관찰하여 반영하는 과정이 치료과정이 되는 것이다. 이렇게 되면 가족을 처우하는 치료팀의 태도도 내담자가족을 존중하는 자세를 유지하게 되어 내담자가족들도 치료자의 대화에 협력적이게 되는 효과도 있다.

따라서 치료에서 사용되는 언어도 전문적 용어보다는 일상적인 용어로 바뀌게 되는 현상이 나타나게 된다. 아울러 협력적 치료사(협력언어체계 치료사)는 비지시적이고 공감적인 자세를 강조하는 로저스(Rogers)의 인간중심주의적 상담 자세와도 유사한 측면이 있다. 하지만 사회구성주의적인 접근인 반영 팀 모델은 '사람(자기)'이 사회관계 속에서 구성된다고 보는 것이 기본인 반면에 로저스의 인간중심 상담 모델에서는 개인이 '자기'를 발견해 감으로써 인격의 성장이라는 최종목표에 도달할 수 있다고 주장한다는 점에서 차이가 있다.

이제 이러한 협력언어체계 모형이나 반영팀 실천의 치료과정을 개괄적으로 정리하면 다음과 같다.

첫째, 면담실(상담실) 밖에서 관찰자의 역할을 했던 치료자(치료 팀)가 상담실(치료실)로 자리를 옮겨 상담과정을 관찰하면서 느꼈던 생각을 이야기하고, 이때 내담자는 관찰실로 자리를 옮겨서 치료자의 이야기를 듣는 관찰자 역할을 한다. 치료자(치료 팀)는 이야기할 때 확정적으로 말하지 않고 불확실하고 감정적인 태도로 표현하도록 한다.

둘째, 관찰실에서 치료 팀이 주고받는 이야기를 듣고 난 내담자가족은 다시 상담실로 들어가서 치료적 대화(이야기)를 나눈다. 이때는 이전에 나누었던 이야기가 아니라 새롭게 반영한 내용을 중심으로 대화를 하게 한다. 이때 치료자는 가족구성원에게 치료자가 한 말을 어떻게 들었는지 혹은 느꼈는지에 대해 질문하는 '반영과정'을 하는 것이 바람직하다.

03

Part

절충 통합적 가족상담 및 가족치료

가족상담 및 가족치료

Chapter 10

절충 통합적 가족상담 및 가족치료의 이론·모형

1 선택적 차용 / 통합적 문제중심 이론·모형

1) 선택적 차용 가족상담 및 가족치료

선택적 차용 가족상담 및 가족치료는 가족상담 및 가족치료사가 절충 통합적 관점에서 그들의 치료과정에서 다른 종류 혹은 다양한 학파의 이론과 모델에서 사용되는 기법을 선택적으로 차용하는 모형을 말한다. 이러한 접근은 1990년대 이후 각 가족치료 이론과 모델의 기법이 가져오는 효과에 대한 양적이고 질적인 연구가 시도되면서 다양한 접근모델의 차이가 좁혀지고 통합되었다는 배경과 상관이 있다.

이처럼 가족상담 및 가족치료는 가족관계에서 일어나는 역기능적 문제에 대한 이론과 기법을 다루는 과학에 속하지만 시대적 배경에 따른 인간의 세계관 변화를 보여주는 철학과의 관계 속에서 변화하고 발전되는 경향이 뚜렷하다. 특히 가족상담 및 가족치료는 심리상담이나 심리치료의 새로운 분파(학파)로 전개된 것이 아니라 20세기 전반 이후에 일어난 제1차 세계대전과 제2차 세계대전의 영향으로 가족문제가 대두되면서 미국과 유럽을 중심으로 새로운 세계관과 인식론이 대두되면서 발전한 학문이기 때문이다.

이러한 가족상담 및 가족치료의 배경을 서양철학사적으로 본다면, 두 차례에 걸친 세계대전으로 유럽대륙 중심의 현상학이나 실존주의가 퇴색하면서 미국과 영국 중심의 실용주의와 분석철학이 주류 철학의 위치를 차지하게 된 것과도 상관이 있다. 그러나 좀 더 넓은 의미에서 본다면 프랑스 사상계를 중심으로 한 유럽사회는 주류 철학인 분석철학과 마찬가지로 언어문제를 기본적으로 다루면서도 전통적이고 분석적인 언어문제가 아니라 언어가 나타내는 표면적 의미에 숨어 있는 무의식적인 언어구조에 관심을 가지는 구조주의(Structuralism) 철학의 사조가 확산된 것의 영향이 크다고 볼 수 있다.

구조주의는 문화사상사적으로 대두된 모더니즘(Modernism)과 유사한 시기에 대두한 철학적 사조로서 스위스의 언어학자 페르디낭 드 소쉬르(Ferdinand de Saussure, 1857~1913)를 시작으로 언어학적이고 기호학적인 방법론을 적용하고자 하는 세계관을 공유했기 때문에 가족상담과 가족치료의 배경이 되는 심리학이나 정신분석학에도 영향을 미치게 된 것이다.

이러한 영향으로 제1차 세계대전 이후엔 1930년대부터 1950년대 사이에 일부 정신분석학자들은 어머니와 자녀를 함께 분석하는 시도를 하거나 자녀에게 정신적 영향을 미치는 부부를 동시에 분석하게 된다. 이는 1957년에 애커만(N. Ackerman)이 뉴욕가족연구소(Family Institute in New York City)를 설립하고, 1958년에는 개인치료 방식인 정신분석에서 가족치료방식으로 전환한 저서인 『가족생활의 정신역동(*The Psychodynamics of Family Life*)』을 발간한 것에서도 드러난다.

이를 시발점으로 가족치료는 개인치료 영역을 벗어난 집단치료의 한 방식으로서 독립적인 분야로 정립되면서 구조주의적이고도 체계이론적인 다양한 이론과 모형으로 발전하게 된 것이다. 이는 기계론적 세계관이 아닌 유기체론적인 세계관, 체계이론, 사이버네틱스 이론 등이 가족상담 및 가족치료의 이론과 모델의 발전에 영향을 미치게 되었다는 점을 말해준다.

하지만 1980년대 후반부터는 문화적으로 이성주의나 합리주의에 대한 반발로 다양성과 자율성을 강조하는 포스트모더니즘(Postmodernism)이 등장하면서 사회구성주의적인 가족치료 이론들이 초기의 가족치료 이론과 모형들을 대체하기에 이른다. 이러한 사회구성주의적 가족치료 이론으로서는 해결중심 단기가족치료와 이야기치료 등을 들 수 있는데, 철학적 배경을 보면 포스트구조주의

(Poststructuralism)의 경향이라고 볼 수 있는 것이다.

포스트구조주의는 이성과 합리성을 바탕으로 원인과 결과가 정해지는 구조주의 사상을 해체하고 인간주체성과 우연성을 강조하기 때문이다. 즉 포스트모더니즘과 포스트구조주의 관점의 가족치료에서는 구조나 체계, 이성적 판단에 대한 절대성을 비판한다는 점에서 유사성이 있는 것이다.

그러나 이러한 사회구성주의적인 가족치료 이론과 모형들이 전문화되는 과정에서도 1990년대에 접어들면서부터는 절충적이고 통합적인 모형들이 대두되어 영역을 확장하는 추세에 있다. 포스트모던적인 문화사상에서 가족치료의 급진적 수정주의자로 등장했던 해결중심 가족치료와 이야기치료 이론가들이 구조주의적인 체계이론의 가족치료 학파의 특징을 거부하고 자신들의 입장을 정립하기는 했지만 또 다른 비판세력이 등장한 것이다.

이러한 흐름은 체계이론적 가족치료 모형들이 초기의 가족치료사들의 지배적인 치료 모형이었던 정신역동주의적 접근을 반대하는 입장을 취하고 대두되었던 흐름의 연장선상에서 해석될 수 있다. 즉 체계이론적 가족치료사들은 정신분석에 기인하는 개인의 심리내적인 역동을 무시하면서 자신들의 입장을 구축했지만 사회구성주의적 가족치료사들에 의해서 비판받으며 세력이 약화되었던 것이다. 그리고 급진적 수정주의자인 사회구성주의적 가족치료마저도 21세기로 접어드는 시점에서는 통합적 가족치료사들에 의해서 비판받게 되었기 때문이다.

통합적 가족치료사들이 차지하는 업적은 기존 학파의 가족치료사들의 업적에 비하여 그리 크지는 않지만 대체적으로 사회구성주의적 관점의 해결중심치료나 이야기치료가 '가족의 역동성'을 받아들이지 않고 있다는 점을 비판한다는 특징이 있다. 아울러 정신역동적 가족치료를 비롯한 체계이론적인 가족치료 이론은 물론 사회구성주의적인 가족치료 이론을 선택적으로 절충하고 통합해야 한다는 입장을 보인다.

그러므로 통합적이고 절충적 가족치료라고 통칭할 수 있다. 왜냐하면 한두 가지의 요소에 한정된 경험을 집중적으로 다루어야 효과가 있다는 입장에 반대하고 가족구성원을 비롯한 내담자는 생물학적, 심리적, 사회적 영향을 받는 복잡한 환경체계 속에서 사고하고 느끼고 행동하는 존재라는 관점에서 이러한 영역을 다루는 각기 다른 가족치료 이론과 모형을 적절하게 선택적으로 통합해야 한다고 보고 있기 때문이다.

하지만 통합적이고 절충적인 입장의 접근은 기존의 학파들로부터 비판받게 될 소지도 분명히 있는데, 중심이 되는 이론이 없이 다양한 모형과 기법들을 각 실천단계마다 사용하게 될 경우가 그렇다. 특히 통합적 접근은 모든 개별적 이론과 기법들이 가족치료에 효과가 있다는 점을 전제하기 때문에 자칫하면 이론에 대한 충분한 지식도 없이 이런저런 기법들을 적용할 개연성이 있다는 점이다.

이런 경우에는 어느 정도의 치료효과는 기대할 수 있지만 결과적으로 중심이 되는 이론적 배경이 취약하다는 점에서 임상적으로 불일치가 발생하여 그야말로 뒤죽박죽 형태의 절충주의에 빠질 우려도 있다. 특히 치료효과가 지속되지 못하여 난관에 처하는 경우에 초심 치료자는 또 다른 기법을 차용하는 등의 일관성이 없는 딜레마에 처할 가능성이 크다는 점에서 비판받을 수 있다.

따라서 유능한 통합 절충적 가족치료 접근을 위해서는 기본적으로 개별적인 기존의 가족치료 이론과 모델에 대한 전반적인 이해도가 높아야 한다는 점이 전제되어야 한다. 그리고 적어도 자신에게 적합한 이론과 모델에 대한 견고한 지식과 기술을 갖추고 있어야 하는 것이다. 많은 유능한 가족치료사들이 특정한 학파의 치료기법에 대한 교육과 훈련을 받고 다른 모델에서 기법을 빌려서 선택적 차용 방법의 가족상담 및 가족치료를 하는 이유도 여기에 있다.

이때 '선택적 차용(selective borrowing)'은 단순히 효과가 있을 것으로 기대되는 기법만을 가족상담 및 가족치료 과정에 차용하는 것을 의미하지는 않는다. 모든 상담 및 치료기법은 내담자, 즉 가족구성원에 대한 인간관, 신념, 목표와 연결된 이론이 있기 때문에 이론과 모형과 일치되고 유용한 기법을 선택적으로 빌려와서 적절하게 활용해야 하기 때문이다.

20세기 중반까지만 해도 가족상담 및 가족치료의 다양한 학파에서는 각자의 학파에 적합한 치료사들을 훈련하는 과정을 경쟁적으로 수행했다. 아울러 그러한 훈련과정을 거친 치료사들도 대외적으로 자신들의 학파에 대한 특성과 우월성을 거론하며 세력을 확장해왔다. 각 학파에서 양성된 치료사들은 자신들이 선택한 학파의 모델이 가족치료전문가로 활동하는 데 부족함이 없다고 생각해왔기 때문이다.

하지만 21세기에 접어들면서부터는 유능한 대부분의 가족치료전문가들은 이러한 순수주의자의 입장을 고수하지 않고 있다. 20세기 중반 이후까지 발달한 1차 가족치료(체계이론적 접근)나 20세기 중반 이후의 2차 가족치료(사회구성주의적 접근)의 개별적인 가족치료 이론을 분석해보면, 인간관이나 신념, 목표 등, 즉 정상가족이나 역기능가족에 대한 입장이 전혀 배타적인 견해는 크게 보이지 않는다는 점을 인식하게 되었기 때문이다.

즉 각 이론과 모델마다 중심이 되는 주요 개념이나 기법의 차이나 특성을 가지고 있지만 유사성 또한 많다는 점을 받아들이게 된 것이다. 이렇게 본다면, 어쩌면 오래전부터 상담이나 치료현장에서는 순수주의자로서 온전한 입장만 고수하는 경우보다는 선택적으로 다른 모델을 사용(차용)해 왔다고 짐작할 수 있다. 오늘날 유능한 가족상담 및 가족치료 전문가들의 대다수는 '선택적 차용주의자' 혹은 '통합 절충주의자'라고 간주할 수 있는 것도 같은 맥락에서 이해될 수 있다.

2) 통합적 문제중심 가족상담 및 가족치료

선택적 차용주의자 중에서도 가족치료의 대상이 되는 인간현상에 대한 좀 더 포괄적인 이해를 위해 현존하는 모델의 한계점을 보완하려는 시도에서부터 또다시 새로운 모델을 창안하려는 통합주의자도 있다.

이러한 접근 중에서 미국 시카고의 노스웨스턴대학(Northwestern University) 가족연구소(Family Institute)의 소장이었던 윌리엄 핀소프(William Pinsof, 1995, 1999)와 그의 동료들이 20년에 걸쳐서 1995년에 개발한 통합적 문제중심 치료(Integrative Problem- Centered Therapy, IPCT)는 대표적인 모델이다. 핀소프는 원래 전략적 가족치료 전문가였으나 스스로 한계를 느끼고 거의 모든 치료적인 문제를 해결할 수 있는 접근법을 발견해야겠다는 신념으로 개발을 시도했던 것이다.

따라서 핀소프는 선택적 차용 접근법의 연장선상에서 전략적 가족치료 모델을 유지하면서도 다양한 가족치료와 개인치료 접근법을 순서대로 적용하면서 통합하는 방법을 개발하게 된다. 이러한 방법은 여러 가지의 모델들을 이론적으로 결합하거나 수정하지 않으면서도 함께 연결하는 것을 의미한다. 즉 가족치료와 개인치료 접근법을 같이 사용하는 통합적 방법을 선택한 것을 근간으로 가족체계에서 발생된 문제가 유지되는 역동에 대해서도 사이버네틱스 이론, 사회학습이론, 정신역동이론을 적용하여 통합적으로 파악하는 기법을 사용하고 있다.

그리고 가족치료를 실천하는 과정에서 초기문제의 확인 및 평가 진단과정에서는 헤일리의 전략적 가족치료 모델을 기본으로 미누친의 구조적 가족치료 모델과 인지행동적 모델을 연속적으로 연결하여 치료적 난관에 처할 때마다 다른 방법으로 적용하면서 통합하는 순차적 접근을 하였던 것이다.

이러한 통합적 문제중심 치료 모델은 리나레스(Linares, 2001)가 지적하듯이 각 가족치료 이론의 고유성을 인정하면서도 여러 이론과 모델의 선택적 차용 또는 통합이 필요하고, 개인치료와 가족치료라는 분리된 영역도 통합이 필요하다는 울트라모더니즘(Ultra-Modernism) 시대의 가족치료 모델이라고 할 수 있다.

즉 지난 20여 년간의 포스트모더니즘(Post-modernism)은 가족치료 분야에서 절대적인 지지를 받았던 사상이고, 포스트모더니즘의 확산과 더불어 기존의 체계이론적인 가족치료가 근대적이며 기계론적이므로 유용하지 않다는 비판이 제기되기도 하였던 것이다. 그러나 과거에 사용했던 체계이론적 가족치료 이론과 연구를 포기해서는 안 된다는 주장들이 나오면서 지금까지 발달해온 가족치료 이론을 통합할 필요가 있다는 주장이 제기된 것이 울트라모더니즘(Ultra-modernism)의 사상인 것이다.

한편, 이러한 울트라모더니즘적 가족치료 모델로는 통합적 문제중심 치료 모델과 함께 대표적 모델로 거론이 되는 구조초월적 혹은 초월구조주의 모델이 있다. 1990년대에 슈워츠(Richard C. Schwatz), 브르린(Douglas Breunlin), 매쿤-카러(Betty Mac Kune-Karrer)가 공동으로 개발한 '초월구조주의 모델(meta-frameworks model)'은 다양한 가족치료 이론과 모델로부터 인간기능에 대한 중요한 요소들을 찾아내어 새로운 종합(통합)을 위하여 하는 방법을 취하고 있다.

이에 비하여 핀소프의 '통합적 문제중심 치료 모델(Integrative Problem-Centered Therapy, IPCT)'은 그러한 종합의 과정 없이 순차적(연쇄적)으로 차용한다는 특색이 있다. 핀소프(Pinsof)가 이처럼 '통합적 문제중심 치료 모델(Integrative Problem-Centered Therapy)'에서 개인치료나 가족치료와 관련된 각기 다른 모델들을 순차적으로 차용하는 이유는 어떤 가족구성원은 경험주의나 구조주의적 접근에 효과를 보이지만, 또 다른 가족은 인지행동적 혹은 정서체계적 접근에 반응할 수 있다는 가정에 있다.

그리고 경우에 따라서는 가족구성원의 일부를 대상으로 심층적인 개인치료도 필요하다는 인식에도 기초하고 있다. 다시 말해서 단 한 가지의 독자적인 접근법이 아니라 심리치료에 사용되는 전체적 이론과 모형을 고려하고자 시도한 것이다. 따라서 핀소프(Pinsof)는 자신이 전문적으로 훈련받은 전략적 가족상담 및 가족치료 이론과 모형에 반응(효과)을 보이지 않는 가족원에게는 다른 선택적 차용으로 새로운 기법을 추가하는 방법을 사용한 치료사와는 달리 다른 접근법(방법론) 전체를 대상으로 순차적으로 사용하였던 것이다.

이러한 접근방식이 선택적 차용 모델과의 차이점이라고 할 수 있다. 그러나 만약 이러한 방식에도 문제가 지속될 경우에는 정신약리학 평가를 의뢰하여 생리학적인 원인의 가능성과 다른 신체적 증상들과 상관이 없는지도 탐색해야 한다고 제시하고 있다.

핀소프(Pinsof)가 통합적 문제중심 치료 모델로 접근한 가족치료 사례를 보면, 지난 일 년 동안 매우 심각한 다툼이 있었던 60대의 한 부부가 남편의 성적 무기력 문제로 발생한 가족문제에 개입하여 효과를 증명했다는 점을 강조하고 있다. 치료과정에서 핀소프는 주로 부인은 남편이 그녀에 대한 매력이 감소하였다는 점에서 성적 무기력의 인지행동적인 원인을 찾고, 반면에 남편은 아내와의 심각한 다툼의 과정에서 자신의 남성다움이 감소한 것으로 정서체계적으로 받아들인다는 점에 착안하여 '통합적 문제중심'으로 접근해야 한다고 주장하고 있다.

이러한 관점에서 핀소프(Pinsof)는 통합적 치료사로서 부부 상호 간에 고통스러움을 개방하도록 하여 서로의 감정을 이해토록 하는 방법으로 부부 간의 성행위가 줄어드는 결과를 치료하는 효과를 거둘 수 있다고 언급하고 있다. 만약 효과를 발생하지 못한 경우라면 부인과 남편의 정신병리적인 문제에 초점을 맞추어 개인치료로 옮겨가야 하는 것으로 보는 것이다.

2 내재적 가족체계/구조초월적 이론·모형

1) 내재적 가족체계 가족상담 및 가족치료

내(재)적 가족체계 치료(Internal Family Systems Therapy, IFST)는 브른린(Douglas Breunlin), 매쿤-카러(Betty Mac Kune-Karrer)와 공동으로 1990년대에 구조초월적 가족치료 모델을 개발한 슈워츠(Richard C. Schwatz)가 그보다 10여 년 전인 1980년대에 스위지(Martha Sweezy)와 공동으로 제시했던 가족치료 모델이자 기법이다.

슈워츠는 체계적인 가족치료사이자 학자로서 시스템 사고에 기반을 두고 클라이언트를 그들 스스로 가지고 있는 다양한 부분에 대응하기 위하여 내적 가족체계 치료(Internal Family Systems Therapy, IFST) 모델을 개발하였던 것이다. 그는 섭식장애 청소년들을 치료하는 과정에서 가족구성원을 비롯한 클라이언트들은 전반적으로 조직화된 체계적 패턴(systemic patterns)이 있다는 점에 주목하여 그러한 부분 간의 내적 관계성에 초점을 맞춘 모델을 개발한 것이었다.

이러한 모델을 바탕으로 슈워츠는 내적 가족체계연구소(IFS Institute)를 개설하고 3단계 수준(Level 1, Level 2, Level 3)의 훈련과정(Training)을 두고 가족치료사들도 양성하게 된다. 주요한 훈련자(Trainers Directory)들을 보면, 어게이트(Jory Agate), 앤더슨(Frank Anderson), 아르벨(Osnat Arbel), 바브라(Mona Barbera), 볼링(Kim Bolling), 브리스(Chris Burris) 등이 참여하고 있다. 이러한 주요 훈련자들은 슈워츠가 개발한 이론과 모델에 따른 훈련 매뉴얼의 기술(Skills Training Manual)을 공동으로 연구하고 『내적 가족체계 치료(*Internal Family Systems Therapy, IFST*)』(2019)라는 저서로도 발간하고 있다. 이 책의 부제를 보면 '우울, 불안, 외상후 스트레스 장애(post- traumatic stress disorder, PTSD), 물질남용(Substance Abuse)에 관한 트라우마(Trauma) 전문치료기술훈련 안내서'로 명칭하고 있다.

따라서 내적 가족체계 치료는 가족구성원을 비롯한 개인(클라이언트)들의 정신건강에서 나타나는 이러한 증상들을 DSM(미국정신의학협의회 진단통계 매뉴얼)에서처럼 병리적 측면으로 보지 않고 클라이언트들이 가지고 있는 다양한 부분들의 표현으로 바라본다는 특성이 있다. 즉 우울, 불안, 외상 후 스트레스 장애(PTSD), 약물 등의 물질 남용 등의 트라우마(Trauma)를 가진 개인뿐만 아니라 부부나 커플, 가족, 어린이, 집단 등에 치료효과가 있다는 점을 강조하고 있다. 다시 말해서 일반적으로 정신병리로 진단되는 클라이언트들의 다양한 부분들에 대하여 기본적으로 의료 모델보다는 내담자의 긍정적 측면들을 대상으로 통합적인 접근을 하는 것(마음모델)에 초점을 둔다는 특성이 있다.

이러한 이유는 내적 가족체계 치료(IFST)를 개발한 슈워츠(Schwartz)가 퍼듀대학(Purdue University)에서 결혼과 가족치료에 관한 박사학위를 받고, 일리노이대학의 청소년연구소에서 부교수로 일하면서 전문경력을 시작하여 나중에는 노스웨스턴대학의 가족연구소에 부교수로 합류한 사람이라는 점에서도 짐작할 수 있다. 그리고 자신이 개발한 모델을 기초로 가족치료 전문가들을 양성하기 위한 교재개발 과정에서는 하버드 의과대학 출신들인 프랭크 G. 앤더슨(Frank G. Anderson)과 마사 스위지(Martha Sweezy)가 참여하고 있는 것을 보아도 그러하다.

그러므로 내적 가족체계 치료 모델은 기본적으로 그 후에 개발된 구조초월적(초월구조주의) 가족치료와 이론과 모형적 배경에서 같은 맥락을 유지하고 있다고 볼 수 있다. 즉 통합적 접근이자 이론적 확장으로 볼 수 있는 것이다.

먼저 통합적(초월적) 접근으로 볼 수 있는 이유로는 경험적, 구조적, 전략적 가족치료에서 강조하는 영역을 모두 가지고 있으며, 심지어 정신역동적이고 정서체계적인 가족치료 학파에서 제시하는 특징들도 공통적인 요소에 포함시켜서 초점을 두고 있다는 점을 들 수 있다.

그리고 이론적 확장으로 간주할 수 있는 근거로는 치료적 이론체계에서 가족의 범주를 넘어서는 개인의 심리내적 과정 영역을 비롯하여 문화적이고 정치적인 영역까지도 넓혀서 접근한다는 점을 들 수 있다. 따라서 내적 가족체계 치료(IFST)는 기존의 가족치료 학파들의 접근이 한계에 부딪히면서 대두된 20세기 후반의 통합적 가족치료 모델과 공유되는 측면이 많다.

특히 1990년대 개발된 초월구조주의 가족치료에서 인간기능의 핵심 영역으로 제시하는 여섯 가지의 영역 중에서 '심리내적 과정'과 공유되는 측면이 많고, 인간의 심리(마음)가 가족체계처럼 여러 부분(parts)으로 구성되어 있다는 관점을 가지고 치료대상이 되는 내담자(Identified Patient, IP)를 상담하고 치료한다는 점에서는 유사한 모델이라고 볼 수 있다.

하지만 '내적 가족체계(IFS)'라는 명칭에서도 어느 정도 상징이 되듯이 개인의 심리내적 부분을 가족체계와 같은 다양성(multiplicity)에 비추고 있다는 측면에서는 오히려 가족치료적 접근보다는 개인 내적 작업인 개인상담 및 개인치료적 접근에 더욱 가까운 모델이라고 할 수 있는 특징적인 차이점도 있다. 그렇다고 부부상담이나 가족상담에서도 유용성이 없다고는 할 수 없기 때문에 전체적으로는 통합적 가족치료 모델에 포함시키고 있는 실정이다.

슈워츠가 처음에 경험적 가족치료를 바탕으로 내적 가족체계 치료(IFST) 이론을 개발하게 된 배경을 보면, 개인의 심리내적 체계를 이루는 '부분들(Parts)'이 다양하기 때문에 '참 나(Self)' 요인을 중심으로 균형과 조화를 이루도록 하는 것이 치료 목표였다는 점에서는 개인치료, 가족치료, 집단치료적 접근에도 유용한 것이다.

하지만 인간의 성격이 다양한 부분으로 구성이 된다는 관점은 프로이트(Freud)가 정신(성격)의 구조를 원초아(id), 자아(ego), 초자아(superego)로 제시한 이후 칼 융(Carl Gustav Jung, 1875~1961)도 분석심리학에서도 이미 'Self(자기)' 개념이 제시된 것이다.

그러나 슈워츠가 2017년에 팔코너(Robert R Falconerd)와 공저로 발간한 『맑은 마음, 하나의 참 나 : 패러다임의 급진적인 변화에 대한 증거(*Many Minds, One Self: Evidence for a Radical Shift in Paradigm*)』에서 제시하고 있는 내용을 보면, 'Self'와 'Part'의 특성은 동서양의 수행 전통과 샤머니즘에서 수천 년 전부터 거론이 되어 왔던 용어이기도 하다.

즉 불교에서는 불성(Budda Nature) 혹은 마음챙김(Mindfulness), 자기심리학에서는 관찰하고 있는 자아(observing ego), 힌두교에서는 참 나(Atman), 영적 전통에서는 본질(Essence)로 지칭이 되고 있기 때문이다. 따라서 치료사는 내담자의 'Self(자기)'가 잘 드러나도록 하여 그 영향력이 다른 부분들(Parts, 하위 성격)로도 미칠 수 있도록 조력하는 역할을 해야 하는 것으로 볼 수 있다.

2) 구조초월적 가족상담 및 가족치료

구조초월적 혹은 초월구조주의 모델(Meta-frameworks model)은 절충 통합적 가족치료 접근 모델 중에서도 비교적 선도적인 역할을 한 모델이다. 핀소프의 '통합적 문제중심 치료 모델(IPCT)'보다 약 3년 정도 앞선 1992년에 시카고의 아동연구소(Institute for Juvenile Research)에서 가족치료 프로그램을 담당했던 세 명의 가족치료사인 브르린(Douglas Breunlin), 슈워츠(Richard Schwartz), 매쿤-카러(Betty Mac Kune-Karrer)가 개발하여 1997년에 체계화시켰기 때문이다.[1] 이 모델은 인간기능의 6개 핵심 영역에 적용되는 '통합적인 이론적 구조 틀' 혹은 '초월구조 작업 틀'에서 개발이 된 것이다.

1) 브르린과 슈워츠는 이후 노스웨스턴대학의 가족연구소로 이직하였다.

여기서 말하는 6개의 인간기능의 핵심 영역은 ① 심리내적 과정, ② 가족구조, ③ 가족 상호작용의 인과적 연쇄반응, ④ 가족발달, ⑤ 문화, ⑥ 성별을 거론하고 있다. 이러한 영역은 기존의 다양한 가족치료 이론과 모델에서 공통적으로나 보편적으로 들고 있는 영역이다. 따라서 내담자 문제파악을 위하여 선택한 주요 영역이나 주요 개념은 초월적 원칙에 입각하여 서로 연결시킨 모델인 것이다. 여기서 '초월적 원칙'이라는 개념은 기존의 가족치료 학파들이 경쟁적으로 주장하는 인간 경험의 주요 영역에 대한 한계점을 발견하고, 공통적으로 강조하고 있는 영역에 대해서는 학파를 망라하는 주요 개념들을 구조적으로 연결하는 것을 기본으로 삼는 것을 의미한다.

이러한 원칙에서 세 사람의 가족치료 개발자, 즉 브르린(Douglas Breunlin), 슈워츠(Richard Schwartz), 매쿤-카러(Betty Mac Kune-Karrer)는 여섯 개의 인간기능의 영역이 가족치료 접근에서 핵심적인 영역이 된다는 점을 발견했고, 그중에서도 가족상호작용의 인과적 연쇄반응(가족 상호작용이 인과적 연결고리), 가족구조, 가족발달의 세 가지 영역에 대해서는 공통견해를 가지고 있지만 각기 다른 측면을 강조하고 있다는 점도 알게 된 것이다.

예를 들어, 구조적 가족치료는 단기적인 회기 내의 연쇄적·인과적 연결고리에 초점을 맞추었고, 전략적 가족치료는 가족생활에서 여러 해 동안 괴롭힘을 당해왔을 아동들의 증상에 관심을 가졌으며, 다세대 정서체계적 가족치료에서는 말 그대로 다세대로 연결되어온 패턴들에 초점을 두었다는 점이다.

그리고 나머지 세 가지의 영역인 개인의 심리내적 과정, 문화, 성별에 대해서도 기존의 가족치료 학파들이 관심을 가지고 있지만 직접적으로는 거의 언급하지 않고 있다는 점에도 착안하게 된 것이다. 따라서 구조초월적 모델은 기존의 가족치료 모델의 한계 범위를 초월할 수 있는 통합된 이론적 틀을 지향하는 한편으로 기존의 모델에서는 구체적으로 드러나고 있지 않은 심리내적 과정, 문화, 성별의 세 가지의 영역에 대해서도 모형과 기술을 개발하게 된 것으로 볼 수 있다.

그러므로 이러한 구조초월적 가족치료의 관점은 기존의 가족치료 학파들의 편협한 관점들로부터는 벗어나려고 시도하는 한편으로 인간기능의 주요 영역에 대한 접근을 통합적으로 시도한 가족치료의 선도적 역할을 한 것으로 볼 수 있다. 이처럼 초월구조주의 모델(Metaframework model)에서 제시하는 여섯 가지 핵심 영역은 가족치료사들이 가족평가에 활용하고 통합적 가족치료사로서 역할을 하는 도구가 된다. 그리고 2000년대에 접어들어서는 두 가지 영역의 초월구조주의적 도구가 추가되었다. 바로 ① 목적론(목표지향), ② 과정 영역이다(Corey, 2009, 417-432).

그러나 초월구조주의 가족치료에서 도구로 삼는 여섯 가지 내지는 여덟 가지 영역이 순차적(연쇄적)으로 치료대상자(클라이언트)에게 적용되는 것은 아니다. 새로운 종합을 위해 절충되고 통합되어 개인이나 가족구성원들이 가진 문제를 관찰하고 해결해나가는 구조인 것이다.

예를 들면, 가족치료서는 곤란에 빠진 가족을 조력하기 위해서 마치 6개 내지 8개의 영역의 렌즈(Lens)로 구성된 하나의 안경(eyeglasses)과 같은 치료도구를 적용하는 원리를 채택하는 것이다. 따라서 각각의 렌즈들은 서로 다른 모습이 되는 것이 아니라 서로 연결된 구조로서 모순이 없고 동시다발적으로도 사용될 수 있다는 관점을 보인다. 아울러 각각의 렌즈들은 가족구성원들의 결손이 된 부분을 찾아내는 기능보다는 각 영역에서 속박이 된 부분들부터 초점이 맞추는 방식으로 사용된다는 것이다.

왜냐하면 초월구조주의 모델에서는 문제를 호소하는 가족 개인이나 구성원들의 인간기능이 각 영역에서 서로 연결되어 있지 않다는 점에 착안하여 각 영역들의 기능을 연결시킬 수 있는 자원(잠재능력)을 찾는 것에 기초하고 있기 때문이다.

그러므로 초월구조주의 관점의 가족치료사는 가족구성원들이 가지고 있는 자원을 찾기 위하여 개인이나 상호작용에서 한 가지 영역 혹은 그 이상의 영역에서 압박받고 있는 영역을 찾아서 해당 부분을 자유롭게 해방시키는 것이 관건이 된다. 예를 들면, 심리적인 문제나 정신건강 상의 대표적인 장애인 우울증(Depressive disorder)을 겪고 있는 여성 가족구성원의 경우에 여러 인간기능의 영역에서 압박받아서 원활한 심리적 기능을 발휘하지 못하고 있다고 가정할 수 있다.

따라서 초월구조주의 가족치료사는 내담자의 문제(압박된 부분과 영역)를 파악하기 위해 개인의 심리내적 과정에서부터 가족 간의 상호작용에서 비롯된 인과적 연결고리 등에서 압박된 부분을 내담자나 가족구성원들과 토의해나감으로써 가족구조, 가족발달, 성(성별), 문화(다문화) 영역에 이르기까지 각각의 렌즈를 사용하여 도움을 줄 수 있게 된다. 다만 초월구조주의 가족치료사는 각 렌즈를 한 번에 하나씩 사용하기 때문에 어떤 경우에는 주된 압력 부분(영역)이 신속하게 발견될 수도 있고, 혹은 그보다 많은 구조초월 요소와 관련된 렌즈를 사용해야 전체적인 인간 기능이 활성화되는 가족치료의 효과를 기대할 수 있다는 점을 고려할 필요가 있다.

3 절충 통합적 3단계 실천 이론·모형

1) 절충 통합적 가족상담 및 가족치료의 흐름

가족상담 및 가족치료에 관한 이론과 모형의 발달 역사를 보면, 20세기 초반에 정립된 프로이트(Sigmund Freud)의 구조주의적이고 정신분석학적인 치료 접근을 반대하는 입장에서 시작되었다고 할 수 있다. 제1차 세계대전 이전까지의 지배적인 치료 모형이었던 정신분석학은 인간행동은 무의식적 힘의 산물이며, 통찰력만이 변화를 일으키는 요인이 될 수 있다고 보았다.

또 다른 유력 가족치료 접근에서는 인간행동을 이해하기 위해서는 내면의 무의식을 통찰할 필요가 없고 가족의 인지행동적 변화가 필요하다는 입장을 보였다. 이러한 입장의 모형들은 원칙적으로 개인상담 및 치료이론에 기반을 두고 가족문제를 다루려는 관점을 공유하고 있다.

그러나 1914년 오스트리아가 사라예보(Sarajevo) 사건[2]으로 발칸반도의 세르비아(Serbia)에 선전포고를 하면서 시작되어 1918년 독일의 항복으로 끝이 난 제1차 세계대전, 이어서 1929~1934년까지 북아메리카와 유럽을 중심으로 경제침체가 지속되면서 전개된 경제대공황으로 경제적으로 어려워진 세계는 가족문제가 사회적 이슈로 대두되기에 이른다. 아울러 제2차 세계대전 중인 1939년에 일본이 미국 하와이의 진주만(Pearl Harbor)에 있는 태평양 함대를 공격함으로써 일어난 태평양 전쟁 등에서도 전사상자가 발생함으로써 세계적으로 많은 시민들과 가족의 심리사회적인 문제를 낳게 된다.

이러한 정치사회·경제적인 상황은 1945년에 제2차 세계대전이 종료되면서 다양한 학문 분야에서 가족문제를 연구하게 된 배경이 되었다. 그중에서도 가족이 어떻게 움직이고 어떻게 안정성을 유지할 수 있는지를 설명하기 위하여 영국 출신의 인류학자 그레고리 베이트슨(Gregory Bateson)은 매사추세츠공대(MIT)의 수학자 노버트 위너(Nobert Wiener)가 제시한 사이버네틱스(cybernetics, 인공두뇌) 이론을 가족치료에 접목시키는 연구를 1942년에 시작하게 된 것이 체계론적 가족치료의 초기적 접근이라고 볼 수 있다.

이 연구는 그의 동료인 돈 잭슨(Don Jackson)에 의해 1959년에 샌프란시스코의 팔로 알토에 설립된 정신건강연구소(MRI)를 중심으로 여러 가지의 이론과 모형으로 전문적 가족치료 학파를 형성하기에 이른다. 물론 그 이전에도 1930년대부터 정신분석학자나 정신과 의사들에 의해 가족역동성에 대한 연구가 이어져 왔던 것은 사실이다.

그중에서도, 1957년에 나단 애커만(Nathan Ackerman)은 미국 동부지역인 뉴욕에 가족연구소를 설립한 것은 초기 가족치료 활동의 대표성이 있다. 그리고 1958년에는 가족치료의 이론과 실제를 다룬 최초의 저서인 『가족생활의 정신역동(*The Psychodynamics of Family Life*)』이라는 책을 출판했기 때문에 애커만은 가족치료의 선구자로 칭해지기도 한다.

2) 1914년 6월 28일 오스트리아-헝가리 제국의 황태자 부부가 현재의 보스니아 헤르체고비나의 수도인 사라예보를 시찰하던 중 한 세르비아인 청년에게 암살당한 사건이다.

한편, 이처럼 1950년대 이후 가족치료가 개인치료 영역과는 독자적인 학파를 형성하면서 심리치료계에서 전문화되면서 나타나게 된 문제점도 뚜렷한데, 무엇보다도 자신들의 학파의 특징만 강조하다 보니 다른 학파가 주장하는 차이점에 대해서는 고려하지 않았다는 점이다.

특히 정신분열증 환자나 가족을 대상으로 시작된 초기의 가족치료 학파들이 체계이론적인 가족치료 이론과 모형들로 자리 잡은 1960~1970년대가 정신분석적 접근과 대립했던 것처럼 1980년대에 정립된 사회구성주의적인 가족치료 이론과 모형들도 초기의 전통적이고 체계이론적인 가족치료 학파의 견해를 거부하게 되는 흐름이 나타났다는 점이다.

그러나 자연과학 분야가 아닌 사회과학 분야에서는 인간현상과 사회현상을 설명할 때 진실이 하나가 될 수 없다는 관점에서 보면, 어떤 특정한 하나의 학파가 주장하는 접근만이 임상적으로 효과적이라는 입장은 한계가 분명해진다. 특히 가족관계에서 문제를 겪는 가족구성원을 대상으로 생물학적, 심리사회적인 다양한 요인을 다루어야 하는 가족상담이나 가족치료에서는 각각의 학파가 주장하는 각기 다른 접근 요소들을 절충 통합할 필요가 있는 것이다. 그리고 경우에 따라서는 효과가 있는 일부 모형들을 선택적으로 치료과정(치료단계)에서 활용할 수 있고, 또 다른 방법을 채택할 수 있어야 하는 것이다.

이러한 맥락에서 1990년대 이후에 나타난 가족치료계의 절충 통합적 흐름은 체계이론적인 가족치료 이론·모형과 사회구성주의적인 가족치료 이론·모형을 모두 비판하는 입장에 있다. 하지만 절충 통합적인 접근은 이러한 이론과 모형들과는 달리 역사적인 배경이 길지 않고 기존의 학파들이 자신들의 특성을 강조한 것에 비하여 뚜렷한 발전을 이루지 못하고 있는 실정이다.

따라서 상담 및 치료의 절차(과정)에 따른 효과적인 기법들을 풍성하게 할 필요성이 있다. 아울러 기존의 가족치료 학파들이 강조하듯이 어떤 특정한 한 부분에만 집중적으로 치료해야 효과적일 때는 절충 통합적 접근이 치료적 효과를 감소시킬 수도 있다는 주장에도 대응해야 한다.

절충주의(Eclecticism)에 따른 가족상담 및 가족치료는 말 그대로 다양한 다른 모델과 방법들을 함께 수용하여 다양한 방법을 가능한 한 효과적일 것으로 예측되는 목표와 결합하는 방식을 따르는 것이다. 그러므로 치료과정의 장점은 사용 가능한 이론과 기법이 광범위하다는 점에 있다. 이는 심리치료가 각 학파가 주장하는 고유한 이점을 갖는 것을 부정하는 것이 아니라 단일 형태의 치료와 상담이 전체론적 변화를 적절하게 지원할 수 없다는 가정에 따르는 접근이다. 특히 개인치료가 아닌 집단치료의 형태인 가족치료에서는 완전히 개인적이고 목표지향적인 방식으로 접근하기에는 한계가 있으므로 두 가지 이상의 이론과 모형을 함께 수용하는 절충적 접근(eclectic approach)이 효과적이라고 할 수 있다.

2) 두세 가지 이론·모형을 절충 통합한 가족치료

(1) 이야기 해결 가족치료 모델

이야기 해결 가족치료 모델(Narrative Solutions Family Therapy Model)은 정신건강연구소(MRI)의 상호작용적 전략주의 모델과 이야기치료 기법들을 연결시킨 것으로 뉴욕주 캣스킬(Main St, Catskill, New York)에 있는 캣스킬 가족연구소(Catskill Family Institute, CFI)의 설립자이자 임상심리학자인 에런(Joseph B. Eron)과 같은 CFI의 공동 책임자인 임상심리학자 런드(Thomas W. Lund)에 의해서 개발되었다.

캣스킬 가족연구소(CFI)의 독창적인 이야기 해결 접근은 많은 논문과 훈련과정들이 발표되어 있다. 그중에서도 이들이 공동으로 1996년에 발간한 『단기치료에서의 이야기 해결(*Narrative Solutions in Brief Therapy*)』은 '길포드 가족치료 시리즈(The Guilford Family Therapy Series)'라는 명칭으로 가족치료사들에게 많이 읽히고 있다.

에런과 런드는 당초 전략적 접근법을 사용하는 단기 가족치료사로서 1980년 초부터 협력을 시작하여 그들의 전략적이고 상호작용적인 MRI 모델이 기계적이고 조작적인 기법들을 사용하고 있음을 인지하고, 사회구성주의적 관점의 이야기치료에서의 장점들을 결합하여 해결중심 이야기 가족치료 모델을 창안하게 된 것이다.

결과적으로 이야기적이고 해결적인 모델로 정립이 된 것인데, 가족을 비롯한 사람들은 타인들이 자신을 어떻게 보기를 원하고, 그에 따라 다른 사람들에게 보이는 것을 원하는지에 대한 강한 선호성이 있다는 인간 관점을 가정하게 된다. 즉 사람들은 그들이 원하는 관점들대로 살지 못할 때 문제가 발생한다고 전제하는 것이다.

그러므로 에런과 런드는 MRI의 전략적 기법에서의 '재구성' 기법과 이야기치료에서의 '이야기 다시 하기' 기법을 조합하여 이야기 해결 가족치료 기법으로 사용하게 된다. 전략적 치료와 이야기치료가 하나로 된 혼합물을 제시하게 된 것이다. 이는 에런과 런드가 기본적으로 문제를 가진 사람이나 가족구성원들은 삶의 변환들을 잘못 다루었기 때문에 문제들이 발생하게 된다는 MRI의 전략적이고 상호작용적인 모델의 전제에 동의하였다는 점을 말해준다.

그러나 에런과 런드는 사람들이 자신의 행동에 대한 인식, 그리고 다른 사람들이 어떻게 대하는가에 대한 양자 간의 부조화를 경험할 때 문제가 있는 방식으로 생각하고 행동하기 시작한다는 점에도 주목한 것이 특징적이다. 따라서 이야기치료에서 주로 사용하는 질문기법을 도입하여 가족구성원 혹은 사람들이 어떻게 되기를 선호하고 희망하는가? 그리고 문제가 해결되고 나면 미래가 어떠할 것인지에 대한 내용을 치료사와 가족이 함께 토의하는 인지적인 요소를 가미하게 된다.

아울러 이러한 질문기법을 통해 문제를 유지시키고 자신의 선호와 모순이 되는 과거와 현재의 이야기들이 드러나게 되면, 문제가 잘 해결될 수 있는 '이야기 다시 하기' 기법을 통해 선호하고 희망하는 것들과 근접한 상황을 재구성하는 전략적 기법을 사용할 수 있도록 제시하고 있다. 이러한 치료기법들은 가족들이 가지고 있는 부정적 인지구조와 신념들에서 벗어나 책임감이 있는 존재로서 변화할 수 있는 동기들을 재구조화하는 지침의 역할을 하게 되는 것이다.

(2) 통합적 부부치료 모델

통합적 부부치료(Integrative Couple Therapy)는 미국에서 1960년대에 들어서면서부터 이혼율이 급증하면서 위기부부를 대상으로 한 조기 개입의 필요성이 대두된 시대적 상황과 관련성이 깊다. 물론 부부 및 가족치료 분야가 1940년대 초에 이미 시작되었고, 가족문제를 대상으로 한 치료도 환자로 지목된 사람(Identified Person, IP)을 중심으로 접근하는 것으로 규정하는 심리학계의 전체적 관점에서 본다면 개인치료적 이론과 모형에서도 그 이전부터 다루어져 왔다는 점은 분명하다.

가장 먼저 이론이 개발된 정신역동적 치료(제1심리 세력), 그다음은 행동주의적 치료(제2심리 세력), 그리고 인본주의적 치료(제3심리 세력)가 대표적이다. 그뿐만 아니라 인본주의나 실존주의적 접근에 이어서 제4심리 세력을 구축한 인지주의나 인지행동주의 역시 가족구성원들이 겪게 되는 심리문제를 치료사들이 개입할 수 있는 이론·모형이라고 할 수 있다. 그러나 오늘날 심리치료 분야에서는 개인의 문제도 부부나 가족 전체적인 맥락에서 접근하고자 하는 경향이 많다는 측면에서 보면, 부부 및 가족치료가 또 다른 제4심리 세력이라고도 볼 수 있다(Gladding, 2007; Corey, 2009).

이러한 맥락에서 보면 여기에서 다루고자 하는 통합적 부부치료(Integrative Couple Therapy, ICT) 혹은 통합적 행동 부부치료(Integrative Behavior Couple Therapy, IBCT) 역시 두 가지 이론과 모형을 절충 통합한 가족치료 접근에서 상당한 효용성을 인정받고 있는 모형이라고 할 수 있다. 이 모형을 개발한 제이콥슨(Neil S. Jacobson)은 워싱턴대학의 심리학과 교수로 재직하면서 행동주의적 치료 이론과 실천에서 유능한 과학자이자 실천가(consummate scientist-practitioner)로서 인정받았던 가족치료 전문가였기 때문이다.

구체적으로 보면, 제이콥슨(Neil S. Jacobson)은 부부문제를 개입할 때 주로 전통적 행동 부부치료(Traditional Behavioral Couple Therapy, TBCT)의 전략을 사용하였는데, 그것은 사회교환이론(Stuart, 1969)과 사회학습이론(Bandura, 1977)에 기초한 행동교환과 의사소통 기법을 사용하여 행위자의 변화를 지향하는 개입을 하는 접근이었다.

하지만 이러한 접근이 기대만큼 성공하지 못하자 캘리포니아대학 로스앤젤레스(The University of California, Los Angeles, UCLA)의 심리학 연구교수인 크리스텐슨(Andrew Christencen) 등과 함께 『통합적 행동부부치료(*Integrative Behavioral Couple Therapy, IBCT*)』(2000)를 발간하고, 인본주의적 치료 요소를 통합하게 된다.

제이콥슨의 통합적 부부치료 혹은 통합적 행동 부부치료에서는 부부(커플)에 대한 행동교육을 강조했던 전통적 행동부부치료와는 다르게 부부가 서로에게 보여주기를 원하는 가치들과 상관된 지지와 감정이입기법을 강조한다. 개인적인 경험(감정과 생각), 수용, 마음챙김에 중점을 두고, 문제가 발생한 상황, 배경, 부적응 행동의 결과, 두 사람의 이력을 고려하여 문제 파악의 방법으로써 행동의 기능 분석에 주목하는 것에 초점을 두는 것이다.

즉 부부문제에 있어서의 공동의 주제들인 친밀함과 거리감을 둘러싼 갈등, 서로 통제하고 싶은 욕망이 있지만 책임을 지고 싶어 하지 않음, 그리고 성(sex)에 대한 불일치 등에서 갈등이 지속되는 악순환을 끝내기 위하여 서로 비난하는 자세에서 서로 간의 상호작용에서 지지와 감정이입적 의사소통을 늘려가도록 개입하는 것이다. 이러한 접근은 전통적 행동 커플 치료와도 관련성이 있지만 더욱 효과적이라는 점이 밝혀지고 있다.

제이콥슨, 크리스텐슨, 프린스, 코르도바, 엘드리지(Jacobson, Christensen, Prince, Cordova, and Eldridge, 2000)는 전통적 행동 커플 치료와 통합적 행동 커플 치료를 비교했는데, 이들 연구에 따르면 전통적 행동 커플 치료를 받은 대상자들에 비해 통합적 행동 부부(커플) 치료를 받은 대상자들이 더 큰 부부(커플) 만족도를 보인 것으로 보고하고 있음을 보아도 그러하다.

페리수티와 바라카(Perissutti & Barraca, 2013)의 연구에서도 유사한 결과가 나왔는데, 12개 연구를 분석하여 통합적 행동 커플 치료를 받은 사람들이 치료 종료 시와 1년 후 약간 더 효과를 보인 것으로 밝히고 있다.

(3) 정서중심적 부부치료 모델

정서중심적 부부치료(Emotionally Focused Couple Therapy, EFT)는 캐나다의 수도인 오타와에 위치한 오타와대학(University of Ottawa)의 임상심리학과 교수인 수잔 존슨(Susan M. Jhonson)과 남아프리카 태생의 캐나다 심리학과 소속 레슬리 사무엘 그린버그(Leslie Samuel Greenberg)에 의해서 1980년대에 개발된 포괄적 모형이다.

그리고 이론적 배경으로는 경험적 가족치료 이론, 가족체계 이론, 애착이론이 통합된 모형이다. 따라서 모형의 명칭에서 알 수 있듯이 이 세 가지 이론에서 강조하는 정서(감정)에 초점을 두고 부부치료에 접근하는 것이 특징이다.

그러나 심리학계에서는 1960년대 이후 인지혁명의 영향으로 정서는 인지(cognition)의 부산물로서 주로 위험하고 파괴적으로 작용하는 것으로 여겨진다. 따라서 정서적 요인은 경시되고, 변화는 인지적 재구성과 행동적 기법으로 일어난다고 보는 관점이 주류세력으로 등장했다. 심리학자 앨버트 엘리스(Albert Ellis, 1913~2007)가 1955년에 합리정서행동치료(Rational Emotive Behavior Therapy, REBT)를 개발하고, 펜실베이니아대학 정신과 교수였던 아론 벡(Aron Temkin Beck, 1921~2021)이 개발한 인지치료(Cognitive Therapy, CT)가 대표적 이론과 모형이다.

하지만 1990년대에 접어들면서 가족관계를 비롯한 대인관계에서는 '정서의 변화'가 핵심적으로 작용한다는 인식이 증가되면서 정서중심적 부부치료도 발전하게 된다. 정서중심적 부부치료(EFT)는 주로 '개인내적인 경험'을 강조하는 사티어(Satir)의 의사소통 경험적 가족치료 이론·모형과 '관계'를 강조하는 가족체계이론의 주요 개념인 가족항상성의 가족규칙, 순환적 인과관계에 치료 목표를 두고 있는 애착이론(attachment theory)에 기초하여 접근한다.

따라서 정서중심적 부부치료는 이론적으로 경험적 가족치료 이론, 가족체계 이론, 애착이론이라는 세 가지의 이론이 통합된 모형으로 규정할 수 있는 것이다. 이러한 이론적 배경은 기존의 부부치료 모형들이 대부분 사건에 대한 반응으로부터 즉각적으로 나타나는 1차적인 정서(두려움, 슬픔 & 기쁨, 혐오감 등)가 아니라 1차적인 감정(정서)을 어떻게 느끼는지에 대한 2차적인 정서(두려움을 느낄 때 따라오는 분노 & 화, 슬픔을 느낄 때 따라오는 수치심, 혐오감에 대한 죄책감 등)에 초점을 맞추어 왔다는 점과는 차별적 접근이라고 할 수 있다.

정서중심적 부부치료(EFT)는 1차적인 정서(감정)를 다루는 애착이론에 초점을 맞추어 부부관계의 변화를 이끈다는 특징과 차별성이 있는 것이다. 이러한 특징으로 정서적 부부치료는 애착손상을 일으킨 사건과 정서에 초점을 두고 서로를 이해하고 친밀감으로 가득했던 결혼 초기의 정서로 회복시킬 수 있는 단기적 치료(보통 8~14회기)에 효용성이 있는 것으로 알려져 있다.

애착이론은 영국의 발달심리학자인 보울비(Bowlby)가 체계화시킨 것으로 사회적 상호작용을 강조한 것인데, 이후 사회심리학자인 쉐이버(Shaver)와 하잔(Hazan)이 보울비가 제시한 애착반응이 유아와 어머니의 관계에서뿐만 아니라 성인에게도 존재한다고 주장하게 되면서 중요시되고 있다(Shaver & Hazan, 1987). 다만 성인관계에서는 본질적으로 호혜적(reciprocal)이라는 차이는 있다.

따라서 애착이론은 정서중심적 부부치료에서 부부관계의 중요한 요소인 애착감정, 두려움, 욕망, 상호작용의 순환적 인과관계 등을 부부에게 적용하여 깨어진 신뢰감과 친밀감의 정서를 회복하도록 개입하는 근거 이론이 될 수 있다.

3) 절충 통합적 3단계 실천 가족치료 모델

절충 통합적 모델은 가족상담 및 가족치료 분야에서뿐만 아니라 개인상담이나 정신건강상담 및 치료 분야에서도 상당한 관심과 유용성이 확인되고 있는데, 가족상담 및 가족치료 분야에서는 1990년대 이후의 보편적인 흐름이라고 할 수 있다. 다시 말해서 심리치료와 관련된 이론(theory)과 실천(practice)에서 기존에 적용되어온 특정한 하나의 이론과 실천 기법만으로는 전인적인 유기체로서의 클라이언트나 가족구성원들을 적절하게 지원하고 변화를 조력할 수 없다는 가정이 전제하고 있는 것이 최근의 정신건강 및 심리학계의 보편적인 인식인 것이다.

그러나 이러한 인식의 가정은 그동안 개인치료나 가족치료 분야에서 뚜렷한 이론적·실제적 성과로서 학파를 구성해왔던 단일 학파의 관점을 전면적으로 부정하거나 경시하는 측면은 아니라는 점은 분명하다. 다만 단일하고 특정한 학파에서 주장하는 이론과 기법들이 장·단점을 가지고 있기 때문에 클라이언트가 처한 특성과 상황에 적합한(유용한) 측면들을 이론적 배경에 근거하여 통합적(integrative)이고 범이론적(transtheoretical)으로 적용하여 바람직한 결과를 모색하는 것에 관점이 있는 것이다.

이는 상담철학적으로는 절충주의(Eclecticism)와 통합주의(Integrationism)라고 할 수 있다. 아울러 가필드(Garfield, 1980)가 주장하듯이 절충적이고 통합적인 관점은 각 학파에서 치료요인으로 주장하는 다양한 요인(factor)들의 공통적 요인에 근거한 접근(Common factor approach)이라고 할 수 있다. 하지만 여기서 말하는 공통적 치료요인이나 그에 따른 치료기법이 개인치료나 가족치료에 나타나는 모든 효과를 설명하는 개념은 아니라는 점은 고려되어야 한다. 각 학파가 주장하는 고유의 독특한 가치를 강조하는 경향이 여전히 지속되고 있고, 특정한 유형의 심리문제에 대해서는 특수한 요인과 치료기법이 좀 더 큰 효과를 나타낸다는 점도 인정해야 할 부분인 것이다.

그러므로 여기에서 다루고자 하는 절충 통합적 3단계 실천 모형은 각 학파에서 주장하는 치료요인들에서 공통적인 부분을 찾고, 그것을 바탕으로 심리적 고통을 호소하는 다양한 내담자들에게 보편적이고 실용적으로 접근하여 처우할 수 있는 방법을 모색하는 것에 목적이 있다.

이러한 절충 통합적 접근은 가족상담자나 가족치료자 입장에서만 보편적이고 실용적인 접근 방식을 제공하는 것이 아니라 내담자나 가족구성원 입장에서도 자신이 겪고 있는 고통과 문제를 전문가가 '사회적으로 인정받은 조력자(Socially sanctioned healer)'로서의 다양한 역할을 다할 것이라는 기대감을 갖는 데도 매우 효과적이라고 할 수 있다.

다시 말하면 개인치료나 가족치료 이론 모든 종류의 심리치료는 고통을 받는 사람이 전문가에게 호소한다는 공통점이 있다는 점에서 내담자 입장에서는 자신과 전문적 관계를 맺고 치유(healing)할 상대방인 전문가의 보편적인 전문성을 받아들이게 되면 신뢰관계 형성에도 많은 도움이 될 수 있다는 점이다. 왜냐하면 내담자는 다양한 심리문제로 치료자를 찾게 되므로 자신을 치유하게 될 전문가가 어느 특정한 이론이나 모형에 한정된 전문성이 있다고 하더라도 그러한 독특한 전문성에 대한 신뢰보다는 자신이 가지고 있는 복잡한 심리문제를 포괄적으로 받아들일 수 있는 치료사이기를 바라는 것은 분명하다고 볼 수 있기 때문이다.

이러한 관점과 가정은 이미 행동치료 전문가들의 연구(Barret, Hampe, & Miller, 1978)에서도 주장이 되고 있다. 이들은 행동치료 전문가들로서 내담자들에게 상호억제치료(reciprocal inhibition therapy)와 놀이치료(play therapy)라는 서로 다른 기법을 사용하였는데, 치료효과에서는 각 기법 간에 별 차이가 없었다는 연구 결과를 밝히고 있다. 이러한 이유는 같은 학파의 주요 개념이나 주요 기법 내에서도 실제의 치료 상황에서는 상당 범위까지 아주 비슷하거나 통합·절충된 방식으로 적용이 된다는 점을 들고 있는 것이다.

이러한 연구 결과는 각 학파를 초월하는 이론이나 모델에서 강조하는 다양한 기법들에서도 공통되고(common) 일반적인(general) 요인(factor)과 변수(variable)를 찾을 수 있다는 점을 가정을 할 수 있게 한다. 이처럼 심리치료와 관련된 많은 학파들에서 제시하는 치료법에 대하여 공통적인 양상(common feature)에 대해서는 인지주의적 행동주의 학파로 볼 수 있는 로젠탈과 반두라(Rosenthal & Bandura, 1978)에 의해서도 언급이 되고 있다.

즉 이들은 행동주의적 치료기법인 체계적 둔감화나 역할 시연, 홍수기법 등의 각기 다른 명칭을 가진 치료 기법에서 제시되는 상징적 모델링(symbolic modeling)이 상당히 유사하다고 지적하고 있다. 이는 기본적으로 공통성이 있다는 점을 언급한 것이며, 더 나아가서 이들은 일반적으로 모든 치료법이 치료의 중요한 부분이 되는 형식이나 조직화, 내용, 결과 면에서 상당한 공통점을 갖는다는 점도 강조하고 있는 것으로 해석할 수 있다.

한편, 치료적 공통요인의 존재를 지지하는 연구는 학파 내의 치료기법을 벗어나 학파라는 경계를 초월하는 경우의 치료효과에 대해서도 검증이 되고 있다. 하지만 심리상담이나 심리치료 영역에서 하나의 학파로서 구축된 이론들은 그것이 개인 심리치료이든 가족심리치료이든 구분할 필요도 없이 각각의 개념적 입장을 가지고 이론적 체계를 형성하고 있기 때문에 아주 명확하게 구별이 되고 있다는 점도 분명한 사실이다.

따라서 흔히 심리상담이나 심리치료 실천현장에서는 이론적 순수성과 기술적 절충주의를 내세우는 전문가들이 많다. 많은 상담가나 치료가들이 자신의 전문성을 강조하기 위하여 어느 특정한 학파를 교조적으로 지지하려는 경향이 있으며, 다만 내담자나 환자를 변화시키기 위한 기술적 측면에서는 좀 더 효과적인 기술을 통합하고 절충한다는 식으로 피력하는 경우가 많은 것이다. 이러한 경향의 이론이 상담이나 치료에 있어서 전략적인 목표를 세울 수 있도록 도와주고, 여러 가지의 체계들 중 하나의 체계를 택하도록 제시해주며, 일단 선택된 체계의 독특한 관점을 부각시켜준다는 장점이 있기 때문이다.

이러한 사례는 특히 이론이 복잡한 학파를 추종하는 상담가나 치료가들에게 많이 나타난다. 예를 들면, 가족치료 영역에서는 정신분석 학파나 보웬(Bowen)의 다세대 정서체계적 학파는 여타의 학파보다 이론이 복잡하고, 상대적으로 경험적 학파나 사회구성주의적 학파는 비교적 이론이 덜 복잡하다.

하지만 특정한 이론만을 추종한다는 것은 자신이 접하는 임상자료들을 보는 방법을 교조적인 틀에 따라 제시하기 때문에 객관적인 관찰이라는 또 다른 과학성에 오류를 가져오게 하는 편견이 내포되어 있다는 점을 주목할 필요가 있다. 분명한 사실은 개인치료나 가족치료와 관련된 다양한 학파들이 각자의 이론을 제시하고 있지만, 그 실천 장면에서는 서로가 엇비슷한 적용이 이루어지고 있다는 점을 고려해야 하는 것이다.

그간의 절충 통합적 이론가들의 주장에서도 드러나지만, 심리치료나 가족치료는 단순히 자연과학적인 접근뿐만 아니라 치료사와 내담자 사이에서 작동하는 예술(art)적인 접근이 요구되는 정신요법이라는 점에서도 그렇다. 일반적으로 이론이 정립되면 그 이론의 논리적인 일관성과 정밀성에 따라서 실제의 기술(skills)이 적용되는 것으로 이해되지만 인간은 사물과는 달리 매우 복잡한 정신체계(인지·정서·행동 등)를 가지고 있기 때문에 실제(실천)적 접근에서는 여러 학파가 내세우는 이론적·실제적 장면은 결국 절충적이고 통합적으로 이루어지는 것이 원리라고 볼 수 있는 것이다.

그러므로 여기에서 논하고자 하는 절충 통합적 실천은 그저 추상적이고 교조적인 이론·모형이 아니라 가족상담 및 가족치료를 수행하는 전문직이 과학이자 예술이라고 할 수 있는 정신요법으로서의 유능하게 실천할 수 있는 실용적인 측면이 중요하다는 점을 강조하고자 한다. 이러한 접근은 이론과 실제(기술)의 절충과 통합뿐만 아니라 상담가나 치료가들에게 유용하게 적용할 수 있는 실천 모형과 단계의 설정이 요구된다는 의미도 내포되어 있다.

따라서 여기에서 제시하고자 하는 3단계 가족상담 및 가족치료 실천 이론·모형은 기존의 개별적 학파에서 제시되고 있는 교조적이고 추상적인 단계(phases)가 아니라 말 그대로 가족치료사들이 과학자이자 예술가로서 실용적으로 채택할 수 있는 대안이 될 수 있는 특징이 있다.

그러므로 '절충 통합적 3단계 실천 이론·모형'이 기존의 절충 통합적 접근의 이론·모형인 선택적 차용, 통합적 문제중심과 내(재)적, 구조초월적 가족체계 이론·모형과의 차이점도 찾을 필요가 있다. 다시 말하면, 전체적인 맥락에 있어서는 프로차스카(Prochaska)와 그의 동료들이 개발한 범이론적 행동변화단계 모형(Transtheoretical Model of Behavior Change, TTM)에 속하는 공통점이 있지만 기존의 절충 통합적 이론과 모델과는 확연한 차이점이 있다는 점이다.

무엇보다도 기존의 절충 통합적 이론·모형이 주로 이론 부분에 중심을 두고 있거나 여전히 다소 추상적인 상담(치료) 절차를 제시하고 있는 것에 비해 '절충 통합적 3단계 실천 이론·모형'은 3단계(탐색-통찰-실행)로 구체화되고 보편적인 실천(practice) 과정을 제시하고 있다는 점을 들 수 있다(고수현, 2017).

이는 이야기 해결 가족치료 모델(Narrative Solutions Family Therapy Model), 통합적 부부치료(Integrative Couple Therapy), 정서중심적 부부치료(Emotionally Focused Couple Therapy, EFT)에서는 뚜렷하게 제시되지 못한 부분이다. 이점이 '절충 통합적 3단계 실천 이론 · 모형'의 독특한 차별성인 것이다.

즉 개인상담(치료)이나 가족상담(치료)의 전체과정이 접수(intake) - 사정(assesment) - 계획(planning) - 실천(practice) - 종결 및 의뢰(termination & refer)의 순으로 단계나 국면(phase)이 구성된다고 가정할 때, '절충 통합적 3단계 실천 이론·모형'은 실제로 내담자나 환자의 변화를 모색하는 실천단계(practice phase)를 탐색-통찰-실행의 상담실천의 보편적 3단계에 따라 이론적·실제적(기술적)인 모형을 제시하고 있다는 점에서도 그러하다.

그러므로 여기에서는 탐색-통찰-실행이라는 가장 보편적인 상담이나 치료의 실천과정을 설정하고 각 단계에서 유용하게 적용될 수 있는 기존의 가족치료 이론과 실천기술들을 제시해보면 다음에서와 같다.

첫째, 탐색단계(Exploring Phase)는 본격적인 상담실천 혹은 치료의 초기단계로서, 경험주의 가족치료 이론과 실제(기술)가 유용하게 적용될 수 있다. 경험주의 가족치료자는 휘태커와 사티어가 거장이며, 켐플러(W. Kempler), 캔터(D. Kantor), 덜(B. Duhl)을 들 수 있다. 경험적 가족치료는 인본주의적 개인심리치료의 영향을 받았으며, 가족 내의 정직한 감정표현의 경험을 강조함으로써 실천 초기에 내담자와 상담자 사이의 신뢰감을 유지시키는 데 도움이 될 수 있다.

경험주의 치료자들은 치료적 기술에 따라 구조화된 방법과 구조화나 전략을 짜지 않고 가족과 함께하는 것 자체를 강조한다. 따라서 내담자가족의 개방성과 진실성을 격려하기 위하여 치료자는 그들이 먼저 개방적이고 진실해야 한다. 이를 위해 경험적 치료자들은 합류기법을 사용하며 때로 과제를 부여하기도 한다. 또 다른 주요 치료기법으로는 질문기법을 사용한다는 점에서 탐색단계에서 적용할 수 있는 유용성이 있다.

둘째, 통찰단계(Insight Phase)는 가족상담 및 가족치료의 중기단계로서, 다세대 정서체계적 가족치료 이론과 기술의 적용이 내담자(환자)의 변화에 효과성을 발휘할 수 있다. 보웬의 다세대 정서체계적 가족치료는 정신분석적 접근에 뿌리를 두지만 가족투사과정을 다세대 전수과정으로 분석하여 통찰을 돕는다. 이를 위하여 확대가족과의 신경증적인 정서적 관계를 해결하는 것에 초정을 둔다. 그 이유는 다세대 가족치료의 목적은 가계도 그리기 등의 방법을 통해 확대가족까지 그 이해의 폭을 확장시키고 가족 내 자아분화수준을 높이며 정서적으로 분리되는 탈삼각관계(detriangling)를 이루어 내기 위함이다.

이때 사용하는 기술은 질문하기, 가계도 그리기, 탈 삼각관계화, 교육, 내 입장 표현하기(I-position), 코칭 등의 기법이 있다. 그러나 보웬(Bowen) 치료자들은 가계도나 질문하기 등을 통해 가족과정을 파악하지만, 특정한 기법의 사용에 치중하지 않는다. 내담자의 정서나 행동의 변화에 초점을 두기보다는 내담자의 인지적 자각을 촉진하고 통찰함으로써 삼각관계에서 벗어나도록 하는 것이다. 따라서 이러한 기법들은 통찰단계에서 유용하게 채택할 수 있는 기법이다.

셋째, 실행단계(Action Phase)는 가족상담 및 가족치료의 후기단계로서, 미누친의 구조주의 가족치료와 헤일리의 구조적 전략주의 치료 이론과 기술이 개인과 가족의 성장과 유지라는 최종목표 달성에 유용할 수 있다. 구조주의 가족치료는 미누친이 거장으로서 가족 내의 복잡한 상호교류의 구조적이고 기능적인 측면을 강조하여 가족구성원에게 상호작용의 패턴을 변화시켜서 바람직한 가족구조를 재구성하게 한다.

그리고 헤일리의 구조적 전략주의는 구조적인 관점을 공유하면서도 통찰이나 인지변화보다는 행동적인 변화를 일으키는 데 강조점을 둔다. 따라서 인간의 문제행동이 왜 일어났는가에 대해서는 관심이 없으며, 단지 행동의 변화에만 관심을 가진다. 이러한 관점에서 변화를 위한 기법으로는 문제행동을 변화시키는 지시 기법(directive method), 역설적 개입(paradoxical intervention), 시련 기법(ordeal techniques)을 사용하는 데 초점을 맞추고 있다.

이러한 이유로 헤일리의 구조적 전략주의 기법은 절충 통합적 가족상담 및 가족치료의 실행단계에서는 유용하게 적용될 수 있는 기법이라고 할 수 있다.

Chapter 11

절충 통합적 가족상담 및 가족치료의 전체 과정

1 절충 통합적 가족상담 및 가족치료의 접수 / 사정단계

가족상담 및 가족치료의 주요 단계 및 과정은 내담자(치료대상자)를 바라다보는 상남 및 치료관점(perspective)과 이론(theory) 및 모델(model)에 따라서 각기 다르게 제시되고 있다. 즉 이미 앞 장에서 다루었듯이 정신역동적 / 대상관계적 가족상담 및 가족치료, 인지행동적 / 다세대 정서체계적 가족상담 및 가족치료, 경험주의적 / 구조주의적 가족상담 및 가족치료, 상호작용 의사소통적 / 전략적 가족상담 및 가족치료, 사회구성주의적인 가족상담 및 가족치료라는 다양한 가족상담 및 가족치료 학파에서는 상담자나 치료자들에게 요구되는 상담 및 치료과정을 각기 다르게 제시하고 있는 것이다.

그러므로 가족상담 및 가족치료에서 상담가나 치료사가 채택하는 주요 이론과 모형(모델)은 그들이 갖추고 있는 전문가적 능력이나 선호도에 따라 각기 다르게 채택될 수 있다. 하지만 일반적인 심리상담이나 심리치료에서와 마찬가지로 실제의 가족상담 및 가족치료현장에서 가족을 처우하는 상담가나 치료사들 중에는 어느 특정한 이론과 모델에 대한 전문가적 능력을 갖추고 있음에도 통합 절충적 접근을 하는 사례가 늘어나고 있는 추세이다. 이는 1990년대 이후의 가족치료 학계나 실천현장의 전문가와 내담자 양측에서도 그만큼 절충 통합적 접근에서 기대할 수 있는 효과에 대한 선호가 많아지고 있다는 점을 말해준다.

따라서 여기서는 절충 통합적 접근 관점에 근거하여 실제적으로 가족상담 및 가족치료 이론과 모델에서 적용될 수 있는 전체과정을 크게 ① 접수 및 사정, ② 계획 및 실천, ③ 평가 및 종결의 3단계로 구분하여 다루고자 한다.

1) 접수단계의 가족상담 및 가족치료

접수단계는 개인내적 부적응이나 가족적 문제를 가진 내담자가 가족상담 및 가족치료전문가의 도움을 받기 위해 상담실을 방문하거나 전화 등으로 상담장면에 접어들게 되면 가장 먼저 시작되는 상담단계이다. 그러므로 접수단계는 상담자나 치료자가 내담자의 일반적인 삶의 자세나 가족 및 대인관계상의 기능, 호소문제 등을 개괄적으로 파악할 수 있는 단계이다.

그러나 접수면접은 내담자와 상담자 간에 신뢰관계가 전혀 형성되지 않은 상태에서 클라이언트의 문제와 욕구를 파악하기 때문에 매우 불안한 상태에서 이루어지는 특징이 있다. 특히 내담자가족 입장에서는 상담기관이나 상담자를 처음으로 접하는 기회이므로 첫인상에서 신뢰적인 관계형성이 되도록 유의할 필요가 있다.

그러므로 상담자나 치료자는 클라이언트가족이 안정감과 편안함을 느낄 수 있도록 접수상담 환경을 조성하는 것이 무엇보다 중요하다. 그다음에는 상담자나 치료자가 클라이언트가족이 가지고 있는 욕구나 문제를 드러낼 수 있도록 참여를 유도하는 래포(rapport) 형성이 이루어져야 한다. 이렇게 본다면 접수상담단계는 전체 상담단계에서 단 한 번밖에 없는 만남으로서 관계형성을 통하여 내담자의 문제와 욕구를 개괄적으로 파악해야 하는 중요성이 있다. 만약 이러한 과정이 원만하게 이루어지지 않는다면 더 이상의 상담단계가 이루어지지 않게 될 개연성이 많다.

사람과 사람 사이의 만남에서도 첫인상이 이후 관계에 영향을 미치는 것과 같이 가족상담 및 가족치료에서 클라이언트가족이 기관과 가족상담가 및 가족치료사를 처음 경험하게 되는 접수상담과정(intake session)은 클라이언트와 가족상담가 및 가족치료사와의 전문적 관계로 나아갈 수 있는 주요한 단계이다. 가족상담 및 가족치료에서 접수상담은 본격적인 클라이언트가 되기 전의 신청자(applicant) 입장에서 상담기관 및 치료기관을 찾아서 인터뷰가 이루어진다는 점에서 접수상담만을 전문적으로 담당하는 가족상담가 및 가족치료사(intake worker) 등에 의해 전문적·의도적으로 수행될 수도 있다는 점이 특징이다.

접수단계는 가족상담 및 가족치료 과정의 한 단계이지만 접수의 단계 또한 세부적인 일련의 활동들로 이루어져 있다. 세부적인 일련의 과정에서는 클라이언트가족이 그들의 내밀한 이야기를 드러낼 수 있도록 안전하고 편안한 환경을 마련하여 참여를 이끌어 내는 것이 관건이 된다. 아울러 기본적인 인적 사항과 클라이언트의 문제 및 욕구를 파악하고, 주어진 정보에 근거하여 적절한 서비스를 제공할 수 있을 것인지, 아니면 클라이언트의 욕구를 충족시킬 수 없는 여건인지를 파악하는 것이 중요하다.

접수단계는 이와 같은 일련의 활동들이 이루어지기 때문에 [그림 11-1]에서와 같이 접수상담 환경 만들기, 클라이언트 참여유도, 가족문제와 욕구의 확인, 서비스 동의 그리고 타 기관 의뢰 순서의 과업을 갖게 된다.

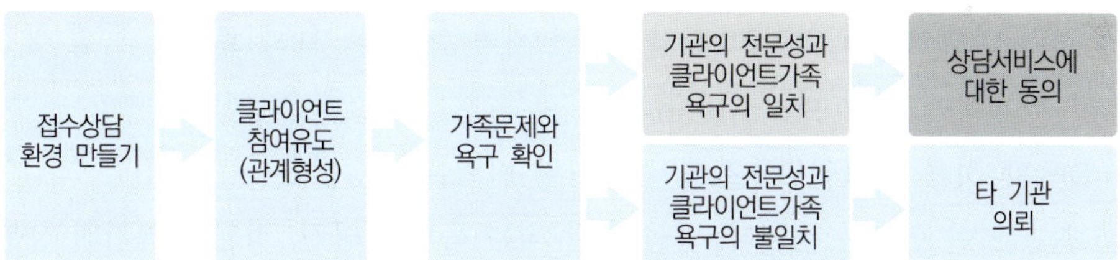

[그림 11-1] 접수단계의 과정과 과업

(1) 접수상담 환경 만들기

클라이언트가족이 안정감과 편안함을 느낄 수 있는 환경을 마련하는 것은 접수상담을 실시하기 위해 매우 중요한 요소가 된다. 접수상담을 진행하기 위한 환경은 일반적으로 [그림 11-2]에서와 같이 물리적 환경, 구조적 환경 그리고 심리적 환경으로 구분된다.

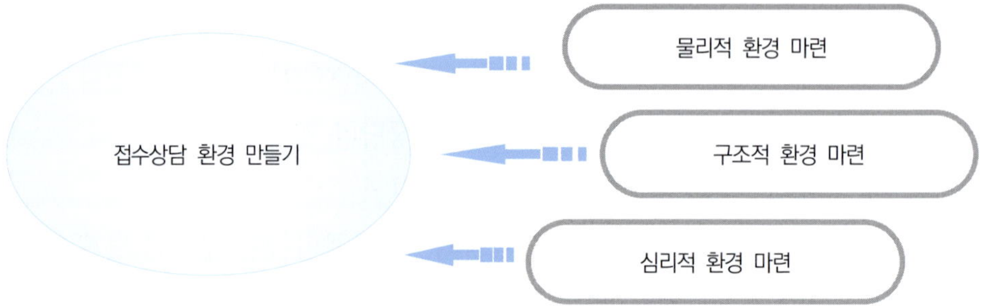

[그림 11-2] 안정된 환경 마련을 위한 요소

① 물리적 환경 마련

물리적 환경이란 접수면접을 위한 내부 시설이나 비품, 가구 마련은 물론 실내 디자인에 이르는 전반적인 것을 포함하게 된다. 물리적 환경을 위해 최우선적으로 고려해야 할 부분은 클라이언트나 그들의 가족과의 면담이 사적인 내용일 때는 비밀보장을 위하여 별도의 공간을 마련하는 것이 필요하다. 비밀보장이 필요 없는 일반적인 내용이더라도 면담내용이 개인의 사생활에 관련된 내용이고, 타인에게 면담내용이 들리거나 클라이언트가족이 누구인지 알려지는 것이 바람직하지 않다고 판단된다면 가족상담 및 가족치료사는 독립 공간으로 안내하는 것이 바람직하다.

중요한 것은 클라이언트가족이 자신의 비밀을 보장받는다는 안전한 느낌이 들 수 있어야 한다는 점이다. 방음이 잘 되는 독립된 공간, 적절한 크기의 창문, 아늑한 채광과 조명 설치, 적절한 온도 유지, 공간에 어울리는 가구와 실내장식, 편안한 의자와 테이블 등 클라이언트가족에게 안전하고 편안함을 줄 수 있는 물리적 환경 마련이 필요한 것이다.

때로는 클라이언트가족이 갑작스럽게 눈물을 흘릴 수도 있기 때문에 미용화장지와 휴지통을 구비하는 것도 클라이언트를 위한 섬세한 배려 차원의 준비가 된다. 아울러 무엇보다 편안한 물리적 분위기를 연출하기 위하여 접수 면담 공간을 청결하게 유지하고 사전에 미리 체크하는 것이 중요하다.

② 구조적 환경 마련

구조적 환경이란 면접시간, 면접 장소, 면접 일정 등 상담과 관련된 다양한 계약 및 규칙 등을 포함하는 환경이다. 구조적 환경이 잘 마련된 경우 클라이언트가족에게 안정감을 주고 일관적인 규칙이 적용되면 클라이언트에게 신뢰감을 줄 수 있으며 일관성 있는 접수 면접 환경과 가족상담가 및 가족치료사와의 관계를 유지하도록 돕는다. 일반적으로 구조적 환경은 클라이언트와 처음으로 접수를 받는 날 결정하거나 결정된 내용을 구체적으로 전달하여 클라이언트가족에게 안정감과 신뢰감을 주도록 해야 한다.

접수면접 시간은 주로 가족상담가 및 가족치료사와 클라이언트가족이 사전에 날짜와 시간을 정해서 이루어진다. 때에 따라서 위급사항의 경우 약속을 정하지 못하고 곧바로 이루어지기도 하지만 일반적으로 모든 면접 시간은 면접의 목적이나 내용에 따라 다를 수 있지만 1회당 50분 정도로 하는 것이 바람직하다.

③ 심리적 환경 마련

심리적 환경이란 가족상담가 및 가족치료사의 말투, 옷차림 등 인격적인 분위기를 포함하는 환경을 의미한다. 처음 가족상담가 및 가족치료사를 찾은 클라이언트가족의 불안을 다룰 수 있도록 차분하고 안정적인 태도로 다가서며, 클라이언트가족이 가진 어려움에 대하여 진지한 관심을 가지고 도움을 제공하려는 따뜻한 마음가짐의 자세로 진정성 있게 다가서도록 한다.

어떤 유형의 클라이언트가족을 만나더라도 개인적 감정이나 선입견에 근거하여 반응하지 않고 공식적인 업무를 수행하는 전문가로서 따뜻함이 내재된 자세로 클라이언트가족을 응대해야 한다. 적절한 심리적 환경은 환한 표정과 부드러운 미소, 편안한 목소리, 적절한 어조, 그리고 클라이언트를 세심하게 배려하는 행동으로 나타날 수 있다. 따라서 가족상담가 및 가족치료사는 온화하고 수용적이고 공감적인 태도와 자세로 클라이언트가족을 맞이하여 접수면접 상담이 될 수 있도록 심리적 환경을 마련해야 한다.

(2) 클라이언트 참여유도

참여유도는 클라이언트가 접수를 비롯한 가족상담 및 가족치료의 전 과정에 주체적이고 적극적으로 관여하도록 이끌어 내는 것을 의미한다. 클라이언트가족에 대한 참여유도는 가족상담가 및 가족치료사와의 관계형성을 기본으로 한다. 관계형성이란 가족상담가 및 가족치료사에 대한 클라이언트가족의 신뢰를 바탕으로 클라이언트와 가족상담가 및 가족치료사 사이에 긍정적인 정서적 교류와 진솔한 교감이 가능한 관계의 수립을 의미한다.

이러한 관계형성은 클라이언트가족의 개방성을 증진시킨다. 가족상담가 및 가족치료사와의 관계형성이 성공적으로 이루어진 클라이언트가족은 자신을 도우려는 가족상담가 및 가족치료사의 진심을 이해하기 때문에 자신의 문제와 욕구를 드러내는 데 있어 두려움이나 주저함이 상대적으로 낮아지게 된다.

(3) 가족문제와 욕구 확인

가족문제와 욕구 확인은 클라이언트가족이 가족상담가 및 가족치료사의 도움을 요청하게 된 직접적인 원인으로 클라이언트가족이 변화 또는 해결이 필요하다고 느끼는 조건이나 상황을 의미한다. 문제와 욕구를 확인하는 것은 클라이언트가족을 지원하기 위한 적절한 전문성을 갖고 있는가를 판단하는 근거가 된다.

접수면접 단계에서 가족문제와 욕구의 확인은 주로 클라이언트가족의 주관적인 경험과 해석에 근거해 클라이언트가 호소하는 어려움을 중심으로 이루어진다. 경우에 따라서는 클라이언트가족이 여러 가지 복합적인 문제들을 호소할 수 있다. 개인적으로는 우울 및 무기력 증세와 함께 아버지에 대한 증오심, 학교 대인관계에서의 고충, 자신의 우유부단함 등을 한꺼번에 쏟아 내기도 한다.

그러나 가족상담가 및 가족치료사는 복합적인 문제를 가진 클라이언트 가족을 도와서 문제를 요령 있게 다룰 수 있도록 조력해야 한다. 여기서의 요령은 문제들을 복합적으로 제시하지 말고 구분하여 구체적으로 제시하도록 도와주는 것이 중요하다. 특히 개인상담 및 개인치료와는 달리 가족상담 및 가족치료에서는 단기적으로 접근하는 기법을 주로 사용하는 특징이 있으므로 상담 및 치료의 목표는 보다 구체적일 필요가 있다.

(4) 상담 및 치료서비스에 대한 동의

가족상담가 및 가족치료사가 클라이언트가족의 가족문제와 욕구해결에 적절한 전문성을 가지고 있을 때 상담 및 치료서비스에 대한 동의가 이루어진다. 접수단계에서 이루어지는 서비스에 대한 동의는 본격적인 상담을 위한 계약과는 다른 개념으로 클라이언트가족이 해당 가족상담가 및 가족치료사로부터 상담서비스를 받기를 희망하며, 실제적인 시원을 받기 위해 상담서비스 기관에서 요구하는 이후의 절차들을 따를 것에 합의했음을 의미한다.

상담 및 치료서비스에 대한 동의는 클라이언트가족의 자발적 의사결정을 전제로 하는 것이 치료의 효과를 향상시키거나 혹은 치료 도중에 저항과 불만을 줄일 수 있는 요인이 된다. 그러므로 가족상담가 및 가족치료사는 클라이언트가족이 상담서비스에 동의하도록 심리적 압력을 주는 외부조건은 없는지, 또는 가족상담가 및 가족치료사의 태도가 암묵적으로 상담서비스에 대한 동의를 강요하는 것은 아닌지 등에 민감해야 한다.

이를 위해서는 상담 및 치료서비스에 대한 동의를 얻기 전에 가족상담가 및 가족치료사는 상담서비스 내용과 서비스 제공절차에 대한 충분한 정보를 제공할 필요가 있다. 즉 앞으로 어떤 절차들이 있을 것이고, 각 절차마다 클라이언트가족에게 요구되는 것은 무엇인지, 클라이언트가족에게 지원할 수 있는 서비스는 무엇이며, 각 서비스의 특성은 무엇인지에 대한 설명이 제시되어야 한다.

(5) 타 상담기관 의뢰

타 상담기관 의뢰(refer)는 특정한 이유로 가족상담가 및 가족치료사나 해당 상담기관이 접수단계에서나 종결단계에서 클라이언트가족을 지원할 수 없을 때, 클라이언트가족이 필요로 하는 지원을 받기에 적합하다고 판단되는 타 기관이나 타 전문가에게 클라이언트가족을 연결해 주는 것과 관련된 모든 유형의 노력을 의미한다. 따라서 의뢰는 클라이언트가족에게 가장 적절한 상담서비스를 받을 수 있는 기회를 제공한다는 점에서 의의가 있다.

의뢰는 적절한 절차와 기법이 필요하며 클라이언트가족의 절대적인 동의가 필요하다. 가족상담가 및 가족치료사는 클라이언트가족에게 적합한 상담서비스를 제공할 수 있을 것으로 기대되는 기관과 상담서비스에 대한 정보를 클라이언트가족에게 객관적으로 자료를 제공해야 한다. 이때 가족상담가 및 가족치료사는 클라이언트가족이 선택한 상담기관의 담당자에게 직접 클라이언트를 연결해 주는 것이 전문가로서의 윤리에도 어긋나지 않게 된다.

따라서 전화나 이메일 등 다양한 매체를 이용해 클라이언트가족을 의뢰할 수 있으며, 클라이언트가족에게는 기관의 위치, 만나야 할 담당자, 방문일자 등을 정확히 알려 주는 섬세함이 요구된다. 필요한 경우에는 클라이언트가족과 직접 의뢰 대상 기관을 방문하기도 한다. 그리고 접수면접 상담에서 이미 진행된 클라이언트가족에 대한 정보와 면담내용을 의뢰 기관에 제공하고 양도하는 과정도 필요하다.[1)]

2) 사정단계의 가족상담 및 가족치료

접수상담단계를 거치게 되어도 내담자가족은 상담자나 치료자와 곧바로 상담관계(실천단계)로 접어들 수 있는 것은 아니다. 왜냐하면 접수상담자는 접수면

1) 접수단계에 관련된 전체적인 맥락은 저자의 『사회복지상담론』(2017)의 제9장의 내용을 참조하여 가족상담 및 가족치료적 접근에 맞추어 수정하고 보완하여 기술하였다.

접단계에서 내담자가족의 문제나 욕구를 복합적이고 개괄적으로 파악하는 수준이기 때문에 다양한 문제들 중에서도 본 상담과정에서 다루어야 할 구체적인 가족문제를 알아내는 데는 한계가 있는 것이다. 이를 위해서는 일반적으로 클라이언트가족과 관련된 문제를 파악하는 데 도움이 될 만한 많은 자료와 정보를 수집해야 하고, 그것을 바탕으로 가족사정(family assessment)하는 단계가 수반이 되어야 한다.

일반적으로 자료수집은 접수상담단계를 거쳐서 본격적인 상담실천이 진행될 것이 예상되는 단계에서 이루어진다. 따라서 상담가(상담기관)와 내담자가족이 본격적인 상담과정에 진입하겠다는 일차적 계약(동의)이 이루어졌음을 전제로 자료수집이 이루어진다. 자료수집이란 본격적인 상담개입에 앞서 클라이언트가족과 그들의 문제를 이해하는 데 도움이 될 만한 많은 자료와 정보를 모으는 과정으로서, 클라이언트가족에 관한 자료를 확보하려는 활동이기 때문이다. 이 과정에서 가족상담가 및 가족치료사는 자료수집의 범주를 문제, 개인, 환경으로 분류하여 현재 이용 가능한 자원 및 잠재적 자원과 제한점을 파악하게 된다.

자료수집은 가족상담가 및 가족치료사가 사정(assessment)을 할 수 있도록 도움이 되는 광범위한 자료를 모으는 것이며, 자료수집 활동은 가족상담 및 가족치료의 전 과정에서 이뤄지지만, 사정단계에서 집중적으로 이루어지며, 이때 클라이언트가족을 사정하기 위해 실시되는 자료수집 방법은 다음과 같다.

- 클라이언트가족이 작성한 기본 정보 작성 및 확인 : 나이, 질병, 가족구성원, 건강상태, 경제상황 등
- 대화를 통한 정보 취합 : 클라이언트가족의 문제와 그동안의 사건 경과, 견해, 생각
- 비언어적 행동에 대한 직접적 관찰 : 부모에 관한 이야기가 나올 때마다 울먹거리는 주된 클라이언트(identified patient, IP)의 표정 등
- 부부, 가족구성원, 집단구성원 간의 상호작용에 대한 직접적 관찰 : 주된 클라이언트가 이야기할 때마다 보호자가 말을 끊고 화를 내는 위압적인 행동

- 친척, 친구, 의사, 교사, 고용주, 다른 전문가로부터의 정보 취합 : 어린 시절 성폭행 경험, 주요 정신과 증상에 대한 진단서 등
- 검사 또는 평가도구 활용 : 가족사정의 객관적, 주관적 검사 등

(1) 클라이언트가족의 문제 및 욕구 사정

클라이언트가족의 욕구와 문제를 발견하는 것은 사정의 가장 기초적인 단계이다. 클라이언트가족의 문제는 가족상담가 및 가족치료사와 클라이언트가족이 다루기로 합의한 욕구, 관심사, 문제점 또는 어려움을 의미한다. 가족상담 및 치료과정에서 클라이언트가족의 문제 및 욕구를 조사하는 목적은 첫째, 클라이언트가족이 인지하고 있는 가장 주요한 욕구가 무엇인지 분석하기 위해, 둘째, 클라이언트가족이 도움을 구하는 이유를 분석하기 위해, 셋째, 클라이언트가족이 제시하는 욕구의 복합성과 심각성을 구분하기 위해, 넷째, 클라이언트가족이 욕구에 따라 주된 치료대상자 문제에 대한 위기 정도를 평가하기 위해서이다.

그러나 통합 절충적 가족상담가 및 가족치료사는 진단에 의존하기보다는 클라이언트가족이 제시한 문제에 초점을 두어야 하는데, 그 이유는 제시한 문제가 바로 클라이언트가족이 시급하게 느끼고 있는 문제이며, 그것 때문에 그가 도움을 요청했다는 점이 중요하기 때문이다. 가족문제는 클라이언트가족을 중심으로 그의 고유한 가치, 상황 속에서 정의되는 것이므로 가족상담가 및 가족치료사는 클라이언트가족의 문제에 대한 이해를 존중하고, 그가 문제 정의를 잘 할 수 있도록 도와주어야 하는 것이다.

그러므로 클라이언트가족의 정보를 풍성하고 효율적으로 발견하기 위해서는 다음과 같은 사항에 초점을 맞추어 사정을 위한 질문과 면접상담을 실시하는 것이 바람직하다.

- 클라이언트가족의 문제나 욕구는 무엇이고, 누가 관련되어 있으며, 어디에서 발생하는가?

- 문제가 발생하는 기간과 문제의 심각성은 어느 정도인가?
- 문제가 클라이언트가족의 삶 전반에 영향을 끼치고 있는가?
- 클라이언트가족은 왜 지금 도움을 요청하는가?
- 무엇이 클라이언트가족의 문제를 촉진시키는가?
- 의뢰된 경우라면 누가, 어떠한 이유로 의뢰했는가?
- 클라이언트가족은 지금까지 문제를 해결하기 위한 어떠한 시도를 해 왔는가?
- 클라이언트가족은 가능한 해결책이 무엇이라고 생각하는가?

(2) 클라이언트가족의 개인력 및 사회·경제적 상황 조사

사징과정에서 클라이언트가족의 개인력 및 사회·경제적 상황 조사 단계는 클라이언트가족의 성장과정과 주요 사건 등의 성공적인 면담을 위하여 중요한 단계이다. 개인력 및 사회·경제적 상황 조사 시 개인적·환경적 요인이 어떻게 클라이언트가족의 문제와 상호작용하여 클라이언트와 가족에게 스트레스의 정도나 대처자원의 양과 질에 영향을 주는지를 주의 깊게 고려해 보아야 한다.

자발적인 클라이언트가 아니라 의뢰받은 경우에는 주된 클라이언트 개인 정보를 의뢰 기관에 공문으로 요청하여 검토한 후 면담을 실시하면, 제한된 시간 내 효율적인 면담을 진행할 수 있다. 효율적인 사회·경제적 상황 조사를 위해 개인력 조사 시, 클라이언트가족의 의료보호나 수급 증명서 등 객관화한 자료를 사전에 요청하여 면담 시 활용한다.

(3) 클라이언트의 가족력 조사

가족상담 및 가족치료에서는 하나의 '단위'로 보고 가족 내·외부 요인의 상호작용 등을 파악하기 위해 자료를 수집, 분석하고 종합하여 가족에 대한 생태체계적인 개입을 계획하는 일련의 과정이 필요하다. 가족은 주된 클라이언트의 욕구와 문제를 해결하는 데 가장 중요한 협력자원인 동시에, 주된 클라이언트의 문제와 욕구에 영향을 끼치는 원인적 환경이 될 수도 있기 때문이다.

① 가족 내 주요 하위체계와 규범적 역할에 대한 사정

가족성원들 간의 관계망으로 이루어진 역동적 체계인 가족은 성, 이해관계, 세대 그리고 가족의 생존에 필요한 기능을 기초로 지속적인 연합 또는 동맹을 이루면서 가족하위체계(family subsystem)를 이루게 된다. 즉 부부 하위체계, 부모 하위체계, 부모·자녀 하위체계, 형제자매 하위체계의 경계를 가지고 다른 체계와 구별되는 기능을 수행하고 발전시킨다. 따라서 가족상담가 및 가족치료사는 실천 현장에서 역기능적으로 형성된 하위체계를 가진 가족을 만나기 쉬운데 하위체계의 역기능을 주의 깊게 관찰하여 사정하여야 한다.

② 가족경계에 대한 사정

가족경계(family borderline)는 가족구성원 간의 경계, 가족체계 간의 경계, 가족 외부와의 경계 등으로 구분할 수 있는데, 명확하면서도 융통성 있는 적절한 경계를 가지고 있는지를 사정해야 한다. 미누친(Salvador Minuchin)의 구조적 가족치료에서는 경직된(rigid), 명확한(clear), 밀착된(enmeshed) 혹은 모호한(diffuse) 경계선이라는 세 가지 범주를 다루고 있다는 점에서 가족경계의 사정은 매우 중요한 과정이다.

③ 가족응집력에 대한 사정

가족응집력(family cohesion)은 가족구성원의 정서적인 유대를 말한다. 가족응집력이 적절한 가족은 독립성과 자율성을 유지하면서도 동시에 친밀감과 상호연결 상태를 유지한다. 반면, 응집력인 낮은 가족은 서로 분리되는 경향을 보이고 있지만, 응집력이 매우 높은 가족은 밀착된 관계 양상을 보이며, 가족에 대한 높은 의존과 충성을 보이지만 독립성과 자율성은 부족하다는 점에서 사정이 요구된다.

④ 가족규칙과 가족신화에 대한 사정

가족규칙(family rule)은 가족구성원의 행동이나 관계를 통제하는 규범이나 기대를 의미하고, 가족신화(family myth)는 가족원들 모두가 공유하고 있는 가족 또는 가족구성원에 대한 잘못된 신념과 기대를 의미한다. 가족규칙이 역기능적이어서 가족 전체 또는 개개 구성원이 적응과 발달을 저해하는 것으로 사정되면 역기능적인 규칙을 변화할 수 있게 해야 한다.

⑤ 가족 권력구조에 대한 사정

가족은 체계 내에서 각 구성원이 서로에게 행사하는 상대적 영향력이 다른데, 권력은 한 구성원이 다른 구성원의 행동변화를 지시할 수 있는 힘을 말한다. 따라서 가족원 중 누구에게 가장 권력이 집중되어 있는지 누가 가장 영향을 행사하는 사람인지, 가족구성원들 사이에 권력이 어떤 양상으로 분포되어 있는지를 파악하는 것이 가족의 사정에 중요하다.

⑥ 가족 간 의사소통 방식에 대한 사정

1956년에 인류학자이자 언어학자인 그레고리 베이트슨(Gregory Bateson)과 그의 동료들인 돈 잭슨(Don D. Jackson), 제이 헤일리(Jay Haley), 존 위크랜드(John H. Weakland) 등은 조현병(schizophrenia)과 관련된 의사소통의 복잡성에 관한 논의 중에 이중구속메시지(double-binding message) 개념을 고안하였다. 즉 의사전달에 두 개 또는 그 이상의 상반된 메시지가 담겨 있어서, 메시지를 받은 사람은 어느 메시지에 반응해야 할 것인지를 몰라서 당황하게 되는 의사전달을 의미한다.

따라서 가족상담가 및 가족치료사는 가족 내에서의 갈등이나 불화를 모호하게 하거나 가면을 쓰고 반응하는 위장 현상 등 의사소통을 방해하는 부정적인 의사소통 방식 등을 파악하여 메시지를 전달할 때 사용되는 언어적, 비언어적, 상황적 요소 간의 일치성을 파악해야 한다.

⑦ 가족생활주기에 대한 사정

가족생활주기(family cycle, family life cycle)란 자녀의 출생과 성장, 자녀의 독립·은퇴 등과 같이 시간의 흐름에 따른 가정생활의 변화과정을 말한다. 가족상담가 및 가족치료사는 가족을 사정할 때 그 가족이 생활주기의 이전 단계에서 스트레스를 어떻게 다루었으며 현재 단계에서 적응과업은 무엇이고, 그에 대해 가족이 가지고 있는 대처능력과 활용 가능한 자원들을 사정내용에 포함시켜야 한다.

⑧ 가족원 구성 및 역할구조 사정

가족은 어떤 사람들로 구성되었는지, 가족 내에서 누가 가장 역할을 하고, 누가 가사, 양육 등 돌봄 기능을 수행하고 있는지, 가족 내에서 주된 클라이언트는 어떤 역할을 수행하는지 등 역학구조에 대해서 가족치료사는 사정이 요구된다.

⑨ 가족구성원 내 역동 사정

가족구성원 내 역동사정은 가족 내 의사결정은 누가 하고, 이때 클라이언트의 의견은 어느 정도 반영되는지, 주된 클라이언트를 중심으로 가족구성원 간의 갈등, 지지, 밀착 등의 관계가 어떻게 형성되었는지, 가족구성원 중 누가 주된 클라이언트에 대해 보호기능을 수행하고 있는지를 파악하는 것에서부터 시작되어야 한다. 그리고 주된 클라이언트는 가족구성원 중 누구와 가장 애착관계를 형성하고 있으며, 누구와 각각 갈등, 두려움을 느끼고 있는지, 지금까지 가족의 생활주기 상에서 위기상황은 무엇이었으며, 위기상황에서 가족은 어떻게 대처하였는지, 현재 주된 클라이언트의 욕구와 문제에 대한 가족들의 인식과 수용, 그리고 문제해결을 위한 의지는 어느 정도인지 가족구성원의 역동을 사정하는 것은 매우 필수적인 부분이다.

(4) 클라이언트가족의 외부 환경 사정

① 친인척 및 이웃관계 사정

친인척 및 이웃관계에서 갈등과 관계 문제를 사정할 때, 가족상담가 및 가족치료사는 클라이언트가족이 느끼는 감정을 공감하는 동시에, 클라이언트가족이 이들 대상들과 언제, 어디서, 어떠한 일을 경험했는지 구체적인 정보를 수집해야 한다. 친인척 및 이웃관계 사정에서는 잘잘못을 판단하기보다는 클라이언트가족이 다른 사회적 관계에서 사용하는 의사소통 기술, 관계 기술, 그리고 갈등상황에서 어떻게 대처하는가에 대한 사회관계 기술과 능력에 대한 사정을 해야 한다.

② 소속된 집단 및 사회생활 사정

소속된 집단 및 사회생활 사정에서는 클라이언트가 대체로 모든 사람들과 원만한 관계를 맺고 있는지, 아니면 소수인들과 긴밀한 관계를 형성, 유지하는 것이 편인지, 학교, 직장이나 조직에서 상사와 후배, 동료에 대한 클라이언트의 태도와 행동에 대한 파악이 우선되어야 한다. 그리고 이들에 의한 클라이언트의 평가는 어떠한지, 사회적 관계에서 클라이언트가 자신의 의견을 잘 표현하는 편인지, 아니면 다른 사람의 의견을 주로 수용하는 편인지 등과 같이 어떤 의사소통 유형을 가지고 있는지, 사회관계에서 주로 누구와 갈등관계를 형성하며 직장을 다닐 때마다 상사와 갈등을 형성하거나, 종교기관에서도 종교 지도자를 자주 비판하는 등 조직 안에서 주로 누구에 대한 반항감, 갈등감을 느끼는지 등에 대하여 사정하도록 한다.

③ 가족 외부로부터의 보호정도 사정

주된 클라이언트가 그동안 가족 이외의 외부환경으로부터 어떠한 보호를 받고 살아왔는지에 대해서 사정하도록 한다. 우선 지금까지 왕따나 따돌림 등을 받아 본 적이 있는지, 자신이 방어할 수 없는 학대나 폭력(신체, 정서적, 언어적, 성적 학대와 폭력)을 경험한 적이 있는지, 자신이 보호를 기대한 상대로부터 방임과 유기가 되었다고 생각되는 경험이 있는지, 범죄나 일탈행동 등에 노출된 적이 있는지, 지금도 생각하면 고통스러운 차별이나 자신이 존중받지 못한 경험이 있는지, 그리고 자신에게 의미 있었던 사람으로부터 배신을 당한 경험이 있는지 등에 대해서 살펴봄으로써 얼마나 안전한 환경 속에서 살아왔는지 또는 보호적이지 못한 환경에서 살고 있었는지에 대해서 알 수 있게 된다.

(5) 클라이언트가족의 강점과 자원 사정

① 클라이언트가족의 강점과 자원에 대한 사정내용

가족상담가 및 가족치료사가 확인할 수 있는 클라이언트가족의 구체적인 강점과 자원에 대한 사정내용은 그들 자신의 문제에 대한 인식 정도, 자신의 행동에 책임을 지는 정도, 타인의 조언과 지도를 수용하는 정도, 타인에 대한 원조 의지, 변화를 위해 위험을 감수하는 의지, 취업에 대한 적극성, 직업과 고용주에 대한 책임감의 정도, 가족, 친지, 친구들에 대한 애정과 관계에 대한 성실함의 정도, 재회와 의사결정 능력, 대인관계에서 신뢰성, 공정성, 정직성 그리고 타인에 대한 배려, 사회, 지역, 종교 활동의 참여 정도, 자신들의 삶에 대한 꿈 등이다.

② 클라이언트가족의 강점과 자원에 대한 사정질문

가족상담가 및 가족치료사는 클라이언트가족의 강점과 자원을 사정하기 위해 다음과 같은 질문기법을 중심으로 사정할 수 있다.

- 가족이나 사회적 관계에서 어려움이 있을 때 클라이언트가 잘 견디고 대처할 수 있었던 적은 무엇 때문이었는가?
- 가족이나 사회관계에서 나의 어려움을 이해하고 도와줄 수 있는 사람이 있는가?
- 지금 클라이언트가족이 직면한 욕구, 문제를 해결할 수 있다고 희망하는

가? 클라이언트가족이 자신들의 문제를 현실적으로 해결할 수 있을 것으로 낙관하고 자신에게 그 문제를 해결하는 데 도움이 되는 자원이 있다는 확신은 중요한 강점이라고 할 수 있다.[2)]

2 절충 통합적 가족상담 및 가족치료의 계획 / 실천단계

가족상담 및 가족치료의 계획(planing phase)단계는 자료수집 및 사정단계와 본격적인 실천(개입)단계를 연계하는 역할을 한다. 따라서 계획단계에서는 가족문제의 해결이라는 변화목표에 기초하여 실천(개입)으로 나아가는 논리를 갖추는 기술이 요구된다.

그러므로 계획단계에서 수행되어야 할 세부단계는 크게 세 가지 측면에서 상담실천의 논리적 근거를 마련해야 한다.

첫째는 변화목표의 설정과 상담 및 치료의 본격적인 계약이다. 가족상담 및 가족치료에서의 변화목표는 클라이언트가 가지고 있는 가족문제를 해결하거나 개인의 자아성장을 통한 행복감을 증진시키는 것에 있다. 그러므로 구체적인 변화목표를 설정하고 그에 따라 상담기간과 횟수 등에 관하여 클라이언트와 구체적으로 계약하여야 한다.

둘째는 가족상담 및 가족치료의 실천단계에서 각 단계별로 유용하게 적용할 수 있는 이론과 모형을 설정하고 그에 따른 기법들도 점검하여야 한다.

셋째는 일반적으로 가족상담 및 가족치료는 개인상담이나 개인치료에 비해 단기상담 및 단기치료 방식으로 접근하는 경우가 많기 때문에 그에 따른 상담회기 등을 구조화하는 계획이 요구된다.

그리고 본격적인 가족상담 및 가족치료의 실천단계에서는 그 이전 단계인

2) 사정단계에 관련된 전체적인 맥락은 저자의 『사회복지상담론』(2017)의 제10장의 내용을 참조하여 가족상담 및 가족치료적 접근에 맞추어 수정하고 보완하여 기술하였다.

접수 및 사정단계, 계획단계라는 준비적인 상담과정이 아니므로 상담가나 치료자는 내담자가족의 호소문제나 욕구를 탐색하고 통찰하는 과정을 거쳐 본격적인 변화를 할 수 있도록 조력하는 변화촉진자(change facilitator) 혹은 변화매개자(change mediator)로서의 역할을 해야 한다.

그러므로 통합 절충적 상담 및 치료이론에 따라 실천을 하고자 시도하는 가족상담가 및 가족치료자는 상담 및 치료계획단계에서 클라이언트의 이전 단계의 가족사정결과에 근거하여 상담 및 치료 실천모형을 설정하고 각 단계에 유용하고 적합한 가족상담 및 가족치료이론과 모델을 선택할 필요가 있다. 이는 오늘날 가족건강성이나 가족기능성과 관련된 가족문제는 현대인의 상당수가 겪을 수 있는 개인적 문제이자 사회적 문제라는 점에서도 약물치료적 접근을 제외한 영역에서도 가족상담 및 가족치료자의 역할이 점증할 것임은 분명하다는 점에서도 실용적 의미가 있기 때문이다.

1) 계획단계의 가족상담 및 가족치료

(1) 변화목표의 설정

가족상담 혹은 가족치료의 전체적인 과정에서 계획단계(planning phase)는 내담자가족의 변화에 목표를 두고, 이전의 단계인 사정단계와 본격적인 실천(개입)단계를 연계하는 교량역할을 하는 단계이다. 따라서 계획단계에서는 호소문제의 해결이라는 변화목표에 기초하여 실천(개입)으로 나아가는 논리를 갖추는 기술이 요구된다.

이러한 이유로 계획단계에서 상담가 및 치료자에게는 변화목표를 설정하고 목표를 달성하기 위하여 상담자와 내담자가 해야 할 행동방법을 구체화하는 계약기술이 기본적으로 요구된다. 그리고 실제로 상담단계(실천단계)에서 유용하게 적용될 수 있는 상담모형이나 회기의 수를 설정하는 등의 논리적 근거를 구축해야 한다.

가족상담 및 가족치료에서의 변화목표는 상담 및 치료의 본격적 실천을 통하여 클라이언트가족의 문제해결이나 가족건강성이나 가족기능성이 증진되는 것에 있다. 따라서 가족상담 및 가족치료자는 전 단계에서 조사 및 사정된 내담자가족의 자료를 바탕으로 클라이언트가족이 가지고 있는 호소문제나 욕구를 대상으로 변화하고자 하는 수준의 목표를 설정해야 한다. 그러나 드러난 목표나 드러나지 않고 잠재되어 있는 목표 모두를 확정되고 고정된 목표나 목적이라고 단정하기에는 무리가 있고, 실제의 개입단계에서 진단(사정)되지 않았던 새로운 문제도 드러날 수 있다는 점에서 가능한 범주 내에서 방향설정 차원에서 다루어야 한다.

아울러 변화를 원하는 목표의 수준이 너무 높거나 많을 경우 가족상담 및 가족치료의 기간이 지나치게 늘어나게 되고 개입효과도 떨어질 수 있으므로 우선순위를 정하여 계약단계로 넘어가야 한다. 즉 클라이언트가족에게 가장 시급한 호소문제, 단기간에 달성이 가능하여 성취감을 얻을 수 있는 것, 클라이언트가 목표에 도달할 수 있도록 동기부여가 가능한 것, 가족상담가 및 가족치료자의 개인적 능력이나 기관의 특성과 기능에 부합하는 차원에서 달성이 가능한 것에 초점을 두고 변화목표설정이 되어야 하는 것이다.

(2) 상담 및 치료서비스의 계약

가족상담 및 가족치료의 본격적인 계약(contract)은 변화목표로 한 수준의 달성을 위해 가족상담 및 가족치료의 실천과정에서 가족상담가 및 가족치료자와 클라이언트가족이 해야 할 역할, 개입기법(개입기술), 상담 및 치료기간과 횟수 등에 관한 서비스에 대하여 서로 동의하는 과정이다. 그러므로 여기에서 다루어지는 '계약'의 의미는 본격적인 상담 및 치료의 실천을 위한 계획단계에서 이루어지는 것으로서 상담 및 치료의 초기단계인 접수상담단계나 사정단계에서 이루어지는 본격적 상담 이전단계의 '계약' 개념과는 다르다.

가족상담 및 가족치료의 계약 형태는 세부적으로 구조화시킬 필요는 없지만 목표설정이 상호협의 하에 이루어져야 하듯이 서로의 참여의지를 확인하기 위해서는 변화목표를 설정하는 단계와 병행하여 수행될 필요가 있다. 그러므로 계약이 법적인 효과는 없지만 가능하면 구두계약보다는 서면계약을 하는 것이 바람직하다. 그러나 만약 저항감이 있거나 불신감이 있는 클라이언트가족이 이를 거부할 경우에는 구두계약이 무난한 방법이 될 수도 있다.

따라서 계약에는 ① 변화목표, ② 가족상담가 및 가족치료자와 클라이언트가족의 역할, ③ 개입기술, ④ 물리적 조건(상담기간, 회기의 빈도 및 길이 등), ⑤ 모니터링(효과측정) 방법, ⑥ 계약의 재협상 조건, ⑦ 상담 및 부대비용 부담 등이 포함될 필요가 있다(Hepworth & Larsen, 1990 재수정).[3)]

2) 실천단계의 가족상담 및 가족치료

본격적인 가족상담 및 가족치료의 실천단계에서 통합 절충적으로 접근할 수 있는 모형은 미국의 클라라 힐과 카렌 오브리엔(Clara E. Hill & Karen M. O'Brien, 1999)이 1999년에 그들의 저서 『상담기술(*Helping Skills : Facilitating Exploration, Insight and Action*)』에서 제시하고 있는 통합적(절충적) 상담 실천단계인 3단계 모델이 유용하다고 볼 수 있다.

왜냐하면, 즉 [그림 11-3]에서 볼 수 있듯이 탐색(Exploration) → 통찰(Insight) → 실행(Action)으로 이어지는 3단계 상담 및 치료모델은 개인수준의 개입에만 유용한 실천과정이 아니라 집단수준이나 가족 및 부부 수준의 개입에서도 보편적인 변화조력 과정이기 때문이다(고수현, 2017 재수정).

탐색수준단계 (Exploration level stage, E)	→	통찰수준단계 (Insight level stage, I)	→	실행수준단계 (Action level stage, A)

[그림 11-3] 통합 절충적 가족상담 및 가족치료의 3단계 실천모형

3) 계획단계에 관련된 전체적인 맥락은 저자의 『사회복지상담론』(2017)의 제11장의 내용을 참조하여 가족상담 및 가족치료적인 접근에 맞추어 수정하고 보완하여 기술하였다.

한편, 이러한 통합 절충적 3단계 상담실천모형은 기본적으로 이러한 내담자가족의 배경요인을 고려한 모형이지만 기족상담가 및 치료자의 배경요인도 같은 차원에서 고려되어야 완전한 통합 절충적 상담체계가 구축된다는 점도 유의해야 한다. 즉 만약 상담가나 치료자의 이론적 성향이나 철학이 어느 특정한 가족상담 및 치료모형에 치중되어 있거나 몰입되어 있어서는 기본적으로 통합 절충적 3단계 실천모형은 많은 혼선을 빚을 우려가 있는 것이다. 왜냐하면 통합 절충적 접근 모형이라는 의미는 내담자가족의 문제되는 영역을 상담하고 치료함에 있어서 기존의 가족상담 및 가족치료학파의 이론과 기법에 한정하지 않고 상담이나 치료의 개별적 실천단계에 따라 보다 유용성이 있는 이론과 기법을 유연하게 적용한다는 관점과 철학을 전제하고 있기 때문이다.

따라서 가족상담 및 가족치료를 통합 절충적 실천모형에 따라 실천과정을 수행하고자 하는 상담가 및 치료자는 어느 특정한 학파에 속하는 모형의 실천기법에만 유능한 배경요인에 한정하는 것이 아니라 내담자가족의 배경과 상담 및 치료의 유용성에 따라 융통성 있는 가족상담 및 가족치료이론과 기법을 상담 및 치료단계에서 적용할 수 있는 상담가 및 치료자의 배경요인을 갖추어야 한다.

이러한 견해에서 탐색(E) → 통찰(I) → 실행(A)의 통합 절충적 3단계 가족상담 및 가족치료 실천과정은 1990년대 이후에 보편화되고 있는 통합 절충적 가족상담 및 가족치료의 새로운 이론과 모델로도 간주할 수 있다. 왜냐하면 기존의 통합 절충적 가족상담 및 가족치료 이론과 모델에서는 각기 독자적인 특성을 가지고 있지만 보편적인 상담 및 치료의 실천과정에 따라 기존의 이론과 기술을 유용하게 활용하는 접근방식을 채택하지는 않고 있기 때문이다.

따라서 '통합 절충적 3단계 가족상담 및 가족치료 모델'은 내담자가족들이 상담자 및 치료자의 촉진적 역할과 함께 그들의 인지·정서·행동의 왜곡된 측면을 체계적으로 이해하고, 좀 더 적응적인 사고·감정·행동으로 변화할 수 있도록 조력하여 가족건강성과 기능성을 유지하며 살아갈 수 있도록 하는 절충 통합적 모형의 접근이라고 할 수 있다.

(1) 탐색단계 : 초기단계

탐색단계는 내담자가족이 자신들의 문제나 요구에 대하여 본격적인 통찰단계에 이르기 이전 단계이므로 목표설정은 가족상담가 및 가족치료자와 내담자가족 간의 신뢰관계의 성립에 두어야 한다. 따라서 상담가 및 치료자는 로저스의 인본주의적 개인상담 관점에 영향을 입은 사티어(Virginia Satir, 1972)의 경험적 가족상담 및 가족치료 이론(Experiential Family Therapy)에 기초하여 신뢰관계를 형성하기 위한 기술들을 적용하는 것이 매우 유용하다.

로저스(Rogers, 1951, 1967)에 의하면 기본적으로 동기화된 힘이 있다면 사람은 누구나 자신이 되고자 하는 방향으로 나아가는 자기실현경향성이 있다. 내담자가족 역시 누구나 타고난 청사진(blue print)을 가지고 있거나 성장할 수 있는 잠재능력을 가지고 있다고 볼 수 있는 것이다.

경험적 가족상담 및 가족치료 이론(Experiential Family Therapy)은 사회복지사 출신인 사티어(Virginia Satir, 1972)의 이론으로서, 1960년대 인기 절정에 있었던 인본주의적/실존적 심리상담이론에 뿌리를 둔 경험집단, 감수성훈련, 인간잠재력 등을 강조하는 관점을 가족치료에 적용한 기법이므로 탐색단계에서 유용한 접근이 될 수 있다.

경험주의 가족상담 및 가족치료에서는 심리극, 가족조각, 역할연기 등의 기법을 사용하여 가족 특유의 갈등과 행동양식에 맞는 경험을 제공하여 자존감을 향상시키고 일치형 의사소통이 되도록 하여 개인과 가족의 성장을 돕도록 하는 것이 치료목표가 된다.

따라서 탐색단계에서 가족상담가 및 가족치료자는 내담자가족이 일단 편안한 분위기에서 탐색할 수 있도록 신뢰감(rapport)을 형성하여 경험주의적 가족치료 모형에 근거하여 치료적 관계로 나아갈 수 있도록 하는 것이 유용하다고 볼 수 있다. 그러기 위해서는 가족상담가 및 가족치료자가 내담자가족의 입장에서 그들의 내적이고 순환론적인 경험을 인식할 수 있어야 한다. 그리고 그러한 경험을 인식함에 있어서 가족상담가 및 가족치료자는 위선적이거나 거짓됨이 없이 있는 그대로 받아들이는 자세가 요구된다. 이는 내담자가족이 옳은지 그른지를 두고 판단하는 것이 아니라 무조건적 긍정적 존중의 자세로 진솔함을 보이는 것을 의미한다.

그러므로 가족상담가 및 가족치료자는 내담자가족이 그들 자신의 문제를 탐색적으로 이야기할 수 있는 분위기를 조성하는 것이 필요하다. 즉 내담자가족의 경험을 탐색하도록 하는 것이 중요한데, 그것은 과거에 겪은 경험에서의 문제점을 현재 순간의 감정으로 표현하는 것에서 가능할 수 있다. 이를 위해서는 가족상담가 및 가족치료자 스스로가 너무 많은 말을 하거나 폐쇄적인 질문을 하지 않는 것이 중요하다(고수현, 2017 재수정).

(2) 통찰단계 : 중기단계

탐색단계에서의 가족상담가 및 가족치료자는 내담자가족이 그들 자신의 사고와 감정을 깊은 수준에서 경험할 수 있도록 격려하는 역할을 한다. 이에 비하여 통찰단계에서는 탐색된 문제점들의 감정과 행동의 근원과 결과를 내담자가족이 깊이 이해할 수 있도록 하는 기법들이 사용되어야 한다. 따라서 개인수준의 심리치료 장면에서 통찰을 조력하기 위해서는 주로 프로이트의 정신분석이론을 비롯한 신프로이트 학파로 분류되는 정신역동적 관점의 이론들이 매우 유용하다.

그 이유는 탐색단계에서 클라이언트가 상담자에게 전이(transference)한 감정들을 분석하는 것이 통찰단계이기 때문이다. 통찰단계가 필요한 근거는 대부분의 클라이언트들은 충분한 탐색으로 특정하게 드러난 문제에 대해서도 자기 내부의 부적절한 방어기제를 사용하기 때문에 원인과 결과의 통합적인 관계의 이해를 하지 못한다는 관점에 근거한다. 만약에 부적절한 방어기제를 제거하면 내적 고통이나 외적 손상에서 안전할 수 없다는 불안감 때문인 것이다. 이러한 정신역동적 관점의 치료 접근은 가족상담 및 가족치료에서도 클라이언트 개인의 심리내적인 문제를 다루는 데는 유용성이 있다고도 볼 수 있다. 하지만 가족상담 및 가족치료는 인과론적으로 접근하는 것이 아니라 기본적으로 전체가족의 관계를 체계론적이고 순환론적으로 접근하기 때문에 정신역동주의적 접근은 한계가 분명히 있다고 볼 수 있다.

이에 비하여 정신역동적 관점을 공유하면서도 가족문제를 다세대 정서체계적으로 접근하는 보웬(Murry Bowen, 1966)의 다세대 가족치료(Multigenerational Family Therapy)이론과 모형은 가족상담 및 가족치료의 통찰단계에서 적용할 수 있는 유용성이 매우 크다고 볼 수 있다. 가족을 다세대 정서적 체계로 보는 관점에서 역기능 가족문제를 진단하고 있기 때문이다. 그는 정신분열증을 가진 환자를 치료하면서 어머니와 강한 애착을 보이는 것을 발견하고 아버지 역시 모자간의 상호작용에 적극적으로 지원하거나 도피함으로 모자공생관계 형성에 참여하고 있는 것을 발견하게 된다.

이른바 '모자공생 가설(Mother-child symbiosis)'이 그것인데, 이를 기초로 보웬은 문제행동을 보이는 가족구성원을 치료하기 위해서는 원가족과의 관계에서 비롯된 기능손상과 낮은 자기분화수준으로 불안을 포함한 반응성 행동에 초점을 두고 접근해야 한다는 이론을 제시하게 된다. 즉 보웬은 정신분열증이 개인 혹은 모자간의 문제만이 아니라 가족 전체의 문제라는 관점을 가지게 되었고, 가족의 정서적 과정은 한 개인뿐 아니라 전체 가족에게 영향을 미치는 것으로 인식하고 전체 가족을 하나의 정서적 단위로 보고 치료적 접근을 시도하게 된 것이다.

따라서 자아가 분화되지 않은 사람은 이성보다는 감성에 따라 원가족이나 자녀와 융합하려는 경향, 즉 부모가 자녀와 삼각관계적인 융합을 보이거나 특정인(예를 들면, 남편)과 정서적 단절을 하게 되는 등의 가족문제를 다루기 위해서는 통찰단계에서 자기분화수준을 향상시키고 불안을 감소시켜서 탈삼각관계를 통하여 가족관계의 체계를 수정하는 것에 목표를 두어야 한다.

이러한 목표달성을 위해서는 보웬이 1967년에 개발한 가족치료의 사정과 개입 도구인 가계도(genogram)가 기본적으로 사용된다. 가족 안에서 최소한 3세대간에 전승되고 재현, 반복되는 문제 패턴을 명료하게 파악하고 통찰을 돕기 위해서 활용되고 있는 것이다.

(3) 실행단계 : 후기단계

통찰단계에서 내담자가족이 안고 있는 인지·정서·행동적 문제가 무엇인지를 알게 되었다면, 실행단계에서는 당초 목표로 설정했던 변화를 이루기 위해 내담자가족 실제로 행동할 수 있도록 하는 기법들이 적용되어야 한다. 통찰단계가 추상적인 차원에서 치료관계를 유지했던 것에 비하면 실행단계는 통찰단계에서 분명해진 문제행동에 대한 분석에 기초하여 바람직한 인지와 행동이 현실생활 속에서 계속 유지될 수 있도록 훈습(working through)하는 단계이기 때문이다.

따라서 개인수준에서 접근하는 상담가와 치료자는 내담자가 어떤 유형의 정보를 선택적으로 수용하고 이해하는 통제적 기제로서의 의미를 조직화하고 통합하는 스키마(Schema, 도식)를 더욱 굳건하게 할 수 있도록 조력하는 것이 중요하다. 이러한 측면에서 개인상담이나 심리치료에서의 실행(훈습)단계에서는 통찰단계에서 얻어진 내담자의 행동·사고·감정의 변화를 실생활에 적용하는 데 초점을 두기 때문에 주로 인지-행동주의(Cognitive- Behavioralism) 이론에 기초한 기술들을 적용하는 것이 매우 유용하다.

하지만 가족상담 및 가족치료는 가족원 간의 관계구조와 상호작용을 변화시켜 대인관계 기술과 적응능력을 향상시킴으로써 개인과 가족이 건강하고 기능적인 생활을 하도록 전문적인 도움을 주는 활동이라는 점에서 개인심리 치료 이론을 적용하는 것에는 한계점이 분명하다고 볼 수 있다.

가족상담의 특징은 가족을 하나의 체계로 보고 가족의 역기능적 측면을 변화하고 제거하기 위해 직접 개입하는 상담적 접근법이기 때문이다. 따라서 실행단계에서 유용한 가족상담 및 가족치료 모형 중에는 미누친의 구조주의 가족치료(Structural Family Therapy) 모형과 아울러 유사한 구조주의적 관점을 공유하는 헤일리의 구조주의적인 전략적 가족치료(Strategic Family Therapy) 모형이 매우 유용하다고 볼 수 있다.

구조주의 가족치료는 정신과 의사 출신인 미누친(Salvador Minuchin, 1974)의 이론으로서 다양한 유기체의 연합인 가족이 부부하위체계, 부모하위체계, 형제하위체계에서 역기능적 위계와 경계선으로 발달적·환경적 변화에 대한 부적응 반응을 보인다는 관점에서 일차적으로는 가족의 역기능적 구조를 재구조화(restructuring)하는 것에 목표를 두고 개입한다. 즉 분명하고 융통성 있는 하위가족체계와 경계를 구축하는 것이 목표가 된다.

이차적으로는 새로 구축된 하위체계와 경계선 개념에 따라 구조적·기능적 위계질서를 회복시키고, 부모의 권위를 회복시키도록 조력한다. 아울러 부부가 연합하고 가족규칙의 재조정으로 체계적인 상호작용의 변화를 시도해야 한다. 이를 위해서는 가족구조를 명료화하기 위한 가족지도(family map, 구조적 지도)가 기본적으로 사용된다.

전략적 구조주의 가족치료는 의사소통 전문가 출신인 헤일리(Jay Douglas Haley, 1976)의 이론으로서, 그는 미국 서부의 캘리포니아 팔로 알토(Palo Alto) 지역에 위치한 정신건강연구소(Mental Research Institute, MRI)에 재직하면서 정신과 의사 밀턴 에릭슨의 최면기법과 인류학자 베이트슨의 순환론적 사이버네틱스(Cybernetics, 인공두뇌학) 이론에 기초하여 가족구성원 간 상호작용의 잘못된 증상(위계질서 불일치나 혼란 등)을 발견하고 그 관계를 통제하기 위한 전략을 사용하는 모형을 개발하게 된다.

그리고 미국 동부지역인 펜실베이니아주 필라델피아시(City of Philadelphia)의 미누친과도 공동연구를 하면서 이른바 전략적 구조주의 가족치료로 칭해지는 모형을 정립하게 된다. 이후 독자적으로 미국 동부 워싱턴 D.C.에서 활동한 헤일리의 전략적 구조주의 가족치료에서의 변화목표는 가족의 위계질서와 경계선의 재구조화 전략을 통하여 제시된 가족문제를 제거하도록 조력하는 것에 있다.[4]

4) 실천단계에 관련된 전체적인 맥락은 저자의 『사회복지상담론』(2017)의 제12장의 내용을 참조하여 가족상담 및 가족치료적 접근에 맞추어 수정하고 보완하여 기술하였다.

3 절충 통합적 가족상담 및 가족치료의 평가 / 종결단계

가족상담 및 가족치료에서 평가와 종결단계는 흔히 그 중요성이 간과되는 경향이 있다. 일반적으로 가족상담 및 가족치료의 효과에 대해서는 다양한 모델에서 그 효과가 입증되고 있고, 상담이나 치료과정이 중단되지 않고 당초에 계획한 상담회기를 어느 정도 성실히 수행해 왔다면 대부분은 내담자가족이나 상담자 및 치료자의 양자 간의 치료적 관계도 원만하게 이루어졌다고 볼 수 있기 때문이다.

가족상담 및 가족치료의 전체 과정에서 평가단계는 상담기관이나 상담자가 클라이언트에게 계약 내용 대로의 서비스를 제공하고 효과성과 효율성을 어느 정도 거두었는지의 책무성과 상관이 있다. 그러므로 계약단계에서나 계획단계에서 상담 및 치료목표를 공감지향 수준이 아니라 문제해결이나 중심과제해결에 두었을 경우에는 더 분명한 평가기준에 따라 평가가 이루어질 필요가 있다.

아울러 상담 및 치료의 종결은 내담자가족과 상담가 및 치료자가 설정했던 변화목표가 원만히 달성되었을 때 그동안 진행해왔던 상담 및 치료의 전문적 관계를 자연스럽게 종결하는 것을 말한다. 그러나 가족상담 및 가족치료가 개인적인 심리상담이나 심리치료에서 전문가의 개입 정도에 비하여 단기적 접근이 주로 이루어진다는 점을 감안하면 종결 이후의 사후관리의 단계도 설정이 될 필요성이 있다.

사후관리는 가족상담 및 가족치료의 클라이언트에 대한 개입 종결 후 변화한 상황을 점검하기 위한 목적으로 실시될 수 있다. 즉 클라이언트가족과의 공식적인 상담 및 치료관계가 종결되었지만 클라이언트 및 그 가족이 개입과정에서 획득한 변화를 잘 유지하고 있는지 확인하기 위해서 실시한다. 이러한 의미에서 가족상담 및 가족치료의 사후관리는 개입의 효과를 지속시키기 위한 실천기법으로 클라이언트가족의 향상된 문제해결 능력과 변화가 원조과정이 종결된 이후에도 지속적으로 최대한 유지될 수 있도록 원조하는 것으로, 가족상담 및 가족치료의 부가적 단계로 볼 수 있다.

1) 가족상담 및 가족치료의 평가단계

(1) 가족상담 및 가족치료의 평가 의미

가족상담 및 가족치료에서 개입과정을 마무리한다는 것은 면담결과를 평가하고 종결을 한다는 것을 의미한다. 평가는 가족상담 및 가족치료 과정과 개입성과를 과학적 방법에 의해 측정하는 것이다. 기본적으로 평가는 가족상담가 및 가족치료사와 상담 및 치료기관이 클라이언트가족과 지역사회구성원에게 자신들의 책무성을 증명하는 작업이다.

평가에서 요구되는 가족상담가 및 가족치료사의 책무성이란 클라이언트가족에게 계약 내용대로의 서비스를 제공할 책임이며, 가족상담가 및 가족치료사의 윤리와 가치를 서비스 전달과정에서 잘 지켜 낼 책임이며, 기관의 프로그램과 정책 및 지침에 맞는 서비스를 제공할 책임이다.

가족상담 및 가족치료에 대한 평가의 핵심이 되는 책무성은 효과성과 효율성이라는 개념으로 구성된다. 효과성은 목표달성 여부를 말하고, 효율성은 투입된 비용(시간, 노력, 금전적 비용)과 산출된 성과 간의 비율을 말하는 것이다. 평가는 바로 개입의 효과성과 효율성을 측정하는 것이다. 평가를 함으로써 무엇이 클라이언트가족에게 도움이 되었고, 어떤 것들이 달리 진행되었어야 했는지를 알 수 있다.

(2) 가족상담 및 가족치료의 평가 기능

가족상담 및 가족치료에서 평가의 효과를 극대화하는 중요한 방법은 개입계획을 세울 때 평가기준을 미리 설정하는 것이다. 이렇게 하면 종결과정에서 가족상담가 및 가족치료사와 클라이언트가족이 계약 당시에 설정했던 목표들이 얼마나 달성되었는지 그리고 어떤 요소들이 목표달성을 가능하게 했는지를 평가하기가 매우 용이해진다. 따라서 평가는 다음과 같은 기능을 하므로 중요하다.

- 가족상담 및 가족치료의 효과성 측정 : 목표 달성 여부 측정
- 가족상담 및 가족치료의 효율성 측정 : 비용 대비 성과 측정
- 가족상담 및 가족치료 자원의 사용에 대한 책임성 입증 : 재정적 자원의 근거 마련
- 클라이언트가족에 대한 책임성 이행 : 사례 진행 정도의 측정, 결과의 공개
- 상담 및 치료 과정에 대한 모니터링 : 클라이언트가족의 변화 측정
- 가족상담가 및 가족치료사의 능력 제고 : 가족상담가 및 가족치료사의 실천내용 및 상담과정 점검

2) 가족상담 및 가족치료의 종결단계

(1) 가족상담 및 가족치료의 종결 의미

가족상담 및 가족치료에서의 종결은 가족상담가 및 가족치료사의 개입활동을 계획에 따라 마무리하는 것이다. 일반적으로 종결은 계획된 개입기간이 종료되었거나 목적이 달성되었을 때 이루어진다. 따라서 종결은 가족상담가 및 가족치료사의 개입결과를 정리하고 영향력을 거두는 과정으로 이제부터 클라이언트가족은 스스로 문제에 대처하게 되었다는 예고이기도 하다.

종결에 이르면 클라이언트가족은 불안과 긴장을 느낄 수 있고, 가족상담가 및 가족치료사와의 관계를 종결하는 것에 대한 혼란된 감정을 경험하기도 한다. 그러므로 개입을 성공적으로 마무리하려면 클라이언트가족이 긍정적인 성과를 얻게 한 다음 상담 및 치료관계가 원활하고 만족스럽게 끝나도록 해야 하는데, 여기에는 상당한 기술과 신중한 계획이 필요하다.

아울러 가족상담가 및 가족치료사는 종결 여부를 판단할 때 달성이 미흡한

목표가 만약 클라이언트가족의 어려움이나 문제해결에 반드시 필요한 목표일 때에는 미흡한 목표에 대한 대처를 어떻게 해야 할 것인지를 심각하게 고려해야 한다. 다시 말해서 종결 시기를 늦추어 미흡한 목표를 설정하고 재개입하거나 미흡한 목표를 달성하기에 적합한 타 전문기관에 의뢰해야 한다. 재개입할 경우 가족사정을 통해 목표를 재설정하고 개입방향을 다시 구성하는 작업이 이루어져야 한다. 그러나 미흡한 목표가 종결 여부를 판단하는 데 큰 영향을 끼치지 않는 목표라면 사후관리를 통해 부족한 부분을 채우는 방법을 찾는 것이 윤리적이라고 할 수 있다.

(2) 가족상담 및 가족치료의 종결 유형

가족상담 및 가족치료 종결의 유형은 일반적으로 아래에서와 같이 세 가지로 나눌 수 있다. 종결단계에서도 클라이언트가족에 대한 서비스 개입의 효과성 여부를 평가를 통하여 검증해야 한다. 이 단계에서 설정하였던 목표 중 달성이 미흡한 목표가 있는지를 살펴보는 것은 매우 중요하다. 왜냐하면 개입의 효과성 평가뿐만 아니라 달성이 미흡한 목표의 내용 및 정도에 따라 재개입 또는 의뢰의 필요성이 제기되기 때문이다.

① 시간제한으로 인한 종결

가족상담가 및 가족치료사는 개입을 결정할 때 시간제한을 염두에 두고 계획을 세우게 되며, 이를 개입 초부터 클라이언트가족에게 통보한다. 시간제한은 실천현장의 현실적 조건 때문에 필요하기도 하지만 동시에 정해진 시간 안에 어떤 성과를 기대하는 것이기 때문에 가족상담가 및 가족치료사와 클라이언트가족 모두 보다 열심히 개입에 임하게 되는 결과를 가져온다.

또한 제한 없이 서비스가 제공될 수 있다는 생각은 클라이언트가족의 의존심을 조장할 수 있다. 상담 및 치료관계에 의존하고 싶어 하는 증상 때문에 독립적으로 생활에 대처할 수 없게 되거나 개입 현장 외부에서 잘 기능하지 못하는 것은 바람직하지 못하기 때문에 제한된 시간 내에 종결하는 것이 바람직한 것이다. 특히 가족상담 및 가족치료에서는 개인 심리치료 기간에 비하여 단기간을 설정하여 접근하는 경우가 많다는 점에서도 그러하다.

② 목표달성으로 인한 종결

목표달성으로 인한 종결은 개입과정이 순조롭고 클라이언트가족이 과업수행을 잘 해내어 목적한 소기의 효과를 달성한 경우의 종결로 가장 만족스러운 종결유형이다. 목적 달성으로 인해 종결을 하는 경우에도 정서적 반응을 다루는 것은 여전히 중요하다. 개입기간이 길면 길수록 치료적이고 전문적인 관계에서 일어난 인간관계의 정서적 반응이 친밀하고 높을 것이므로 더욱 주의해야 한다.

③ 중단으로 인한 종결

중단은 목적 달성에 이르지 못한 채, 시간이 다 되기 전에 종결이 되는 것을 말한다. 중단에는 두 가지 경우가 있는데, 한 가지는 클라이언트가족이 일방적으로 종결을 선언하고 더 이상 오지 않는 경우이며, 다른 한 가지는 가족상담가 및 가족치료사가 이 클라이언트가족에게는 더 이상의 개입이 아무런 변화를 가져오지 못할 것이라고 판단해서 종결하는 경우이다.[5)]

5) 종결단계에 관련된 전체적인 맥락은 저자의 『사회복지상담론』(2017)의 제13장의 내용을 참조하여 가족상담 및 가족치료적인 접근에 맞추어 수정하고 보완하여 기술하였다.

Chapter 12

가족상담 및 가족치료의 투사적 / 개인적 사정 도구

1 가계도와 가족생태도, 동적 가족화 사정 도구

1) 가계도

가족상담 및 가족치료에서는 개인상담이나 전통적 정신의학 모델에서처럼 진단 또는 사정의 중요성을 강조하지는 않는 편이다. 그러나 가족상담 및 가족치료는 주로 가족구성원 상호 간의 관계에 대한 문제를 대상으로 한다는 측면에서는 치료자(상담자)는 사정과정에서 가족 안에서 나타나고 있는 문제들의 기능에 관한 정보를 파악할 필요가 있다.

즉 상담에 임하는 초기단계에서는 가족구성원들이 자신들의 경험에서 비롯된 정리되지 않은 감정으로 인하여 그들에게 어떤 문제가 있는지 혹은 무엇을 해결해야 하는지가 분명하지 않다는 차원에서 본다면 가족의 기능이나 가족의 관계를 사정하는 과정은 치료나 상담의 방향을 설정하는 근거가 될 수 있는 것이다.

그러므로 사정은 가족기능이나 가족관계를 변별하는 도구이기도 하지만 가족에게 어떤 형태의 상담 및 치료가 바람직한가에 대한 상담실천 모형의 계획에 유용한 자료가 될 수 있다는 의미가 있다. 일반적으로 가족상담 및 가족치료의 사정 도구로는 인터뷰나 관찰에 의한 주관적 사정방법과 자기보고식 질문지를 사용한 객관적 척도에 의한 사정방법도 있지만, 투사적(projective)이고 질적(qualitative)인 사정(assessments) 도구로는 그림 그리기 기법인 가계도나 가족생태도, 가족그림이 보편적으로 사용된다.

가계도(family genogram)는 머레이 보웬(Lucius Murray Bowen)의 다세대 정서체계적 가족치료 이론(Multigenerational affective system theory)에서 처음 사용되기 시작하여 가족상담 및 치료에서 가장 많이 쓰이고 있는 사정 도구이다. 가계도는 여러 세대에 걸친 가족의 정서체계를 기호를 사용하여 도식화하는 방법으로 현재와 과거의 가족유형이 지닌 여러 가지의 역기능적 체계(구조)를 파악할 수 있다.

따라서 가계도는 적어도 3세대 이상의 가족에 관한 정보다 관계적으로 묘사되어야 한다. 가계도에는 모든 가족의 나이와 결혼 시기, 사망 시기, 중요한 사건(사실)들이 포함되어야 하기 때문에 가족구성원들이 가계도 작성에 참여할 필요가 있다. 가계도 작성에 참여한 가족구성원들은 현재의 가족유형(체계)을 바탕으로 과거의 가족 유형까지도 체계적으로 도식화해 봄으로써 현재의 가족구성원의 문제와 행동에 대하여 다양한 관점으로 바라볼 수 있기 때문이다.

그러므로 가계도를 작성하는 시점에서부터 가족상담가는 가족구성원들에게 가족신화나 가족규칙, 정서적으로 부과된 문제들에 대하여 질문함으로써 반복되는 문제유형을 알 수 있게 된다. 아울러 가족구성원들도 그러한 과정에서 새로운 관점에서 가족의 문제를 볼 수 있게 되어 치료적 효과를 기대할 수 있다.

가계도를 작성하는 방법은 [그림 12-1]과 [그림 12-2]에서 볼 수 있듯이 대체로 다음과 같이 정리할 수 있다.

첫째는 각 가족구성원이 한 세대에서 다음 세대까지 생물학적으로나 법적으로 어떻게 관련되는지를 기회와 관계를 묘사하는 선으로 표기해야 한다.

둘째는 가족구조를 도식화한 가족구성원의 자리에 그 구성원의 정보를 기록해야 한다. 즉 이력(연령, 출생 및 사망년도, 직업이나 교육수준 등), 역할(신체나 행동, 사고와 정서 등), 사건(상실과 성공, 인간관계, 이주나 분거 등)에 관한 기록이 요구된다.

셋째는 인터뷰나 관찰에 의해 추론되는 가족구성원의 관계를 중심인물(identified patient)이나 클라이언트에서부터 각각 다른 선으로 연결해야 한다.

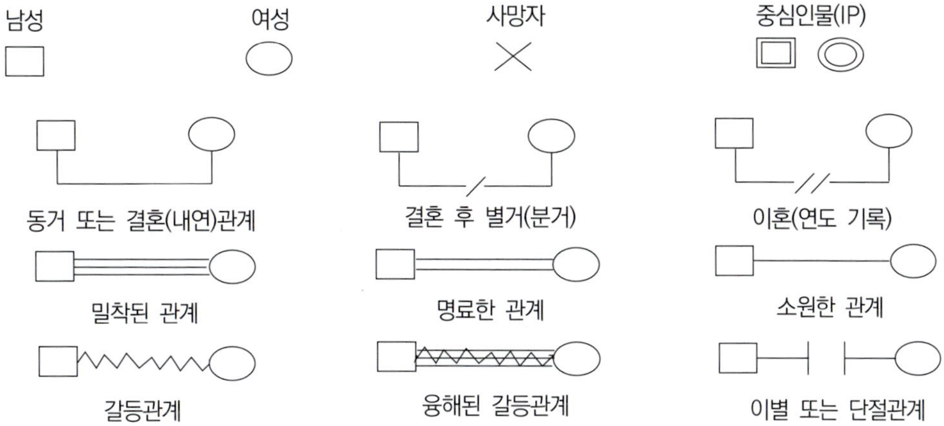

[그림 12-1] 가계도 작성방법

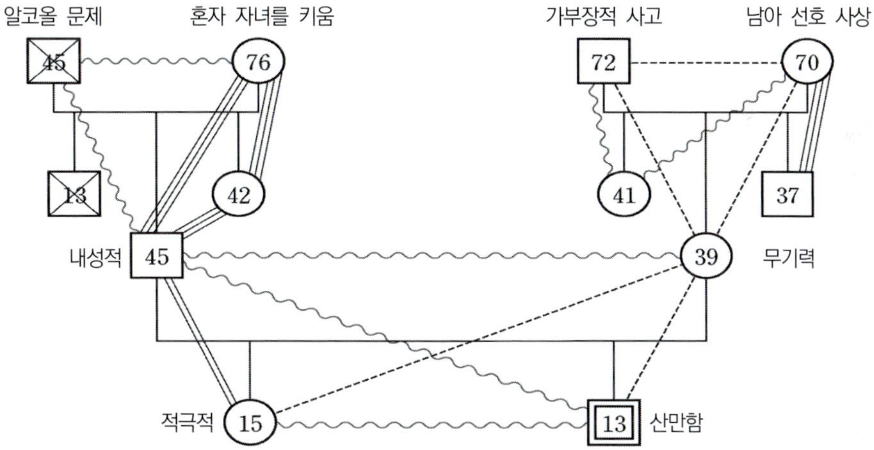

[그림 12-2] 가계도 작성사례

2) 가족생태도

가족상담 및 가족치료의 그림 그리기(graphic measure) 기법 중에서 앤 하트만(Ann Hartman, 1975)에 의해서 개발된 가족생태도(family eco-map)는 가계도와 함께 가장 보편적으로 사용되는 가족사정 방법이다. 생태도(ecomap)는 가족과 환경체계들과의 관계를 이해하기 위한 도구로써, 클라이언트의 양육환경·유지환경의 종류와 관계의 질, 그리고 사회체계 사이의 에너지의 흐름을 보여줌으로써 가족에 대한 현재 지역사회 자원이나 체계의 영향과 상호작용의 변화를 알 수 있기 때문이다.

가족생태도는 가족상담가 혹은 치료사가 질문형식의 인터뷰를 통해 혼자서 그릴 수도 있지만, 클라이언트와 함께 그리게 되면 상호 간의 연합이나 신뢰감 형성에 도움이 된다. 이렇게 상호 간에 협력하여 완성된 생태도는 클라이언트나 가족이 외부환경체계들과 어떠한 관계를 맺고 있는지, 고립의 정도는 어떠한지, 그리고 가족 내의 역동 등을 포함한 연결과 적응 정도를 파악할 수 있게 한다(Hartman & Laird, 1983).

가족생태도(family eco-map)를 그리는 방법은 [그림 12-3]의 가족생태도 상징기호 및 사례에서 볼 수 있듯이 대체로 다음과 같이 정리할 수 있다.

첫째는 가족생태도의 한가운데에 실선이나 점선 형식으로 커다란 원을 그려서 가족경계로 삼는다.

둘째는 이 원안에 클라이언트와 동거(거주)하고 있는 가족구성원을 배치하고 사망이나 이혼, 별거(분거 포함) 등의 이유로 동거하고 있지 않은 가족구성원은 원 밖에 위치시킨다.

셋째는 클라이언트나 가족의 생활에 영향을 미치는 주변 환경 체계(직장, 사회복지 지원, 병원, 오락·여가, 학교, 확대가족, 친구 등)를 원의 주변부에 작은 원으로 배치하고 각 체계와 관련된 주요 사항을 작은 원안에 기입하도록 한다.

넷째는 가족경계 내부의 클라이언트와 가족구성원 사이의 관계를 포함하여 가족구성원 혹은 클라이언트와 주변 환경 체계 간의 관계도 특정 기호로 표기한다.

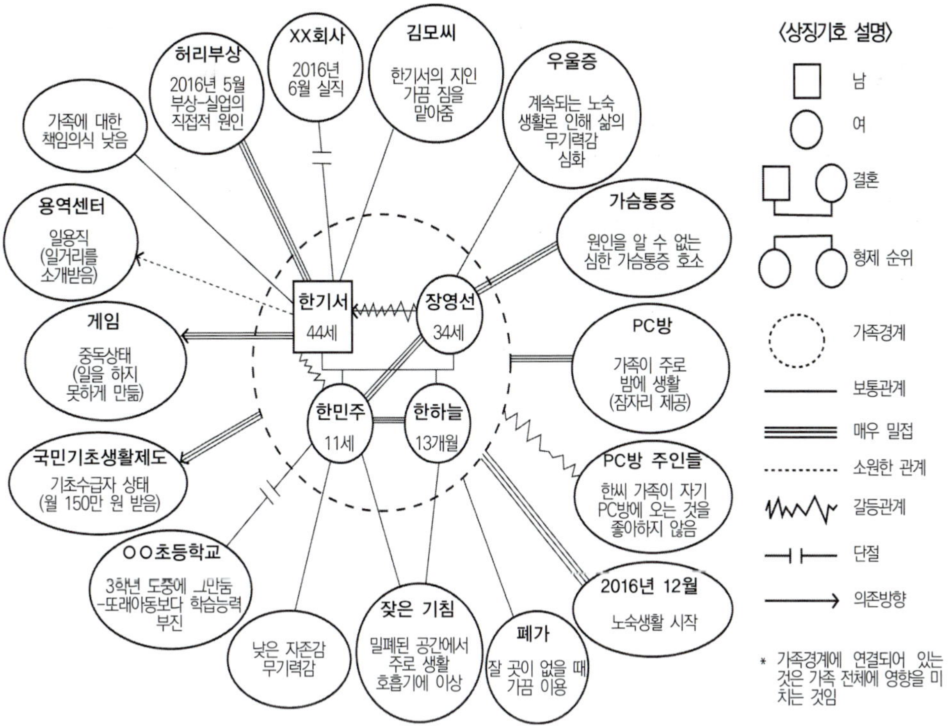

[그림 12-3] 가족생태도 상징기호 및 사례

이렇게 완성된 가족생태도는 클라이언트나 가족이 외부환경 체계들과 어떠한 관계를 맺고 있는지, 고립의 정도는 어떠한지, 그리고 가족 내의 역동 등을 포함한 연결과 적응 정도를 파악할 수 있게 한다(Hartman & Laird, 1983).

3) 동적 가족화

동적 가족화(Kinetic Family Drawing, KFD)는 '운동성 가족화'로도 불리며, 번즈와 카우프만(Berns and Kaufman, 1970, 1972)에 의해서 개발되었다. 동적 가족화는 일반적인 가족화(Drawing a family, DAF)에 각 인물의 동적인 모습을 추가한 그림인데, 가족화(가족 그림)는 초기에 그림에 의한 검사라는 성격에서 출발하였다.

구덴나우(Goodenough, 1920)의 인물화에 의한 지능검사와 맥코비(Machover, 1949)

의 성격검사의 도구가 그 시초이며, 이후 정신분석가 존 버크(John Buck)가 1948년에 정신분석 이론에 근거하여 고안하여 1960년에 해머(Emanuel Hammer)와 함께 발전시킨 검사기법인 집-나무-사람 그림 검사(House-Tree-Person, HTP)나 헐스(Hulse)가 1951년에 고안한 가족화 검사(family drawing test)가 일반적으로 사용된다.

특히 헐스(Hulse)는 단일한 인물화 대신에 복수의 가족을 그리게 함으로써 내담자의 심리를 파악하는 데 유익한 정보를 얻을 수 있다는 것을 발견하였고, 그에 따라 가족화 검사(Family Drawing Test, FDT)를 발전시키게 된다. 헐스는 그림의 특성 즉 그림을 그린 사람이 가족구성원의 그림 그린 순서, 그림으로 묘사한 대상이 도화지에서의 위치나 크기, 분포, 가족 성원의 생략과 과장 등을 보고 부모나 가족 간의 관계를 파악하는 것이 유용하다고 보았던 것이다.

이처럼 투사적 사정 방법(projective test)에 속하는 가족화 검사(Family Drawing Test, FDT)는 클라이언트(아이 또는 환자)에게 가족 전체의 그림을 그리게 하고, 그림 속에 나타난 사람의 크기, 위치, 배열 등으로 가족관계를 파악하는 방법이다.

이에 비하여 동적 가족화 검사(Kinetic Drawings a Family Test, KDFT)는 헐스가 개발한 가족화 검사에 움직임(운동성)을 첨가하여 개발한 일종의 투사화 검사이다. 즉 가족화 검사가 연령이나 사회적 지위의 순서대로 그림을 그리는 단점을 보완하기 위하여 움직임을 추가하여 가족구성원에 대한 '감정이나 태도'가 드러날 수 있도록 한 것이다.

동적 가족화 검사(운동성 가족화 검사, KDFT) 기법은 집단으로 실시할 수도 있지만 치료집단에서는 개별적으로 실시하는 것이 바람직하다. 검사를 위한 준비물로는 A4 용지, 4B 혹은 HB 연필과 지우개를 클라이언트에게 지급하고 다음과 같이 지시한다. "자신을 포함한 당신의 가족 모두가 무엇인가를 하고 있는 그림을 그려보세요, 만화나 움직이지 않고 서 있는 사람을 그리는 것이 아니라 가족들이 무엇인가를 하고 있는, 즉 어떤 행위든지 하고 있는 가족(인물)의 그림을 그려보세요(Burns & Kaufman, 1970, 1972)."

이러한 치료자의 요구(지시)에 클라이언트가 30~40분 정도에 걸쳐 그림을 완성하게 되면 치료사(상담가)는 인물(가족)상을 그린 순서는? 인물(가족)상은 누구인가? 인물(가족)의 연령은? 인물(가족)이 하고 있는 행위는? 그림에서 생략된 인물(가족)은? 그리고 그림에서 가족 외에 그려진 인물이 누가 있는가? 등을 확인하는 과정이 중요하다. 아울러 그림을 그리는 동안에도 특정 인물을 그리면서 망설이거나 지우고 다시 그리는 행동이 관찰되면 치료사는 내담자의 마음을 수용하는 대화를 나누는 것도 방법이 된다.

경우에 따라서 클라이언트가 인물상을 그리는 것을 어려워할 수도 있으므로 이때는 동물로 대체한 동물가족화(Animal Family Drawing Test, AFDT)나 어항 속의 물고기로 표현하는 물고기가족화(어항 그림)로 그리게 할 수도 있다. 이 경우에는 동물이나 물고기 그림의 도안을 제공하거나 피규어(figures)를 사용하게 할 수 있다.

그림(동적 가족화)에 대한 해석은 인물의 ① 행위(action), ② 양식(style), ③ 상징(symbols), ④ 역동성(dynamics), ⑤ 인물의 특성(figure characteristics)의 다섯 개의 진단 영역에서 이루어진다. 인물상을 그린 순서는 가정 내에서 일상적인 서열이나 중요도를 나타내며, 인물상의 크기는 인물에 대한 관심이나 심리적 영향의 크기로 볼 수 있다. 그리고 인물상의 얼굴 방향, 인물상의 생략, 가족 외의 다른 인물상을 묘사한 것은 심리적 거리를 표현한 것으로 해석될 수 있다.

2 사회적 관계망 표와 사회적 관계망 지도 사정 도구

1) 사회적 관계망 표(Social Network Grid)

그림 그리기 기법 중에는 가계도와 생태도가 많이 사용되지만 사회적 관계망(social network)을 표(grid)나 그림(diagram)으로 나타내는 것은 클라이언트나 가족구성원 관계망을 전체적으로 볼 수 있다는 측면에서 유용한 사정 도구가 될 수 있다. 사회적 관계망 표(Social Network Grid)나 사회적 관계망 지도(social network diagram)는 치료사가 질문형식의 인터뷰를 통하여 혼자 그릴 수도 있으나, 클라이언트가 같이 그리게 되면 자신의 견해를 표명하고 자신의 문제를 객관화·구체화할 수 있는 계기가 될 수 있는 장점이 있다. 그중에서도 알코올 중독이나 정신건강문제로 입원한 경험이 있는 클라이언트를 위한 특정 프로그램을 치료계획으로 설정할 때는 더욱 유용하다.

사회적 관계망 표, 즉 사회적 관계망 그리드(Social Network Grid)는 경험적 가족치료 이론가인 휘태커와 트레이시(Whitaker & Tracy, 1990)가 개발한 것이다. 사회적 관계망 표에서는 클라이언트와 가족의 관계망 내에 있는 사람들이 클라이언트나 가족과 어떤 관계에 있는 사람들이고, 이들이 클라이언트와 가족에게 물질적·정서적·정보적 지원을 어느 정도 주고 있으며, 도움은 일방적 혹은 쌍방적인지, 그리고 관계망에 있는 구성원과의 근접성과 접촉 빈도 등이 기술된다(표 12-1 참조).

〈표 12-1〉 **사회적 관계망 표**

클라이언트		생활 영역	물질적 지지	정서적 지지	정보/충고	비판	원조의 방향	친밀성	얼마나 자주 보는가?	얼마나 오래 보는가?
		1. 동거 가족 2. 다른 가족 3. 직장/학교 4. 조직 5. 친구 6. 전문가 7. 기타	1. 거의 없음 2. 간혹 있음 3. 거의 항상 있음	1. 거의 없음 2. 간혹 있음 3. 거의 항상 있음	1. 거의 없음 2. 간혹 있음 3. 거의 항상 있음	1. 거의 없음 2. 간혹 있음 3. 거의 항상 있음	1. 양방향 2. Ct가 그들에게 방향 3. 그들이 Ct에게 방향	1. 친밀하지 않음 2. 보통으로 친밀함 3. 매우 친밀함	0. 보지 않음 1. 몇 회/년 2. 매달 3. 주별 4. 매일	1. 1년 미만 2. 1~5년 3. 5년 이상
이름	번호									
	01									
	02									
	03									
	04									
	· ·									
	12									

2) 사회적 관계망 지도(Social Network Diagram)

사회적 관계망 표와 유사한 사회적 관계망 다이아그램(Social Network Diagram)은 시드(Seed, 1990)가 제시한 사정 도구로서, 치료사가 클라이언트에게 2주일 이상의 기간 동안 생활일지를 쓰게 하고 클라이언트가 누구와 어느 정도의 교류가 있었는지를 파악하여 그림으로 나타내는 방법이다. 여기에서 생활일지의 작성 형태는 클라이언트가 처한 상황에 따라 그에 맞는 구조를 갖도록 하면 된다.

예를 들어, 하루 동안의 생활을 오전, 오후, 저녁시간 등의 몇 구간으로 나눈 후에 각 구간마다 어떤 사건(일)이 있었으며, 누구와 만나서 어떻게 했는지를 구체적으로 기입하도록 하고, 치료사는 기록된 생활일지를 기초로 다음의 [그림 12-4]에서와 같이 사회적 관계망 지도(Diagram)로 그리면 되는 것이다.

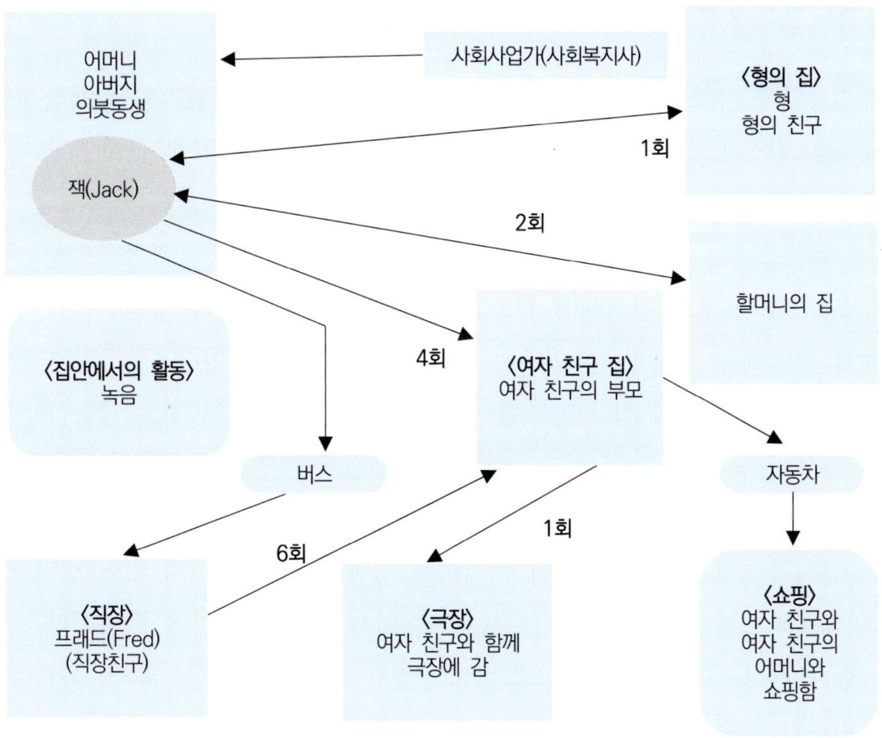

[그림 12-4] 사회적 관계망 다이아그램 작성방법 및 사례

[그림 12-4]에 의하면 클라이언트(IP)인 잭(Jack)은 아버지, 어머니, 의붓동생과 같이 살고 있고 집에서는 주로 녹음하면서 지낸다. 잭은 지난 2주 동안 혼자 여자 친구 집을 4번 방문했고, 직장 친구인 프래드(Fred)와 같이 여자 친구 집을 6번 방문했다. 그리고 할머니와 형과는 2주일에 1~2회 정도 상호 연락과 접촉을 하면서 지냈음을 알 수 있다(조흥식·김인숙·김혜란·김혜련·신은주, 2002 재인용 및 재수정).

3 가족상담 및 가족치료의 개인심리 사정 도구

1) 객관적 / 양적 개인심리 사정 도구

개인상담과 가족상담은 상담자와 치료적 관계를 맺고 내담자의 문제를 해결하는 원조활동이라는 공통적인 측면을 공유하고 있다는 점에서 보면 별개의 치료 시스템이라고 하기보다는 상호보완적인 시스템이다. 특히 가족상담에서는 문제와 증상을 나타내는 개인(Identified Patient, IP)만이 아니라 가족구성원 전체를 집단면접 형태로 원조해야 하므로 개인상담의 절차처럼 개인의 심리적인 사정과 진단에는 소홀할 수 있다는 점을 인식할 필요가 있다.

따라서 절충 통합적 접근의 맥락에서 보면, 개인상담에서 주로 사용하는 객관적 검사(objective test) 도구는 가족상담 과정에서도 여전히 유용한 사정 도구가 될 수 있다. 객관적이고 양적인 개인심리 검사의 경우 검사방법이 구조화되어 있어 실시하기에 수월하고, 결과 해석에 일정한 기준이 정해져 있어 평가자에 따른 해석의 차이가 상대적으로 적은 편이어서 개인차 평가에 유용하다.

가장 보편적으로 사용되는 척도는 미국에서 심리학자나 정신과 의사가 아닌 일반인이었던 캐서린 쿡 브릭스(Katharine Cook Briggs)와 그의 딸 이사벨 브릭스 마이어스(Isabel Briggs Myers)가 개발한 마이어스-브릭스 유형 지표(MBTI)가 있다.

1923년에 브릭스는 칼 융의 작품을 읽고 영감을 받아 자신의 딸인 마이어스와 함께 사람들이 자신의 성격 유형을 구별하여 각자 적합한 직무를 찾도록 할 목적으로 마이어스-브릭스 타입 인디케이터를 개발하게 된 것이다.

그 결과 칼 융(Carl Gustav Jung, 1875~1961)의 성격유형이론을 근거로 1962년에는 네 쌍의 카테고리에 따라 성격유형을 16가지로 분류하게 된 것이다. 자기보고식 성격유형검사(Myers Briggs Type Indicator, MBTI)를 들 수 있다. MBTI는 총 95개의 문항으로 이루어져 있으며, 각 문항은 두 개의 선택지로 구성되어 있다.

칼 융의 성격유형이론에서는 사람의 유형(선호경향)을 내향형(I ; introversion) - 외향형(E ; extroversion), 감각형(S ; sensing) - 직관형(N ; intuition), 사고형(T ; thinking) - 감정형(F ; feeling)의 세 가지 유형으로 구분했는데, 마이어스와 브릭스는 판단형(J ; judgment) - 인식형(P ; perception)이라는 유형을 추가하여 총 4개 유형(선호경향)마다 다시 네 가지 유형이 나오도록 하여 총 16가지의 성격 유형으로 분류한 것이다. 그리고 모든 사람은 이러한 네 쌍의 각각에서 지배적인 선호도에 따라 16가지 성격 유형의 조합 중 하나에 들어맞는다고 보는 것이다.

그리고 미국의 미네소타대학의 임상심리학자 헤서웨이(Starke Hathaway)와 정신과 의사인 매킨리(Jovian McKinley)가 이끈 연구팀이 비정상적 행동이나 군인들의 외상 후 스트레스 장애(Posttraumatic Stress Disorder, PTSD)를 측정하기 위해 1943년에 자기보고식으로 개발한 미네소타 다면적 인성검사(The Minnesota Multiphasic Personality Inventory, MMPI)도 일반인들을 포함한 정신장애를 가진 개인을 진단하기 위한 척도로 널리 사용되고 있다.

1989년도에 개정된 MMPI-2는 일상생활의 여러 가지를 묻는 567문항의 질문에서 '그렇다'와 '아니다'로 대답하게 설계돼 있다. 이 문항들에 1시간 정도로 꼼꼼히 대답을 하고 나면, 채점은 컴퓨터 채점 결과로 10개의 임상척도들(우울증, 건강염려증, 히스테리, 정신병리적 일탈 혹은 반사회성, 남성 특성-여성 특성, 편집증, 신경쇠약 혹은 강박증, 정신분열증 혹은 조현병, 경조증, 사회적 내향성)을 파악할 수 있는 검사 도구이다. 이 중에서 남성성-여성성은 동성애를 알아내기 위해, 사회적 내향성은 혼자 있는 것을 좋아하는지, 아니면 다른 사람과 함께 있는 것을 좋아하는지 등의 대인관계를 파악하기 위해 만들어진 척도이다.

이외에도 루마니아계 미국의 심리학자 웩슬러(David Wechsler, 1896~1981)[1]가 뉴욕시의 벨뷰정신병원 과장으로 재직 시에 개발한 웩슬러 성인용(16~64세) 지능검사(Wechsler-Bellevue Adult Intelligence Scale, WAIS)와 그 후에 개발한 웩슬러 아동용(6~15세) 지능 검사(Wechsler Intelligence Scale for Children, WISC) 등이 이러한 객관적 검사의 대표적인 예이다.

웩슬러 지능 검사에서 최고 점수는 160, 최하 점수는 40으로 설계되었으며, 표준편차는 15이다. 따라서 결과값이 나오면 IQ 평균이 100, 표준편차가 15인 정규분포 안에서 자신이 위치한 점수를 알 수 있다. 그러나 같은 IQ 100인 사람이라도 한 사람은 언어성 지능이 높고, 다른 한 사람은 동작성 지능이 높을 수 있는 차이가 있을 수 있다.

한국에서는 한국 웩슬러 성인용 지능검사(K-WAIS)가 표준인데, 16세 0개월부터 69세 11개월까지의 청소년과 성인의 인지능력을 개인적으로 평가할 수 있도록 만들어진 임상도구이며, 현장에서는 웨이즈(WAIS)라고도 칭한다.

MMPI 인성검사

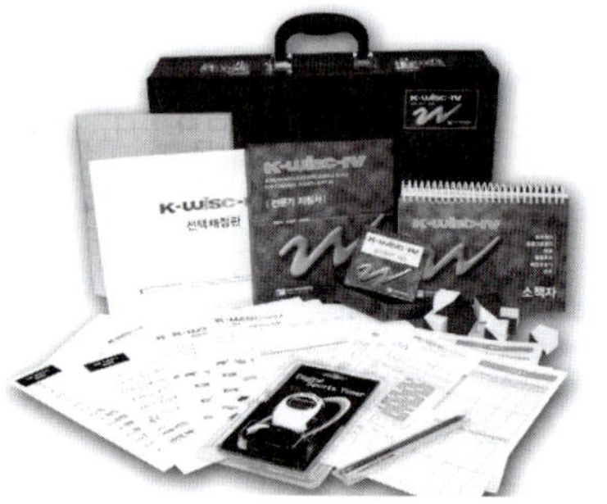

웩슬러 지능검사

[그림 12-5] 객관적 / 양적 개인심리 검사 도구(예)

1) 2002년에 출판된 일반 심리학 조사의 리뷰에서는 웩슬러(Wechsler)를 20세기의 51번째로 가장 많이 인용된 심리학자로 선정했다.

2) 투사적 / 질적 개인심리 사정 도구

가족상담은 1950년대에 있었던 정신분열증 환자 가족에 대한 연구에서 비롯되어 신경정신적 장애 진단이 나타나지 않은 문제로 결혼준비 및 부부적응, 부모-자녀 간의 양육관계와 부모부양관계의 갈등, 기타 가족구성원 간의 갈등문제 등에 초점을 두는 특수화된 부문이다.

따라서 가족상담은 가족관계와 가족기능의 개선과 회복에 상담목표가 있다는 측면에서 문제를 호소하는 개인에게 초점을 두면서 개인의 변화를 목적으로 개인상담의 상담목표와는 차별성이 있다.

그리고 상담 및 치료기간에 있어서도 개인상담은 개인의 과거경험에 기반을 두고 내면의 갈등을 해결하는 것에 초점을 두므로 보통 장기간의 상담기간을 필요로 하지만 가족상담은 최근에 가족관계에서 일어난 역기능적인 상호작용 문제해결에 초점을 두므로 비교적 단기간이 소요되는 차이점이 있다.

그러나 개인상담과 가족상담은 상담자와 치료적 관계를 맺고 내담자의 문제를 해결하는 원조활동이라는 공통적인 측면을 공유하고 있다는 점에서 보면 별개의 치료 시스템이라고 하기보다는 상호보완적인 시스템이다. 특히 가족상담에서는 문제와 증상을 나타내는 개인(Identified Patient, IP)만이 아니라 가족구성원 전체를 집단면접 형태로 원조해야 하므로 개인상담의 절차처럼 개인의 심리적인 사정과 진단에는 소홀할 수 있다는 점을 인식할 필요가 있다.

예를 들면, 가족 간의 문제가 가족상담 이론에서 주목하는 가족 간의 상호작용의 관계문제가 아니라 가족구성원 중에서 특정한 개인의 심리내적인 문제로 인한 것이라면 가족상담에서의 목표설정은 애초부터 잘못 계획된 것이 되는 것이다.

따라서 가족상담에서도 개인의 심리적인 문제가 원인이 된 요인이 상담과정에서 드러나게 되었을 때는 절충 통합적 접근의 관점에서 개인상담 및 치료가 병행될 필요가 있다. 뿐만 아니라 가족관계 상의 상호작용을 변화시키는 것에서 벗어나 개인적으로 정신내적인 문제가 있는 가족구성원만을 대상으로 새롭게 개인상담체제로 전환이 요구되는 것이다.

이러한 절충 통합적 접근의 맥락에서 개인상담에서 주로 사용하는 심리검사 도구는 가족상담 과정에서도 여전히 유용한 사정 도구가 될 수 있다. 심리검사란 한 개인의 지능, 성격 등을 측정하여 그 사람에 대해 보다 심층적이고 분석적인 이해를 돕기 위해 수검자에게 수행하는 일련의 심리학적 측정절차로, 이를 통해 정신병리나 개인차를 평가할 수 있기 때문이다.

심리검사는 표준화된 방식에 따라 전문적인 교육을 받은 임상가에 의해 수행되며, 가족상담가 역시 개인 심리검사 기법에 대해서는 전문성을 갖추고 있는 것이 유용하다. 심리검사는 크게 객관적이고 양적인 심리검사(objective and Quantitative psychological tests)와 투사적이고 질적인 심리검사(projective and qualitative psychological tests)로 나뉠 수 있다. 그 기준은 심리검사의 절차가 얼마나 구조화되어 있고, 또한 평가와 해석이 얼마나 표준화되어 있느냐에 따라서 구분이 된다.

투사적이고 질적인 개인심리 검사는 개인이 애매모호한 자극에 대해 어떻게 해석하는지에 바탕을 두고 그 개인의 동기나 정서, 성격 등을 평가하는 것이 목적이다. 애매하고 모호한 자극에 개인의 본마음(욕구나 갈등 같은 심리적 특성)이 반영되게 돼 있다고 가정하는 것이다. 이러한 투사 검사는 비구조적인 특징을 가지고 있는데, 간략한 지시만을 바탕으로 수검자의 다양하고 자유로운 반응을 이끌어 내려고 시도한다. 그러나 투사 검사는 객관적 검사와는 달리 타당도와 신뢰도 면에서 객관적으로 규명하기가 어렵다는 단점이 있다(최정윤, 2002 재수정).

이러한 투사 검사로는 스위스의 프로이트 학파 정신의학자 헤르만 로르샤흐(Hermann Rorschach)가 1921년에 불안장애, 우울증, 조현병 등을 진단하기 위해 고안해낸 잉크압화검사로 로르샤흐 잉크반점검사(Rorschach ink blot test)가 대표적이다. 이 검사에는 종이 위에 잉크를 떨어뜨리고, 접었다 펴서 좌우 대칭으로 만든 그림(로르샤흐 카드)이 사용된다. 카드는 무채색으로 된 카드, 유채색으로 된 카드 각각 5장으로 총 10장이다.

검사기법은 검사자가 피험자에게 잉크 반점을 1장씩 보여준 후 피험자에게 카드의 잉크 반점이 무엇으로 보이는지 자유롭게 응답하게 하는 자유 반응 단계, 검사자가 질문을 하여 어디가 어떻게 보이는지 등을 청취하는 질의 단계로 구성이 된다. 이러한 단계에서 반응 시간, 반응 내용(무엇이 보였는지), 반응 영역(어디서 그렇게 보았는지), 결정 원인(어떤 특징에서 봤는지)들을 기록하여 투사적으로 전문가가 검사하는 것이다.

그리고 하버드대학 심리학연구소에서 머레이(Murray)와 모건(Morgan)이 1935년에 프로이트의 정신분석이론에 근거하여 개발한 주제통각검사(Thematic Apperception Test, TAT)[2)]는 로르샤흐 검사와 함께 투사적 심리검사의 쌍벽을 이루는 것으로 평가받는다. 검사방법은 피험자에게 모호한 그림을 보여 주고 그림에 대한 자유로운 이야기를 꾸며내게 하여, 그 속에 투사된 마음속의 희망이나 사상, 감정 따위를 알아내어 그 사람의 욕구나 동기를 밝히려는 투사적 검사이다.

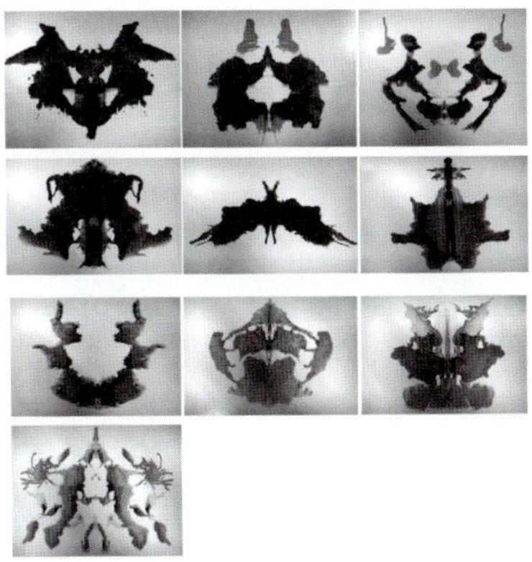
로르샤흐 잉크반점 검사

집 나무 사람(H-T-P) 그림검사

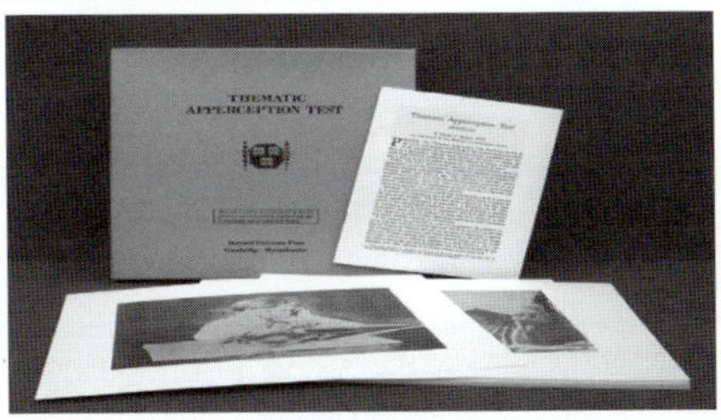

주제통각검사(TAT)

문장완성검사(SCT)

[그림 12-6] 투사적 / 질적 개인심리 사정 도구

2) 주제통각 검사의 구성은 30매의 애매한 그림으로 된 카드와 1매의 백지로 된 카드로 구성되어 있으며, 소년용(B), 소녀용(G), 성인남자용(M), 성인여자용(F)으로 나누어져 있다.

이러한 검사기법 외에도 정신분석가 존 버크(John Buck)가 1948년에 정신분석 이론에 근거하여 고안하여 1960년에 해머(Emanuel Hammer)와 함께 발전시킨 검사기법인 집-나무-사람 그림검사(House-Tree-Person, HTP)[3], 독일의 심리학자 헤르만 에빙하우스(Hermann Ebbinghaus)가 1897년에 문장완성검사(SCT)를 처음 개발한 후 발전을 거쳐 조셉 색스(Joseph M. Sacks)와 그의 동료들에 의해 1950년에 개발된 문장완성 검사(Sentence Completion Test, SCT)[4] 등이 이러한 투사적 심리검사의 대표적인 예이다. 문장완성 검사(Sentence Completion Test)는 가족, 성, 자기개념, 대인관계라는 네 가지 영역에 관한 중요한 태도를 이끌어낼 수 있는 미완성 문장 50개의 문항이 현재 많이 사용되고 있다.

3) HTP는 피검자에게 집, 나무, 사람을 그리게 지시하여 ① 자기상 ② 가족관계 및 대인관계 ③ 정서 상태를 포함한 성격 구조에 대해 알아보는 투사적 그림검사이다. 이후 번스와 카우프만(Burns & Kaufman, 1970)은 기존의 HTP 검사와 헐스(Hulse, 1951)의 가족화 검사(family drawing test)를 변형시켜서 아동들에게 가족이 무언가를 하고 있는 장면을 그리도록 하는 운동성 가족화(동적 가족화, Kinetic Family Drawing, KFD) 검사를 개발하였다. 따라서 HTP 검사와 KFD 검사기법은 유사한 측면이 있다.

4) 문장완성 검사(Sack's Sentence Completion Test)는 다수의 미완성의 문장에 적절한 말을 추가하여 완전한 문장을 만들게 하는 검사로 여기에 사용한 단어를 보고 그 사람의 특성을 이해하는 방식이다. 일반적인 투사적 기법 중 하나로 분류된다.

Chapter 13

가족상담 및 가족치료의 객관적 / 양적 사정 도구

1 가족상담 및 가족치료의 가족기능 사정 도구

1) 맥매스터 모델의 가족기능 사정 척도

가족기능 사정은 인터뷰나 관찰을 통한 투사적이고 주관적인 사정방법 이외에도 체크리스트(checklist)나 목록(inventory)을 사용한 객관적인 사정 도구도 유용하다. 사정 도구로서의 체크리스트와 목록은 클라이언트나 가족성원이 처한 문제에 따라 다양한 척도로 구성될 수 있다.

현재 가족상담 및 치료 분야에서 자주 사용되는 척도는 주로 가족기능 척도, 가족관계 척도, 부부적응 척도로 구분될 수 있다. 가족기능 척도는 가족관계 발달의 건강성, 가족관계 척도는 가족관계 발달의 역동성, 부부적응 척도는 갈등과 가족위기를 사정하는 척도이다.

우선, 여기서는 가족건강성과 관련된 가족기능을 파악하는 척도로서 맥매스터 모델(McMaster Model)과 서컴플렉스 모델(Circumplex Model)에서의 척도를 다루고자 한다.

맥매스터 모델의 가족 기능척도는 캐나다의 맥매스터대학 정신과에 재직했던 엡스턴(N. Epstein)이 비숍(Bishop)과 볼드윈(Baldwin) 등과 함께 체계이론의 바탕하에 1950년대 후반 이후부터 가족기능을 평가하고 진단하기 위하여 장기적인 연구를 시행하여 1979년에 개발한 것이다. 이 모델은 가족기능에 초점을 두고 가족기능을 일곱 가지 측면으로 나누어 파악하고자 72개의 문항으로 구성하였다가 53개 문항으로 다시 수정되었다. 한국 내 연구에서는 수정된 몇 가지의 단축 모형이 사용되기도 한다.

세부적으로 보면, 4점의 응답 범주(리커트 척도)로 평가하는 53개 문항의 가족사정 척도(Family Assessment Device, FAD)에서는 ① 문제해결 영역, ② 의사소통 영역, ③ 가족의 역할 영역, ④ 정서적 반응성 영역, ⑤ 정서적 관여 영역, ⑥ 행동통제 영역의 여섯 가지 측면의 문항들로 구성되어 있다. 72개 문항으로 구성된 초기 척도에 포함되어 있었던 '가족의 일반적 기능' 영역의 문항들이 제외된 것이다.

그러나 53개 문항으로 구성된 가족사정 척도(Family Assessment Device, FAD) 역시 질문의 양이 너무 많고 응답 범주가 다소 모호하다는 지적을 받고 있다. 따라서 여기서는 한국의 가족문화적인 특성을 고려하여 34개 문항으로 수정된 단축형(정수경, 1993 재수정) 척도를 제시하고자 한다(표 13-1 참조).

〈표 13-1〉 **맥매스터 모델의 가족사정 척도**(FAD)

* 다음은 귀하의 가족생활 일반에 대한 질문입니다. 귀하의 생각을 가장 잘 설명한다고 생각하는 곳에 V표 해 주십시오, (범주 : 1. 매우 그렇다 2. 그렇다 3. 그렇지 않다 4. 전혀 그렇지 않다)

설문 문항	매우 그렇다 (1)	그렇다 (2)	그렇지 않다 (3)	전혀 그렇지 않다(4)
1. 서로를 잘 이해하지 못하기 때문에 같이 해야 할 계획을 세우기 어렵다.				
2. 가족 중에 누군가가 기분이 나쁘면 가족들은 왜 그러는지 안다.*				
3. 위기가 닥치면 서로에게 도와달라고 부탁할 수 있다.*				
4. 갑자기 위급한 일이 생기면 어찌할 바를 모른다.				
5. 서로에 대한 애정표현을 충분히 하지 않는다.				
6. 슬픈 일이 있어도 서로에게 그런 말을 하지 않는다.				
7. 자신에게 중요한 일일 때만 서로에게 관심을 가진다.				
8. 집에서는 할 일이 충분히 나뉘어 있지 않다.				

설문 문항	매우 그렇다 (1)	그렇다 (2)	그렇지 않다 (3)	전혀 그렇지 않다(4)
9. 집안의 규율을 어겨도 벌을 받지 않고 그냥 넘어간다.				
10. 빗대어 말하기보다는 직접 솔직하게 얘기한다.*				
11. 가족들 중에 감정적으로 반응하지 않는 사람도 있다.				
12. 두려워하는 일이나 걱정거리에 대해 얘기하는 것을 꺼린다.				
13. 각자 서로의 역할을 다하지 못한다.				
14. 집안문제를 해결하려고 애쓴 후에는 문제가 해결되었는지 아닌지 의논하는 편이다.*				
15. 지나치게 자기중심적이다.				
16. 서로에게 감정을 표현할 수 있다.*				
17. 화장실(욕실)을 사용하는 규칙이 정해져 있다.*				
18. 서로에 대한 사랑을 표현하지 않는다.				
19. 우리 가족은 관계있는 일일 때만 서로의 일에 관여한다.				
20. 가족들의 개인적인 관심사를 알아볼 시간이 없다.				
21. 개인적으로 얻는 것이 있다고 생각할 때 서로에게 관심을 가진다.*				
22. 좋지 않은 감정적인 문제가 생기면 대부분 풀고 지나간다.*				
23. 다정다감한 표현은 우리 가족에게 있어서 그리 중요하지 않다.				
24. 어떤 이익이 전체 가족에게 있을 때만 서로에게 관심을 보인다.				
25. 서로에게 솔직하다.*				
26. 어떤 규율이나 기준을 고집하지 않는다.*				
27. 어떤 일을 부탁하고 나서 나중에 다시 알려줘야 한다.				
28. 집에서 지켜야 할 규칙을 어기면 무슨 일이 벌어질지 모른다.				
29. 우리 가족은 함께 있으면 사이가 좋지 않다.				
30. 각자가 해야 할 일에 대해 대체적으로 만족하지 않는다.				

설문 문항	매우 그렇다 (1)	그렇다 (2)	그렇지 않다 (3)	전혀 그렇지 않다(4)
31. 뜻은 좋지만 서로의 생활에 너무 많이 개입한다.				
32. 서로를 믿는다.				
33. 어떤 가족이 해놓은 일이 마음에 들지 않으면 그것을 이야기한다.*				
34. 문제를 해결하려고 할 때 여러 가지 방법을 생각해 본다.*				

* 2, 3, 10, 14, 16, 17, 21, 22, 25, 26, 33, 34 문항은 역채점 문항으로서, 리커트 척도의 점수가 높을수록 가족기능이 좋은 것으로 해석해야 함

〈표 13-1〉의 이러한 문항들을 세부적으로 여섯 가지 영역으로 정리하면 다음과 같다.

① 문제해결 영역 : 문항 14, 22, 34로서 문제를 해결하는 데 어려움이 있는 가족은 비효과적으로 기능하는 가족으로 해석할 수 있다.

② 의사소통 영역 : 문항 2, 10, 25, 33으로서 언어적인 것에 국한하여 의사소통을 파악하고 있다.

③ 가족의 역할 영역 : 문항 8, 13, 20, 27, 30으로서 가족은 역할분담이 적절해야 하는데, 과중한 부담을 가진 가족체계는 가족병리에 이를 수도 있다.

④ 정서적 반응성 영역 : 문항 5, 11, 18, 23으로서 가족은 적절한 내용과 양으로 감정반응을 할 수 있어야 건강한 가족이 될 수 있다.

⑤ 정서적 관여 영역 : 7, 15, 19, 21, 24, 31로서 가족성원은 서로에 대한 관심과 배려의 양과 질을 필요로 하지만 서로 관여하지 않거나 지나친 관여를 하게 되면 건강하지 못한 가족체계가 된다.

⑥ 행동통제 영역 : 문항 4, 9, 17, 26, 28로서 가족은 서로 행동통제를 필요로 하지만 그것이 경직된 통제이거나 방임적, 혼돈된 통제가 아닌 유연한 통제이어야 건강한 가족이라고 평가할 수 있다.

2) 서컴플렉스 모델의 가족기능 사정 척도

부부 및 가족체계의 기능을 파악하기 위한 서컴플렉스 모델(Circumplex Model, 복합 순환 모델)은 부부 및 가족체계(Marital & Family System)의 연구(이론)와 현실 사이의 일반적인 격차를 줄이기 위하여 미국 미네소타 주립대학의 데이비드 올슨(David H. Olson)과 그의 동료들의 연구에 의해서 1979년에 처음 개발되었다(Olson, Russell and Sprenkle, 1979, 1989).

이후 다양한 이론가들에 의해 연구되어온 복합순환 모델(Circumplex Model)은 부부 및 가족체계의 세 가지 핵심 차원(dimensions)의 기능인 ① 응집력(Cohesion), ② 유연성(Flexibility), ③ 의사소통(Communication)에 초점을 맞추어 개정되어 왔다.

세부적으로 보면, 올슨 등(Olson et al)은 자신들이 개발한 가족 기능 서컴플렉스 모델(Circumplex Family Functioning Model)에 기초하여 1979년에 '가족응십성과 석응성 측정 척도(Family Cohesion and Adaptability Evaluation Scale, FACES)'라는 질문지를 만들고, 지속적으로 수정해오면서 가족의 안정성과 변화를 설명하고 있다.

자기보고식 설문지를 근거로 순환모형의 차원에서 파악할 수 있는 '응집성(응집력)'은 가족구성원 서로의 정서적 결합의 정도를 나타내는 것이고, '적응성(적응력)'은 가족의 변화를 허용하는 정도, 균형을 유지하려는 정도를 나타내는 개념이다. 따라서 가족기능 검사(FACES Ⅲ)에서는 각 정도로 이러한 개념들은 분류가 될 수 있다. 우선 가족응집성은 하위영역에 의해 측정되는 가족응집성의 정도에 따라 4개의 수준 집단으로 구분이 된다. 즉 1수준은 격리(단절)형, 2수준은 분리형, 3수준은 연결형, 4수준은 밀착형으로 본다. 그리고 가족적응성도 마찬가지로 그 정도에 따라 4개의 집단으로 구분이 된다. 1수준은 경직된 가족형, 2수준은 구조화된 가족형, 3수준은 유연한 가족형, 4수준은 혼돈된 가족형이다.

다양한 방법론적 연구에 따르면 FACES(가족응집성과 적응성 척도)는 응집력과 유연성이 곡선적이라기보다는 선형적인 측정이라는 것이 입증되었는데(Olson, 1991), 응집력 및 유연성의 균형 대 불균형 측면을 포착하기 위해 이들은 복합순환모델(Circumplex Model)이라는 개념의 버전을 개발해야 했던 것이다.

여기서는 20개 문항으로 수정된 가족적응성과 응집성 척도(FACES-Ⅲ, 1992)를 제시하고자 한다(표 13-2 참조).

〈표 13-2〉 **서컴플렉스 모델의 가족적응성과 응집성 척도(FACES-Ⅲ, 1992)**

* 다음은 귀하의 가족생활 일반에 대한 질문입니다. 귀하의 생각을 가장 잘 설명한다고 생각하는 곳에 V표 해 주십시오. (범주 : 1. 거의 그렇지 않다 2. 다소 그렇지 않다 3. 그저 그렇다 4. 다소 그런 편이다 5. 거의 그렇다)

설문 문항	거의 그렇지 않다 (1)	다소 그렇지 않다 (2)	그저 그렇다 (3)	다소 그런 편이다 (4)	거의 그렇다 (5)
1. 우리 가족은 서로 도움을 청한다.					
2. 우리 가족은 문제를 해결할 때 자녀의 의견에 따른다.					
3. 우리 가족은 각자의 친구를 그의 친구로 받아들인다.					
4. 우리 가족의 자녀들은 집안에서 자녀들이 지켜야 할 규율에 관해 의견을 말할 수 있다.					
5. 우리 가족은 오로지 우리 가족끼리만 일을 한다(예: 집안문제에 대한 결정, 여행, 외식 등).					
6. 우리 가족은 상황에 따라서 지도자가 다르다.					
7. 우리 가족은 가족 외의 다른 사람보다 우리 가족성원에게 더 친근감을 느낀다.					
8. 우리 가족은 일의 처리방법을 때에 따라 여러 가지로 변경한다.					
9. 우리 가족은 서로 같이 자유 시간을 갖기를 좋아한다.					
10. 우리 집에서는 잘못한 일이 생겼을 경우 부모와 자녀가 함께 모여서 잘못한 일에 대한 벌칙에 대하여 토론한다.					
11. 우리 가족은 서로 매우 친근감을 느낀다.					
12. 우리 집에서는 자녀들이 여러 가지 결정을 한다.					
13. 우리 가족은 가족이 함께할 활동에 있어서 가족성원이 모두 모인다.					
14. 우리 집에서는 정해 놓은 규칙이 때에 따라서 변하기도 한다.					
15. 우리 가족은 가족으로서 함께할 수 있는 일을 쉽게 생각해낸다.					

설문 문항	거의 그렇지 않다 (1)	다소 그렇지 않다 (2)	그저 그렇다 (3)	다소 그런 편이다 (4)	거의 그렇다 (5)
16. 우리 가족은 집안일에 대해 가족성원이 교대로 책임을 맡는다.					
17. 우리 가족은 자신이 결정을 요하는 경우가 있을 때는 다른 가족과 상의한다.					
18. 우리 가족 중에서는 누가 지도자인지를 분간하기가 어렵다.					
19. 우리 집에서는 가족이 함께 지낸다는 것은 매우 중요하다.					
20. 우리 집에서는 가족 중에서 누가 집안의 어떤 일들을 하는지 알기 어렵다.					

〈표 13-2〉에서 볼 수 있듯이 가족기능을 사정할 수 있는 '가족응집성과 적응성 측정 척도(FACES Ⅲ, 1992)'는 20문항으로 구성되어 있는데, 가족기능의 가족응집성, 적응성(융통성), 의사소통의 세 가지 차원 중 '응집성'과 '적응성'의 두 가지 차원을 측정하기 위하여 올슨 등(Olson et al)에 의하여 세 번째로 개발된 질문지이다.

세부적으로 보면, 응집성을 측정하는 10문항과 적응성을 측정하는 10문항으로 구성되었으며, 응집성 문항은 1~10번 문항이고, 적응성 문항은 11~20번 문항이다. 이에 대한 응답 방식은 5점 리커트식 척도로 표시하도록 되어 있다.

따라서 가족응집성과 적응성 측정 척도(FACES Ⅲ, 1992)를 기초로 가족기능을 해석할 때는 [그림 13-1]에서와 같이 응집성과 적응성이라는 두 개의 분리된 축으로 해석해야 한다. 먼저 응집성은 가족의 밀접한 관계의 수준을 보는 것으로, 밀접함이 낮은 순서로 배열하면 격리된 가족(disengaged family), 분리된 가족(separated family), 연결된 가족(connected family), 밀착된 가족(enmeshed family)으로 구분된다.

척도상의 점수를 기본으로 응집성을 구분해보면, 총 50점 만점에서 10~29점은 격리된 가족(disengaged family), 30~34점은 분리된 가족(separated family), 35~39점은 연결된 가족(connected family), 40~50점은 밀착된 가족(enmeshed family)으로 해석될 수 있다.

그리고 적응성은 가족의 융통성 수준에 관한 것으로서 융통성이 낮은 순서로 배열하면 경직된 가족(rigid family), 구조화된 가족(structured family), 유연한 가족(flexible family), 혼돈된 가족(chaotic family)으로 설명될 수 있다. 마찬가지로 척도 상의 점수를 기준으로 보면 총 50점 만점에서 10~20점은 경직된 가족(rigid family), 21~24점은 구조화된 가족(structured family), 25~29점은 유연한 가족(flexible family), 30~50점은 혼돈된 가족(chaotic family)으로 해석될 수 있다.

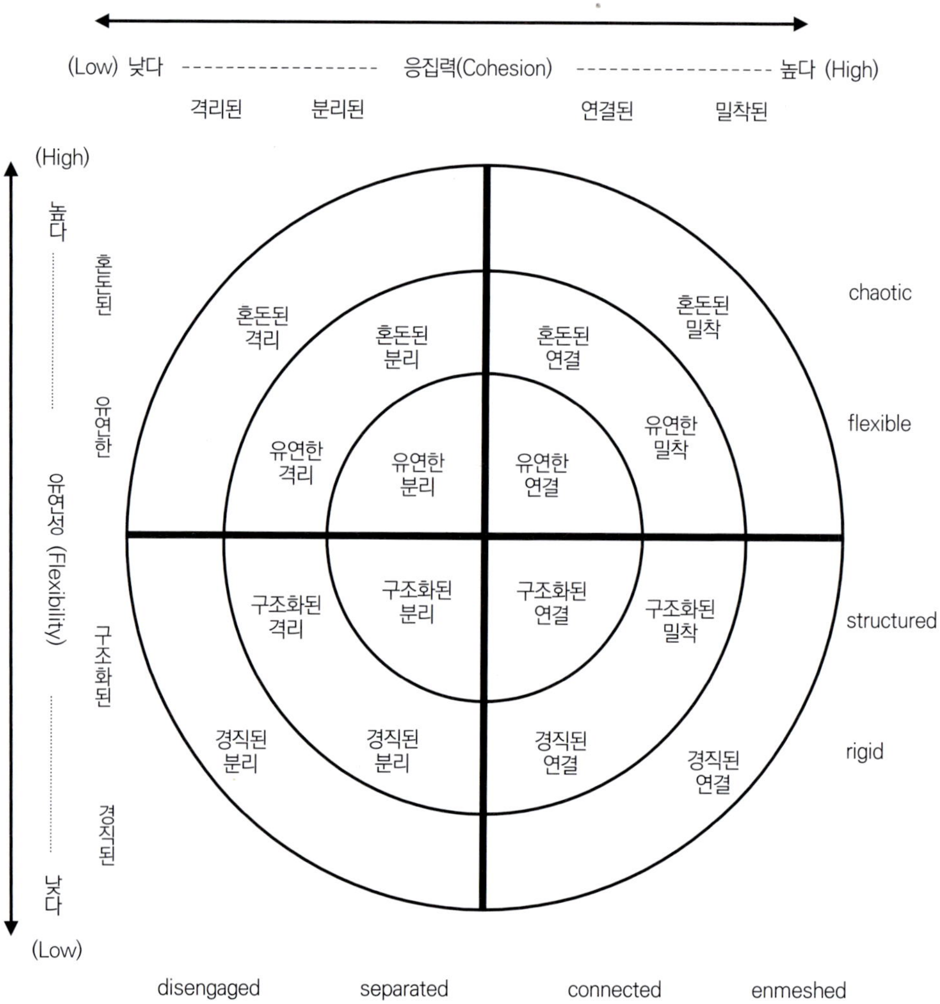

[그림 13-1] 부부 및 가족체계의 복합순환 모델

올슨 등(Olson et al)의 복합순환 모델(서컴플렉스 모델)에서는 중간 범위(MID-RANGE)의 가족이 적응성이나 응집성(응집력)에서 적절한 점수를 가지게 되면 건강한 가족기능을 한다고 보고 있다. 반면에 응집성과 적응성의 두 가지 차원에서 극단적인 점수를 나타내는 가족은 역기능을 한다고 보았다. 그러나 중간 범위의 가족이나 극단적인 점수를 보이는 모든 가족이 역기능을 가지고 있다는 것을 입증하는 근거나 자료는 없다.

이러한 부부 및 가족체계의 복합순환 모델에 대하여 정신과 의사인 비버즈(Beavers)와 보엘르(Voeller)는 1983년에 비판적 입장에서 체계이론과 발달이론을 통합하려는 '비버즈 가족기능 체계 모델(Bevers System Model of Family Functioning)'을 개발하였다.

비버즈와 보엘르(Beavers & Voeller)는 정신분열증 환자인 청소년과 가족 간의 상호작용을 관찰해 가면서 올슨 등(Olson et al)의 복합순환 모델에서 제시한 응집성과 적응성이라는 두 가지의 차원과 유사하게 '가족유형(스타일)'과 '가족유능성'의 두 가지 차원의 축으로 가족기능성을 평가하고 있다(Beavers & Voeller, 1983).

먼저, 가족기능의 응집성 개념과 관련된 가족의 상호작용 양식을 의미하는 가족유형(스타일)을 표현한 축에서는 가족이 서로 관계하는 상호작용 유형(style)에 따라 ① 원심형 가족, ② 구심형 가족, ③ 혼합형 가족으로 구분하였다. 여기에서 극단적인 구심성 가족은 가족 외부에 대해 관심을 보이지 않고 내부 관계에만 관심이 집중되어 있는 가족이며, 극단적인 원심성 가족은 가족 내부에 대한 관심과 결속력이 없는 채 외부 세계에 대한 관심을 보이는 가족을 의미한다.

그리고 가족유능성을 표현한 축에서는 유능성(역량)이 낮은 단계에서부터 ① 심한 장애, ② 경계선, ③ 중간상태, ④ 최적상태의 가족으로 구분하고 있다. 이 개념은 직선적 개념으로서 유능성 정도가 크면 클수록 기능적이고 건강한 가족으로 해석할 수 있다.

비버즈와 보엘르는 자신들의 모델이 올슨 등의 서컴플레스 모델에 비해 다음과 같은 점에서 장점이 있다고 주장하였다.

첫째, 가족이 서로 관계하는 양식을 구심형, 원심형, 혼합형으로 나누었다는 점이다.

둘째, 가족을 심한 장애를 가진 가족부터 이상적으로 기능하는 가족에 이르기까지 여러 가지 정도(심한 장애, 경계선, 중간상태, 최적상태)로 나타냈다는 점이다.

그러나 비버즈와 보엘르 모델의 한계점도 지적이 되고 있는데, 임상적인 유용성이 입증되지 못하여 임상 장면보다는 정상적인 가족 연구의 사정 도구로 이용되는 경우가 많다는 점이다.

2 가족상담 및 가족치료의 가족관계 사정 도구

1) 보웬의 자아분화 척도

가족상담 및 가족치료는 개인상담이 개인의 내적 정신과정에 문제원인을 두고 직선적 인과관계에서 원인을 분석하는 것에 비하여 가족체계에서 비롯된 가족관계를 문제원인으로 보고 순환적(복합적) 인과관계에서 내용을 분석하는 과정이다. 이러한 가족치료의 체계적인 접근 관점은 머레이 보웬(M. Bowen, 1966)이 가족을 다세대에 걸친 정서체계로 규정하면서 시작되었다고 볼 수 있다.

보웬은 가족의 정서적 관계에서는 친화(사랑과 보호), 양육과 부양이라는 긍정적인 측면과 그러한 관계에서 발생되는 갈등과 스트레스 등의 부정적인 측면도 같이 존재한다고 보고 있다. 따라서 여기서는 가족관계, 즉 가족 상호 간의 관계인 부모와 자녀 간, 부부간에 발생할 수 있는 갈등 스트레스나 다툼을 측정할 수 있는 척도 중에서 가장 기본이 되는 보웬의 자아분화 척도를 다루고자 한다.

자아분화(differentiation of self)는 보웬의 다세대 정서체계적 가족치료 이론에 나오는 핵심 개념으로서, 다른 사람과 상호작용하는 데 있어서 강한 자아를 가지고 감정반응을 쉽게 하지 않을 수 있는 능력과 상관이 있다. 즉 다른 사람과의 상호작용에서 감정적으로 치닫는 불편한 상황에서도 쉽게 화를 내거나 공격성을 보이는 사람은 자아분화가 잘 이루어지지 않는 사람이고, 반대로 상대방의 분노나 공격에 화를 잘 내지 않고 정서적으로 거리를 유지하는 사람은 자아분화가 잘 이루어진 사람으로 간주할 수 있다.

특히 가족은 생존에 필요한 체계로서 정서적으로 복잡하게 얽힌 집단이라는 점에서 가족구성원들은 자아분화를 통해서 자신을 가족 내의 감정의 역동에서 분리시키고 독립할 수 있어야 한다. 자아분화는 이러한 감정의 분리와 독립을 통해서 가족구성원들이 스스로 자유롭게 행동하고 목표지향적으로 살아갈 수 있는 능력을 의미하는 것이다.

그러나 가족상담 및 가족치료의 클라이언트들의 상당수는 자아분화 수준이 낮은 경우가 많은데, 자아분화를 방해하는 요인으로는 가족규칙이나 가족신화, 격리와 밀착, 삼각관계, 자녀의 부모화, 가족 내의 정서단절 등이 있다. 자아분화 수준이 낮은 사람은 가족 간의 갈등이 발생했을 때 쉽게 삼각관계를 형성하려고 하며 상대방에 대하여 잘못을 돌리는 '심리적 투사(psychological projection)'라는 자아방어기제가 작동하는 특징이 있다.

보웬은 자아분화 수준을 4개의 기능 범주인 ① 정신내적 분화 기능, ② 대인관계적 분화 기능, ③ 삼각화, ④ 정서적 단절의 구성개념을 적용하여 측정하고자 하였다. 채점 방법은 〈표 13-3〉에서 보는 바와 같이 총 51개 문항에 대하여 리커트식 5점 척도로 네 가지의 구성개념에 따라 측정할 수 있다.

여기에서 정신내적 분화 영역점수가 높을수록, 대인관계 분화 영역점수가 높을수록, 개인의 자아분화 기능 수준이 높다고 볼 수 있다. 반면에 삼각화 영역점수가 낮을수록, 정서적 단절 영역점수가 낮을수록 개인의 자아분화 기능 수준이 높다고도 해석할 수 있다.

자아분화 기능 척도는 이 외에도 Kear(1978), Garfinkel(1980), Titleman(1983)이 개발한 척도가 있으며, 한국 내의 연구에서도 여러 연구자들이 이들의 척도를 바탕으로 단축형으로 재구성한 척도들을 사용하고 있는 실정이다.

〈표 13-3〉 **보웬의 자아분화 척도**

* 다음은 귀하의 전반적인 행동, 경험 및 의견에 관한 문항입니다. 귀하의 생각을 가장 잘 설명한다고 생각하는 곳에 V표 해 주십시오. (범주 : 5. 매우 그렇다 4. 약간 그렇다 3. 그저 그렇다 2. 별로 그렇지 않다 1. 전혀 그렇지 않다)

〈I. 정신내적 분화 영역: 14문항〉 – 〈총점 ( ) / 70〉

설문 문항	매우 그렇다 (5)	약간 그렇다 (4)	그저 그렇다 (3)	별로 그렇지 않다(2)	전혀 그렇지 않다(1)
1. 나는 차근차근 따져 생각하기보다 느낌과 감정에 따라 행동한다.					
2. 나는 어려움에 직면해도 주의 깊게 생각한 뒤 신중하게 처신한다.					
3. 나는 중요한 결정을 즉흥적으로 결정할 때가 많다.					
4. 나는 사람들에게 말부터 해놓고, 나중에 가서 후회하는 일이 많다.					
5. 나는 멀리 내다보는 장기적 목표는 잘 세우지 못한다.					
6. 나는 내 감정을 잘 통제한다.					
7. 나는 화가 나면 물불을 가리지 않고 행동한다.					
8. 나는 우유부단하여 결정을 잘 내리지 못한다.					
9. 나의 마음은 변하기를 잘 한다.					
10. 나는 충동적인 감정을 쉽게 억제할 수 있다.					
11. 나는 대부분의 일에 대해서 먼저 생각해 보지도 않고 무작정 시작한다.					
12. 나는 화를 잘 낸다.					
13. 나는 남의 조그마한 비판에도 마음이 잘 상한다.					
14. 나의 말이나 의견이 남에게 비판을 받으면 잘 바꾸는 편이다.					

〈II. 대인관계적 분화 영역: 11문항〉 – 〈총점 ( ) / 55〉

설문 문항	매우 그렇다 (5)	약간 그렇다 (4)	그저 그렇다 (3)	별로 그렇지 않다(2)	전혀 그렇지 않다 (1)
1. 내 의견이 친구나 주위 사람과 같아야 안심이 된다.					
2. 내 의견이 주위 사람과 상충되면 마음이 편치 못하다.					
3. 가족 간에는 의견이 일치되는 것이 당연하다고 생각한다.					
4. 나는 부모님과 의견이 일치하지 않을 때에도 기분이 상하지 않는다.					
5. 나는 지금도 내 생각과 결정에 대해 부모님의 인정을 받고 싶어 한다.					
6. 나는 내 생각과 결정에 대해 남편이 항상 인정해 주기를 바란다.					
7. 부부간에는 항상 의견이 일치해야 한다고 생각한다.					
8. 나는 대부분의 경우, 남편과 의견이 일치하지 않으면 감정이 격해지곤 한다.					
9. 내 남편은 대부분의 경우, 나와 의견이 일치하지 않으면 감정이 격해지곤 한다.					
10. 나는 화가 나면 누군가를 만나 털어놓아야 직성이 풀린다.					
11. 나는 화가 나면 혼자 해결하지 못하고 누군가가 해결해 주기를 바란다.					

〈III. 삼각화 영역: 19문항〉 – 〈총점 (   ) / 95〉

설문 문항	매우 그렇다 (5)	약간 그렇다 (4)	그저 그렇다 (3)	별로 그렇지 않다(2)	전혀 그렇지 않다 (1)
1. 부모님끼리 싸우면 어머니(또는 아버지)는 나에게 동정을 구하곤 하였다.					
2. 부모님끼리 싸우면 어머니(또는 아버지)는 나에게 상대방에게 한 불평을 털어놓곤 하였다.					
3. 부모님끼리 싸우면 그 문제를 내가 해결해 주기를 은근히 바라셨다.					
4. 부모님과 떨어져 살면 대단히 편하리라 생각했다.					
5. 나는 집에 있어도 외로움을 느꼈다.					
6. 나는 우리 가정이 싫어서 빨리 결혼하여 새 출발을 하고 싶어 했다.					
7. 나는 부모님 슬하에서 뛰쳐나와 하루빨리 독립했으면 하는 생각이 들곤 했다.					
8. 부모님과 자주 다투기보다는 안 보는 것이 상책이라 생각했다.					
9. 나는 부모님과 별로 대화를 나누고 싶지 않았다.					
10. 나는 자라면서 집을 나가고 싶은 충동을 많이 느껴왔다.					
11. 나는 부모님에게 항상 고마운 마음이 들었다.					
12. 나는 부모님과 의견이 달라도 항상 그분들을 존경했다.					
13. 나는 바깥에서 일어난 일에 대해 부모님과 잘 상의하였다.					
14. 나는 가족과 함께 있어도 남과 같은 생각이 들 때가 있었다.					
15. 내가 어릴 때 우리 집보다 더 편한 느낌이 드는 집이 있었다.					
16. 나는 어릴 때 차라리 다른 집에서 태어났으면 하는 생각이 들곤 했다.					
17. 나는 나의 부모님이 다른 유형의 부모님이었으면 하고 바란 적이 있었다.					

설문 문항	매우 그렇다 (5)	약간 그렇다 (4)	그저 그렇다 (3)	별로 그렇지 않다(2)	전혀 그렇지 않다 (1)
18. 나의 부모님은 나를 어려운 처지에 빠뜨리는 일을 많이 하셨다.					
19. 나는 부모님이 나를 정말로 사랑하는 마음이 있는지 의심될 때가 있었다.					

〈IV. 정서적 단절 영역: 7문항〉 – 〈총점 ( ) / 35〉

설문 문항	매우 그렇다 (5)	약간 그렇다 (4)	그저 그렇다 (3)	별로 그렇지 않다(2)	전혀 그렇지 않다 (1)
1. 나는 남편(아내)과 싸우면 자녀에게 그 불평을 털어놓는다.					
2. 내 남편(아내)은 나와 싸우면 자녀에게 그 불평을 털어놓는다.					
3. 내 자녀는 나를 멀리하고 남편(아내)하고만 친하게 지낸다.					
4. 내 자녀는 남편(아내)을 멀리하고 나하고만 가까이 지내려 한다.					
5. 부부간에 문제가 생기면 자녀는 평소 하지 않던 행동을 하는 경우가 있다.					
6. 나는 남편(아내)과 자녀 사이의 싸움에 끼어들어 참견을 하는 경우가 있다.					
7. 남편(아내)은 나와 자녀 사이의 싸움에 끼어들어 참견을 하는 경우가 있다.					

2) 부모 - 자녀 간 의사소통 척도

바네스와 올슨(Barnes & Olson, 1982)이 제작한 부모-청소년 자녀 간 의사소통 척도(Parent-Adolescent Communication Inventory, PACI)의 질문지는 부모용 〈표 13-4〉와 아동 청소년 자녀용 〈표 13-5〉로 구별된다. 각각 20개 문항으로 구성되어 있으며 '개방형 의사소통 유형'과 '문제형 의사소통 유형' 등 2개의 하위 척도로 나누어져 있다.

세부적으로 보면, '개방형 의사소통 유형' 10문항은 1, 3, 6, 7, 8, 9, 13, 14, 16, 17문항이며, '문제형 의사소통 유형' 10문항은 2, 4, 5, 10, 11, 12, 15, 18, 19, 20문항으로 구성되어 있다. 각 문항에 대한 응답의 채점 방식은 5점 리커트(Likert) 식으로 "전혀 그렇지 않다"에 1점에서 "매우 그렇다"에 5점의 순으로 점수를 주어 합산하면 된다. 단, 문제형 의사소통 유형 문항은 부정적 의미를 담고 있으므로 역채점하여 점수를 계산해야 전체적인 점수를 산출할 수 있다.

따라서 총 점수 범위는 각각 10문항이므로 10~50까지이다. 점수에 대한 해석은 기능적인 의사소통 문항(개방형 의사소통)에서는 점수가 높을수록 의사소통이 개방적이고 긍정적이며, 역기능적 의사소통 문항(문제형 의사소통)에서는 점수가 높을수록 폐쇄적이고 부정적이며, 점수가 낮을수록 가족관계가 좋은 상태임을 의미한다.

〈표 13-4〉 **〈부모용〉 : 자녀와의 의사소통 척도**

* 다음 문항을 읽고 해당되는 것을 응답하시오.

설문 문항	매우 그렇다 (5)	약간 그렇다 (4)	그저 그렇다 (3)	별로 그렇지 않다(2)	전혀 그렇지 않다(1)
1. 나는 딸(아들)에게 나의 생각을 주저하지 않고 의논한다.					
2. 때때로 나는 딸(아들)이 말하는 모든 것이 믿기 어려울 때가 있다.*					
3. 딸(아들)은 항상 내 이야기를 주의 깊게 잘 들어준다.					
4. 때때로 나는 딸(아들)에게 원하는 것을 부탁하기가 어렵다.*					
5. 딸(아들)은 말하지 않아도 될 것을 나에게 말하곤 한다.*					
6. 딸(아들)은 내가 말하지 않아도 내가 어떤 기분상태인지 잘 안다.					

설문 문항	매우 그렇다 (5)	약간 그렇다 (4)	그저 그렇다 (3)	별로 그렇지 않다(2)	전혀 그렇지 않다(1)
7. 나는 딸(아들)과 대화하는 형태에 만족한다.					
8. 나는 내가 힘든 일이 있을 때 딸(아들)과 의논한다.					
9. 나는 딸(아들)에게 애정을 솔직히 표현한다.					
10. 우리(딸 또는 아들과 나)에게 문제가 생겼을 때 나는 침묵을 지킨다.*					
11. 나는 딸(아들)에게 말할 때 조심스러운 편이다.*					
12. 나는 딸(아들)에게 말하지 않아도 될 것을 말할 때가 있다.*					
13. 딸(아들)은 나의 질문에 정직하게 대답해 준다.					
14. 딸(아들)은 나의 입장을 이해하려고 노력한다.					
15. 나에게는 딸(아들)과 얘기하기를 꺼리는 화제가 있다.*					
16. 나는 딸(아들)과 문제를 의논하기가 쉽다.					
17. 나는 딸(아들)에게 나의 모든 진실한 감정을 잘 표현한다.					
18. 딸(아들)은 나에게 잔소리를 많이 한다.*					
19. 딸(아들)은 나에게 화를 낼 때 모욕감을 준다.*					
20. 나는 어떤 것에 대한 나의 느낌을 딸(아들)에게 솔직하게 표현하기 어렵다.*					

* 2, 4, 5, 10, 11, 12, 15, 18, 19, 20 문항은 역기능적 의사소통(문제형 의사소통 유형) 문항이므로 역채점을 하여 점수가 낮을수록 가족관계가 좋은 것으로 해석함

〈표 13-5〉 **〈자녀용〉 : 아버지(어머니)와의 의사소통 척도**

* 다음 문항을 읽고 해당되는 것을 응답하시오.

설문 문항	매우 그렇다 (5)	약간 그렇다 (4)	그저 그렇다 (3)	별로 그렇지 않다(2)	전혀 그렇지 않다(1)
1. 나는 아버지(어머니)께 나의 생각을 주저하지 않고 의논한다.					
2. 때때로 나는 아버지(어머니)께서 말씀하시는 모든 것이 믿기 어려울 때가 있다.*					

설문 문항	매우 그렇다 (5)	약간 그렇다 (4)	그저 그렇다 (3)	별로 그렇지 않다(2)	전혀 그렇지 않다(1)
3. 아버지(어머니)는 항상 내 이야기를 주의 깊게 잘 들어주신다.					
4. 때때로 나는 아버지(어머니)께 원하는 것을 부탁드리기가 어렵다.*					
5. 아버지(어머니)께서는 말씀하시지 않아도 될 것을 나에게 말씀하시곤 한다.*					
6. 아버지(어머니)께서는 내가 말하지 않아도 내가 어떤 기분상태인지 잘 아신다.					
7. 나는 아버지(어머니)와 대화하는 형태에 만족한다.					
8. 나는 나에게 문제가 생겼을 때 아버지(어머니)와 의논한다.					
9. 나는 아버지(어머니)께 애정을 솔직히 표현한다.					
10. 나는 아버지(어머니)와 문제가 생겼을 때 나는 아버지(어머니)께 자주 침묵을 지킨다.*					
11. 나는 아버지(어머니)께 말씀드릴 때 조심스러운 편이다.*					
12. 나는 아버지(어머니)께 말하지 않아도 될 것을 말할 때가 있다.*					
13, 아버지(어머니)께서는 나의 질문에 정직하게 대답해 주신다.					
14. 아버지(어머니)께서는 나의 입장을 이해하려고 노력하신다.					
15. 나에게는 아버지(어머니)와 얘기하기를 꺼리는 화제가 있다.*					
16. 나는 아버지(어머니)와 문제를 의논하기가 쉽다.					
17. 나는 아버지(어머니)께 나의 모든 진실한 감정을 잘 표현한다.					
18. 아버지(어머니)께서는 나에게 잔소리를 많이 하신다.*					
19. 아버지(어머니)께서는 나에게 화를 내실 때 모욕감을 주신다.*					

설문 문항	매우 그렇다 (5)	약간 그렇다 (4)	그저 그렇다 (3)	별로 그렇지 않다(2)	전혀 그렇지 않다(1)
20. 나는 어떤 사실에 대한 나의 느낌을 아버지(어머니)께 솔직하게 표현하기 어렵다.*					

* 2, 4, 5, 10, 11, 12, 15, 18, 19, 20 문항은 역기능적 의사소통(문제형 의사소통 유형) 문항이므로 역채점을 하여 점수가 낮을수록 가족관계가 좋은 것으로 해석함

3) 부부적응(결혼적응) 척도(Spanier-Dyadic Adjustment Scale; DAS)

결혼생활의 질은 보다 일반적인 개념으로 규정되고 있는데, 결혼만족, 행복, 적응, 의사소통, 통합 등의 상호관련성이 높은 제 개념들을 모두 포괄하고 일반적으로 질 개념은 주관적 평가로 측정되거나(Lewis & Spanier 1979) 혹은 주관적 내지 객관적 평가로 측정된다(Olson, et al 1983). 이는 한국 내의 결혼적응 연구에서도 현실에 대한 객관적 지표 못지않게 주관적인 평가도 역시 중요함을 주장하고 있다(이기영, 1984; 이미숙, 1990). 따라서 결혼생활의 질 개념은 만족, 행복, 적응 등의 개념을 기본요소로 포괄하는 보다 상위의 복합적인 개념으로 규정되고 있다고 볼 수 있다.

결혼적응이라는 용어는 결혼생활의 질을 측정하는 하나의 개념으로서, 결혼만족이나 결혼행복이라는 용어와 분명하게 구분되어 사용되고 있지 않고, 이 개념들 또한 결혼의 질을 나타내는 개념으로 사용된다. 그러므로 결혼생활의 질의 평가는 결혼의 상호작용과 결혼의 기능상의 수많은 특징을 반영하는 하나의 연속체로서 높은 결혼의 질은 결혼관계에서 높은 적응을 보이고 적절한 의사소통을 하고, 높은 수준의 결혼행복도, 통합, 높은 결혼만족도와 상관된다(Spanier & Lewis, 1980)고 할 수 있다.

결혼적응과 관련된 스페이너(Spanier, 1976)의 DAS 척도, 즉 '부부 두 사람의 적응척도(Dyadic Adjustment Scale : DAS)'는 기혼자(n=218)와 이혼자(n=94) 표본을 대상으로 개발되었다. 기혼자들의 표본 평균 연령은 35.1세였고, 결혼 기간은 평균

13.2년을 경험하였다. 이혼자들의 표본 평균 연령은 30.4세였으며, 평균 결혼 기간은 8.5년이었다. DAS 척도는 부부들의 결혼생활의 질을 측정하기 위한 총 4개 차원의 32개 문항으로 이루어진 다차원 척도이다.

이 척도(DAS)에서 사정하고자 하는 주요 하위요인으로는 세부적으로 ① 부부 두 사람의 합의도(dyadic consensus, DCon), ② 부부 두 사람의 만족도(dyadic satisfaction, DS), ③ 부부 두 사람의 일체감(dyadic cohesion, DCoh), ④ 부부 두 사람의 애정표현(affectional expression, AE) 등 부부관계의 네 가지 영역이다.

첫째, '부부 두 사람의 합의도(dyadic consensus, DCon)'는 합의에 도달할 수 있는 일치성의 역량, 자원 및 기술에 관한 문항을 통해 부부가 일상적으로 공감대를 형성하는 의견일치 정도를 알 수 있도록 13개 문항으로 구성되어 있다.

둘째, '부부 두 사람의 관계만족도(dyadic satisfaction, DS)'는 모든 애정 관계의 핵심으로 웰빙, 행복, 헌신 등의 수준을 알 수 있도록 10개 문항으로 구성되어 있다.

셋째, '부부 두 사람의 일체감(dyadic cohesion, DCoh)'은 응집력을 의미하는 것으로 부부관계에서 한 구성원이 관여하는 정도를 가리키며, 관심, 감사, 문제해결 능력, 시간을 공유할 순간을 찾는 능력 등이 포함되며, 5개 문항으로 구성되어 있다.

넷째, '부부 두 사람의 애정표현(affectional expression, AE)'은 부부가 사랑과 애정을 보여주는 일상적인 태도와 행동을 가리키는데, 성생활 및 성교의 만족도와 관련이 있으며, 4개 문항으로 구성되어 있다.

이 척도를 사용한 연구결과에서는 대부분의 부부들은 배우자와의 관계에서 불일치하는 점을 가지고 있는 것으로 측정이 된다.

이러한 부부 두 사람의 적응척도(DAS)는 〈표 13-6〉에서 볼 수 있듯이 측정은 각 문항에 따라 점수 리커트 척도가 다소 다르게 구성되는데, 총점은 0~151의 점수범주를 가진다. 점수가 높을수록 부부 두 사람의 관계가 좋다고 해석할 수 있다.

〈표 13-6〉 **부부적응(DAS) 척도**

* 대부분의 부부들은 결혼생활 중에 서로 의견이 일치하지 않는 경우가 많습니다. 다음은 부부의 의견이 자주 일치하지 않는 문항들입니다. 다음 문항에 대하여 귀하의 부부는 어느 정도의 의견 차이를 경험하고 계신지 해당란에 표시해 주세요.

〈부부합의(의견일치성, DCon) 영역: 13문항〉

설문 문항	항상 대부분 불일치 (0)	거의 불일치 (1)	자주 불일치 (2)	가끔 불일치 (3)	거의 일치 (4)	항상 대부분 일치 (5)
1. 경제적 문제						
2. 여가선용(오락) 문제						
3. 종교문제						
5. 친구문제(교우관계)						
7. 도덕/관습(이떻게 처신하는 것이 옳은가 하는 문제)						
8. 생활철학						
9. 자신 또는 상대방의 부모를 대하는 방식						
10. 중요하다고 생각하는 일이나 목표(삶의 가치관)						
11. 함께 지내는 시간의 길이						
12. 중요한 의사결정						
13. 가사 돌보기(가사분담)						
14. 여가시간의 취미생활						
15. 직업 또는 각자의 일에 대한 결정						

〈부부만족(관계만족, DS) 영역: 10문항〉

설문 문항	항상 그렇지 않다 (0)	거의 그렇지 않다 (1)	가끔 그렇다 (2)	비교적 자주 그렇다 (3)	거의 대부분 그렇다 (4)	항상 그렇다 (5)
16. 이혼이나 별거, 또는 서로 간의 문제를 끝내려고 생각하거나, 그런						

설문 문항	항상 그렇지 않다 (0)	거의 그렇지 않다 (1)	가끔 그렇다 (2)	비교적 자주 그렇다 (3)	거의 대부분 그렇다 (4)	항상 그렇다 (5)
문제에 대해 얘기하는 경우가 있습니까? *						
17. 부부 싸움을 하고 난 뒤에 당신이나 배우자가 집을 나가는 경우가 있습니까? *						
18. 부부 사이의 모든 일들이 전반적으로 순조롭게 잘 될 거라고 생각하십니까?						
19. 당신의 배우자를 신뢰하고 믿습니까?						
20. 당신은 결혼(또는 동거)하신 것을 후회한 적이 있습니까? *						
21. 당신과 당신의 배우자는 말다툼을 얼마나 하십니까? *						
22. 귀하 부부는 상대방의 신경을 건드리는 경우가 있습니까? *						

설문 문항	전혀 안함 (0)	거의 안함 (1)	가끔 함 (2)	거의 매일 함 (3)	매일 함 (4)	수시로 함(5)
23. 귀하는 남편(아내)에게 애정표현(키스 등)을 하십니까?						

설문 문항	매우 불행 (0)	상당히 불행 (1)	약간 불행 (2)	보통 행복 (3)	매우 행복 (4)	대단히 행복 (5)	완전히 행복 (6)
31. 당신이 결혼생활에서 느끼는 행복의 정도는?							

32. 당신 부부의 미래에 대해 당신이 느끼는 바를 가장 잘 나타낸 문구를 골라 내용 앞의 숫자에 체크해 주십시오.
   (0) 나는 우리의 부부관계가 결코 성공적일 수가 없다고 보며 지금의 관계를 유지하기 위해 내가 할 수 있는 일은 더 이상 없다.
   (1) 나는 우리의 부부관계가 성공적이라면 좋을 것이나 지금의 관계를 유지하기 위해 내가 더 이상을 하는 것은 거부한다.
   (2) 나는 우리의 부부관계가 성공적이라면 좋을 것이나 그렇게 되기 위해서 지금 내가 하고 있는

설문 문항	항상 그렇지 않다 (0)	거의 그렇지 않다 (1)	가끔 그렇다 (2)	비교적 자주 그렇다 (3)	거의 대부분 그렇다 (4)	항상 그렇다 (5)

것 이상의 노력은 할 수 없다.

(3) 나는 우리의 부부관계가 성공적이기를 원하며, 그렇게 되기 위해서 내가 해야 될 일이 있다면 기꺼이 할 생각이다.

(4) 나는 우리의 부부관계가 성공적이기를 원하며, 그렇게 되기 위해서 내가 할 수 있는 모든 것을 할 생각이다.

(5) 나는 우리의 부부관계가 성공적이기를 간절히 원하며, 그렇게 되기 위해서라면 무슨 일이라도 서슴지 않고 할 생각이다.

* 16, 17, 20, 21, 22번 문항은 역채점 문항임

〈부부일체감(결합 및 응집력, DCoh) 영역: 5문항〉

설문 문항	전혀 하지 않음 (0)	극히 일부 함께 함 (1)	어느 정도 함께 함 (2)	대부분 함께 함 (3)	모두 함께 함 (4)
24. 당신과 당신의 배우자는 가정 밖의 행사(여가활동 및 취미활동)에 함께 참여하십니까?					

설문 문항	전혀 하지 않음 (0)	한 달에 한 번 이하 (1)	한 달에 한두 번 (2)	하루에 한 번 정도 (3)	하루에 한 번 이상 (4)	하루에 여러 번 (5)
25. 활기 있는 서로의 의견 교환하기						
26. 함께 웃기						
27. 어떤 문제에 대해 신중하고 차분하게 토론하기						
28. 어떤 계획을 세워 함께 노력하기						

〈애정표현(AE) 영역: 4문항〉

설문 문항	항상 대부분 불일치 (0)	거의 불일치 (1)	자주 불일치 (2)	가끔 불일치 (3)	거의 일치 (4)	항상 대부분 일치 (5)
4. 애정표현						
6. 성관계(오르가즘 만족도)						
설문 문항	**아니다(0)**			**그렇다(1)**		
29. 지난 몇 주 동안 성관계(성교)에 싫증을 느껴서 부부문제가 있었습니까? *						
30. 지난 몇 주 동안 부부간에 애정표현을 하지 않아서 부부문제가 있었습니까? *						

* 29, 30번 문항은 역채점 문항임

3 가족상담 및 가족치료의 부모양육태도 사정 도구

가족상담은 문제 증상을 보이는 클라이언트가 부부관계일 경우에는 부부 두 사람의 성인이 주된 클라이언트가 되지만 아동청소년과 부모관계에서 비롯된 문제일 경우에는 개인을 대상으로 실시할 수 있는 부모양육태도와 관련된 사정이 필수적이 된다. 바람직하지 않은 부모양육태도는 여러 가지 측면에서 아동청소년의 심리적인 정서나 문제행동에 영향을 미칠 수 있기 때문이다.

따라서 부모-자녀 간 의사소통 척도와는 별도로 부모만을 대상으로 한 개인용 부모양육태도 검사를 추가로 필요하게 되는 것이다. 이는 아동청소년이 보이는 비행이나 정서적 문제는 결과적으로 성장기의 부모의 양육태도(Parenting attitudes)로부터 기인하는 요인이 크다는 점에서 타당성이 있다.

부모의 양육태도를 이론적으로 체계화한 최초의 학자인 사이몬즈(Symonds, 1939)는 임상사례에 의거해서 부모의 양육태도를 거부(rejection) ↔ 수용(acceptance, 보호), 지배(dominance) ↔ 복종(submission) 차원을 교차시켜 여덟 가지 양육태도, 즉

① 소극적 거부형, ② 적극적 거부형, ③ 엄격형, ④ 기대형, ⑤ 간섭형, ⑥ 불안형, ⑦ 익애형(과잉보호형), ⑧ 맹종형이라는 부정적인 개념으로 유형을 분류하였다. 아울러 이와는 별개로 모순 ↔ 불일치 차원을 설정하여 ⑨ 모순형, ⑩ 불일치형을 더해서 10가지 유형으로 구분하기도 하였다.

그리고 쉐퍼(Schaefer, 1959)는 사이몬즈(Symonds)의 이러한 유형 구분을 보완하여 어머니의 양육행동을 애정(Love) ↔ 적대(거부, Hostility)와 자율(Autonomy) ↔ 통제(Control)라는 두 개의 차원(축)에 기초하여 ① 애정적-자율적 태도, ② 애정적-통제적 태도, ③ 적대적-자율적 태도, ④ 적대적-통제적 태도의 총 네 가지 태도유형으로 분류하였다.

세부적으로 보면, 쉐퍼(Schaefer)의 네 가지 모형은 자녀양육에 관련된 각종 변인들 간의 상호, 상관관계를 검토하고, 변인들 중에서 서로 밀접하게 관련 있는 요인과 서로 대립되는 요인들을 고려한 양육태도 유형이다. 쉐퍼는 정상적인 부모의 양육태도를 신생아 시기부터 초기 청년기에 이르는 약 30년간의 추적연구를 통해 <애정(수용)-적대(거부)>와 <자율(자유)-통제(소유)>라는 2개의 축으로 분류한 후에 자녀양육에 대한 요인과 변수의 위치를 [그림 13-2]에서와 같이 나타내었다.

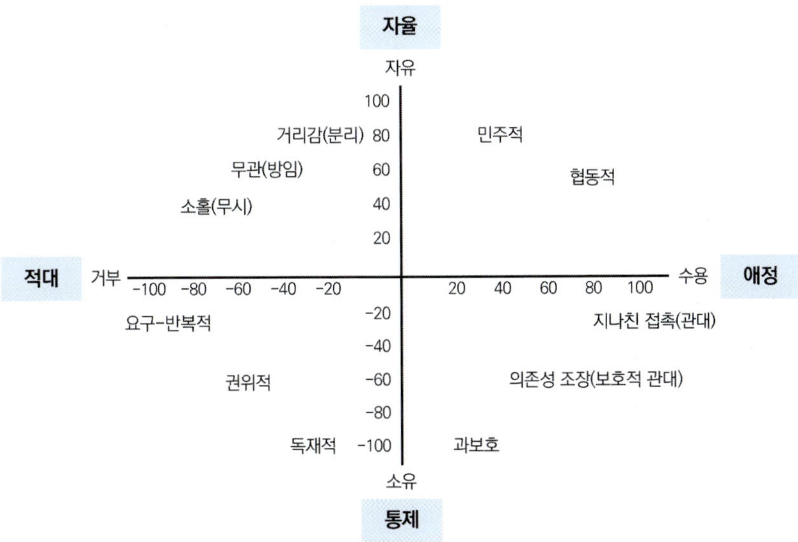

[그림 13-2] 쉐퍼(Schaefer)의 부모양육태도 유형

(1) 애정-자율형(민주형, L-A형) 양육태도

애정-자율형(Love-Autonomy) 양육태도는 가장 바람직한 '민주형'의 양육태도이다. 이는 부모가 자녀에게 자율적, 민주적, 수용적, 협동적인 태도를 갖는 것을 말한다. 이러한 양육태도에서 성장한 아동청소년은 능동적, 외향적이고 독립적으로 사회적응을 하며, 사교적이며 창의적이고 자신이나 타인에 대한 적대감이 없게 된다. 그러나 가정 외에서 잘 적응하는 아동청소년도 집에서는 부모에게 복종하지 않거나 약간의 공격성과 고집을 보일 때도 있다.

(2) 애정-통제형(과잉보호형, L-C형) 양육태도

애정-통제형(Love-Control) 양육태도는 '과잉보호형'의 양육태도이다. 이는 애정을 주면서도 자녀의 행동에 많은 제약을 주는 엄격한 태도를 보인다. 이 유형의 부모들은 자녀에게 의존성 조장, 과잉보호, 소유적 태도를 보여서 자녀의 독립적인 행동에 좌절감을 느끼고 새로운 반응 학습의 기회를 축소시키게 된다. 이러한 양육태도에서 성장한 아동청소년은 의존적이고 사교성, 창의성이 떨어지며. 어릴 때 규율을 엄격하게 지키며 도전적 행동이 낮고 비행을 하지 않으나 불안정한 정서를 갖게 된다.

(3) 적대-자율형(방임형, H-A형) 양육태도

적대-자율형(Hostility-Autonomy) 양육태도는 '방임형'의 양육태도이다. 이는 자녀를 수용하고 받아들이지 못하고 거부하는 동시에 자녀 마음대로 행동하도록 방임하는 부모의 태도이다. 이러한 양육태도에서 성장한 아동청소년은 불안정한 정서를 보이며 공격적이고 자신의 행동을 조절하지 못하게 되며 사회 부적응적인 행동을 하게 된다. 또한 내면화된 갈등과 고통을 지니게 되어 자학하고 퇴행적이게 되며 심하면 범죄를 초래하게 된다.

(4) 적대-통제형(독재형, H-C형) 양육태도

적대-통제형(Hostility-Control) 양육태도는 '독재형(전제형)'의 양육태도이다. 이는 자녀에게 관대하지 않고 행동이나 심리적인 체벌을 하는 것으로써 권위적, 독재적, 요구 반복적, 거부적인 태도를 보인다. 이러한 양육태도에서 성장한 아동 청소년은 불순종적, 반항적, 자기방어의 수단으로써 거짓말을 일삼게 되고, 자주성, 자발성, 독창성이 부족하여 주체성이 결여되며 자신감 없는 행동을 나타내게 된다. 또한 심하면 정신장애를 가질 수 있으며 수줍어하고 사회적으로 위축된 행동을 보이며, 정서가 불안정하여 반항적, 공격적, 적대적이므로 사회에 부적응하게 된다.

한국 내의 부모양육태도 유형검사(Parenting Attitude Test, PAT)와 관련된 연구에서는 쉐퍼 등(Schaefer et al., 1959, 1965)이 개발한 척도가 가장 많이 사용되고 있고, 문항의 구성도 연구자에 따라서 달리 구성하여 주로 어머니를 대상으로 검사가 많이 이루어지는 실정이다. 다만, 가족 내에서 아버지의 영향력이 큰 경우나 부모가 이혼하고 조부모가 양육하는 경우에는 조부모의 양육태도도 중요하기 때문에 검사대상자를 중심으로 각기 다른 문항으로 구성된 척도가 사용될 수 있다. 〈표 13-7〉의 부모양육태도 유형검사 척도로는 쉐퍼 등(Schaefer et al., 1959, 1965)의 척도에 기초를 두고 이원영(1983), 최유경(1998) 등의 척도를 참고하여 내용타당도가 높은 12문항으로 5점 리커트 척도로 재구성한 것이 있다.

이 척도를 구성하는 문항의 주요 요인(하위 영역)은 ① 애정(Love), ② 적대(Hostility), ③ 자율(Autonomy), ④ 통제(control) 등 양육태도의 네 가지 영역의 요인으로 구성된다. 영역별 세부구성 문항을 보면 1, 2, 3번 문항은 '애정', 4, 5, 6번 문항은 '적대(거부)', 7, 8, 9번 문항은 '자율', 10, 11, 12번 문항은 '통제' 요인에 해당한다.

양육태도 유형의 검사방법은 각 문항에 표기된 점수를 영역별 해당점수와 총점을 산출하여 애정(love) ↔ 적대(hostility)와 자율(autonomy) ↔ 통제(control)의 영역별로 총점이 높은 점수에 따라 애정적-자율적 태도, 애정적-통제적 태도, 적대적-

자율적 태도, 적대적-통제적 태도의 네 가지 태도유형으로 분류하면 된다. 예를 들어 애정(love)↔적대(hostility) 축에서는 '애정'의 총점이 높고, 자율(autonomy)↔통제(control)의 축에서는 '자율'의 총점이 높으면 '애정-자율형(민주형)'으로 분류하면 된다.

〈표 13-7〉 **부모양육태도 유형검사 척도**

설문 문항	거의 그렇지 않다 (1)	그렇지 않은 편이다 (2)	보통이다 (3)	그런 편이다 (4)	매우 그렇다 (5)
1. 나는 자녀의 행동을 자랑스러워하며, 칭찬도 잘 해주는 편이다.					
2. 나는 자녀와 허물없이 고민이나 미래계획에 대한 대화를 자주하며, 자녀의 의견을 존중해주는 편이다.					
3. 나는 자녀에게 문제되는 행동이 있을 때 거리낌 없이 다른 사람에게 의논을 하고 도움을 받으려고 한다.					
4. 나는 자녀가 속 썩일 때 참으려 하다가도 화를 내거나 큰소리를 낸 적이 있다.					
5. 나는 자녀를 양육하는 일 이외에도 신경 써야 할 일들이 많다.					
6. 나는 자녀가 잘못했을 경우 일부러 쌀쌀맞게 대하고, 따끔하게 이야기를 하는 편이다.					
7. 나는 부모의 도움을 거절하고 자녀 혼자 무엇을 하겠다고 할 때 내버려 두는 편이다.					
8. 나는 자녀가 다른 또래친구 또는 어른과 잘 사귀는 편이다.					
9. 나는 안쓰럽지만 자녀가 할 수 있다면 힘든 일도 스스로 혼자서 하도록 하는 편이다.					
10. 나는 자녀가 바르게 성장하려면 부모를 어렵고, 두려워할 줄 알아야 한다고 생각한다.					
11. 나는 자녀가 놀거나 공부할 때 되도록 집안에서 하도록 하는 편이다.					
12. 나는 자녀가 버릇없이 굴 때 벌을 주겠다고 엄포를 놓은 적이 있다.					

한편, 부모교육 분야에 자주 거론되는 미국의 아동발달 전문가 다이애나 바움린드(Diana Baumrind, 1971)는 부모의 자녀양육 방식을 '통제'와 '애정'을 기준으로 ① 권위 있는(authoritative, 민주적) 양육 태도, ② 권위적(authoritarian, 독재적) 양육 태도, ③ 허용적(permissive. 통제가 없는) 양육 태도, ④ 방임적(uninvolved, 혼란된) 양육태도의 네 가지 유형으로 나누었다. 이를 아동청소년(자녀)이 지각하는 입장에서 보면, 권위 있는(민주적인) 부모, 권위주의적(독재적인) 부모, 허용적(관심 없는) 부모, 방임적(혼란된) 부모로 표현될 수 있다.

첫째, '권위 있는(민주적) 양육 태도'는 애정과 통제가 모두 높은 상태이며 가장 적절한 부모 양육 태도로서 자녀에게는 권위 있는(민주적인) 부모로 받아들여지게 된다.

둘째, '권위적(독재적) 양육 태도'는 애정수준은 낮지만, 통제가 높은 상태를 말하며 체벌도 사용하는 엄격한 부모가 많이 보이는 양육태도로서 자녀에게는 권위적(독재적인) 부모로 받아들여지게 된다.

셋째, '허용적(통제가 없는) 양육 태도'는 애정과 통제가 모두 낮은 경우이며, 비교적 온정적이고 자녀의 요구를 수용하기는 하지만 지나치게 관대하거나 일관성이 없는 양육태도를 보임으로써 자녀에게는 관심 없는 부모로 인식될 수 있다.

넷째, '방임적(혼란된) 양육태도'는 자녀에 대한 애정과 관심이 부족한 편으로 자녀보다는 부모 자신의 일이나 상황이 복잡하거나 바빠서 방임하여 자녀를 무기력하고 자존감을 낮게 만들 수 있는 양육태도로써 자녀에게는 방임적(혼란된) 부모로 받아들여지게 되는 것이다.

이 외에도 미국의 심리학자 발드윈(J. Baldwin)은 부모양육태도를 ① 애정형, ② 거부형, ③ 방임형, ④ 요구형, ⑤ 관심형의 5개 유형으로 구분하기도 한다.

참고문헌

김유숙 (2008). 가족상담. 서울: 학지사.

김태량·고수현 (2022). 가족건강성이 중고등학생 청소년의 진로성숙도에 미치는 영향: 자기효능감의 매개효과를 중심으로, 복지상담교육연구, 11(1), 53-80.

고수현·정미숙·황미영 (2017). 사회복지상담론. 경기 파주: 수양재.

고수현·정미숙·황미영 (2019). 정신건강상담론. 경기 파주: 양서원.

고수현 (2017). 사회복지상담 실천의 통합 절충적 4단계 모형 연구, 복지상담교육연구, 6(1), 105-143.

고수현 (2019). 정신건강상담의 통합 절충적 4단계 실천모형 모색: 상담 관점과 상담 목표를 중심으로, 복지상담교육연구, 8(1), 47-91.

박민주 (2006). 청소년이 지각하는 가족건강성이 학교적응에 미치는 영향. 동아대학교 석사학위논문.

박태영 (2002). MRI의 상호작용 가족치료 모델과 가족체계이론을 적용한 포르노 중독자 부부치료. 정신보건과 사회사업 13, 158-193.

위종희 (2012). 아동이 지각한 가족건강성, 자아탄력성, 사회적 지지, 스트레스 대처행동 및 심리적 안녕감간의 구조관계분석. 동아대학교 박사학위논문.

이원영 (1983). 어머니의 자녀교육관 및 양육태도와 유아발달과의 관련성 연구. 이화여자대학교 박사학위논문.

최유경 (1998). 부모 간 양육태도, 출생순위, 형제자매 유무에 따른 친구관계와 인기도 차이. 이화여자대학교 석사학위논문.

Adams, B. N. (1980). *The Family ; Sociological interpretation,* 3rd. ed. Rand McNally College Publishing Company.

Alexander, J., & Parsons, B. (1981). *Functional Family Therapy*. California: Brooks/ Cole Publisher Company.

Alexander, J., Pugh, C., & Parsons, B. (1998). Blueprints for violence prevention: Book 3. *Functional family therapy,* Denver: C&M Press.

Anderson, H. (2012). Collaborative relationships and dialogic conversations: Ideas for a relationally responsive practice. *Family Process*, 51(1), 8-24.

Anderson, H. (1997). *Conversation, language, and possibilities: A postmodern approach to therapy*. Basic Books.

Anderson, H., & Gehart, D. (Eds.). (2012). *Collaborative therapy: Relationships and conversations that make a difference,* Routledge.

Anderson, H., & Goolishian, H. (1988). Human systems as linguistic systems: Some evolving ideas. *Family Process*, 27, 371-393.

Anderson, H., & Goolishian, H. (1992). The client is the expert: A not-knowing approach to therapy. In S. McNamee & K. Gergen (Eds.), *Social construction and the therapeutic process* (pp. 25-39). Newbury Park: Sage.

Anderson, H., & Goolishian, H. A. (2002). Narrative and self: Postmodern dilemmas for psychotherapy. In D. Fried Schnitman & J. Schnitman (Eds.), *New paradigms, culture and subjectivity* (pp. 217 - 228). Creskill: Hampton Press.

Andolfi, M. (1979). *Family Therapy: An Interactional Approach*. N. Y.: Plenum Press.

Andolfi, M. (1983). *Behind the Family Mask: Therapeutic Change in Rigid Family*. N. Y.: Plenum Press.

Andreas, S. (1991). *Virginia Satir, the Patterns of Her Magic*. Palo Alto, CA: Science and Behavior Books.

Atwood, J. D., & Conway, B. Y. M. (2004). Therapy with Chinese American Families: A social constructionist perspective. *The American Journal of Family Therapy*, 32, 55-172.

Barnes, H. L., & Olson, D. H. (1982). Parent-adolescent communication scale. In D. H. Olson et al. Family inventories: Inventories used in a national survey of families across the family life cycle (pp. 33-48). St. Paul: *Family Social Science*, University of Minnesota.

Barret, C. L., Hampe, I. E., & Miller, L. C. (1978). Research on child psychotherapy. In: *Handbook of psychotherapy and behavior change: An empirical analysis*, ed. S.L. Garfield & A. E. Bergin. New York: Wiley, pp.411-435.

Bateson, G., Jackson, D. D., Haley, J., and Weakland, J. H. (1981). Toward a theory of schizophrenia In Robert J. Green and James I. Framo (Eds.) *Family Therapy: Major contributions. Madison and Connecticut*: International University Press, Inc.

Beavers, W. B. & Hampson, R. B. (1990). *Successful families: Assessment and intervention*, New York, NY: W. W. Norton.

Becvar, D. S. & Becvar, R. J., 정혜정·이형실 역 『가족치료-체계론적 통합』, 서울: 하우, 1997.

Benjamin, L. S. (1977). Structural analysis of a family in therapy. *Journal of Counseling Clinical Psychology*, 45, 391-406.

Berg, I. K., & de Shazer, S. (1993). *Making numbers talk: Language in therapy*. In S. Friedman (Ed.), *The new language of change: Constructive collaboration in psychotherapy*. New York: Guilford Press.

Bernstein, A. E., Warner, G. M. (1993). *An introduction to contemporary psychoanalysis*. New York and London: Jason Aronson. Bertrando, P. (2000). Text and context: narrative, postmodernism and cybernetics. *Journal of Family Therapy*, 22, 83-103.

Bertalanffy, L. (1968). *General systems theory*. New York: Braziller.

Blaine J. Fowers, Kelly H. Montel, David H. Olson (1996). Predicting marital success for premarital couple types based on PREPARE. *Journal of Marital and Family Therapy*, 39.

Blanton, P. G. (2005). Narrative family therapy and spiritual direction: Do they fit?, *Journal of Psychology and Christianity*, 24(1), 68-79.

Boss, P. G. & Greenberg, J. (1984). Family boundary ambiguity: A new variable in family stress theory. *Family Process*, 23, 535-546.

Bowen, Murray. (1978). *Family Therapy in Clinical Practice*. New York: Jason Aronson.

Bronfenbrenner, Urie. (1977). Towards an experimental ecology of human development. *American Psychologist*, 32(7), 513-531.

Bronfenbrenner, Urie. (1986). Ecology of the family as a context for human development: Research perspectives. *Developmental Psychology*, Vol 22(6), Nov, 723-742.

Bryan, L., Negretti, M., Christensen, F. B., & Stokes, S. (2002). Processing the process: One research team's experience of a collaborative research project. *Contemporary Family Therapy*, 24(2), 333-353.

Bordin, E. S. (1994). Theory and research on the therapeutic working alliance: New directions. In A. O. Horvath & L. S. Greenberg (Eds.), *The working alliance: Theory, research, and practice* (pp. 13-37). Oxford, UK: Wiley.

Breunlin, D. C., Pinsof, W., & Russell, W. P. (2011). *Integrative Problem-Centered Metaframeworks Therapy I: Core Concepts and Hypothesizing*, The Family Institute at Northwestern University.

Breunlin, D. C., Schwartz, R. C., & Mac Kune-Karrer, B. M. (1992). Metaframeworks: *Transcending the models of family therapy,* San Francisco: Jossey-Bass.

Boszormenyi-Nagy, Ivan, and David N. Ulrich. (1981). "Contextual Family Therapy." In *Handbook of Family Therapy*, eds. A. S. Gurman and D. P. Kniskern. New York: Brunner/Mazel.

Boszormenyi-Nagy, Ivan, and B. R. Krasner. (1987). *Between Give and Take: A Clinical Guide to Contextual Therapy*. New York: Brunner/Mazel, 1986.

Boszormenyi-Nagy, Ivan. *Foundations of Contextual Therapy: Collected Papers of Ivan Boszormenyi-Nagy*. New York: Brunner/Mazel.

Bowen, M. (1976). Theory in the Practice of Psychotherapy. In Guerin, P. J. (Ed). *Family therapy. Theory and practice*, New York: Gardner Press, 1976.

Bowen, M. (1978). *Family Therapy in Clinical Practice*. N. Y and London, Jason Aronson.

Bowen, M. (1966). The Use of Family Theory in Clinical Practice, *Clinical Psychiatry*, 7,

345-374.

Broderick, C. B., & Schrader, S. S. (1991). The history of professional marriage and family therapy. In A. S. Gurman & D. P. Kniskern (Eds.), *Handbook of family therapy* (Vol. II). New York: Brunner Mazel.

Berg, I. K., & Miller, S. D. (1992). *Working with the problem drinker: A solution focused approach*. New York: Norton.

Burgess, E. W. & Locke, H. J. (1960). *The Family-from Institution to Companionship*, 2nd ed ., N .Y. : American Book Co.. 383-384.

Burns, R. C. & Kaufman, S. H. (1972). *Action, Style, and Symbols in Kinetic Family Drawings*, New York: Brunner & Mazel Publishers.

Burns, R. C., & Kaufman, S. H. (1970). *Kinetic family drawings (K-F-D): An introduction to understanding children through kinetic drawings*. Brunner/Mazel.

Burr, W. R., Hill, R., Nye, F. I. & Reiss, I. L. (1979). *Contemporary Theories A bout The Family*, Vol. 2, N .Y. : The Free Press.

Beavers, R. (1985), *Successful Marriage: A Family-System Approach to Couple Therapy*, N. Y.: W. W. Norton Company, Inc.

Bocob, L., Cecchin, G.,Hoffman, L. & Penn P. (1987). *Milan Systemic Family Therapy*. N.Y.: Basic Books, Inc.

Boszormenyi-Nagy, I. & Spark, G. (1984). *Invisible Loyalities: Reciprocity in Intergenerational Family Therapy*. N. Y.: Brunner/Mazel Publishers.

Bowen, M. (1978). *Family Therapy in Clinical Practice*, N. J.: Jason Aronson, Inc,

Carlson, Jon. Sperry, Len. Lewis, Judith A. (2005). *Family Therapy Techniques : Integrating and Tailoring Treatmen*t, Routledge.

Carnes, P. (1989). *Contrary to love: Helping the sexual addict*. Minneapolis, MN: Comp Care Publications.

Carter, B. & McGoldrick, M. (1988). (Eds.) *The Changing Family Life Cycle*. New York, NY: Gardner Press.

Cheung, Maria Yip Ling (1999). *Impact of gender and culture : contributing f actors to satisfactory long-term marriages*, Wilfridlaurier university, Doctoral dissertation.

Cheung, M. (1997). Social construction theory and the Satir model: Toward a synthesis. *The American Journal of Family Therapy*, 25(4), 331-343.

Clarke, J. (1984). The family types of neurotics, schizophrenics and normals. Unpublished doctoral dissertation. St. Paul, MN: Family Social Science, University of Minnesota.

Clarkin, J. Haas, G, & Glick, H. (1988). *Affect Disorders and Family: Assessment Treatment*. N. Y.: The Guilford Press.

Clinebell, H.J., Jr. (1977). *Growth Counseling for Marriage Enrichment*. Philadelphia :

Fortress Press.

Constantine, L. (1986). *Family Therapy: Theory and Practice*. N. Y.: The Guilford Press.

Compton, B. & Gallaway, B. (1999). *Social Work Processes*(6th ed), Pacific Grove, CA : Brooks/Cole.

Constantine, L. (1986). *Family Paradigms: The Practice of Theory in Family Therapy*. New York, N. Y: Guilford Press.

Cornman, B. J., Childhood Cancer, Differential Effects on the Family Members, *Oncology Nursing Forum*, 20, 1993.

Corshni, R. (1979). *Current Psychotherapies*. Illinois: F. E. Peacock Publisher, Inc.

Cuber, J. & Harroff, P. (1965). *Sex and the significant Americans*, Baltimore : Penguin Books.

Cottone, R. R. (2007). Paradigms of counseling and psychotherapy, revisited: Is social constructivism a paradigm?, *Journal of Mental Health Counseling*, 29(3), 189-203.

Cullin, J. (2005). The ethics of paradox: Cybernetic and postmodern perspectives on non-direct interventions in therapy. *Australian & New Zealand Journal of Family Therapy*, 26(3). 138-146.

Curan, D. R. (1983). *Traits of a healthy family*, N .Y. : Ballantine Books.

Curran, D. (1983). *Traits of a Healthy Family. Minneapolis* : Winston Press.

Daley, D. & Raskin, M. (1991). *Treating the Chemically Dependent and Their Families*. London: Sage Publishers.

Donovan, M. (2003). Family therapy beyond postmodernism: Some considerations on the ethical orientation of contemporary practice. *Journal of Family Therapy*, 25, 285-306.

Epstein, N. B. & Bishop, D. S. (1993). The McMaster Assessment Device (FAD). In F. Walsh (Ed.), *Normal Family Processes*. New York: Guilford Press.

Eron, J. B., & Lund, T. W. (1996). *Narrative solutions in brief therapy,* New York: The Guilford Press.

Fairbairn, W. R. D. (1952). *Psychoanalytic Studies of the Personality*, Routledge.

Fancher, R. T. (1995). *Cultures of healing: Correcting the image of American mental health care*. New York: W. H. Freeman and Company.

Fernando, D. M. (2007). Existential theory and Solution-focused strategies: Integration and application. *Journal of Mental Health Counseling*, 29(3), 226-241.

Flaskas, C. (2004). Thinking about the therapeutic relationship: Emerging themes in family therapy. *Australian & New Zealand Journal of Family Therapy*, 25(1), 13-20.

Frank, E., & Levenson, J. C. (2011). *Interpersonal psychotherapy,* Washington, DC: American Psychological Association.

Frank G. Anderson, Martha Sweezy, Richard C. Schwartz (2017). *Internal Family Systems*

Skills Training Manual : Trauma-Informed Treatment for Anxiety, Depression, Ptsd & Substance Abuse. PESI Publishing & Media.

Friedlander, M. L., Escudero, V., & Heatherington, L. (2006). *Therapeutic alliance in couple and family therapy: An empirically informed guide to practice*. Washington, DC: American Psychological Association.

French, A. P. & Guidera, B. J. (1974). *The family as a system in four dimensions: A theoretical model*. Paper presented at the American Academy of Child Psychology, San Francisco, CA.

Fisch, R. (1982). *The Tactics change doing Therapy Briefly*, San Francisco: Jossey-Brass Publishers.

Freedman, J., & Combs, G. (2002). Narrative therapy with couples...and a whole lot more: A collection of papers, essays, and exercises. Adelaide, Australia: Dulwich Centre Publications.

Freeman, J., Epston, D., & Lobovits, D. (1997). *Playful approaches to serious problems: Narrative therapy with children and families*. New York: Norton.

Freud, S. (1940). An outline of psycho-analysis. *International Journal of Psycho- Analysis*, 21, 27-84.

Freud, S. (1912). *Recommendations to physicians practising psychoanalysis,* Standard Edition 12.

Garfield, Sol L. (1995). *Psychotherapy: An Eclectic-Integrative Approach*, (2nd Ed.), New York : Wiley & Son, Inc. 김미리혜·김진영 외 공역, 『심리치료: 절충·통합적 접근』, 서울: 정민사, 2000.

George, S. S., & Wulf, D. (2006). A postmodern approach to teaching family therapy as community practice. *Journal of Systemic Therapies*, 25(4), 73-83.

Gerald Corey (2009). *Theories and Practices of Counseling and Psychotherapy*, Belmont, CA Thomson Brooks/Cole.

Glick, I. D., & Kessler, D. R. (1974). *Marital and Family Therapy*. New York: Grune and Stratton.

Goldenberg, Irene & Herbert. (2001). *Family Therapy: An Overview*. (5th Ed.) Books/Cole Pub. Com.

Goldenberg, Irene, Mark Stanton, Goldenberg, Herbert. (2017). *Family Therapy: An Overview*. (5th Ed.) Books/Cole Pub. Com.

Goldenberg, I, Goldenberg H. (1999). *Family Therapy*, L. A.: Brooks/Cole Publishers.

Goolishian, H., & Anderson, H. (1987). Language systems and therapy: An evolving idea. *Psychotherapy*, 24, 529-538.

Gottman, John M. (1999). *The Seven Principles for Making Marriage Work. Harmony*; 1st edition, 임주연 역 (2002). 행복한 부부 이혼하는 부부-행복한 결혼생활을 위한 7가지 원칙, 서울: 문학사상사.

Gottman, J. M. (1994). *Why Marriages Succeed or Fail*. New York: Simon and Schuster.

Greenberg, L. & Johnson, S. (1988). *Emotional Focused Therapy for Couples*. N. Y.: The Guilford Press.

Griffin, W. A. (1993). *Family therapy: Fundamentals of theory and practice*. New York: Brunner/Mazel Publishers.

Guerin, P. J. (1976). Family therapy: The first twenty-five years. In P. J. Guerin (Ed.), *Family therapy and practice* (pp. 2-22). New York: Gardner Press.

Gullotta, T. P., Adams, G. R., & Alexander, S. J. (1986). *Today's marriage and families ; Wellness approach*, Brooks/ Cole Publishing Co., 1986.

Gurman, A. S. (1981). Integrative marital therapy: Toward the development of an inter-personal approach. In S. Budman (Ed.), *Forms of brief therapy* (pp. 415-457). New York: Guilford Press.

Gurman, A. S., & Kniskern, P. (Eds.) (1981). *Handbook of Family Therapy*(1st ed.). London: Routledge.

Gurman, A. S. (1985). *Casebook of Marital Therapy*. N. Y.: The Guilford Press.

Guttman, H. A. (1991). *Systems theory, cybernetics, and epistemology*. In A. S., Gurman, & D. P. Kniskern (Eds.), *Handbook of family therapy*(pp. 41-64). New York: Brunner / Mazel.

Haley, J. (1984). *Ordeal Therapy*, San Francisco: Jossey-Brass Publishers.

Haley, J. (1985). *Conversation with Milton Erickson Volume 2: Changing Couples*, N. Y.: Triangle Press.

Haley, J. (1985). *Conversation with Milton Erickson Volume 3: Changing Children and Family*, N. Y.: Triangle Press.

Haley, J. (1991). *Problem Solving Therapy*. San Francisco: Jossey-Bass Publishers.

Haley, J. (1994). *Uncommon Therapy: The Psychiatric Techniques of Milton Erickson*, N. Y.: W. W. Norton & Company, Inc.

Haley, J. (1995). *Techniques of Family Therapy*, New Jersey: Jason Aronson, Inc.

Haley, J. (1997). *Leaving Home*, N. Y.: Brunner/Mazel, Inc.

Haley, J. (1999). *Conversation with Milton Erickson Volume 1: Changing Individuals*, N. Y.: Triangle Press.

Haley, J. (2007). Madeleine Richeport-Haley. *Directive Family Therapy*, Routledge.

Hartman, A., "Diagrammatic assessment of family relationships", *Social Casework*, vol. 59, 1978, pp. 465-476.

Heinz Kohut, *The Analysis of the Self: A Systematic Approach to the Psychoanalytic*

Treatment of Narcissistic Personality Disorders (1971). International Universities Press, New York.

Heinz Kohut (1977). *The Restoration of the Self.* International Universities Press, New York.

Henggeler, S. (1998). Blueprints for the prevention of violence: Book 6. *Multisystemic therapy*. Denver: C&M Press.

Hill, R. (1970). *Family development in three generations*. Cambridge, MA: Schenkman.

Houts, Ren ate Marguerite. (1997) The long-term significance of role compatibility on marital relationships, Doctor al dissertation, The University of Texas at Austin.

Irene Goldenberg & Herbert Goldenberg, *Family Therapy: An Overview*, Brooks/ Cole, 1985, 김득성 외 공역, 『가족치료』, 서울: 시그마프레스, 2003.

Ivan Boszormenyi-Nagy & Barbara R. Krasner, *Between Give and Take: A Clinical Guide to Contextual Therapy,* New York : Brunner/Mazel Publishers. 1986.

Ivan Boszormenyi-Nagy & Spark, G. *Invisible Loyalty : Reciprocity in intergenerational family therapy*, New York: Harper & Row. 1973.

Jacobson, N. S., & Christensen, A. (1996). *Acceptance and change in couple therapy: A therapist's guide to transforming relationships*. W.W. Norton & Company.

Jacobson, N. S., Christensen, A., Prince, S. E., Cordova, J., & Eldridge, K. (2000). Integrative behavioral couple therapy: an acceptance-based, promising new treatment for couple discord. *Journal of Consulting and Clinical Psychology*, 68(2), 351-355.

Jacobson, N. & Margolin, G. (1979). *Marital Therapy: Strategies Based on Social Learning and Behavior Exchange Principles*. N. Y.: Brunner/Mazel Puclishers.

Jones, S. L., & Butman, R. E. (1991). *Modern Psychotherapies: A comprehensive Christian appraisal*. Downers Grove: InterVarsity Press.

Kantor, D. & Neal, J. H. (1985). *Integrative Shifts for the Theory and Practice of Family Systems Therapy*, Kantor Family Institute.

Kantor, D. & Lehr, W. (1975). *Inside the family*. San Francisco, CA: Jossey-Bass.

Kaslow, F. W. (1973). Family therapy: Viewpoints and perspectives. *Clinical Social Work Journal*, 1, 196-207.

Kaslow, F. W. (Spring/Summer 1980). History of family therapy in the United States: A kaleidoscopic overview. *Marriage and Family Review*, 3, 77-111.

Kaye, D., Dichter, H., & Keith, D. (1986). Symbolic-experiential family therapy. Individual Psychology: *The Journal of Adlerian Theory, Research & Practice*, 42(4), 521.

Kerr, M. E., & Bowen, M. (1988). *Family evaluation: An approach based on Bowen theory*. New York and London: W. W. Norton & Company.

Kohut, H. (1977). *The restoration of the self,* New York: International Universities Press.

Lambert, M. J. (1992). Psychotherapy outcome research: Implications for integrative and eclectic therapists. In J. C. Norcross & M. R. Goldfried (Eds.), *Handbook of psychotherapy integration* (pp. 94-129). New York: Basic Books.

Larner, G. (2000). Towards a common ground in psychoanalysis and family therapy: On knowing not to know. *Journal of Family Therapy*, 22, 61-82.

Leary, T. (1957). *Interpersonal diagnosis of personality*. New York, NY: Ronald Press.

Lee, C. (1988). Theories of family adaptability: Toward a synthesis of Olson's Circumplex Model and Beavers' Systems Model. *Family Process,* 27 (2), 73-85.

Leff, J. & Vaughn, C. (1985). *Expressed emotion in families.* New York: Guilford Press.

Legg, C., & Stagaki, P. (2002). How to be a postmodernist: a user's guide to post modern rhetorical practices. *Journal of Family Therapy*, 24, 385-401.

Lenthall, G. (1977) Marital satisfaction an d Marital stability, *Journal of Marriage and Family Counselling*, 3 : 25-32.

Lidz, T. (1983). *The person: His and her development throughout the life cycle.* Basic Books: A Division of Harper Collins Publishers.

Linares, J. L. (2001). *Does History End with Postmodernism? Toward an Ultramodern Family Therapy*, Family Institute A. C.(FAC) in Puebla, Mexico.

Linares, J. L. (2001). Does history end with postmodernism? Toward an ultramodern family therapy. *Family Process*, 40(4), 401-412.

Liddle, H. A. (1999). Theory development in a family-based therapy for adolescent drug abuse. *Journal of Clinical Child Psychology*, 28, 521-532.

Levin ger, G. (1964). *Task an d social behavior in Marriage*. Sociometry 27 : 433-448.

Lewis, R. A. & Spanier, G. B. (1979) Theorizing about the quality and stability of marriage. In Burr, W. R., Hill, R., Nye, F. I. & Reiss, I.L.(Eds.) *Contemporary theories about the family* (Vol. 1). N .Y. : Th e Free Press.

Lewis, R. A., & Spanier, G. B., (1979). *Theorizing About the Quality and Stability of Marriage. in Contemporary Theories About the Family.* Vol. 1. Edited by W.R. Burr, R. Hill, F. I. Nye, and I. L. Reiss. New York : Macmillan.

Mace, D. R. & Mace, V. (1987). *Getting Readey for Marriage. Nashville*, Abingdon Press.

Madanes, C. (1980). Strategic Family Therapy, San Francisco: Jossey-Brass Publishers.

Mahler, M., Pine, F. and Bergman, A. (1975). *The psychological birth of the human infant,* New York. Basic Books.

McCubbin, H. I. H., Barnes, A. Larsen, M. Muxen & M. Wilson (Eds.). *Family Inventories*. St. Paul, MN: Family Social Science, University of Minnesota.

McCurdy, K. G. (2006). Adlerian supervision: A new perspective with a solution focus. *Journal of Individual Psychology,* 62(2), 141-153.

McDlendon, R., Kadis L. (1983). *Intensive Multiple-Family Therapy*, Palo Alto, California: Science and Behavior Books.

Michael P. Nichols & Sean Davis (2016). *Family Therapy: Concepts and Methods*, 11th Edition, Kindle Edition.

Michael P. Nichols & Richard C. Schwartz (2001). *Essentials of Family Therapy*, Sixth Edition, Kindle Edition.

Michael P. Nichols & Richard C. Schwartz (2001). *Family Therapy: Concepts and Method*s, Fifth Edition, Pearson Education Company, 김영애 외 8인 공역, 『가족치료: 개념과 방법』, 서울: 시그마프레스, 2002.

Michael White, (2004). Working with People Who Are Suffering the Consequences of Multiple Trauma: A Narrative Perspective, *International Journal of Narrative Therapy & Community Work*, 1, 45-76.

Michael White, (2007). *Maps of narrative therapy*. New York: W. W. Norton.

Minuchin, S. (1974). *Family Kaleidoscope*, Cambridge, Massachusetts: Harvard University Press.

Minuchin, S. (1979). *Psychosomatic Families: Anorexia Nervosa in Context,* Cambridge Massachusetts: Harvard University Press.

Minuchin, S. (1974). *Family and Family Therapy*, Cambridge, Massachusetts: Harvard University Press.

Minuchin, S. (1974). *Families and Family Therapy*. Cambridge, MA: Harvard University Press. 김종욱 옮김, 『가족과 가족치료』, 서울: 법문사, 1990.

Minuchin, S., & Fishman, H. C. (1981). *Family Therapy Technique*s. Cambridge, MA: Harvard University Press

Napier, A. (1988). *The Fragile Bond,* N.Y. Harper & Row Publishers.

Nicholes, M. (1986). *Systemic Family Therapy: An Integrative Approach*. N. Y.: The Guilford Press.

Nichols & Schwartz. (2007). *Essentials of Family Therapy*. Allyn & Bacon.

Nichols, M. P., & Schwartz, R. C. (2007). *The essentials of family therapy*. Toronto: Allyn & Bacon.

Notarius, C. & Markman, H. (1993). *We can work it out : Making sense of marital conflict*, Putnam.

Olsen, P. H., Russell, P. S., Hand D. H. Sprenkel (1983). Circumplex Model of marital and family system V-application to family stress and crisis intervention. *Family Social Science*. Stl, Paul, University of Minnesota Publishing.

Olson, D. H. (1996). Clinical assessment & treatment interventions using the Circumplex Model. (Chapter 5, pp. 59-80) In F. W. Kaslow (Ed.) *Handbook of Relational*

Diagnosis and Dysfunctional Family Patterns. New York: John Wiley and Sons.

Olson, D. H. (1994). Curvilinearity survives: The world is not flat. *Family Process*, 33, 471-178.

Olson, D. H. (1993). Circumplex Model of Marital and Family Systems. In F. Wals (Ed.), *Normal Family Processes*. (2nd Ed.). New York: Guilford Press.

Olson, D. H. (1991). Three dimensional (3-D) Circumplex Model & revised scoring of FACES. *Family Process*, 30, 74-79.

Olson, D. H. (1986). Circumplex Model VII: Validation studies and FACES III. *Family Process*, 25, 337-351.

Olson, D. H. (1990). Clinical rating scale for Circumplex Model. St. Paul, MN: *Family Social Science*, University of Minnesota.

Olson, D. H., Fournier, D. G. & Druckman, J. M. (1986). *PREPARE, PREPARE-MC and ENRICH inventories*. (Second Edition). Minneapolis, MN: PREPARE/ENRICH, Incorporated.

Olson, D. H., McCubbin, H. I., Barnes, H., Larsen, A., Muxen, M. & Wilson, M. (1986). Family inventories. St. Paul, MN: *Family Social Science*, University of Minnesota.

Olson, D. H., McCubbin, H. I., Barnes, H., Larsen, A., Muxen, M. & Wilson, M. (1989). (Second Edition). *Families: what makes them work*. Los Angeles: SAGE Publishing.

Olson, D. H., Russell, C. S. and Sprenkle, D. H. (1979), Circumplex Model of Marital and Family Systems: I. Cohesion and Adaptability Dimensions, Family Types, and Clinical Applications.

Olson, D. H., Russell, C. S. and Sprenkle, D. H. (1983). Circumplex Model of Marital and Family Systems, *Family Process*, 22 (1), 69-83.

Olson, D. H., Russell, C. S. & Sprenkle, D. H. (1989). *Circumplex Model: Systemic assessment and treatment of families*. New York: Haworth Press.

Olson, D. H. & Wilson, M. (1986). Family satisfaction. In D. H. Olson, et. al., (Eds.), *Family Inventories*. St. Paul, MN; Family Social Science, University of Minnesota.

Olson et al (1983). Family; What makes them work, Sage Publication, Inc., 1983.

O'Hanlon, W. H. (1987). *Taproots: Underlying principles of Milton Erickson's therapy and hypnosis*. New York: Norton & Co.

O'Hanlon, W. H., & Weiner-Davis, M. (1989). *In search of solutions: A new direction in psychotherapy*. New York: Norton.

Otto, Herbert A. (1962). *What Is a Strong Family? Marriage and Family Living*, Vol. 24, No. 1(Feb., 1962), 77-80(4 pages), National Council on Family Relations.

Otto, Herbert A. (1963). Criteria for Assessing Family Strength. *11 Family Process*, Vol. 2, 329-339.

Otto, Herbert A. (1966). The Minister and Family Strengths. *Pastoral Psychology*, Vol. 17 No. 163, 21-28.

Otto, Herbert A. (1972). Has Monogamy Failed? in Marriage and Family in a Decade of Change, Ed., G. B. Carr. *Reading*, Mass.: Addison-Wesley Publishing Co.

Otto, Herbert A. (1975). *The Use of Family Strength Concepts and Methods in Family Life Education: A Handbook*. Beverly Hills, California: The Holistic Press.

Palazzoli, M. et al. (1978). *Paradox and Counter-Paradox: A new model in the Therapy of the Family in Schizophrenic Transaction*, N. Y.: Jason Aronson, Inc.

Papp, P. (1977). *Family Therapy: Full Length Cases Studies*. N. Y.: Gardner Press.

Papp, P. (1985). *The Process of Change*, N. Y.: The Guilford Press.

Parrott, L. & Parrott, L. (1995). *Saving Your Marriage Before It Starts*. Zondervan Publishing House. Grand Rapids, Michigan.

Parsons, T. & Bales, R. F. (1955). *Family socialization and interaction process*. Glencoe, IL: Free Press.

Pilgrim, D. (2000). The real problem for postmodernism. *Journal of Family Therapy*, 22, 6-23.

Pinsof, W. M. Breunlin, D. C., Russell, W. P., & Lebow, J. (2011). Integrative Problem-Centered Metaframeworks Therapy II: Planning, Conversing, and Reading Feedback. *Family Process*, 50(3), 314-336.

Pinsof, W. M. (1995). *Integrative problem-centered therapy: A synthesis of family, individual, and biological therapies*. New York: Basic Books.

Pinsof, W. M. (1992). Toward a scientific paradigm for family psychology: The integrative process systems perspective. *Journal of Family Psychology*, 5, 432-447.

Pittman, F. (1987). *Turning Point: Treating Families in Transition and Crisis*. N. Y.: W W Norton & Company.

Polster, E. (1985). *Gestalt Therapy Integrated*. N. Y.: Random House.

Presso, A. (1973). *Experience in Action: Psychomotor Psychotherapy*. N. Y.: N. Y. University Press.

Reiss, D. (1981). *The family's construction of reality*. Cambridge, MA: Harvard University Press.

Richard Schwart, and Martha Sweezy (2020). *Internal Family Systems Skills Training Manual: Trauma-Informed Treatment for Anxiety, Depression, PTSD & Substance Abuse*, second Edition, Guilford Publications.

Richard C. Schwartz, and Robert R. Falconer (2017). *Many Minds, One Self: Evidence for a Radical Shift in Paradigm*, IFS Institute.

Roach, A. L., Trazier L. P. & Bow den, S. R. (1981). The Marital Satisfaction Scale :

Development of a Measure for Intervention Research, *JMF*, 43 : 537-58.

Robbins, M. S., Liddle, H. A., Turner, C. W., Dakof, G. A., Alexander, J. F., & Kogan, S. M. (2006). Adolescent and parent therapeutic alliances as predictors of dropout in multidimensional family therapy. *Journal of Family Psychology*, 20, 108-116.

Rodick, J. D., Henggler, S. W. & Hanson, C. L. (1986). An evaluation of family adaptability, cohesion evaluation scales (FACES) and the Circumplex Model. *Journal of Abnormal Child Psychology*, 14, 77-87.

Rogers, C. R. (1957). The necessary and sufficient conditions of therapeutic personality change. *Journal of Consulting Psychology,* 21, 95-103.

Rojano, R. (2004). The practice of community family therapy. *Family Process*, 43(1), 59-77.

Rosenthal, T. L., & Bandura, A. (1978). Psychological modeling: Theory and practice. In S. L. Garfield & A. E. Bcrgin (Eds.), *Handbook of psychotherapy and behavior change* (2nd ed., pp. 621-658). New York: Wiley

Ruth W. Lidz and Theodore Lidz: The family environment of schizophrenic patients, *American Journal of Psychiatry*, Vol. 106, 1949, pp. 332-345.

Satir, Virginia. (1998). *The New Peoplemaking.* Mountain View, CA: Science and Behavior Books.

Satir, Virginia, et al. (1991). *The Satir Model: Family Therapy and Beyond*, Science and Behavior Books.

Satir, Virginia. (1967). *Conjoint family therapy; a guide to theory and technique* (Rev. ed.). Palo Alto, Calif.: Science and Behavior Books.

Schaefer, E. S., Bell, R. Q. & Bayley, N. (1959). Development of a maternal behavior research instrument. *The Journal of Genetic Psychology*: Vol. 95, No. 1, pp. 83-104.

Scharff, J. (eds) (1989). *Foundation of object relation family therapy*. New Jersey: Jason Aronson Inc.

Shapiro, R. (1982). *Alcohol and Family Violence: Clinical Approach to Family Violence.* Maryland: An Aspen Publishers.

Skinner, H. A., Santa-Barbara, J. & Steinhauer, P.D. (1983). The family assessment measure. *Canadian Journal of Community Mental Health* 2, 91-105.

Skolnick, A. (1983). *The Intimate Environment : Exploring Marriage and the Family*, Boston : Little Brown Co.

Spanier, G. B. (1976) Measuring Dyadic Adjustment : New Scale for Assessing the Quality of Marriage an dsimiliar Dyads, *JMF*, 38 : 15-28.

Spanier, G. B. & Lewis, R. (1980). Marital Quality : A Review of the Seventies, *JMF*, 42 : 96-110.

Sprenkle, D. H., & Blow, A. J. (2004). Common factors and our sacred models. *Journal of Marital and Family Therapy*, 30, 113-129.

Sprenkle, D. H., Davis, S. D., & Lebow, J. L. (2009). *Common factors in couples and family therapy*. New York: The Guildford Press.

Stafford-Clark, D. (1965). *What Freud really said.* New York: Schocken Books.

Stahmann,, R. F. & Hiebert, W. J. (1987). *Premarital Counseling*, Lexington Books,

Stanley, S. (1988). *Trying Marriage Again*, Center for Marital and Family Studies Report, Spring 1988 ; 2.

Steve de Shazer & Dolan, Y. (2007). *More Than Miracles: The State of the Art of Solution- Focused Brief Therapy*. Binghamton, NY: Haworth Press.

Steve de Shazer & Berg Insoo Kim (1992). Doing Therapy. A Post-structural re-vision, *Journal of Marital and Family Therapy,* Vol 18, No 1.

Steve de Shazer (1988). *Clues: Investigating solutions in brief therapy*. New York, NY: Norton.

Steve de Shazer (1982). *Patterns of brief family therapy: An ecosystemic approach*. New York: The Guilford Press.

Steve de Shazer (1978). Brief therapy with couples. *The International Journal of Family Counseling*, 6, 17-30.

Stierlin, H. et al. (1980). *The First Interview the Family*. N. Y.: Brunner/Mazel, Inc.

Stinnett, N., & DeFrain, J. (1985). *Secrets of strong families*. Boston: Little, Brown.

Stordeur, R. & Still, R. (1989). *Stopping Violence to the Partners*. California: Sage Publication.

Straus, M. (1988). *Family Violence Across the Lifespan*. Baltimore: John Hopkins University.

Sulloway, F. J. (1996). *Born to rebel: Birth order, family dynamics, and creative lives*. Pantheon Books.

Susan C. W. & A. Kimball Romney (1988). *Systematic data collection, Qualitative Research Methods*, vol. 10, SAGE, 6-42.

Szapocznik, J., & Williams, R. A. (2000). Brief strategic family therapy: Twenty-five years of interplay among theory, research and practice in adolescent behavior problems and drug abuse. *Clinical Child and Family Psychology Review*, 3, 117-134.

Tibaut &. Kelly (1959). *The social psychology of groups*, N. Y.: Wiley.

Theodore Lidz, Stephen Fleck & Alice Cornelison (1965). *Schizophrenia and the family* (International Universities Press, pages 314, 328f.

Thomas, V. & Olson, D. H. (1993). Problem families and the Circumplex Model: Observational assessment using the Clinical Rating Scale. *Journal of Marital &*

Family Therapy, 19, 159-175.

Thompson, M. G. (1996). Deception, mystification, trauma: Laing and Freud. *Psychoanalytic Review*, 83(6), 827-847.

Walter, J. L., & Peller, J. E. (1992). *Becoming solution-focused in brief therapy*. Brunner/Mazel.

Walsh, F. & Olson, D. H. (1989). Utility of the Circumplex Model with severely dysfunctional family systems. In Olson, D. H., Russell, C.S., and Sprenkle, D. H. (Eds.) *Circumplex Model: Systemic Assessment and Treatment of Families* (Second edition). New York: Haworth.

Watzlawick, P., Weakland, H. & Fisch, R. (1988), *Change: Principles of Problem Formation and Problem Resolution*, N. Y.: W. W. Norton & Company, Inc.

Westheafer, C. (2004). Wilber's 'Broad Science': A cure for postmodernism?, *Australian and New Zealand Journal of Family Therapy*, 25(2), 106-112.

Whitake, C. (1988). *The Family Crucible*, N. Y.: Harper & Row, Publishers.

White, M. & Epston, D. (1990). *Narrative Means to Therapeutic Ends*. N. Y.: W W Norton & Company.

Willi, J. (1982). *Couples in Collusion*, N. Y: Jason Aronson, Inc.

Wright, H. N. (1983). *Premarital Counseling*. Chicago : Moody Press.

Wynne, L. C., Ryckoff, I. M., Day. J., & Hirsch, S. I. (1981). *Pseudo mutuality in the family relations of schizophrenics In Robert J. Green and James I. Framo*(Eds.) *Family Therapy: Major contributions. Madison and Connecticut*: International University Press, Inc.

Zeig, J. & Gilligan, S. (1990). *Brief Therapy*. N. Y.: Brunner/Mazel Publishers.

찾아보기

본문색인

인명색인

저자소개

■ **고 수 현**

〈약력〉

경북대학교 사회복지학 전공(문학박사)
연세대학교 상담교육학 전공(교육학석사)
대구대학교 사회복지학 전공(문학석사)
영남대학교 지역개발학 전공(경제학사)

금강대학교 사회복지학 전공 교수 / 대학원장
한국복지상담교육학회 학회장
한국복지행정학회 학회장

한국행복상담아카데미 학장
국무조정실 정부업무평가위원(역임)
보건복지부 사회복지정책 자체평가위원장(역임) / 보건복지부 보건복지통계위원(역임)
교육부 대학평가인증위원(역임)
대한노인회 충남연합회 이사 및 노인지도자대학장(역임)
사회복지공동모금회 충남지회 부회장(역임)

〈저서〉

사회과학 : 사회복지조사론, 지역사회복지론, 100세 시대 노인복지론, 노인복지론, 지역사회복지론, 사회복지법제와 실천, 사회복지사업운영론(사회복지지도감독 & 사회복지현장실습), 청소년유해환경론, 정신건강상담론(정신건강론 & 정신건강사회복지론), 사회복지상담 이론과 실제(사회복지상담론) 외 공저 다수

인문과학 : 사회복지윤리와 철학, 생명윤리학, 플라톤처럼 사랑하고 어거스틴처럼 고백하기(고대 & 중세 철학사), 마키아벨리처럼 통찰하고 뉴턴처럼 상상하기(근세 철학사 Ⅰ), 루터처럼 개혁하고 로크처럼 깨어나기(근세 철학사 Ⅱ), 데카르트처럼 생각하고 칸트처럼 비판하기(근대 철학사), 니체처럼 긍정하고 카뮈처럼 반항하기(현대 철학사 Ⅰ), 러셀처럼 행복하고 비트겐슈타인처럼 침묵하기(현대 철학사 Ⅱ), 라캉처럼 욕망하고 들뢰즈처럼 리좀하기(현대 철학사 Ⅲ) 외 공저 다수

가족상담 및 가족치료

결혼가족상담 & 부부상담

초판 1쇄 인쇄 / 2023년 2월 25일
초판 1쇄 발행 / 2023년 3월 2일

저 자 / 고 수 현
발행인 / 이 중 수
발행처 / **동 문 사**

서울특별시 서대문구 홍제원 1길 12
(홍제동 137-8)
Tel: 02)736-3718(대), 736-3710, 3720
Fax: 02)736-3719
등록번호: 1974.04.27 제9-17호
가격: 26,000원

ISBN: 979-11-6328-471-0(93330)
E-mail: dong736@naver.com
www.dongmunsa.com